麦读
MyRead

走向上的路　追求正义与智慧

吴泽勇

法学博士，现任上海交通大学法学院长聘教授，主要研究民事诉讼法、中国司法制度，近年来主攻民事证据法。曾在《法学研究》《中国法学》等杂志发表论文 70 余篇（其中在前述两家杂志发表论文 14 篇），主持完成国家社科基金项目 3 项，研究成果曾获得省部级奖励 5 次。

民法规范的
证明责任

吴泽勇　著

THE BURDEN OF PROOF IN
CIVIL LAW

中国民主法制出版社
全国百佳图书出版单位

本书受到国家社科基金资助

（项目号：22BFX050）

序

在民事诉讼中,有时会出现争议事实真伪不明的情形,而在这种情形下法官又不能以事实查不清楚为由拒绝裁判,由此便产生了证明责任的问题。另外,证明责任又与提供证据的责任紧密关联,承担证明责任的一方当事人通常首先要承担向法院提供证据的责任。只要存在民事诉讼,上述情形就无法避免,因此证明责任问题可谓民事诉讼法学研究的永恒主题。

证明责任的核心问题是如何在双方当事人之间分配这一责任。尽管证明责任由谁承担的问题发生在诉讼过程中,但由哪一方当事人承担证明责任并非由民事诉讼法来规制,它需要根据具体诉讼中当事人主张的实体法上的请求权来决定,而民商事实体法对证明责任承担作出具体、明确规定的情形又相当少。另外,证明责任与诉讼中提供证据的责任纠缠在一起,我国《民事诉讼法》第 67 条明文规定"当事人对自己提出的主张,有责任提供证据"。上述情形使得在一些案件中证明责任如何分配的问题变得异常复杂,也使得证明责任的研究成为民事诉讼法学中的重大课题。

对民事证明责任的研究大致可以分为两种路径:一种是对证明责任制度进行原理性、系统性研究;另一种是针对特定类型诉讼中的某个要件如何分配证明责任,也就是实务中如何分配证明责任的疑难问题进行研究,对于这些疑难问题,理论上常常存在重大争议。对证明责任进行原理性、系统性研究的成果已相当丰硕，近年来，我国已经出版了一些这方面的译著和著作，相比之下，对证明责任分配中的疑难问题的研究还明显不足。

吴泽勇教授的这本新作研究的正是我国民事诉讼证明责任分配中的疑难问题，应当说，该书的问世对于补齐我国民事证明责任研究的短板具有相当大的积极意义。

读完这本著作，有三点比较深的感受。

其一，从方法上看，作者是用"规范说"作为理论工具来展开对具体问题的分析。"规范说"是德国学者罗森贝克提出的学说。按照"规范说"，当事人在民事诉讼中，无论是主张权利还是提出抗辩，依据的都是民事实体法规范。民事实体法规范通常并不会直接规定当事人是否具有某项权利，而是规定当存在一定的要件时，权利就发生，出现另一些要件时，原本可以发生的权利便不发生或者使已经发生的权利因此而消灭。当事人在诉讼中，主张的、争议的正是这样一些由实体法规范所规定的要件事实。判决是法官解决民事纠纷的典型方式。法官在民事诉讼中，需要依法进行裁判，而法官在裁判时同样会聚焦于要件事实，即法官只有在实体法规范规定的要件事实能够确认其存在的情况下，才能适用当事人要求适用的对其有利的实体法规范，才会支持其提出的请求或者抗辩。若证明的结果为法官形成了该要件事实不存在或者存在与否真伪不明的心证，就会作出对该当事人不利的裁判。罗森贝克依据"规范说"提出的分配证明责任的原则是："不适用特定的法律规范其诉讼请求就不可能实现的当事人，必须对法律规范的特征在真实的事件中得以实现承担主张责任和证明责任。"由于法律规范实际上是通过法律要件的方式来对民事权利的发生与不发生、变更、消灭作出规定的，所以"规范说"在日本又被称为"法律要件分类说"。

对证明责任分配中的疑难问题进行研究，虽然是侧重于对具体问题的研究，但对具体问题的研究仍然离不开应当依据何种原则来分配证明责任这一宏观性问题。对于应当秉持何种原则分配证明责任，各国在长期的司法实务与理论研究中形成了各种学说，除"规范说"外，还有根据待证事实的性质进行分类的"待证事实分类说"，根据对待证事实举证的难易、事实存在概率的大小进行分配的"利益衡量说"等。鉴于"规范说"已成为我国学术界的主流学说，且最高人民法院在确定证明责任分配的一般规则时也是把"规范说"作为其理论基础，作者运用这一学说展开对证明责任分配的疑难问题进行探究是可以理解的。读完全书，应当承认他运用这一学说对诉讼实务中证明责任的疑难问题进行了相当成功的分析与解读，并有力地回应了对"规范说"的种种质疑与挑战。

其二，从内容上看，这本著作对民事证明责任的研究分为两类，一类是对具体疑难问题的研究，另一类是对证明责任分配中方法论问题的研究。从篇幅上看，前者占了大部分。

例如，善意取得是民法中的一项重要制度，我国的《物权法》及后来的《民法典》对此都作出了规定。根据法律的规定，在所有权人为追回财产进行的诉讼中，从无权处分人手中受让该财产之人若在受让时为善意，受让人有权取得该财产。在这类诉讼中，双方当事人常常对被告（受让人）在受让时是否为善意存在争议，而"善意"这一要件究竟由哪一方当事人承担证明责任就存在着截然不同的认识。有人认为应当由主张受让人为恶意的原告（所有权人）承担证明责任，也有人认为应当由主张善意的受让人承担证明责任。对此，作者便是运用"规范说"来分析这一问题。他认为，"善意"是善意取得三个构成要件中的一个要件，是受让人援引的对其有利的法律规范，尽管"善意"常常存在证明上的显著困难，无论由哪一方当事人承担证明责任都有可能因无法证明而败诉，但无论是依据文义解释、体系解释，还是依据目的解释、比较法解释，都应当由主张通过买卖取得所有权的一方当事人对"善意"这一要件承担证明责任。至于买受人在证明"善意"时所遭遇的困难，并不是改变证明责任分配的理由，这些困难可以通过间接证据的运用、经验法则的援引等方法来缓解或解决。

再如，买卖合同中出卖人交付的标的物是否存在瑕疵是买卖合同纠纷中常见的争议。对出现此种争议时如何确定证明责任的承担，即究竟是由出卖人对标的物并无瑕疵承担证明责任还是由买受人对存在瑕疵承担证明责任也存在争议。对这一问题，作者采用分类的方法处理，即把证明责任的承担分为交付前与交付后两种情形：若是在交付前，如果双方当事人对是否已经受领存在争议，要由出卖人对所主张的已经受领的事实承担证明责任；在受领的事实并无争议或者虽然存有争议但已经得到证明的情况下，对标的物是否存在瑕疵发生了争议，则要由买受人对存在瑕疵承担证明责任。

关于对证明责任分配的方法论问题的研究，虽然在书中所占的篇幅较少，但从学术价值上看，其意义并不比对证明责任疑难问题的研究小。

其三，对环境侵权诉讼中因果关系证明责任倒置提出新的解释。民事诉讼中的证明责任通常由主张权利或者事实的一方当事人负担，但作为例外，法律也可以采用证明责任倒置的方法，明确规定某一要件或者事实由对方当事人承担，环境侵权诉讼中因果关系这一要件便是如此，我国法律明确规定要由诉讼中的被告（可能的加害人）就污染行为与损害结果之间不存在因果关系承担证明责任。但这一规定不仅在学术界引起了较大的争议，受到相当尖锐的批评，实务界在适用这一规定时因理解上的差异也造成了裁判结果的不统一。这一问题自然也引起了作者的关注，在"环境侵权诉讼的证明责任"一章中，他在已有研究成果的基础上，通过对环境侵权诉讼法律要件的重新解释，为因果关系要件证明责任的倒置提供了新的理解路径。

"规范说"尽管是分配证明责任的一种有力的学说，运用该学说可以对多数甚至大多数案件的证明责任作出合理分配，但面对种类繁多的民事案件，"规范说"也会遇到力所不逮的困境。面对这类困境，如何妥当地分配证明责任，是司法实务关心的问题，也是理论研究所要解决的问题。吴泽勇教授所做的研究，既为解决疑难问题提供了新的思路、新的见解，也在呼吁学术界对这些疑难问题给予更多的关注。希望今后能有更多的研究证明责任疑难问题的作品问世。

李　浩

2025 年 3 月于南京

缩略语对照表*

序号	简称	全称
1	《民事诉讼法解释》	《最高人民法院关于适用〈中华人民共和国民事诉讼法〉的解释》（法释〔2015〕5号；法释〔2022〕11号修正）
2	《民间借贷规定》	《最高人民法院关于审理民间借贷案件适用法律若干问题的规定》（法释〔2015〕18号；法释〔2020〕17号修正）
3	《民事诉讼证据规定》	《最高人民法院关于民事诉讼证据的若干规定》（法释〔2001〕33号；法释〔2019〕19号修正）
4	《合同法解释（二）》	《最高人民法院关于适用〈中华人民共和国合同法〉若干问题的解释（二）》（法释〔2009〕5号，已废止）
5	《审理民商事合同指导意见》	《最高人民法院关于当前形势下审理民商事合同纠纷案件若干问题的指导意见》（法发〔2009〕40号）
6	《九民纪要》	《全国法院民商事审判工作会议纪要》（法〔2019〕254号）
7	《实施民法典会议纪要》	《全国法院贯彻实施民法典工作会议纪要》（法〔2021〕94号）
8	《民法典合同编通则解释》	《最高人民法院关于适用〈中华人民共和国民法典〉合同编通则若干问题的解释》（法释〔2023〕13号）
9	《商品房买卖合同纠纷解释》	《最高人民法院关于审理商品房买卖合同纠纷案件适用法律若干问题的解释》（法释〔2003〕7号；法释〔2020〕17号修正）

---

* 列入本对照表中的法律规范主要是在本书中多次出现的司法解释及司法指导文件。本书中涉及的法律、行政法规的简称，统一删去"中华人民共和国"并加书名号，而不再将其列入本对照表。

续表

序号	简称	全称
10	《买卖合同解释》	《最高人民法院关于审理买卖合同纠纷案件适用法律问题的解释》（法释〔2012〕8号；法释〔2020〕17号修正）
11	《计算机网络著作权解释》	《最高人民法院关于审理涉及计算机网络著作权纠纷案件适用法律若干问题的解释》（法释〔2000〕48号，已废止）
12	《侵害信息网络传播权规定》	《最高人民法院关于审理侵害信息网络传播权民事纠纷案件适用法律若干问题的规定》（法释〔2012〕20号；法释〔2020〕19号修正）
13	《环境侵权责任解释》	《最高人民法院关于审理环境侵权责任纠纷案件适用法律若干问题的解释》（法释〔2015〕12号；法释〔2020〕17号修正；已废止）
14	《生态环境侵权责任解释》	《最高人民法院关于审理生态环境侵权责任纠纷案件适用法律若干问题的解释》（法释〔2023〕5号）
15	《生态环境侵权民事诉讼证据规定》	《最高人民法院关于生态环境侵权民事诉讼证据的若干规定》（法释〔2023〕6号）
16	《知识产权民事诉讼证据规定》	《最高人民法院关于知识产权民事诉讼证据的若干规定》（法释〔2020〕12号）
17	《民法典总则编解释》	《最高人民法院关于适用〈中华人民共和国民法典〉总则编若干问题的解释》（法释〔2022〕6号）
18	《物权法解释(一)》	《最高人民法院关于适用〈中华人民共和国物权法〉若干问题的解释（一）》（法释〔2016〕5号，已废止）
19	《民法典物权编解释（一）》	《最高人民法院关于适用〈中华人民共和国民法典〉物权编的解释（一）》（法释〔2020〕24号）

目　录

结论 "规范说"在证明责任分析中的运用

后记

导论
"规范说"及其挑战

一、"规范说"在中国遇到的挑战

相较于民事诉讼法学的其他基础理论，比如诉讼标的、既判力，证明责任在我国属于共识度较高的一个理论板块。我国民事诉讼法学界整体上接受了客观证明责任概念，作为大陆法系通说的罗森贝克"规范说"，在中国同样是通说。实务上，最高人民法院2015年发布的《民事诉讼法解释》也明确采纳"规范说"作为证明责任分配的基本规则。这是在我国进行证明责任研究的一个背景。

但上述共识还远远谈不上稳固。理论上，针对"规范说"的批评从未停止。无论在民法学界还是民事诉讼法学界，都有学者对"规范说"的科学性及其在我国的可适用性提出质疑。早期文献姑且不提，相对晚近的研究中就有一些无法忽略的声音。比如，袁中华认为，"规范说"存在过于重视文义解释，忽略其他解释方法的"方法论缺陷"。[1]徐涤宇认为，在立法者充分考虑了证明责任的情况下，比如对于《德国民法典》，按照"规范说"一般可以作出符合立法者意志的证明责任分配；但对于没有充

---

〔1〕 参见袁中华：《规范说之本质缺陷及其克服——以侵权责任法第79条为线索》，载《法学研究》2014年第6期。

分考虑证明责任问题的民法，比如日本民法和中国民法，贸然适用"规范说"，势必会带来证明责任分配不当的风险。[1]胡东海认为，"规范说"对证明责任的分配采形式标准，忽略了"隐藏于民法各种法律规范中之实质价值与实质公平问题"。他建议，从民法价值理念的角度探寻民事证明责任分配的实质性原则，并以此作为疑难问题证明责任分配的解释依据。[2]几位学者的论证思路和结论并不相同，但都倾向于认为，过分强调规范文义是"规范说"的重大缺陷；同时也都认为，为避免这一缺陷，应引入目的论解释，即在对一个民法制度的立法目的进行综合分析的基础上，确定其证明责任分配。

实务上，体现"规范说"的《民事诉讼法解释》第 91 条的适用情况并不乐观。有学者指出，在司法实务中，法官几乎都是从主观证明责任的含义上使用这一概念。[3]裁判文书检索的结果也支持这一判断：在"中国裁判文书网"发布的裁判文书中，援引《民事诉讼法解释》第 90 条的裁判文书远超援引第 91 条的裁判文书。[4]理论上，如果适用客观证明责任作出裁判，理应援引后者而非前者。《民事诉讼法解释》第 91 条的低援引率表明，有意识运用客观证明责任观念审理案件的法官在我国仍属少数。另外，我们看到，在最高人民法院的司法解释中，除了"承

---

〔1〕 参见徐涤宇：《民事证明责任分配之解释基准——以物权法第 106 条为分析文本》，载《法学研究》2016 年第 2 期。

〔2〕 参见胡东海：《民事证明责任分配的实质性原则》，载《中国法学》2016 年第 4 期。

〔3〕 参见李浩：《证明责任的概念——实务与理论的背离》，载《当代法学》2017 年第 5 期。

〔4〕 以解释全文检索"中国裁判文书网"可以发现，包含《民事诉讼法解释》第 90 条的裁判文书多达 109 万多份，而包含《民事诉讼法解释》第 91 条的裁判文书只有 3 万多份。检索时间 2023 年 12 月 12 日。

担举证证明责任"（或举证责任）概念，"提出证据证明""有证据证明""提供相应证据"等概念也经常出现，但其内涵和外延却从未被界定。以上种种，是在我国进行证明责任研究的另一个背景。

本书的问题意识，简单说，就是对以"规范说"为核心的证明责任基本原理在中国遭遇的挑战作出回应。逻辑上，这种回应至少应包含两个方面的内容。其一，"规范说"究竟是什么？换言之，这一学说是德国法的地方性知识，因此只能适用于《德国民法典》这种充分考虑了证明责任的法典；还是体现了现代民法典的某些共同规律，因而在所有民法典中都能无差别的适用？其二，对于中国民法中的那些证明责任疑难问题而言，"规范说"能否成为一个有效的分析工具？针对前一个方面，笔者在之前的研究中已有较为集中的讨论，[1]学界其他学者也有相关的研究。[2]在"导论"第二部分，笔者将对"规范说"的理论基础作进一步的展开。通过这一部分的梳理，笔者希望指出，"规范说"并非德国法的地方性知识；"规范说"的理论基础是实体法的评价分层，而这种评价分层在所有民法典中普遍存在。这一澄清回应了"规范说"过于偏重文义，因此仅适用于明确考虑了证明责任问题的民法典的观点。

但是，本书的重心不是对证明责任以及"规范说"的基本原

〔1〕 参见吴泽勇：《规范说与侵权责任法第 79 条的适用——与袁中华博士商榷》，载《法学研究》2016 年第 5 期。

〔2〕 参见任重：《论中国"现代"证明责任问题——兼评德国理论新进展》，载《当代法学》2017 年第 5 期；胡学军：《证明责任"规范说"理论重述》，载《法学家》2017 年第 1 期；刘小砚：《论证明责任分配视域下民法典的规范构造》，载《华东政法大学学报》2019 年第 3 期；郑金玉：《论民事证明责任的文义解释原则——以〈民法典〉第 311 条及其司法解释的适用为例》，载《法学评论》2022 年第 6 期。

理进行整理。毕竟，关于这类原理的介绍在德国、日本甚至我国台湾地区都不罕见，对这些原理的大部分内容，国内学界分歧并不大。相较于对证明责任基本原理进行整体性研究，本书更愿意选择一种直面具体问题的进入方式，即，直接针对有可能引发争议的那些规范展开讨论，并在这种讨论中阐发、澄清基本原理。事实上，因为这样那样的误解，我国学者关于民法制度证明责任的论述中，存在大量似是而非的表达；而在司法实践中，对这些制度的证明责任分配远远谈不上统一，对相关要件事实的证据调查过程也常常难言恰当。不同于抽象的概念辨析和一般性的理论梳理，直接针对这些表达或者实践展开讨论，或许更有实效，也更能展示基本原理的某些细微之处。

二、"规范说"与实体法的评价分层

（一）证明责任规范的功能

为什么要分配一个要件事实的证明责任？这样做的意义何在？最常见的回答是，为了克服要件事实真伪不明时的裁判困境。一般认为，当要件事实真伪不明时，实体法规范"本身"并不能告诉法官应如何裁判。这时候，就需要一个机制告诉法官应该判谁胜诉。证明责任就是这样一种机制。证明责任直接指向某种裁判结果，因此，它是一种实体法的风险分配机制。诉讼中陷入"真伪不明"状态的要件事实，既可能存在，也可能不存在。证明责任制度存在的价值不是协助法官查清争议事实，而是为了帮助法官在事实真伪不明时也能以可预期的方式作出裁判。[1]

从裁判规范的角度，当立法者规定某些条件具备就能成就某个权利时，其实就是在相关当事人中间分配风险。当我们说一个权利的构成要件包括 A、B、C、D，意味着，只要当事人的主张符合这四个条件，法律就承认其享有该权利。通过构成要件与法律后果的关联，民法为权利划定了边界，也在权利人与相对人之间分配了风险。但是，与构成要件的风险分配相比，证明责任对风险的分配又有一些特别之处。这表现在：证明责任是纯粹的裁判规范。构成要件理论固然也具有指示裁判作出的功能，但是，在日常生活中，行为人也完全可以通过对民事权利构成要件的观察，来决定自己应如何作为。从这个角度，实体法对构成要件的界定同时发挥着行为规范的作用。与此不同，证明责任作用的空间仅限于诉讼过程。只有当纠纷诉至法院，才可能出现要件事实真伪不明的场景；只有当此种场景出现，基于法官不能拒绝裁判的宪法要求，才会产生对证明责任规范的现实需求。用社会系统论的表达方式，证明责任规范也不过是现代社会简化预期的一种机制；[2]但与明文规定的那部分民法规范不同，证明责任规范只负责简化司法活动中的预期，而不涉及一般生活空间中的预期。

但这并不是说，证明责任规范的作用仅限于裁判作出那一刻。至少在大陆法系，证明责任分配对于整个事实审的展开都有

---

〔1〕 要理解这一点，不妨想想刑事诉讼中"存疑时有利于犯罪嫌疑人"的原则。这一原则与证据调查无关，也不服务于法官的事实认定，而是单纯地分配事实存疑时的败诉风险。只不过，民事诉讼中不存在这样一个统一的原则，因此其证明责任分配也更加复杂多变。

〔2〕 这里借用了卢曼的表达。在《法社会学》中，卢曼认为，现代社会为了面对不断增加的复杂性和偶在性，进入了功能分化的阶段。在各功能系统中，法律系统的功能就是规范性预期的一致性一般化。参见［德］尼克拉斯·卢曼：《法社会学》，宾凯、赵春燕译，上海人民出版社 2013 年版，第 134 页。

关键性的意义。按照辩论主义的要求，当事人对于自己要求法院保护的请求权，应主张相应的事实予以支持；当事人没有主张的事实，法院不能作为裁判的基础。此即当事人的主张责任。当事人应该主张哪些事实？在规范出发型的法律思维中，当然是支持其诉讼请求所依据的法律规范的构成要件事实。但是，一个请求能否被支持，可能涉及多个实体法规范。除了规定权利成立的规范，可能还涉及规定权利消灭、受到妨碍或者被制约的实体法规范。要求权利人主张所有这些规范的构成要件事实，显然不尽公平。大陆法系民事诉讼法学理论认为，主张责任与证明责任的分配原则上一致。[1]背后的逻辑是：可能因为要件事实真伪不明而败诉的当事人，当然应在诉讼之初首先针对要件事实主张相应的生活事实。因此，提出特定权利请求的当事人，只需就其负证明责任的要件事实负主张责任，而相对方负证明责任的要件事实，则无须其主张。相应地，法官通常只需要审理主张权利成立的当事人负证明责任的那部分事实；只有当这部分事实被认定为真，才有必要审理相对方负证明责任的那部分事实。上述原理被日本学者称为"开放理论"，[2]其背后不仅仅是司法效率的要求，同时也是司法理性与公平的要求。

（二）罗森贝克"规范说"及其发展

作为证明责任规范适用对象的要件事实，不能与纠纷相关的生活事实等同视之。界定构成要件的目的是方便法官检验实体法

---

〔1〕 参见［德］莱奥·罗森贝克：《证明责任论》（第5版），庄敬华译，中国法制出版社2018年版，第55、62页。

〔2〕 参见［日］伊藤滋夫：《要件事实的基础：民事司法裁判结构》，许可、［日］小林正弘译，法律出版社2022年版，第263页。

规范的适用条件是否达成，为了实现这一目的，需要对生活事实进行筛选和提炼。如果说生活事实是原初的具体事实，那么，构成要件事实就是融入立法评价之后的抽象事实。假定法律规定，"有民事行为能力的当事人基于真实意思表示达成的合同，只要不违反法律禁止性规定，即有效"，意味着对于立法者而言，只有"当事人有无民事行为能力""意思表示真实与否""合同违反法律禁止性规定与否"这三个事实要素，对于合同有效是有意义的。除此之外的其他事实情节，概不考虑。由此，法律确定了其对合同有效的保护边界，也划定了合同有效问题上的风险分配。我们不妨把这称作实体法的第一次风险分配。

但是，三个要件事实中的任何一个都可能陷入真伪不明。此时，若一概都判主张合同有效的当事人败诉，显然不是恰当之举。这意味着，实体上，原告要对三个要件事实证明中的不确定性负责；程序上，法官必须在全面审查三个要件之后，才能对合同是否有效作出判断。这种风险分配机制在行为规范上没什么问题——人们大概都会认同有效合同应该同时具备这三个条件，但在裁判规范上却有很大问题。它不仅会在诉讼中造成不合理的激励，比如，让更多被告针对当事人行为能力和是否违反法律禁止性规定提出异议，而且会让更多原告因为事实调查的不确定性而败诉。而这无疑与作为现代民法之基石的私法自治理念背向而驰。为了避免上述局面，需要在双方当事人中间合理分配要件事实真伪不明的风险。比如，一个可以想象的方案是，"意思表示不真实"真伪不明的败诉风险由主张合同有效的人负担，而"当事人无民事行为能力""合同违反法律禁止性规定"真伪不明的败诉风险则由主张合同无效的人负担。这可以称为实体法的第二次风险分配，工具就是证明责任规范。

"规范说"的风险分配始于一个简单原则："主张对自己有利的法律规范的当事人，要对该法律规范的构成要件事实负证明责任。"[1]正如罗森贝克指出的，关于这一原则几乎没有争议。困难的是，如何确定一个实体法规范是对原告有利还是对被告有利。罗森贝克将实体法规范分为四类，即权利成立规范、权利妨碍规范、权利消灭规范和权利制约规范，并认为，主张权利效果的人应当对权利成立规范的构成要件事实负证明责任，否定权利效果的人须对其他三类规范的构成要件事实负证明责任。罗森贝克通过德国法上的大量例子证明，对于某个实在法规范究竟属于四类中的哪一类，可以通过实体法的表达和构造来识别。不难发现，罗森贝克对法律规范进行分类，目的是确定规范构成要件的证明责任。正因为此，"规范说"又被称为"法律要件分类说"的代表。也因为此，我们在进行具体规范的证明责任分析时，不妨用权利成立要件、权利消灭要件、权利妨碍要件以及权利制约要件来指代相应规范类型的特殊构成要件。

罗森贝克提出的证明责任分配基本规则（Grundregel），得到了德国法学界的广泛认可。[2]后世学者将与那些基本规则背离的证明责任分配称为特殊规则（Sonderregel），主要是指实体法中明文规定的那些证明责任规范。德国学者对"规范说"的批评主要集中在权利妨碍规则的独立性上。在罗森贝克所著的《证明责任

---

〔1〕 参见［德］莱奥·罗森贝克：《证明责任论》（第5版），庄敬华译，中国法制出版社2018年版，第121页。

〔2〕 普维庭通过比较法上的大量例证，论证了这一基本规则的普适性。参见［德］汉斯·普维庭：《现代证明责任问题》，吴越译，法律出版社2000年版，第386—403页。

论》出版前，莱昂哈德已经否定了权利妨碍规范的独立存在，但罗森贝克不同意这种观点。[1]在1966年的著作中，莱波尔德逐一反驳了罗森贝克批评莱昂哈德的那些理由，认为权利妨碍规范在实体法上确实没有独立存在的价值。相较于权利消灭规范有相应的实体法效果，权利妨碍规范在实体法效果上与权利成立规范并无区别。既然权利妨碍规范的唯一功能就是分配证明责任，不妨将其看作证明责任特别规范的简称。[2]换句话说，莱波尔德将权利妨碍规范移出了基本规则，纳入了特殊规则的范畴。这一观点被后来的学者普遍接受，成为德国法学界的通说。[3]

从证明责任分配的效果上，规定"……但某某情况下，除外"与规定"……但能够证明某某情况的，除外"，并无区别。如果我们把后一种表达称作证明责任特殊规范，当然也应将前一种表达视为此类规范。从这个角度，莱波尔德的观点无疑是正确的。但是，能否因此就认为"权利妨碍规范在实体法上并无任何意义"？在笔者看来，认为权利成立规范与权利妨碍规范"在实体法上没有区别"，至少是不准确的。只要我们承认证明责任规范是实体法的风险分配机制，那么，证明责任分配的不同本身就是实体法上的重要区别。只不过，这种区别仅仅体现在裁判规范

---

〔1〕 参见〔德〕莱奥·罗森贝克:《证明责任论》(第5版)，庄敬华译，中国法制出版社2018年版，第163—175页。

〔2〕 Vgl. Dieter Leipold, Beweislastregeln und gesetzliche Vermutung:insbesondere bei Verweisungen zwischen verschiedenen Rechtsgebieten, 1966, S. 42-43; Dieter Leipold, Beweismaß und Beweislast im Zivilprozeß, 1985, S. 18; Dieter Leipold, In: Stein/ Jonas, Kommentar zur ZPO, 22. Aufl. 2008, § 286 Rn. 83.

〔3〕 Vgl. Hans Prütting, Gegenwartsprobleme der Beweislast, 1983, S. 267, 287-288. 施瓦布续写的罗森贝克经典教科书《民事诉讼法学》，也在1969年出版的第10版中接受了这一观点。参见陈荣宗:《举证责任分配与民事程序法》，台湾地区三民书局1984年版，第31页。

层面上。所以，更准确的表达毋宁是，将一个实体法构成要件规定为权利成立要件还是权利妨碍要件，在行为规范上没有区别。宣称两种规定在实体法上没有区别的观点，在德国法学界或许问题不大，但在我国，就容易引起误解。事实上，我国就有学者主张权利妨碍要件与权利成立要件在实体法上的"等值性"，并借此避开实体法的明文规定，将一个权利成立要件的证明责任倒置给相对方。[1]而这恰恰是对德国主流学说的背离。如果只是为了凸显权利妨碍规范与证明责任特殊规范在所指上的重合，更合适的处理方法毋宁是将后者纳入前者。亦即，如果一个规范要件的证明责任被实体法明文赋予权利相对方，将这个规范直接界定为权利妨碍规范即可。我们看到，民法学者实际上就是这么做的。[2]

　　我国《民事诉讼法解释》第 91 条规定了两类、四种事实类型，即"法律关系存在的基本事实"和"法律关系变更、消灭和受到妨害的基本事实"。比照罗森贝克的分类，法律关系变更的事实可以纳入权利消灭事实；而法律关系受到妨害的事实，就是罗森贝克分类中的权利妨碍事实。尽管这里没有提到权利制约事实，但不妨通过解释，将此类事实纳入"法律关系消灭的事实"。[3]按照这种解释方案，我国法实际上将权利妨碍事实作为了一种单独的类型，只不过在术语使用上略有出入而已。

---

　　[1] 参见徐涤宇：《民事证明责任分配之解释基准——以物权法第106条为分析文本》，载《法学研究》2016年第2期。

　　[2] 对于《民法典》中包含"能够证明……的，除外""不能证明……的，应当承担……责任"之类表达的规范，吴香香都界定为抗辩规范。从分类上看，这类规范基本上都是权利妨碍规范。

　　[3] 参见李浩：《规范说视野下法律要件分类研究》，载《法律适用》2017年第15期。

（三）"规范说"的内核：实体法的评价分层

"规范说"的最大贡献在于，它将证明责任分配与实体法规范的类型联系了起来，从而将证明责任的争论"从诉讼这种充满斗争的竞技场所转移到法秩序的纯洁天地"。[1]一个必须回应的质疑是，这一学说究竟源自德国法的特殊性，还是契合了某种现代民法的普遍特质？是因为《德国民法典》的立法者充分考虑了证明责任问题，所以罗森贝克才有可能通过解释学的分析，提出这样一种证明责任分配学说，还是这种学说本就蕴含在所有现代民法典中，罗森贝克只是恰好发现了它？对这个问题的回答至关重要：如果答案是前者，那么在明显没有考虑证明责任分配的立法中，"规范说"的适用就应被搁置。对这个问题，德国证明责任研究的经典著作其实有反复阐述。

（1）罗森贝克的阐述。罗森贝克在《证明责任论》中写到：

> 如果一个法秩序想近乎详尽地涵盖和调整我们生活关系的多样性和复杂性，那么，它只有通过如下途径才能做到，即这一法秩序将相关法律关系的通常情况作为问题的出发点，并确定其法律后果。根据实际情况与此等通常情况的不同，法秩序制定了特殊的规定。这些特殊的规定，作为相对于第一个规范的相对规范，它改变、通常排除第一个规范的效力。新增加的因素可能会促使能产生新法律后果的新的例外规定的形成，或者可能正当地重新回到通常情况的效果中来。[2]

---

〔1〕　参见［德］莱奥·罗森贝克：《证明责任论》（第5版），庄敬华译，中国法制出版社2018年版，第143页。

〔2〕　［德］莱奥·罗森贝克：《证明责任论》（第5版），庄敬华译，中国法制出版社2018年版，第123—124页。

众所周知，这段话是对基础规范（Grundnorm）与相对规范（Gegennorm）的描述。这里要指出的是，罗森贝克强调了这种规范结构的必然性。对于纷繁复杂的社会生活，法律除了通过这种"先规定通常情况""再规定其变化或者例外"的方式来表达，并没有其他的选择。

（2）莱波尔德的阐述。作为罗森贝克的主要批评者，莱波尔德除了指出权利妨碍规范与其他三类规范在实体法上的不同，还明确指出，证明责任分配并不必然取决于实体法的构造。比如，尽管《德国民法典》第125条第1款将"违反法律规定的形式"作为法律行为无效的构成要件规定，但德国法学界普遍认为，应当由主张法律行为有效的人对其行为"符合法律规定的形式"负证明责任，包括罗森贝克本人也持这种观点。[1]在1979年的一篇书评中，莱波尔德进一步讨论了证明责任规范与实体法评价的关系。他认为：

> 实体法……对事实状态的评价并不是以包罗万象的方式进行的，即不是在一次性考虑所有事实真相的情况下规定其法律后果，而是分层进行的。它通常从整个事实经过中的特定部分出发就认可了某个法律效果，因为对于这一事实的评价而言，该法律效果看上去是恰当的。出现其他特殊情况，则前述法律效果例外地被否定，依次类推。这或许可以称作评价分层的实体法构造，而人们可以将这种评价分层与证明责任规则联系起来。如果前一个层次的法律效果在实体上已经得到充分论证，属于第二层次的事实虽然被主张，却既没有被证实也没有被证伪，那么前一个层次的法律效果依然保留。

---

[1]　Vgl. Dieter Leipold, Beweismaß und Beweislast im Zivilprozeß, 1985, S. 20.

这种评价分层可能反映在规范的外部构造中———这正是"规范说"适用的场景，但在规范本身没有外部区别，甚至在规范表达相反的情况下，这种评价分层同样存在。[1]

这段话正面阐述了实体法评价分层与证明责任分配的关系。在莱波尔德看来，决定证明责任分配的不是盖然性、不是证据接近，也不是其他任何实质性考量。[2]立法者在分配一个要件事实的证明责任时固然可以参考这些因素，但起决定性的却是立法者的评价。即，对其准备保护的价值而言，要件事实真伪不明的败诉风险由谁承担更为妥当。这种评价不是一次性完成的，而是分层进行的。某种意义上，这是对构成要件分类与证明责任分配之关系的终极说明。

（3）普维庭的阐述。作为德国证明责任研究的最后一位经典作家，普维庭重申了实体法评价分层的思想，同时指出，这种评价分层可以通过法律解释来发现。他在《现代证明责任问题》中写到：

> 证明责任分配基本规则表面上似乎要求，为了实现请求权，必须证明所有可以想象的请求权基础要件。但法律几乎永远只会要求（先）证明一小部分，即由于各种原因被立法者视为核心的那部分规范要件。只要这些被严格限定的少量事实存在，对立法者来说，承认某个被主张的请求权就已经是公平的、合理的。只有与请求权对抗的新的情况被主张和证

---

[1]　Dieter Leipold, Besprechung von Reinecke, Beweislastverteilung im Bürgerlichen Recht und im Arbertisrecht als rechtspolitische Regelungsaufgabe, Acp 179 (1979), S. 503 f.

[2]　Vgl. Dieter Leipold, Besprechung von Reinecke, Beweislastverteilung im Bürgerlichen Recht und im Arbertisrecht als rechtspolitische Regelungsaufgabe, Acp 179 (1979), S. 503; Dieter Leipold, Beweismaß und Beweislast im Zivilprozeß, 1985, S. 20 f.

明，相应的法律效果才会消失，请求权人才需要进一步证明
其他的权利成立要件。换句话说，通过法律的结构，实体法
在评价上被分解成不同的层次，而上文提到的那些（实质
性）考量，不过是发现和界定这些层次的辅助工具。人们在
结论上把这种分层称为权利与反权利、权利与抗辩、基础关
系与特别关系或者常规事实与例外事实，并不重要；重要的
是，这种分层反映了法律的结构原则，这种结构原则除了可
以通过语言表达，还可以通过体系的、历史的以及目的的解
释来发现。并且，这不是一种能够通过盖然性标准来说明的
法律结构方式。[1]

在结合《德国民法典》罗列大量例子之后，普维庭进一步
指出：

从实体法的角度，出于对责任基础要件完整性的要求，在上
述例子中必须考虑所有要件存在与否。但是，即便不考虑在
诉讼中的实现，立法者也不会这么做，基于包括证明责任分
配的实质性理由到实效性考虑在内的各种理由，立法者会分
阶段（评价分层）地规定实体法。有人或许会说，上述例子
中语言提示清晰，即便在传统意义上，也可以轻易认定为证
明责任分配。这种质疑是不成立的。这只是《德国民法典》
在语言表达上特别严谨这一史事的例证。即便法律语言欠缺
这种严谨性，揭示上述评价分层也是可能的，只不过在具体
情况下明显困难很多而已。[2]

---

〔1〕 Hans Prütting, Gegenwartsprobleme der Beweislast, 1983, S. 285-286.

〔2〕 Hans Prütting, Gegenwartsprobleme der Beweislast, 1983, S. 286-287.Vgl.
Baumgärtel/Laumen/Prütting: Handbuch der Beweislast, Band I, 4. Aufl. 2019, § 27
Rn. 10.

在这里，普维庭反驳了"德国法特殊性"的论调，指出了实体法评价分层的必然性。因为这种必然性，证明责任规范的存在甚至不以立法者对它的清晰意识为前提。[1]

由以上整理可见，罗森贝克发现了实体法在规范构造上的特征，并以此作为确定证明责任分配的指引；莱波尔德更进一步，指出了这种规范构造的内在原因。基本规范—相对规范的构造是形式，规范背后蕴含的实体法评价是实质。一方面，实质需要通过形式来表达，所以二者在多数时候是统一的。就此而言，莱波尔德也好，普维庭也好，都没有否定"规范说"的核心精神。另一方面，形式与实质不符的情况也时有发生，从片面强调立法表达到重视表达背后的评价，是莱波尔德对"规范说"的重要推进。诚如普维庭所言，评价分层并不是什么新的方法论，[2]对熟悉请求权体系的民法学者尤其如此。但是，它确实为我们分析实体法规范的证明责任分配提示了方向。沿着这个方向，对我国《民法典》中的证明责任疑难问题展开分析是完全可能的。这就是本书接下来要做的事情。

三、本书概览

（一）内容与结构

本书内容包括"导论"、十个民法制度的证明责任专题研究

---

[1] 参见任重：《论中国"现代"证明责任问题——兼评德国理论新进展》，载《当代法学》2017 年第 5 期。

[2] Vgl. Hans Prütting, Gegenwartsprobleme der Beweislast, 1983, S. 287.

以及"结论"。其中,"导论"介绍了本书的问题意识、结构安排、本研究使用的材料与方法以及本研究的创新与不足,同时用一定篇幅,对学界针对"规范说"的质疑作了回应。"结论"部分归纳、提炼十个专题研究得出的重要见解,并对证明责任分析的方法论问题进行了反思与展望。

"导论"之后的十章,本书依次研究了民法中的十个证明责任疑难问题。这十个问题分别是:善意取得制度中善意要件的证明责任问题(原《物权法》第106条/《民法典》第311条)、民间借贷诉讼的证明责任问题(《民间借贷规定》第16条、第17条)、违约金调减的证明责任问题(《民法典》第585条第2款第2句)、买卖合同标的物瑕疵的证明责任与通知义务问题(《民法典》第615条、第621条)、网络服务提供者帮助侵权责任诉讼的证明责任问题(《民法典》第1195—1197条)、环境侵权诉讼的证明责任问题(《民法典》第1230条)、个人信息泄露侵权的证明责任问题(《民法典》第1038条)、合同履行抗辩权的证明责任问题(《民法典》第525条、第526条)、表见代理的证明责任问题(《民法典》第172条)以及证明责任倒置的方法论问题(结合善意取得制度)。选择这些专题的标准是:这些专题涉及的民法规范要么在证明责任理论上引起了争议,要么在诉讼实务中引发了乱象;而对这些规范的证明责任研究,无一不有利于以"规范说"为核心的证明责任一般原理的澄清。

逻辑上,十个专题可以大致分为三个板块。第一章和第二章构成了第一板块。第一章是笔者研究民法证明责任问题的早期尝试。在这个研究中,笔者结合《物权法》第106条的法教义学分析,对证明责任分配、证明困难缓解等问题进行了初步思考。这些思考未必成熟，但对笔者的后续研究有重要的示范意义。第二章关于民间借贷证明责任的研究，主要是对最高人民法院《民间借贷规定》中的两个条文[1]的批评。在这项研究中，笔者运用主张具体化、否认具体化、本证、反证、抗辩这些概念，分析了一个民间借贷诉讼的证据调查过程。正文之外，第二章还有两个附录，分别对民间借贷诉讼中的两个具体问题进行了延伸讨论。这两章的共同之处是完成时间较早，且内容都涉及大陆法系证明责任基本原理的介绍。

第二板块包括第三章到第八章。这六章的主题都指向了《民法典》实施过程中的证明责任疑难问题。当然，因为所涉及的具体制度不同，它们对证明责任理论的挑战也不相同。比如，违约金调减所面对的问题是，如何在形成之诉中分配证明责任，推进证据调查；标的物瑕疵的证明责任面对的问题是，如何协调合同履行与违约责任两种视角下的证明责任分配；网络服务提供者帮助侵权责任所面对的问题是，如何将一个美国法上的制度整合到大陆法系的证据法理论当中；环境侵权责任所面对的问题是，如何让一个不尽合理的证明责任倒置规范能够被适用；个人信息泄露侵权责任所面对的问题是，如何运用民法和民事诉讼法的教义学资源，回应结构性的证明难题；合同履行抗辩权面对的问题是，如何通过证明责任分析，治愈不尽合理的规范设计。因为问题不同，各章在理论资源的选取和运用上也有所取舍。如果说第一板块是对证明责任基本原理的初步澄清，这一部分不妨看作是这类原理在《民法典》背景中的运用和展开。

---

[1] 即 2015 年《民间借贷规定》第 16 条、第 17 条，2020 年修正的《民间借贷规定》第 15 条、第 16 条。

第三板块包括第九章和第十章。这两章虽然仍然是在《民法典》适用的语境中研究证明责任疑难问题，但又都不限于此。其中，第九章围绕表见代理的证明责任问题，拓展了实体法评价分层的思考方法。第十章再次讨论善意取得，但重心却不是善意取得的证明责任分配，而是围绕学界关于这一问题的争论，反思证明责任倒置的方法论问题。可见，这两章在本书中的定位是，对此前章节反复运用的理论工具，尝试从方法论层面予以推进。

可见，尽管本书所有章节都属于"从具体规范切入的专题研究"，但这些专题研究在侧重点上并不完全相同。具体言之，前两章的重心是澄清大陆法系证明责任的基本原理，中间六章是对这些原理在《民法典》适用语境中的应用和展开，最后两章则试图对证明责任分析的方法有所拓展。这种研究重心的转变与其说是有意为之，不如说是伴随着研究的推进而自然呈现的。

（二）方法与材料

本书总体上坚持了法教义学的研究方法。就这种研究方法的基本特征，笔者曾专文撰述，[1]各章结语部分亦有结合具体问题的展开，此处不赘。但是，基于证明责任理论本身的特殊性，这种法教义学的立场在本书中又有一些特别的呈现方式。这尤其表现为三组要素的"互动"。

其一，实体法与程序法的互动。如"导论"第二部分所述，以罗森贝克"规范说"为代表的证明责任理论，属于民事诉讼法教义学的组成部分。相应地，运用这种理论分析现行法的证明责

---

〔1〕 参见吴泽勇：《民事诉讼法教义学的登场——评王亚新、陈杭平、刘君博：〈中国民事诉讼法重点讲义〉》，载《交大法学》2018 年第 3 期。

任问题，是典型的民事诉讼法教义学操作。但是，证明责任本质上是实体法问题，按照罗森贝克的理论，证明责任分配取决于实体法的文义和构造；伴随莱波尔德等人对"规范说"的发展，证明责任分析中应当全面运用各种民法解释方法也已成为共识。为此，对于民法中的证明责任疑难问题，经常需要综合运用来自民法和民事诉讼法的教义学资源，并在二者的互动中展开分析。从这个意义上，证明责任研究是天然的实体法与程序法的"融合研究"或"交叉研究"。

其二，理论与实务的互动。通常认为，证明责任是法律问题，证明责任分配由立法者决定。但与一般民法问题不同的是，证明责任与事实认定密切相关。证明责任本身就是要件事实真伪不明时的风险分配机制，除此之外，证明责任还对事实审的展开起着指引作用。这个意义上，不妨说，证明责任是"规范事实认定的法律问题"。而一旦涉及事实，就无法忽略司法实务的因素。一个要件事实在真实诉讼中表现为哪些生活事实？这些事实是否真的难以证明？法官认定某个疑难事实的进路是怎样的？对这些问题，传统民法教义学中通常不会涉及，民法学者可能还会因为视角的局限而作出不符合实际的判断。考虑到这一点，在证明责任研究中务必关注司法实务。本书几乎所有章节都对相关规范的实务裁判作了整理。这些案例或从正面佐证本书立场的合理性，或从反面展示反映实务操作中的不规范，个别时候，甚至成为决定观点取舍的关键论据。[1]

其三，中国法与比较法的互动。法教义学以探寻现行法的最

---

[1] 比如对通知义务性质的理解，很大程度上就是参照了实务中的做法。参见本书第四章。

佳解释方案为目标，现行法是出发点，也是落脚点。但在出发点与落脚点之间，各种理论和经验资源却都不妨运用。在证明责任解释方案的探寻过程中，比较研究经常发挥重要作用。在本书大多数章节，笔者对德国法作了详略不等的考察。这种考察有时是为中国法的解释提供参考，有时则是为了证明，中国法虽不同但却自有道理。无论如何，中国法与比较法的互动，也是本书的一个重要特色。

上述三点同时也提示了本研究的材料来源。本书对民法的证明责任分析主要运用了四种文献，分别是民法学研究文献、证明责任研究文献、实务裁判以及比较法文献（主要是德国法）。四种文献的范围、规模和组合方式视议题而定，但都服务于当前的问题意识，同时服务于本研究的法教义学立场。

（三）推进与局限

本书对既有研究的推进或许有三点。首先，本书对所涉及制度的证明责任问题进行了较为前沿的研究。这种前沿性体现在实体法、程序法文献的整理上，也体现在司法裁判和比较法文献的运用上，更体现在分析的细致程度上。通过这种综合性的法教义学研究，笔者希望，能够推进理论界和实务界对本书涉及的九个民法制度证明责任问题的认识。

其次，本书澄清了"规范说"及相关理论，并有所推进。除了"导论"第二部分的梳理外，正文十章实际上都在通过具体民法规范的个案分析，反复澄清"规范说"及相关原理。推进主要体现在对实体法评价分层理论的展开、对证明困难缓解策略的整理以及临时心证概念的初步提出等。对这些推进，"结论"部分将有归纳，此处不赘。

最后，本书对所涉及民法制度的证据调查流程有较多讨论。本书不仅讨论证明责任的理论之争，在许多章节，还运用相关原理，对疑难问题的证据调查流程作了较为充分的展开。如果运用得当，这类讨论应能为司法实务中的证据调查提供有益的指南。

本书也有明显的局限。首先，本书不是一个全面的民法证明责任疑难问题研究。在论题的选择上，尽管笔者尽量考虑了问题的代表性，但因为时间、精力和学力所限，疏漏依然难免。而对整个《民法典》进行证明责任的分析，更是作者目前无法想象的。其次，本书对"规范说"及相关理论的发展有限。在基础理论上作出推进并非本书目标，但笔者不会否认这种推进的学术价值。虽然笔者确实对证明责任分析的工具作了少许"改良"，但在本书中，这类改良仍然服务于具体问题的解决，并未充分展开。最后，有些重要问题本书尚未涉及。比如，如何看待实务中提出证据责任主导的倾向？如何在自由心证的语境中对证明困难缓解策略作出体系化的安排？如何评价要件事实论对"规范说"的发展（或者冲击）？凡此种种，对于我国证明责任制度的未来发展都具有重大意义。受制于本书的问题意识和研究设计，对这些问题的研究只能留待他日了。

第一章

善意取得制度中善意要件的证明责任 [*]

一、问题的提出

按照原《物权法》第 106 条（《民法典》第 311 条），善意取得的成立需要符合三个要件：受让人善意，交易价格合理，不动产登记或者动产交付。三个要件中，后两个要件具体而明确，其法律适用相对简单。唯第一个要件，因涉及受让人的主观心理状态，其证明究竟遵循何种原则和标准，不仅在司法实务中乱象丛生，学说上亦不乏争论。

（一）实务乱象

实务中的混乱状态，从以下几个案例中可见一斑。

案例 1：A 将其所有的房子交给侄子 D 长期居住，而 D 将该房转卖给了 H。A 诉至法院，要求确认 D 与 H 二人之间签订的房产转让协议无效；H 主张其对房产构成了善意取得。法院判决

---

　　* 本章核心内容完成于 2012 年，主要围绕原《物权法》第 106 条展开。由于该条规定在《民法典》第 311 条中并无实质性修改，本章所有讨论在《民法典》时代也继续适用。《民法典》颁行后对该问题的思考，参见本书第十章。

原告胜诉，判决书中写道："被告 H 辩称自己作为善意第三人有理由相信该房屋归被告 D 所有，因双方签订协议时，D 没有向其交付任何有关该房屋的手续，而 H 又无证据证实该房屋系 D 所有，因此，H 以善意购买该房屋的辩解，证据不足，本院不予采信。"[1]

案例 2：Y 与 T 原为夫妻。离婚后，Y 用 T 名下的轿车与 H 签订了质押合同。后 T 请求 H 返还小轿车，而 H 主张其对小轿车的占有构成善意取得动产质权。一审驳回了 T 的诉讼请求。一审判决生效后，检察机关提起抗诉，抗诉理由之一是原审判决由原告 T 负担其为善意的举证责任，系适用法律错误。再审法院接受了这条意见，却仍维持了原判。再审判决中写到："本案车辆质押合同的效力仍需衡量 H 占有该车辆时是否出于善意，即 H 不知道 Y 无处分权，且无重大过失则构成善意取得。在判断 H 是否为善意，理论上虽应采取推定的方法，应由 T 对 H 占有该车辆时的恶意进行举证，但是，本案中的有效证据显示，Y 向 H 交付轿车时，机动车登记证书明确载明车辆所有权人是 T，即使 H 不知道 Y 与 T 离婚之事实，H 也仅能推断该车辆系 Y 与 T 的共同共有财产，在未经 T 同意的情形下，Y 不得单独对该车辆作出处分。根据在案证据已可证实 H 未尽一定程度的注意义务……"[2]

案例 3：J 与 Z 原系夫妻关系。Z 在其与 J 的离婚诉讼期间，将其本人名下的一套房产卖给了 W。J 诉至法院，称该房产系其与 Z 的夫妻共同财产，要求法院判令 Z 与 W 签订的房屋买卖合

---

〔1〕 参见河南省正阳县人民法院 (2009) 正民初字第 963 号民事判决书。

〔2〕 参见浙江省杭州市中级人民法院 (2010) 浙杭商提字第 1 号民事判决书。

同无效。被告 W 则主张其对该房产的占有构成善意取得。在一审过程中，原告 J 提交了其所属单位的电话本 3 份，以证明被告 W 知道原告和被告 Z 是夫妻关系，并可能知道原告和被告正处于离婚诉讼期间。一审法院认为 J 的证据不足以证明 W 买房时系恶意，驳回了 J 的诉讼请求。J 不服判决，提起上诉。二审维持了原判，判决书中写道："当事人对自己提出的诉讼请求所依据的事实，有责任提供证据加以证明，没有证据或者证据不足以证明其事实主张的，由负有举证责任的当事人承担不利后果。上诉人 J 上诉称被上诉人 W 购买房屋时并非属于善意取得，对该主张，因其未能举出有力的证据予以证明，故本院对上诉人 J 的该项上诉理由不予采信。"[1]

上述判决中反映的问题大致包括两个方面：一是善意取得制度中善意要件的证明责任如何分配，二是善意要件在具体诉讼中如何证明。就前一个问题，第一份判决看上去认为第三人应当就其善意负证明责任；第二份判决明确指出，就第三人的善意，理论上应采推定方法，由原权利人证明其恶意；第三个案件相对复杂，但从判决书的论述逻辑来看，法官似乎认为共同财产所有人应当就第三人接受财产转让时的非善意负证明责任。[2]就善意要

---

〔1〕 参见河南省郑州市中级人民法院 (2010) 郑民二终字第 537 号民事判决书。

〔2〕 一方面，在实务中，法官很少使用"真伪不明"的字眼，对于肯定之外的事实判断，一般只是笼统表述为"证据不足，予以驳回"。从理论上，这时法官可能就该事实形成了为"否"的内心确信，也可能该事实仍处于"真伪不明"的状态。另一方面，中国现行法上的"举证责任"，与德国、日本以及我国台湾地区民事诉讼法学理论上的"证明责任"或者"举证责任"概念并不完全相同。由于这些因素的存在，就上述判决究竟采纳了哪一种证明责任分配方案，实际上很难准确判断。这里的归纳是笔者细读三份判决文本之后得出的结论。这种归纳未必精确，但为了研究的开展，也只能如此了。

件的证明，三份判决也给出了详略不等的说明。

（二）理论分歧

就善意要件的证明责任分配，学者间存在明显分歧。多数民法学者认为，就善意要件的认定应采取推定的方法，即推定受让人为善意，而由主张其为非善意的原权利人就受让人的恶意或者重大过失负举证责任。[1]晚近发表的两篇专论却持不同观点。[2]在对现行法进行法解释学的阐释时，两篇论文一致认为，善意要件应由主张善意取得的受让人（第三人）负担证明责任。但就导致这种证明责任分配方法的条文设计是否合理，二文之一提出了激烈批评。在该文看来，我国目前的制度设计使得第三人不得不证明实际上很难证明的"消极事实"，这将严重限制善意取得制度的适用，甚至让这一制度的规范目的落空。[3]逻辑上，这种批评以善意证明的难度否定第三人负担善意证明责任的制度安排。我们看到，类似观点在其他民法学者那里也有体现。[4]这提醒我们：在讨论善意要件的证明责任分配时，无法回避该要件究竟如

---

〔1〕 比如王利明：《物权法研究》，中国人民大学出版社 2002 年版，第 269-270 页；叶金强：《论善意取得构成中的善意且无重大过失要件》，载《法律科学》2004 年第 5 期；陈华彬：《民法物权论》，中国法制出版社 2010 年版，第 287 页；程啸：《论不动产善意取得之构成要件——〈中华人民共和国物权法〉第 106 条释义》，载《法商研究》2010 年第 5 期。

〔2〕 参见徐涤宇、胡东海：《证明责任视野下善意取得之善意要件的制度设计——〈物权法〉第 106 条之批评》，载《比较法研究》2009 年第 4 期；郑金玉：《善意取得证明责任分配规则研究》，载《现代法学》2009 年第 6 期。

〔3〕 参见徐涤宇、胡东海：《证明责任视野下善意取得之善意要件的制度设计——〈物权法〉第 106 条之批评》，载《比较法研究》2009 年第 4 期。

〔4〕 参见叶金强：《论善意取得构成中的善意且无重大过失要件》，载《法律科学》2004 年第 5 期；陈华彬：《民法物权论》，中国法制出版社 2010 年版，第 550 页。

何证明的问题。

　　本章拟就善意取得制度中善意要件的证明问题展开讨论：第二部分将从解释学的角度，分析原《物权法》第106条中蕴含的证明责任分配规则；第三部分讨论善意要件的证明可能性及其实现策略；第四部分从立法论的角度，分析未来立法中需要考虑的内外因素。结论部分对本章秉持的方法论立场略作阐发，以期对其他民法规范的证明责任研究也能有所裨益。

二、善意要件的证明责任分配：法解释学的分析

　　所谓证明责任，即争议事实真伪不明时一方当事人的败诉风险。通说认为，证明责任规范在性质上属于实体法，应当主要从实体法规范中寻求和发现。[1]我国原《物权法》第106条规定了善意取得，与善意要件直接相关的则是该条第1款后句之（一）。这样，我国善意取得制度中善意要件的证明责任应当如何分配的问题，不妨转化为该条的解释问题。

---

　　〔1〕 罗森贝克指出，证明责任规范主要属于民法，Leo Rosenberg, Die Beweislast auf der Grundlage des Bürgerlichen Gesztzbuchs und der Zivilprozessordnung, 5. Aufl. 1965, S. 82；普维庭进一步指出，作为一种风险分配机制的证明责任分配规则，就像其他的实体法一样，必须主要由立法者"以法律规范的方式"来确定，Hans Prütting, Gegenwartsprobleme der Beweislast, 1983, S. 20. 英美法学者同样认为证明责任属于实体法，比如 Adrian Keane, *The modern law of evidence*, Butterworths, 1996, p. 69. 这也是我国民事诉讼法学界的主流学说，比如一本权威教科书指出，"证明责任分配属于实体法问题"。参见江伟主编：《民事诉讼法》（第3版），高等教育出版社2007年版，第185页（该章为李浩教授撰写）。

（一）文义解释

立法者一般不会在实体法中直接规定证明责任分配，但通过分析实体法规范的文义和结构，发现证明责任规范是可能的。关于法律适用的一个不言自明的逻辑是，当事人如果援引对自己有利的法律规范，就要对这个法律规范的事实要件进行主张和举证。依其表述方式和规范结构，罗森贝克将实体法规范分为权利形成规范、权利消灭规范、权利妨碍规范和权利受制规范，其中，权利形成规范是从正面规定权利成立的规范，后三种规范则是从反面规定权利消灭或者受阻的规范。由于每方当事人都要主张和证明对自己有利的法律规范，主张权利存在的当事人就对权利形成规范负担主张和证明责任，主张权利受到妨碍或主张权利消灭、受阻的当事人则对后三种法律规范负担主张和证明责任。[1]这就是罗森贝克"规范说"的核心观点。[2]考虑到"规范说"直接诉诸实体法规范表达方式的特点，[3]人们不难发现这种学说对文义方法的青睐。尽管"规范说"遭到不少批评，但主流观点大多认可其基本框架，所谓修正只反映在一些细节；[4]更重

---

〔1〕 Leo Rosenberg, Die Beweislast auf der Grundlage des Bürgerlichen Gesztzbuchs und der Zivilprozessordnung, 5. Aufl. 1965, S. 100 ff. 日本学者的概括，参见［日］高桥宏志：《民事诉讼法：制度与理论的深层分析》，林剑锋译，法律出版社 2003 年版，第 440 页。

〔2〕 通说有时又被称为"法律要件分类说"，比如李浩：《民事证明责任研究》，法律出版社 2003 年版，第 114 页。"法律要件分类说"与"规范说"并非完全相同的概念，但这里不作刻意的区分。

〔3〕 关于"规范说"直接诉诸法律文义和规范构造的特点，Vgl. Hans Prütting, Gegenwartsprobleme der Beweislast, 1983, S. 283-284.

〔4〕 比如，在德国，学者基本上都已放弃罗森贝克理论中的"权利妨碍规范"这一规范类别，Vgl. Baumgärtel/ Laumen/ Prütting, Handbuch der Beweislast: Grundlagen, 2. Aufl. 2009, S. 146 f; 参见"导论"第二部分的介绍，另见（转下页）

要的是，无论在德国、日本，还是在我国台湾地区，"规范说"都是司法实务中通行的学说。[1]究其原因，是因为这种学说直接诉诸实体法的规范结构，其证明责任分配标准清晰、稳定而统一，易受职业法律人的青睐。[2]因此，这里从"规范说"开始我们对原《物权法》第106条的证明责任解释。

考虑到，在诉讼中，主张权利存在的当事人一般需要援引权利形成规范作为攻击手段，主张该权利不存在的当事人则要援引权利消灭规范、权利妨碍规范或权利受制规范作为防御手段，这两类规范的关系可以用"基本规范"与"相对规范"来界定。[3]由此出发，关于原《物权法》第106条第1款第1句的解读方式就有两种：一种解读是，将前半句关于追回权的规定看作基本规范，而将后半句看作其相对规范；另一种解读是，将后半句本身

（接上页）吴泽勇：《规范说与侵权责任法第79条的适用——与袁中华博士商榷》，载《法学研究》2016年第5期。在日本，有学者主张在证明责任分配标准中引入"实体法旨趣"之类的实质性考量，比如〔日〕新堂幸司：《新民事诉讼法》，林剑锋译，法律出版社2008年版，第398—399页。关于日本的学说状况，参见〔日〕高桥宏志：《民事诉讼法：制度与理论的深层分析》，林剑锋译，法律出版社2003年版，第441—448页；张卫平：《诉讼构架与程式：民事诉讼的法理分析》，清华大学出版社2000年版，第292—295页；王亚新：《对抗与判定——日本民事诉讼的基本结构》（第2版），清华大学出版社2010年版，第172—174页。

〔1〕关于法律要件分类说（或者"规范说"）的通说地位，参见陈刚：《证明责任法研究》，中国人民大学出版社2000年版，第258页；张卫平：《诉讼构架与程式：民事诉讼的法理分析》，清华大学出版社2000年版，第305页；李浩：《民事证明责任研究》，法律出版社2003年版，第128—129页；毕玉谦：《民事证明责任研究》，法律出版社2007年版，第181—185页。上述中国学者都赞成在中国以"规范说"作为证明责任分配的基本原则。

〔2〕参见李浩：《民事证明责任研究》，法律出版社2003年版，第128页；王亚新：《对抗与判定——日本民事诉讼的基本结构》（第2版），清华大学出版社2010年版，第174页；毕玉谦：《民事证明责任研究》，法律出版社2007年版，第244—245页。

〔3〕Leo Rosenberg, Die Beweislast auf der Grundlage des Bürgerlichen Gesztzbuchs und der Zivilprozessordnung, 5. Aufl. 1965, S. 100.

看作基本规范。在前一种解读方式中，原《物权法》第 106 条第 1 款后半句关于善意取得三要件的规定属于（追回权的）权利妨碍规范；在后一种解读方式中，该规定则属于（善意取得的）权利形成规范。但无论采用哪一种解读方式，关于该条证明责任分配方法的结论都是相同的，[1]即主张善意占有的当事人应当就该条列举的所有三个法律要件负证明责任——其中包括善意要件。我们看到，其他学者对原《物权法》第 106 条的解释也得到了同样的结论。[2]

针对"规范说"的一个批评是，仅从法律条文的文义和构造中寻求证明责任分配规则，是不合理的。[3]一方面，立法者在设计实体法规范时可能并没有考虑证明责任的分配问题；另一方面，立法者的立法意图常常也不是通过单个条文来表达的。如果仅仅从一个法律条文出发，机械地运用"规范说"，可能会得出与立法者意图相悖的证明责任分配方法。因此，当证明责任问题摆在面前时，各种解释方法都不能忽略。[4]对于善意取得的证明责任问题，引发较多争议的是目的解释。

---

[1] 一个规范究竟是基本规范还是相对规范，主要取决于当事人在具体诉讼中援引该规范的时间和场合，而对证明责任分配并无任何影响。关于基本规范与相对规范之间关系的相对性，Vgl. Leo Rosenberg, Die Beweislast auf der Grundlage des Bürgerlichen Gesztzbuchs und der Zivilprozessordnung, 5. Aufl. 1965, S. 102 f.

[2] 参见徐涤宇、胡东海：《证明责任视野下善意取得之善意要件的制度设计——〈物权法〉第 106 条之批评》，载《比较法研究》2009 年第 4 期；郑金玉：《善意取得证明责任分配规则研究》，载《现代法学》2009 年第 6 期。

[3] Hans Prütting, Gegenwartsprobleme der Beweislast, 1983, S. 283 f；[日] 新堂幸司：《新民事诉讼法》，林剑锋译，法律出版社 2008 年版，第 398—399 页。

[4] Hans Prütting, Gegenwartsprobleme der Beweislast, 1983, S. 285.

（二）目的解释

就原《物权法》第106条的立法意图，学者的观点存在分歧。有民事诉讼法学者认为，原《物权法》第106条通过将善意要件作为法律成立要件规定的方式将该要件的证明责任加诸第三人，体现了一种优先保护所有权的立法意图。[1]但在两位民法学者看来，如此规定只会限制善意取得制度的适用，导致原《物权法》第106条的规范目的即保护交易安全落空的严重后果。二位学者更明确指出，不能想当然地以为，《物权法》作此规定是为了更好地保护所有权；这只不过是法条设计不当的结果而已。[2]

笔者认为，第一种观点更有说服力。首先，将保护交易安全界定为善意取得制度的目的虽然没有错，但却不能把保护交易安全看作这一制度的唯一目的。正如拉伦茨所言，"一项法律规整常不只要实现一个目的，毋宁常以不同的程度追求多数的目的"。[3]尽管善意取得制度的确立表明法律在总体上采取了牺牲财产所有权的静的安全以保护财产交易的动的安全的立场，但对财产所有权的保护无论何时、何地都具有重要意义。因为这一点，多数国家选择了兼顾财产所有权的静的安全与财产交易的动的安全的"中间法立场"，而非原则上不承认善意取得或者对善意取得的范围不加限制的"极端法立场"。我国《物权法》亦不例

---

〔1〕 参见郑金玉：《善意取得证明责任分配规则研究》，载《现代法学》2009年第6期。

〔2〕 参见徐涤宇、胡东海：《证明责任视野下善意取得之善意要件的制度设计——〈物权法〉第106条之批评》，载《比较法研究》2009年第4期。

〔3〕 ［德］卡尔·拉伦茨：《法学方法论》，陈爱娥译，商务印书馆2003年版，第209页。

外。[1]从这个角度，我国善意取得制度的规范目的并非单纯保护交易安全这一种利益，而毋宁是在所有权保护与交易安全保护这两种利益当中寻求平衡。[2]

其次，在与德国、日本等大陆法系国家相比的意义上，说我国《物权法》偏重保护所有权有充分理由。在我国《物权法》中，善意取得是被放在无权处分的法律效果之后，作为其例外而规定的。这种立法体例在大陆法系其他国家并不多见，与德国法以物权无因性原则作为善意取得的逻辑起点更形成鲜明对比。[3]对此差异的可能解释是：与其他大陆法系国家相比，所有权保护在我国《物权法》中所占的分量更重。此外，我国《物权法》没有规定取得时效制度，对占有制度的规定也相当粗陋。考虑到取得时效以及占有保护均构成对原所有权的限制，现行法对这两种制度的消极态度，可以说进一步反映了立法者对于所有权保护的偏爱。

以上分析表明，原《物权法》第 106 条在规范意图上的确偏重保护所有权，而将善意要件的证明责任施加给主张善意的第三人，正是这种规范意图的准确体现。退一步讲，即便我们承认"偏重保护交易安全"是我国善意取得制度的规范目的，第三人负担善意要件的证明责任的立法例也并不会使这一规范目的落空。从原则上不承认善意取得，[4]到承认善意取得并且将善意要

---

〔1〕 参见陈华彬:《民法物权论》，中国法制出版社 2010 年版，第 282—283 页。

〔2〕 关于善意取得制度的这种功能，参见谢在全:《民法物权论》（上册），中国政法大学出版社 1999 年版，第 221 页；王泽鉴:《民法物权》，北京大学出版社 2009 年版，第 471 页。

〔3〕 参见郑金玉:《善意取得证明责任分配规则研究》，载《现代法学》2009年第 6 期。

〔4〕 比如挪威、丹麦等国。参见陈华彬:《民法物权论》，中国法制出版社 2010 年版，第 281—282 页。

件的证明责任施加给原所有权人，我国原《物权法》第106条的设计位于中间。这种立法例与那种将善意要件的证明责任施加给原所有权人的立法例相比，差别仅仅在于善意与否真伪不明的那一部分案件；对那些能够证明其善意的第三人来说，交易安全利益仍然得到了有效的保护。

（三）比较法解释

比较法不能作为解释现行法的直接依据，却能为我们理解现行法提供间接参考。实际上，在对一种法律制度尚未形成稳定的法解释学共识之前，引入比较法资源经常是解释者不得已的选择。我们看到，民法学者以推定解释善意要件的证明责任分配，无疑受到了日本和我国台湾地区民法学著作的影响；[1]而徐涤宇、胡东海对现行法的批评，则是因为德国法提供了不同的立法例。[2]比较法上的这些反例，是否可以成为推翻本章解释结论特别是基于"规范说"的语义解释结论的依据？在笔者看来，答案是否定的。

首先，日本法等不构成对上文分析的反驳。一个不言自明的前提是：作为一种确定证明责任分配基本原则的理论学说，罗森贝克的证明责任分配基本原则仅适用于法律没有就证明责任分配作出明确规定的场合。[3]《日本民法典》第192条规定："通过交易行为平稳且公然开始占有动产的人，在善意且无过失时，即时

---

〔1〕　从论者的知识背景和参引文献中不难发现这一点。

〔2〕　参见徐涤宇、胡东海：《证明责任视野下善意取得之善意要件的制度设计——〈物权法〉第106条之批评》，载《比较法研究》2009年第4期。这是笔者的归纳，在徐、胡文中，这些论据实际上是分散在许多地方。

〔3〕　参见李浩：《民事证明责任研究》，法律出版社2003年版，第138页；陈刚：《证明责任法研究》，中国人民大学出版社2000年版，第256页。

取得可在该动产上行使的权利。"[1]表面上看，善意在这里似乎是权利成立规范的要件事实。但问题是，就善意的成立，《日本民法典》第186条第1款已经规定："占有人，可推定为以所有的意思、善意、平稳且公然地占有之人。"[2]《日本民法典》第186条实际是一个以推定之名的证明责任分配规范，[3]立法者通过这个规范，将善意要件的证明责任直接分配给了就占有人的善意提出异议的人。由于《日本民法典》第186条的存在，"规范说"被排除在了第192条的解释之外。差不多相同的规定也出现在我国台湾地区"民法典"第944条。[4]这就是为什么，在台湾地区民法学者的论述中，善意要件的证明责任总是被从反面、以恶意证明的方式赋予原权利人。[5]

其次，德国法同样不构成对上文分析的反驳。《德国民法典》关于善意取得的规定主要体现在第932—934条，以第932条最为基础，第932条又援引了第929条。[6]根据第929条第1款，"为转让动产的所有权，所有人必须将该物交付给取得人，并且所有

---

〔1〕 渠涛编译：《最新日本民法：日本民法典》（2006年新版），法律出版社2006年版，第45页。

〔2〕 渠涛编译：《最新日本民法：日本民法典》（2006年新版），法律出版社2006年版，第44页。

〔3〕 关于以推定之名的证明责任规范，Vgl. Leo Rosenberg, Die Beweislast auf der Grundlage des Bürgerlichen Gesztzbuchs und der Zivilprozessordnung, 5. Aufl. 1965, S. 204 ff.

〔4〕 这一条排除了"规范说"对于该法第948条的适用。类似的规定还出现在《瑞士民法典》引言部分的第3条。按照该条规定，"当本法认为法律效果系属于当事人的善意时，应推定该善意存在"。这条规定同样排除了"规范说"对于《瑞士民法典》第933条的适用。

〔5〕 参见谢在全：《民法物权论》（上册），中国政法大学出版社1999年版，第221页；王泽鉴：《民法物权》，北京大学出版社2009年版，第486页。

〔6〕 这几个法条的逻辑关系，参见［德］迪特尔·施瓦布：《民法导论》，郑冲译，法律出版社2006年版，第326页。

人和取得人必须达成关于所有权应移转的合意"；根据第 932 条第 1 款，"即使物不属于让与人，取得人也因依照第 929 条所为的让与而成为所有人，但取得人在依照该条的规定将会取得所有权时非为善意的除外"。[1]就此，"在有人对取得人的所有权提出疑问时，取得人只需要证明根据第 929 条所有的让与行为，而毋需也证明他在取得所有权之时是善意的。对取得人的所有权提出疑问的人，才必须对取得人的非善意提出证明"。[2]按照罗森贝克的理论，通过"……除外"这样的表达方式，立法者赋予第 932 条第 1 款以权利妨碍规范的性质。[3]主张该规范以妨碍基于第 932 条前半句主张善意取得者，需要就该规范负担证明责任，即证明取得人为非善意。[4]与我国原《物权法》第 106 条将善意要件作为取得人的权利成立要件规定相比，德国法第 932 条代表了另一种立法例。但两种立法例都可以被纳入同一种解释工具，即"规范说"。

---

〔1〕 陈卫佐译注：《德国民法典》（第 3 版），法律出版社 2010 年版，第 334、335 页。

〔2〕 〔德〕卡尔·拉伦茨：《德国民法通论》（上册），王晓晔等译，法律出版社 2003 年版，第 38 页；Vgl. Jürgen Oechsler, In: Münchener Kommentar zum BGB, 5. Aufl. 2009, S. 1069; Othmar Jauernig (Hrsg.), BGB- Kommentar, 5. Aufl. 2009, S. 1293; Baumgärtel/ Laumen/ Prütting, Handbuch der Beweislast: BGB Sachenrecht (§ § 854- 1296), 3. Aufl. 2010, S. 223; Palandt/Bassenge, BGB, 69. Aufl. 2010, S. 1504.

〔3〕 Leo Rosenberg, Die Beweislast auf der Grundlage des Bürgerlichen Gesztzbuchs und der Zivilprozessordnung, 5. Aufl. 1965, S. 126-127, Fußnote 5.

〔4〕 德国有民法学者认为，善意是善意取得的权利成立要件，只因其认定采推定的方法，因此须由反对方负担证明非善意的证明责任。比如〔德〕鲍尔、施蒂尔纳：《德国物权法》（下册），申卫星、王洪亮译，法律出版社 2006 年版，第 396 页；〔德〕M·沃尔夫：《物权法》（2004 年第 20 版），吴越、李大雪译，法律出版社 2004 年版，第 257 页。但这并不是证据法意义上的"推定"。因为，就善意的成立，法律并未规定基础事实；关于恶意的证明是本证，而不是反证，Vgl. Othmar Jauernig (Hrsg.), BGB- Kommentar, 5. Aufl. 2009, S. 1293.

最后，上述立法例都可以在其本国善意取得制度的规范目的中得到解释。关于我国善意取得制度的规范目的，上文已有简单涉及。这里以德国法为例，提供进一步的论据。在《德国民法典》第一立法委员会拟定的草案当中，善意的证明责任其实是被交给取得人的，因为当时的起草者认为，占有的公信力无法与不动产登记相提并论。但在第二次立法委员会那里，交易安全利益压倒了所有权保护利益。[1]结果，保护交易安全的立法意图在证明责任环节也获得了优先考虑，立法者将善意要件的规范形式由之前的权利成立规范改成了现在的法律妨碍规范。[2]这个故事告诉我们：第一，在立法上，将善意要件作为善意取得的权利成立要件和将其作为权利妨碍要件来规定都是可能的；第二，选择哪一种立法模式，起决定作用的是立法者的价值判断。就立法技术的运用而言，两种立法模式并无不同，即都是通过规范表述方式的选择，达到在当事人之间妥当配置证明责任的目的。

综上所述，尽管日本法、德国法等关于善意要件证明责任分配的立法与我国原《物权法》不同，但这只是各国善意取得制度不同立法意图的反映。一旦引入立法意图的变量，比较法上的不同立法例就变得可以理解，也不再有绝对的优劣之分。从这个角度，这些立法例不仅没有证伪，反而进一步证成了"规范说"的普遍意义，进而也证成了前文关于原《物权法》第106条的解释结论。

---

[1] Jürgen Oechsler, In: Münchener Kommentar zum BGB, 5. Aufl. 2009, S. 1069.

[2] Hans-Joachim Musielak, Die Grundlagen der Beweislast im Zivilprozeß, 1975, S. 379; Othmar Jauernig (Hrsg.), BGB- Kommentar, 5. Aufl. 2009, S. 1293.

（四）超越法律的法的续造？

徐涤宇、胡东海的《证明责任视野下善意取得之善意要件的制度设计——〈物权法〉第 106 条之批评》一文（以下简称徐文），从证明责任角度对原《物权法》第 106 条提出了激烈批评。徐文从《德国民法典》第 932 条出发，认为该条确立的善意要件证明责任分配规范有利于保护交易安全，在比较法上具有普适性；反观我国原《物权法》第 106 条，则由于立法者缺乏通过实体法分配证明责任的意识，有规范目的落空之虞；这一缺陷已经无法通过解释论弥补，而必须借助"超越法律的续造"来补救。[1]就该文部分观点及论据，前文已有反驳。唯"德国法的普适性"一点，对徐文具有方法论上的基石意义，仍需进一步澄清。

首先可以指出的是，即便最粗糙的比较法考察，也不能得出《德国民法典》第 932 条具有"普适性"的结论。在大陆法系，日本法、瑞士法等的法条结构与德国法均不相同；在英美法系，美国法更是提供了完全相反的判例。[2]无须更多考察，对于"德国法具有普适性"的判断，几个反例就够了。更重要的是，即便我们看到很多国家采用了德国法的立法例，因此在概率的意义上

---

〔1〕　参见徐涤宇、胡东海：《证明责任视野下善意取得之善意要件的制度设计——〈物权法〉第 106 条之批评》，载《比较法研究》2009 年第 4 期。

〔2〕　See, e.g., Oscar Gruss & Son v. First State Bank, 582 F.2d 424, 432 (7th Cir.1978); Natural Resources, Inc. v. Wineberg, 349 F.2d 685, 688 n. 8 (9th Cir.1965); Albee Tomato, Inc. v. A.B. Shalom Produce Corp., 155 F.3d 612 (2d Cir. 1998). 早期的一个述评，See *Evidence-Burden of Proving Bona Fide Purchase*, The University of Chicago Law Review, Vol. 4, No. 1 (Dec., 1936), p. 146-148. 所有这些判决和述评都一再指出，在美国法上，多数判例认为主张善意取得的受让人应就其善意负证明责任。

姑且承认德国法具有一定程度的"普适性"，这一判断对我们评估中国法也没有直接意义。立法者面对的情景不同，需要达到的立法目的不同，可以选择的立法技术也不同。评价一个国家的某个立法妥当与否，只能看这一立法在立法目的的设置上是否顺应了这个国家社会、经济的需要，以及立法者是否通过立法技术的运用，妥帖地实现了这一立法目的。从这个角度，因为德国法的"普适性"就批评中国原《物权法》第 106 条设计不当，本身就是武断的和不公正的。

在笔者看来，徐文的问题在于，意识到德国法与中国法的区别，却没有深入分析导致这种区别的原因，而是将其简单归咎于立法者的疏忽；接受了德国法学者关于《德国民法典》第 932 条的分析，却没有看到，这种分析实属对德国法的法解释学阐释——这种阐释恰恰没有"普适性"。解释学的终极目的是探寻本国现行法的真义，为做到这一点，只能从本国法规范的语义出发，参考本国法的体系和逻辑，探寻本国立法者的立法意图。德国学者如此，中国学者也应当如此。从这个意义上，德国法的规定，以及对这些规定的评注都不能成为解释、批评中国法的直接依据。而本章迄今为止的分析表明，在忠实反映立法者意图这一点上，我国原《物权法》第 106 条做得并不比其他大陆法系国家差；到目前为止，并未发现启动"超越法律的法的续造"的充分理由。[1]

---

[1]　关于"超越法律的法的续造"，参见［德］卡尔·拉伦茨：《法学方法论》，陈爱娥译，商务印书馆 2003 年版，第 286 页以下。

三、善意要件的证明之道

依前所述，从证明责任分配的角度，原《物权法》第106条第1款只能解释为第三人负担善意要件的证明责任。不无争议的是，善意要件是否能够证明？如果答案是肯定的，那么又应通过哪些方法来证明？这类问题如果不能得到圆满的回答，上文的分析也难逃"概念法学"之讥。

（一）无法证明的善意?

一个经常看到但却很少得到充分论证的观点是，作为一种否定性事实，[1]善意要件很难从正面被证明。比如，叶金强认为，"由于第三人不知真实物权状况为一消极事实，要求第三人证明其不知，在逻辑上难于成立，而且占有具有推定力，第三人可以将占有人视为真正权利人，所以，在无证据证明第三人知道真实物权信息的情况下，即应推定第三人为善意"。[2]陈华彬认为，"因无过失为常态，有过失为变态，且无过失为消极事实，依民事诉讼的一般举证责任分配原则，占有人应无须就此常态与消极事实负举证的责任"。[3]徐涤宇、胡东海认为，"受让人若要成功证明自己的善意，却并非易事。此所谓善意是指不知让与人无处分权而言。因而，'善意'是一种否定性事实或消极性事实。此类事实，虽非证明责任理论中的消极事实说认为的'消极事实不

---

〔1〕 有时又被表述为消极事实。考虑到这主要是译名选择的不同所致，本书对这两个概念不作区分。

〔2〕 叶金强：《论善意取得构成中的善意且无重大过失要件》，载《法律科学》2004年第5期。

〔3〕 陈华彬：《民法物权论》，中国法制出版社2010年版，第550页。

能证明'，却也是很难证明的，加之'善意'是一种主观内在状态，其证明难度更大"。[1]甚至郑金玉也认为，由第三人自证其善意，将会给司法实践带来难题。[2]在本书看来，这类观点的价值主要不在法解释学，而在法政策学。在法解释学层面，如果上文的分析成立，那么，即使真如论者所言——善意要件很难被证明，解释者也只能认为，立法者本来就是要通过证明难度的增加而将善意取得制度的适用限制在较小的范围。[3]但在法政策学层面，如果这种论点成立，立法者在设计善意要件的证明责任规则时就不应对其视而不见。只是，善意要件真的无法证明吗？或者至少，善意的证明难度真的远远大于恶意吗？无论从理论还是实务的角度考察，对这些设问的回答看上去都是否定的。

首先，作为这一论点理论基础的"否定事实说"，早已被证明为是不妥当的。"否定事实说"认为，只有肯定的事实能够证明，否定的事实是不可能证明的。德国研究证明责任的所有权威学者——从最早的罗森贝克[4]，到后来的莱波尔德[5]、穆

---

〔1〕 徐涤宇、胡东海：《证明责任视野下善意取得之善意要件的制度设计——〈物权法〉第106条之批评》，载《比较法研究》2009年第4期。

〔2〕 参见郑金玉：《善意取得证明责任分配规则研究》，载《现代法学》2009年第6期。

〔3〕 罗森贝克指出："证明困难并非证明不可能……如果认为对否定加以证明是没有必要的，那就意味着必须修改实体法。"否定事实是否需要证明，"仅仅取决于法律是否将该否定规定为法律效力的前提。如果法律将它规定为法律效力的前提条件，那么，主张此等法律效力的人，同样必须就该否定承担证明责任"。Leo Rosenberg, Die Beweislast auf der Grundlage des Bürgerlichen Gesztzbuchs und der Zivilprozessordnung, 5. Aufl. 1965, S. 332, 333.

〔4〕 Leo Rosenberg, Die Beweislast auf der Grundlage des Bürgerlichen Gesztzbuchs und der Zivilprozessordnung, 5. Aufl. 1965, S. 330 ff.

〔5〕 Dieter Leipold, Beweislastregeln und gesetzliche Vermutung: insbesondere bei Verweisungen zwischen verschiedenen Rechtsgebieten, 1966, S. 47.

泽拉克[1]、普维庭[2]，都一再指出，"否定事实说"原则上是错误的。肯定事实与否定事实的区分，从来不是决定证明责任分配的关键因素，甚至不是重要因素。即使是立法者经常会在立法上避免否定事实的证明，也不能改变这一结论。[3]在英美法系，该理论自19世纪末就被学者抛弃。[4]在我国，学者也采取了类似的立场。[5]"否定事实说"之所以会被抛弃，主要是因为，否定事实与肯定事实的划分非常模糊。[6]因为这一点，否定事实是否难以证明，就成了一个不能一概而论的问题。不排除有些否定事实的确难以证明，但有些肯定事实同样很难证明。一个事实要件究竟是从否定的方面更容易证明，还是从肯定的方面更容易证明，只能具体问题具体分析。[7]

其次，具体到善意取得制度中的善意要件，从正面证明善意未必比从反面证明恶意更难。善意取得制度中的"善意"，是指第三人的"不知情"，即不知道并且不应该知道处分人对于财

---

〔1〕 Hans-Joachim Musielak, Die Grundlagen der Beweislast im Zivilprozeß, 1975, S. 371, 376.

〔2〕 Hans Prütting, Gegenwartsprobleme der Beweislast, 1983, S. 259.

〔3〕 Leo Rosenberg, Die Beweislast auf der Grundlage des Bürgerlichen Gesztzbuchs und der Zivilprozessordnung, 5. Aufl. 1965, S. 333; Hans Prütting, Gegenwartsprobleme der Beweislast, 1983, S. 259.

〔4〕 See Simon Greenleaf, *A Treatise on the Law of Evidence*, C.C. Little & J. Brown 1842, p. 85-92; Laughlin C V, *The location of the Burden of Persuasion*, 18 University of Pittsburgh Law Review, 1956, p. 5-6.

〔5〕 参见李浩：《民事证明责任研究》，法律出版社2003年版，第128页；张卫平：《诉讼构架与程式：民事诉讼的法理分析》，清华大学出版社2000年版，第281—282页。折衷的观点，参见毕玉谦：《民事证明责任研究》，法律出版社2007年版，第41—50页。

〔6〕 张卫平：《诉讼构架与程式：民事诉讼的法理分析》，清华大学出版社2000年版，第281—282页。

〔7〕 关于这一问题的专门研究，参见姜世明：《举证责任与证明度》，台湾地区新学林出版股份有限公司2008年版，第1—56页。

产没有处分权；所谓"恶意"，则是指第三人知道或者应该知道处分人对于财产没有处分权。就善意要件的证明，陈华彬认为："占有人是否以善意加以占有，因属其个人内心之事，难以举证证明，故在善意占有抑或恶意占有的事实不明时，推定为善意占有。"[1]这一论断的前半句并无不妥；但问题在于，"恶意"同样是"个人内心之事"，没什么证据表明，证明"恶意"比证明"善意"容易。实际上，无论善意证明还是恶意证明，都必须运用一些特殊的证明策略才能完成。[2]既然如此，善意证明的难度如何就能成为善意要件证明责任分配的依据？

最后，中国法院的司法实践告诉我们，证明"善意"是完全可能的。如果说以上分析只是理论上的"假说"，那么中国法官的实践则为这种"假说"提供了丰富的证据。在原《物权法》颁行后的审判活动中，中国法院频繁作出认定"善意"要件成立的判决。只需稍举数例：[3]

（1）"白某持有宅基地使用证书，该使用证书上非原告名字，马某征询了村委意见，签订协议时包括小队长在内的多名中间人参加，故马某购买白某的房屋时没有恶意，是善意的。"[4]

（2）"第三人李某运作为房屋的卖方持有原告韩某的房产证、身份证复印件、房屋钥匙，与被告王某签订了房屋转让协议，该房屋转让协议合法有效。被告王某购买了该房屋，并支付了合理对价。房屋买卖协议签订后，被告王某实际占有、使用该房屋已

---

〔1〕 陈华彬：《民法物权论》，中国法制出版社2010年版，第550页。
〔2〕 下一部分集中讨论这些证明策略。
〔3〕 出于篇幅考虑，仅引用判决书中认定善意要件成立的部分。完整的案情和判决，请参考判决书原文。所有判决均来自"北大法宝"。
〔4〕 河南省焦作市中级人民法院 (2010) 焦民二终字第196号民事判决书。

数年，原告韩某一直未提出异议。第三人李某运虽无权处分该房屋，但被告王某有理由相信第三人李某运有权处分。被告王某购买该房屋是善意取得。"[1]

（3）"被告侯某、万某之间系夫妻关系，被告侯某十多年来对其房产不闻不问，其漠视自己所有权的行为，显然有悖生活常理。被告朱某有理由相信被告侯某知道或应当知道该房已出售他人，被告万某也具有出售房屋的代理权，被告万某实施的出售房屋的行为，系被告侯某、万某的共同意思表示。因此，被告朱某善意有偿取得房产，其合法权益应予保护。"[2]

（4）"因涉案财产原所有权人Q公司在设定所有权保留时未依法进行登记，亦未通过其他方式向合同外第三人进行公示，合同外第三人Y线路板公司不可能知晓设备出让人系无权处分，其受让财产应属善意。"[3]

（5）"在本案中，藏某将五间房作价8000元抵偿给了王某，是藏某的真实意思表示，王某接受该五间房屋予以折抵藏某的欠款是善意的，且藏某已经将该五间房屋交付给了王某，王某即取得了该五间房屋的所有权。"[4]

（6）"本案中，被告袁某取得争议房屋的权利前，出卖人在此长期居住，原告却没有在此居住，被告袁某和出卖人经协商达成协议，袁某支付了合理对价，出卖方交付了房屋的相关手续，在

---

〔1〕 该判决在二审中被改判，但改判的理由是不动产没有登记，而不是第三人非善意。河南省商丘市中级人民法院(2009)商民终字第120号民事判决书。

〔2〕 上海市崇明县人民法院（2008）崇民一（民）初字第3149号民事判决书。

〔3〕 江苏省苏州市中级人民法院（2007）苏中民三初字第0094号民事判决书。

〔4〕 河南省新乡市中级人民法院（2009）新中民四终字第504号民事判决书。

被告袁某居住后，又自建了房屋，厂方没有提出异议，原告徐某事前事后经过该房，明知后也未提出异议，被告袁某有理由相信出卖人对该房屋有处分权。"[1]

（7）"本案被上诉人张某于2005年12月4日经中介公司居间介绍，凭当时的房产现有资料（经济适用房的申购人、购房合同签订人均为薛某）直接与薛某本人签订'房产买卖协议书'及'补充条款'。交易时购房合同及购房发票原件交付张某保管，房产也交付张某入住，张某主观上显然是善意的。"[2]

（8）"原告张某购买该房屋时，是经中介公司中介购买，购买时诉争房屋登记的原产权人为袁某且登记上未显示有异议登记，故作为受让人的原告在购买该房屋时是善意的。"[3]

上述判决就善意证明的阐述详略不等，但将它们放在一起，足以给我们这样一个印象，那就是，善意要件的证明难度并没有给中国法官带来巨大的困惑。尽管笔者没有就善意取得的司法判决作一个系统的统计分析，尽管人们同样可以举出大量认定"善意"不成立的案件，但对于打消那种"因为善意要件证明责任设置不当而导致原《物权法》第106条规范意图落空"的担忧，上述判决已经足够了。

（二）善意要件的证明策略

作为一种涉及人的主观认知状态和心理状态的事实要件，善意的证明与一般客观事实的证明的确不同。这本是不言自明的。

---

〔1〕　河南省周口市川汇区人民法院（2009）川民初字第0972号民事判决书。

〔2〕　福建省厦门市中级人民法院（2007）厦民终字第2115号民事判决书。

〔3〕　河南省驻马店市驿城区人民法院（2009）驿民初字第2324号民事判决书。

笔者相信,不会有哪个法官会用认定一般客观事实的策略和方法来对善意要件进行调查和认定。但这里仍打算对善意要件的证明策略稍作探讨。因为,这种讨论不仅可以为上述结论提供进一步的支持,对类似证明难题的解决也具有方法上的参考意义。

1. 间接证据的运用。如前所述,善意取得制度中的"善意"是指"第三人不知道并且不应当知道处分人对财产无处分权"。也就是说,主张善意取得的第三人不仅需要证明其"不知情",而且需要证明其"不应当知情"即"非因重大过失而不知情"。[1]其中,前者涉及第三人在交易时的主观认知状态;后者则是法律对第三人不知情的原因的评价,在实践中经常可以转化为第三人是尽到必要注意义务的问题。[2]

在证据法理论上,知识、意图、意愿这类存在于人类精神领域的事实被界定为"内部事实",而与存在于外部世界、能够被人类通过五官感知的"外部事实"区别开来。这种区别的意义在于:对于后者,直接证明至少在理论上是可能的;而对于前者,多数时候只能通过间接证据来证明。[3]与善意要件相关的"知情与否"就属于内部事实。对该事实,严格意义上的直接证据只有一种,即第三人本人的声明。而考虑到第三人在诉讼中所处的地位,这种声明对法官事实认定的意义非常有限。第三人为证明其"不知情",还要就此声明进行更具体的事实主张和证据提出。比如,第三人可以提供证人证言,证明他曾经在特定场合谈到过他

---

〔1〕 关于善意的内容,民法学界有不同观点。笔者认为,从现行法出发,将善意解释为包含不知情和非因重大过失不知情较为妥当。

〔2〕 王泽鉴:《民法物权》,北京大学出版社 2009 年版,第 486—487 页。

〔3〕 Baumgärtel/ Laumen/ Prütting, Handbuch der Beweislast: Grundlagen, 2. Aufl. 2009, S. 309.

要与出卖人进行交易，并且从言辞中可以得知他并不知道该出卖人对财产没有处分权。更常见的情形是，第三人可以提供证据，证明出卖人在交易中展示的权利表征让他有理由相信其对财产有处分权。比如，对于不动产，出卖人提供的不动产登记中确实显示了其本人姓名；对于动产，出卖人对财产的占有在具体情景中看上去是持续、稳定的。第三人为证明这些事实提供的证据，在性质上都属于间接证据。对这类证据，法院首先应当审查其关联性，即审查间接证据与证明对象之间是否存在必然联系。[1]对那些经过审查，被认为对证明主题的确有效力的间接证据，法院应当从整体上进行综合判断。也就是说，要将这些证据作为一个整体，看它们是否足以证明案件的主要事实——第三人不知情。[2]

为了证明其"无重大过失"，第三人应当就交易的主体、时间、地点、内容和过程提供信息，以证明他在当时的情景中，已尽到一般人应当尽到的注意义务。[3]在逻辑上，"无重大过失"的证明发生在"不知情"的证明之后，并以前者为基础。但在实践中，对这两个证明对象的证明经常是不分彼此、交织进行的。比如，当第三人就交易场景以及他在交易中的表现提供证据时，这些证据一方面是证明其"无重大过失"的直接证据，另一方面，却又不妨看作证明其"不知情"的间接证据。

上述思路对中国的法官并不陌生。我们看到，《审理民商事合同指导意见》第14条规定："人民法院在判断合同相对人主观

---

〔1〕关于间接证据的审查顺序，Vgl. Baumgärtel/ Laumen/ Prütting, Handbuch der Beweislast: Grundlagen, 2. Aufl. 2009, S. 316.

〔2〕关于间接证据的整体性审查，Vgl. Baumgärtel/ Laumen/ Prütting, Handbuch der Beweislast: Grundlagen, 2. Aufl. 2009, S. 320.

〔3〕Vgl. Baumgärtel/ Laumen/ Prütting, Handbuch der Beweislast: BGB Sachenrecht (§§ 854-1296), 3. Aufl. 2010, S. 224.

上是否属于善意且无过失时，应当结合合同缔结与履行过程中的各种因素综合判断合同相对人是否尽到合理注意义务，此外还要考虑合同的缔结时间、以谁的名义签字、是否盖有相关印章及印章真伪、标的物的交付方式与地点、购买的材料、租赁的器材、所借款项的用途、建筑单位是否知道项目经理的行为、是否参与合同履行等各种因素，作出综合分析判断。"〔1〕其中体现的证明逻辑，与上文阐述的法理并无实质区别。

2. 经验则〔2〕的援引。在事实认定领域，经验则发挥着重要的作用。所谓经验法则，简单地说，就是"从经验中归纳得到的关于事物的知识或法则"。〔3〕"在经验则这个概念下，人们可以想到的除了通过观察具体事件得到的一般生活经验，还有交易生活、商业、贸易，甚至艺术、科学和技术中的一般性规则、原则和知识。"〔4〕在善意要件的认定过程中，经验则具有特别重要的意义。如前所述，对于善意的证明经常只能通过各种间接证据来完成。比如，在关于二手车的争议中，第三人提供证据证明：他是在法定的二手车交易市场上与出卖人完成交易的；他之前并不认识出卖人；他就该二手车支付了合理的对价。这些证据本身没有任何一个可以直接证明第三人为善意，但将它们放在一起，却可以初步证

---

〔1〕《审理民商事合同指导意见》(法发〔2009〕40号)。

〔2〕这里之所以使用"经验则"，而不是更流行的"经验法则"一词，是因为，这一概念显然来自德语的 Erfahrungssätze 一词，而这个由 Erfahrung (经验) 和 Sätze (句子) 构成的德文单词，并不包含"法则"一词的含义。另外，如果我们把 Erfahrungssätze 译为"经验法则"，在翻译与 Denkgesetz (思维法则)、Naturgesetz (自然法则) 并列的 Erfahrungsgesetz 一词时就会遇到困难，因为，这才是真正意义上的"经验法则"。

〔3〕[日]高桥宏志：《重点讲义民事诉讼法》，张卫平、许可译，法律出版社 2007 年版，第 29 页。

〔4〕Stein/ Jonas/ Leipold, Kommentar zur ZPO, 22. Aufl. 2008, S. 640.

明这一点。之所以如此，是因为法官在这里运用了一个经验则——在上述情形下，一般人大概率会相信出卖人对财产有处分权。在上文引用的第四个判决书中，法官也援引了一个经验则：对于没有登记并且没有通过其他方式向社会公示的所有权保留，合同外的第三人不可能知道。通过运用这一经验则，法官得出了第三人不知道处分人无处分权的结论。可见，在间接证据与证明结论（第三人的善意）之间，经验则充当了一种桥梁或者纽带的角色。

应该注意，不同类型的经验则，其盖然性并不相同。有些经验则只具有较弱的盖然性，只能作为法官对案件事实进行综合判断时的参考；另一些经验则具有高度的盖然性，构成了"典型生活过程"，以至于可以直接发生表见证明的效果。[1]另外还要看到，经验则是对证据与争议事实之间关系的一种盖然性说明，就这种说明，对方当事人总是可以通过反例来推翻。比如在上述第四个案件中，原权利人就可以提出第三人实际上知道处分人没有处分权的事实，来反驳"对于没有登记并且没有通过其他方式向社会公示的所有权保留，合同外的第三人不可能知道"的经验则。

3. 对方当事人事实主张义务的加重。[2]在善意要件的证明过程中，第三人并不需要就其主张的所有间接事实进行举证；对于对方没有反驳的间接事实，法官毋宁是直接确认为真。[3]而权利人对第三人主张的间接事实，也不能是简单地否认了事。考虑到

---

〔1〕　不同类型的经验则，Vgl. Hans Prütting, Gegenwartsprobleme der Beweislast, 1983, S. 106 ff.

〔2〕　德国学者将此称为"证明相对方事实主张具体化义务的加重（Gesteigerte Substantiierungspflicht des Beweisgegners）"，Vgl. Baumgärtel/ Laumen/ Prütting, Handbuch der Beweislast: Grundlagen, 2. Aufl. 2009, S. 358 ff.

〔3〕　［德］罗森贝克、施瓦布、戈特瓦尔德：《德国民事诉讼法》（下册），李大雪译，中国法制出版社 2007 年版，第 830 页。

善意要件本身的特征，如果简单地否认声明就足以推翻第三人的事实主张，那么法官几乎很少能对争议事实形成心证。善意要件证明的特征要求权利人在否认第三人主张的间接事实时，必须提出足以推翻该间接事实的相反事实。举例言之，如果第三人主张其不认识处分人，这时权利人就不能简单地反驳说，"第三人其实认识处分人"。他必须就第三人与处分人之间的关系提出更加具体的事实。比如他可以指出，第三人与处分人曾在某一特定时期是同学。又例如，在对上文判决四中提到的经验则进行反驳时，权利人就不能仅仅说，"即使没有公示，第三人也有可能知道其所有权保留的事实"。这一陈述尽管在理论上完全成立，但作为对本案证明的反驳却是不够的。为了动摇法官的内心确信，他必须提出能够表明第三人知道处分人无处分权的具体事实。一旦权利人提出了足以反驳第三人事实主张的具体事实，接下来就该第三人就这些事实的不存在进行举证了。第三人的证据只要能够达到推翻上述反驳事实的程度，就算完成了证明。[1]

4. 法官的事实推定和证明标准的降低。就证明难题的解决，还能想到一些别的策略，比如法官的事实推定、证明标准的降低，等等。但是，法官的事实推定是一个流动性很强的概念，由于这种流动性，有学者甚至主张放弃这一概念。[2]姑且不论这一倡议是否值得赞同，在笔者看来，至少在证明评价领域，这一概念的主要方面已经被间接证明和经验则的理论所涵盖。证明标准

---

〔1〕 Vgl. Baumgärtel/ Laumen/ Prütting, Handbuch der Beweislast: Grundlagen, 2. Aufl. 2009, S. 360.

〔2〕 普维庭指出，"事实推定作为一个独立概念是多余的"。Hans Prütting, Gegenwartsprobleme der Beweislast, 1983, S. 58. 另见周翠：《从事实推定走向表见证明》，载《现代法学》2014年第6期。

降低是一个更敏感、也更复杂的问题。由于证明标准与证明责任之间存在一种此消彼长的关系，证明标准的降低有可能导致证明责任分配方式的改变。从这个角度看，证明标准的降低应该由立法者预先设定。但是，一方面，证明标准本身就不是一个具有刚性特点的法律概念，对于实践中的证明标准，立法者很难预先清晰、具体地进行设定；另一方面，考虑到案件类型的千变万化，完全拒绝法官对证明标准的灵活把握也是不现实的。[1]实际上，上述证明策略的运用，都会或多或少导致善意要件证明标准的降低。基于上述考虑，对这两种策略，这里不再深入讨论。

以上阐述表明，尽管善意的证明有一定难度，但是现代民事诉讼早已发展出一系列解决这类证明难题的策略。只要法官妥善运用了这些策略，多数情况下是可以就第三人善意与否获得心证的。要特别警惕这样一种简单化的思维：一旦将证明责任施加给了一方当事人，这一方当事人就将在整个诉讼过程中处于完全被动的地位，而对方当事人则可以高枕无忧。不仅法官不会认同这种思维，从学理的角度，以这种方式理解证明责任也是浅薄的和片面的。实际上，对大陆法系民事诉讼中的法官而言，[2]证明责任规范的价值主要体现在两个环节：一是在事实调查开始时，由

---

〔1〕 关于这一主题的大量文献，Vgl. Hans Prütting, Gegenwartsprobleme der Beweislast, 1983, S. 58 ff; Baumgärtel/ Laumen/ Prütting, Handbuch der Beweislast: Grundlagen, 2. Aufl. 2009, S. 81 ff. 另见吴泽勇：《"正义标尺"还是"乌托邦"？——比较视野中的民事诉讼证明标准》，载《法学家》2014 年第 3 期。

〔2〕 这里之所以限定于大陆法系民事诉讼，是因为英美法系的证明责任概念在构成上与大陆法系存在明显差别，因此不能直接套用大陆法系的相关理论。

哪一方当事人首先针对争议事实提出证据;[1]二是在事实调查程序终结而法官无法对争议事实形成心证时，判决哪一方当事人败诉。而在这两点之间的漫长诉讼过程中，法官可以，而且应当运用多种手段，从双方当事人那里尽可能多地获取相关信息，以便对争议事实形成心证。作为真伪不明之时的裁判规则的证明责任规范固然重要，但对于法官的审理活动而言，为了避免适用证明责任规范而发展出来的诸种证明策略同样重要——如果不是更重要的话。

四、立法论上需要考量的因素

此前论述已表明了笔者对原《物权法》第106条的基本评价，那就是，从司法证明的角度，这一条文是可以解释的，也是可以适用的。但这只是解释论上的中立判断，并不意味着笔者"喜欢"这个条文，更不意味着笔者否认这一条文有被修改的可能。这种可能性是否以及何时出现，取决于立法者的法律政策考量。当然，立法者的法律政策考量也并非恣意妄为，而应该有章可循。就善意要件的证明责任立法而言，需要关注的因素可分为两类。

---

〔1〕　关于这一点，参见李浩:《民事证明责任研究》，法律出版社2003年版，第50页。证明责任的这一价值，一般通过主观证明责任的概念来解释。按照罗森贝克的观点，如果应负证明责任的当事人没有提出任何一项证据，而对方当事人举证了，那么此时法官不能开始据调查，而应直接作出对负证明责任一方当事人不利的判决。这一结果不能用客观证明责任（即正文第二个意义上的证明责任）来解释，因为作出该判决的理由并不是事实真伪不明，而是负证明责任的当事人没有提出证据这一程序事实。Vgl. Leo Rosenberg, Die Beweislast auf der Grundlage des Bürgerlichen Gesztzbuchs und der Zivilprozessordnung, 5. Aufl. 1965, S. 22 f.

（一）影响证明责任立法的实质性因素

按照德国学者的观点，法官对于证明责任分配规则的运用只能从实体法出发，而不能在此过程中掺入实质性考量。因为那样的话，法官实际上篡夺了立法者的权力，法律的安定性将荡然无存。[1]但是，对于立法者，进行这类实质性考量却是可能的，有时甚至是必要的。按照普维庭的归纳，这类实质性原则主要有：抽象的盖然性衡量、证明接近、社会保护思想、宪法上地位、进攻者角色、危险增加、消极性证明，等等。[2]不过，对于善意要件的证明，真正需要思考的只有进攻者角色、盖然性衡量和证明接近。

1. 进攻者角色。进攻者角色原理的基本要求是，要求改变现状的当事人应当就其主张的事实负担证明责任。在普维庭看来，这一原理在各实质性依据中具有中心地位，因为它与保护占有、权利安定性、社会秩序保护、对现存事实状况的保护和禁止私力救济等基本法律价值密切相关。[3]实际上，作为证明责任分配理论通说的"规范说"与进攻者角色原理基本上契合；或者换句话说，进攻者角色一定程度上构成了"规范说"的实质性依据。[4]表面上看，在善意取得制度中，进攻者角色理论有利于支持让原权利人负担证明责任的观点。不过，这一论辩的价值非常有限。就善意取得所涉及的财产，在不同时期实际存在两个不同的占有：一个是原权利人基于所有权的占有，另一个是第三人基于无权

〔1〕 Vgl. Hans Prütting, Gegenwartsprobleme der Beweislast, 1983, S. 256.
〔2〕 Vgl. Hans Prütting, Gegenwartsprobleme der Beweislast, 1983, S. 257 ff.
〔3〕 Vgl. Hans Prütting, Gegenwartsprobleme der Beweislast, 1983, S. 258, 263 f.
〔4〕 Vgl. Hans Prütting, Gegenwartsprobleme der Beweislast, 1983, S. 259.

处分的占有。固然，基于第三人的视角，我们可以说原所有权人处于进攻者角色；但基于所有权人的视角，又不妨说第三人处于进攻者角色。进攻者角色原理本身并不能告诉我们究竟应该选择哪一种视角。起决定性意义的只能是立法者的价值判断，或者说，是立法者对所有权保护和交易安全这两种利益进行衡量的结果。

2. 盖然性衡量。一个事实要件的证明责任被分配给哪一方当事人，就意味着，在该事实要件真伪不明时，这一方当事人将被判败诉。盖然性衡量理论要求立法者在配置证明责任时，衡量真伪不明时事实"为真"与"为伪"的概率，并据此制定证明责任分配规则。比如，就善意取得制度中善意要件的证明责任分配，立法者就应当衡量，在真伪不明时，究竟第三人为善意的概率更大，还是其为恶意的概率更大。如果第三人为善意的概率更大，那么判原权利人败诉看上去更具合理性；相应地，在立法上，将善意要件的证明责任分配给原权利人就是更妥当的选择。由于引入了概率概念，这一理论具有科学性的外观，因此被许多学者所推崇。但是，这一理论对于立法者的参考价值却很有限。主要问题在于：对于一个要件事实真伪不明之时"为真"或者"为伪"的概率，实际上很难衡量。以善意要件的证明为例，这一衡量首先涉及人们对于当前社会诚信状况的判断。如果一个社会的诚信状况较好，人们也许可以说，由原权利人证明第三人恶意是较好的选择；反之，则由第三人证明其善意更优。但是，这种判断很大程度上是见仁见智的。更重要的是，究竟哪些案件会被认定为"真伪不明"，最终取决于法官的判断；而法官的判断又受到其证据调查能力、裁判习惯等一系列因素的影响。将所有这些因素纳入盖然性衡量的范畴，看上去已经超出了这一理论所能容纳的范围。因此我们看到，就《德国民法典》第 932 条中的证明责任分配规则，德国学者通常认为，其实质性依据并非盖然性衡量，而是立法者的价值判断——对占有人信赖利益的保护。[1]

3. 证明接近。就一个事实要件可能提出的证据，在空间上常常并非与双方当事人等距离的。按照证明接近原理，立法者在设计证明责任分配规则时，应当尽量让距离证据较近的一方当事人提出该证据。基于有利于查清案件真实和节省司法资源的考量，证明接近原理有其合理性，并且在现代产品责任法、医疗责任法等领域已经得到了充分的体现。不过，作为一种主要着眼于克服证明困难的实质性依据，证明接近理论的意义不宜夸大。为了克服证明困难，现代证据法已经发展出了一系列的制度和理论，比如间接证明、表见证明、对方当事人的事实提出责任，等等。由于这些策略的存在，许多时候，即便某些证据不在负证明责任的当事人一方，也不影响其对相关要件的有效证明。在证明困难的情况下选择这类策略，而不是根据证明接近原理重新设计证明责任分配规则，是因为这些策略大体都可以归入"证据评价"的范畴，其运用不会改变证明责任分配的一般原则。而人们实在有太多理由坚持证明责任分配的一般原则，比如，前文刚刚提到的进攻者角色原理。进攻者原则的一个基本要求是：即使证据不在我这一方，但如果我希望改变一种法律关系的现状，通常情况下我也应负担证明责任，因为法律不能让他人无端地忍受讼累。因此，尽管证明接近原理表面上有利于支持现行法——有利于支持让第三人负担证明责任的立法例，但我却不愿强调这一论据。

---

[1] Hans Prütting, Gegenwartsprobleme der Beweislast, 1983, S. 204; Baumgärtel/ Laumen/ Prütting, Handbuch der Beweislast: Grundlagen, 2. Aufl. 2009, S. 223.

（二）影响立法者利益衡量的外部因素

以上分析几乎都指向了一个结论，那就是，最终决定善意取得制度中善意要件证明责任配置方式的只能是立法者的利益衡量。换句话说，就是在所有权保护与交易安全保护这两种利益里面，立法者更偏重于保护哪一种利益。事实上，这也是笔者在之前的法解释学分析中反复申述的观点。但立法者生活在一定时空之中，其价值判断不能超脱于其所处的历史与社会。与上一部分阐述的实质性因素相对，这种来自历史和社会的变量，构成了影响善意要件证明责任配置的外部因素。这里不可能全面考察这些因素，只挑出三个方面略加阐述。

1. 公示方式与交易习惯。善意取得制度的理论根基在于物权变动公示的公信力，一般而言，物权的公示方法即不动产登记和动产占有。有学者指出，不动产登记和动产占有的公信力存在重大差别：对不动产，只要受让人信赖了登记，就是善意的，除非其明知登记错误，否则无须考虑交易环境等因素；而对动产，由于占有的公信力较低，受让人就不能仅仅凭借占有的事实当然地相信处分人具有处分权，因而在判断受让人是否具有信赖利益时，还必须考虑其他一系列因素，比如价格的高低、交易的具体环境、交易的场所等。[1]也就是说，基于不同的物权公示方法，关于受让人善意的证明要求也会有所不同。基于这种差别，立法论上似乎可以考虑：对不动产善意取得中的善意要件，由原权利人从反面证明受让人为恶意；对动产善意取得中的善意要件，则

---

〔1〕　王利明：《善意取得制度的构成——以我国物权法草案第 111 条为分析对象》，载《中国法学》2006 年第 4 期。

由受让人从正面证明其善意。[1]

但上述建议很大程度只是理论演绎的结果，它在实践中的合理性，还要结合当前中国民间的交易习惯进行具体分析。比如，我们看到，在我国农村地区，不进行不动产登记的房屋买卖大量存在。基于这样一种现状，立法者如果只是简单强调不动产登记的公信力，结果就有可能导致（在具体情境下）有失公平的案件处理结果。[2]这提醒我们，在考虑善意要件的证明责任分配方式时，对民间交易习惯的调查具有重要的参考意义。

2. 诉讼程序的实际运作。如前所述，实体法关于一个事实要件证明责任分配方式的不同选择，反映了立法者对对立利益进行衡量的不同结果。但是，即便是同一种证明责任的立法例，其在各个国家的实际效果也未必相同。之所以如此，是因为证明责任分配方式只决定了真伪不明之时败诉风险负担的大致框架，而在这个框架之内，这种风险究竟以多高的频率出现，却取决于一个国家诉讼制度的运作情况。比如说，在一个当事人提出证据的手段匮乏，法官化解各种证明难题的能力不足的诉讼环境中，证明责任负担对当事人而言就意味着巨大的风险和压力；而在这两个因素都相对乐观的环境中，证明责任负担带来的压力则会小很多。另外，影响证明责任分配规则实际效果的还有法官的裁判习惯。比如，法官究竟是倾向于作出证明责任判决，还是倾向于

---

〔1〕 上文引用的 8 个判决显示，在法院根据《物权法》第 106 条作出的确认善意取得成立的判决中，绝大部分是关于不动产的，只有很小一部分涉及动产。这与笔者阅读所有此类判决获得的整体印象是一致的。就这种格局的一个可能的解释是：法官在对善意要件进行认定时，其实已经考虑到了不动产登记和动产占有在公信力上的不同，并根据这种不同调整了善意要件的证明要求。

〔2〕 另一种可能是，法官突破现行法的规定，根据农村的交易习惯判定善意取得成立。比如本章第三部分引用的判决一〔河南省焦作市中级人民法院 (2010) 焦民二终字第 196 号民事判决书〕，就反映了这样一种情形。

回避作出证明责任判决？在后一种情况下，证明责任分配规则的实际意义相对较小，因为它被适用的频率很低；而在前一种情况下，证明责任分配规则的影响则较大。考虑到善意本身就是一个主观性较强、证明起来有一定难度的事实要件，立法者在考量其证明责任分配方式时，对上述因素不能不察。

3. 法律政治的考量。法律不止是对既有社会生活状态的确认和保障，在许多时候，它还承担着引导公众行为，塑造立法者期望的社会生活状态的功能。因此，在一定时期，法律有可能成为推进社会变革的手段和工具。如前所述，现行法对所有权给予更多保护，而对交易变动施加了较多限制。就此制度安排，不妨认为，其背后隐藏着一种"目前社会上的交易行为不尽谨慎"的预设。随着社会的发展，这种前提性预设被修正甚至抛弃都是可能的。另外，这种制度安排对于经济生活的实际影响是：财产所有人可以以较为随意的方式行使所有权的权能，而交易中的受让人则需要多加谨慎。假如将此看作一种法律政治的考量，这种考量在某个特定的历史阶段，同样有可能朝着有利于受让人、有利于交易发生的方向变迁。立法者在对善意要件的证明责任进行配置时，应对此有着清醒的自觉。

五、结论

经由第二到第四部分的考察，就第一部分提出的问题可以得出以下结论：（1）原《物权法》第106条确立的善意要件的证明责任规则，只能解释为主张善意取得的第三人负担证明责任；（2）尽管善意要件的证明有一定难度，但通过间接证据的运用、经验则的援引以及对方当事人事实主张责任的加重，证明这一要件是完全可能的；（3）立法论上关于善意要件证明责任分配的讨论，需要结合诸如进攻者角色、盖然性衡量、证明接近之类的实质性因素，以及公示方式与交易习惯、诉讼程序的实际运作、法律政治考量之类的外部因素展开。

　　本章附带批评了徐涤宇、胡东海关于善意要件证明责任分配的分析。在笔者看来，徐文在材料、观点等方面或有偏颇，但最致命的缺陷却在方法的运用。将一个外国法上的命题"普适化"，拿来解释和批评中国法，这种思考方式在中国法学界相当流行。必须承认，我国大陆民法在精致程度上与德国法、日本法，甚至我国台湾地区规定相比，仍有一定的差距；这种差距，又因为上述国家和地区较为丰富的法教义学储备，而被进一步放大。这种背景下，研究者如果满足于文本层面的比较，很容易得出对现行法的负面评价。这种评价难言公正，许多时候也没有太大意义。一方面，文本比较揭示的"问题"，在实践中很可能并不存在。另一方面，文本缺陷未必不能通过解释学的操作去矫正，而这恰恰是法学家的职责所在。具体到善意取得的证明责任问题，原《物权法》第106条的正当性并不会因为德国法上的不同规定而有所减损；研究者担心的"善意无法证明"的问题在实践中实属多余；即便善意作为内部事实确实不易证明，通过运用证据法上的证明困难缓解策略，也完全可以化解。一旦将这些因素考虑在内，学者就不太可能仓促提出"超越法律的法的续造"的建言。无论如何，这种法律续造意味着法律安定性的打破，况且，研究者许多时候也不掌握提出此类建议所需的必要信息。

　　正如"导论"中提到的，鉴于证明责任研究自身的特点，本书总体上秉持一种法教义学的立场。在笔者看来，证明责任的研究者应对现行法抱着一种"同情的理解"——满怀真诚，竭力探寻立法者的意图；同时充分运用民法、民事诉讼法教义学的资源，"化腐朽为神奇"，让不完美的规范在我们手中尽可能达致公平、正义的效果。大体上，这就是笔者理解的"法教义学立场"。

第二章

民间借贷诉讼的证明责任

一、问题的提出

许多民事法官都曾遇到过"棘手"的民间借贷案件，关于这些案件的处理意见，同事中可能都存在严重分歧。人们经常指出，民间借贷案件的审理难点不在法律适用，而在事实认定，在证据调查。[1]民间借贷的灵活性[2]、私密性[3]给纠纷发生后的事实回放带来障碍；真实事件经过与书面证据记载内容的可能背离[4]，更让法官的事实认定难上加难。典型难题是只有欠条、借条、借据之类债权凭证而没有支付凭证，或者只有支付凭证而没有债权凭证情况下的借贷法律关系认定，实务中法官对此类案件

〔1〕 参见刘振、李道丽：《民间借贷纠纷案件的审理难点及破解》，载《人民司法·应用》2011 年第 23 期；陈永强等：《民间借贷的事实审查与举证责任分配之法理》，载《政治与法律》2013 年第 12 期；蔡晓明：《民间借贷纠纷案件处理的思路新探》，载《法律适用》2014 第 6 期；罗书臻：《规范民间借贷 统一裁判标准——杜万华就〈最高人民法院关于审理民间借贷案件适用法律若干问题的规定〉答记者问》，载《人民法院报》2015 年 8 月 8 日，第 1 版。

〔2〕 按照原《合同法》第 197 条（《民法典》第 668 条）的规定，自然人之间的借款合同亦不以书面形式为要件，实践中缺少书面合同的民间借贷案件并不鲜见。

〔3〕 民间借贷多数情况下发生在亲友、熟人之间，借款发生的现场常常只有个别见证人，甚至根本没有见证人。

〔4〕 比如，当事人双方签订包含"已收到""今收到"特定款项内容的借据、借条、欠条，但实际上并未当场支付借款，这类现象在实践中相当常见。

的处理可以说很不统一。混乱之中也有共识：法官们基本上都意识到，这些难题的化解与民事诉讼证明责任密切相关。

为"统一裁判尺度，为司法实践提供指引"，[1]最高人民法院2015 年 8 月正式发布了《民间借贷规定》。《民间借贷规定》以多个条文规范民间借贷案件的事实认定，第 16 条、第 17 条更是直指相关事实的证明责任分配。[2]其中，第 16 条第 1 款规定被告抗辩已经偿还借款的证明责任，第 2 款规定被告否认借贷行为实际发生的事实认定；第 17 条规定原告仅有转账凭证情况下的证明责任。应该说，这两条三款涵盖了民间借贷案件事实认定中的核心问题，最高人民法院以此规范此类案件证明责任分配的意图相当明显，亦值得肯定。

不过，若以证明责任理论的视角观之，三款规定均有值得讨论之处。我们看到，涉及纠纷双方当事人对于相关事实的证明义务，《民间借贷规定》起草者先后使用了多种表达方式。第 16 条第 1 款规定，被告对其偿还抗辩应当"提供证据证明"，被告证明之后，原告仍就借贷关系的成立承担"举证证明责任"；第 16条第 2 款规定，被告否认借贷行为尚未发生，应当作出"合理说明"，而在被告合理说明之后，并没有规定该事实的证明责任由谁承担；第 17 条又回到第 16 条第 1 款的模式，即被告对存在其他法律关系"提供证据证明"，被告证明之后，原告仍就借贷关系的成立承担"举证证明责任"。对于这些规定，熟悉证明责任理论的学者很容易提出疑问，比如：

---

〔1〕 参见最高人民法院民事审判第一庭编著：《最高人民法院民间借贷司法解释理解与适用》，人民法院出版社 2015 年版，第 3 页。

〔2〕 在该司法解释 2020 年的修正中，这两条解释变成了第 15 条、第 16 条，但内容并无任何变化。考虑到这一点，本书仍然延续了之前的条文序号。

（1）第16条第1款中的被告"提供证据证明"是什么性质的责任？用民事诉讼法学的术语，是行为责任还是结果责任？

（2）被告对偿还抗辩的证明与原告对借贷关系成立的证明是什么关系？

（3）第16条第2款中"合理说明"是什么性质的责任或者义务？

（4）第16条第2款中，如果人民法院综合各种因素仍然无法判断借贷事实是否发生，客观证明责任（真伪不明时的败诉风险）由谁负担？

（5）第17条中的被告"提供证据证明"是什么性质的责任？

（6）三款规定都提到被告的"抗辩"，这三种"抗辩"的性质是否相同？

假如我们承认法律文本中的每个表达都有意义，上述问题就不能被认为是"咬文嚼字"。事实上，如果法官无法就民间借贷纠纷的证明责任分配和证据调查流程形成共识，上述规定不仅不能为此类案件"统一裁判尺度"，还有可能制造新的混乱。出于这种考虑，本章尝试运用民事诉讼证明责任的相关法理，依次分析《民间借贷规定》第16条第2款、第17条和第16条第1款，[1] 以期澄清相关概念的内涵和边界，发现可欲的法律适用方案；同时，通过观察《民间借贷规定》实施后的民间借贷案件司法裁判文书，指出这些条文可能存在的问题，探讨司法实务上的应对之道。

---

〔1〕 之所以按照这样的顺序（而非司法解释本身的顺序）展开讨论，是因为这个顺序更符合证明责任的理论逻辑，因此更方便相关原理的阐释。

二、借贷行为实际发生的证明

（一）《民间借贷规定》第 16 条第 2 款的法律适用

按照《民间借贷规定》第 16 条第 2 款，原告仅依据借据、收据、欠条等债权凭证提起民间借贷诉讼，[1]而"被告抗辩借贷行为尚未实际发生并能作出合理说明，人民法院应当结合借贷金额、款项交付、当事人的经济能力、当地或者当事人之间的交易方式、交易习惯、当事人财产变动情况以及证人证言等事实和因素，综合判断查证借贷事实是否发生"。本款规定主要规范借款交付的证明，因为民间借贷合同属于实践合同，只有确认借贷行为实际发生，才能认定借贷合同成立。对于原告仅依据借据、收据、欠条[2]等债权凭证起诉时的事实认定，司法实践中一直存在不同观点。一种观点认为，借据、收据、欠条等债权凭证是当事人之间存在借贷法律关系的直接证据，在这些证据的真实性可以确认的情况下，可以据此认定借贷关系真实存在。但随着民间借贷市场的发展，越来越多的法官认为，不能仅仅依据借据、收据、欠条认定借贷关系的发生。[3]最高人民法院折中上述两种观

---

〔1〕 这半句出现在《民间借贷规定》第 16 条第 1 款开头，逻辑上应该同时适用于第 1 款和第 2 款。

〔2〕 如果具体分析，实际上收据大多数时候并不构成债权凭证，欠条也不一定构成民间借贷的债权凭证。但这不是本章重点，下文讨论也仍以司法解释的规定为据。

〔3〕 参见最高人民法院民事审判第一庭编著：《最高人民法院民间借贷司法解释理解与适用》，人民法院出版社 2015 年版，第 289 页。

点，一方面承认借据、收据、欠条等债权凭证的普遍意义，[1]另一方面规定，在原告仅凭债权凭证起诉而被告对借贷事实的真实性提出异议的情况下，应进一步审查其他证据和事实，作出综合判断。[2]就逻辑结构而言，《民间借贷规定》第16条第2款实际上包含三个环节的规范内容：一是对借据、收据、欠条之类孤证证明力的初步认可；二是对被告否认借贷行为实际发生时需承担说明义务的界定；三是对法官在借贷行为是否发生存疑时事实调查的指引。在第一个环节，借据、收据、欠条仍然具有超出其他间接证据的证明力，如果被告不能作出说明，则不能轻易否认这些债权凭证证明的民间借贷法律行为；在第二个环节，如果被告在原告提交了借据、收据、欠条等债权凭证的情况下依然否认借贷行为实际发生，则必须就其否认作出"合理说明"；在第三个环节，当对借贷行为是否实际发生存疑时，法官被明确赋予根据各种因素综合裁量的权力。

《民间借贷规定》第16条第2款并没有正面规定借贷行为实际发生的证明责任负担。在比较法上，对于原告应当就借贷合意成立和借贷实际发生负结果意义上的证明责任，属于早有定论、无须详谈的问题。[3]德国法院甚至有判例认为：即便争议借款的支付在公证文书中被作为借款确认，主张借贷的请求权人仍要负担成功支付的证明责任；公证文书的出具只产生文书的执行

---

[1]《民间借贷规定》第2条已经确认了这一点，按照该条第1款，"出借人向人民法院起诉时，应当提供借据、收据、欠条等债权凭证以及其他能够证明借贷法律关系存在的证据"。

[2] 参见最高人民法院民事审判第一庭编著：《最高人民法院民间借贷司法解释理解与适用》，人民法院出版社2015年版，第290页。

[3] Vgl. Hans Prütting, In: Rauscher/ Wax/ Wenzel, Münchener Kommentar zur ZPO, 3. Aufl. 2008, § 286 Rn. 147.

力，并不能证明借贷成立。[1]在我国，对此亦不存争议。正如有
学者指出的，"在合同案件中，只要争议事实为双方是否曾订立
合同，那么结果意义上的证明责任总是由主张合同权利的原告承
担……"[2]无论诉诸证明责任分配主流学说，还是援引2001年
《民事诉讼证据规定》第5条，[3]都只能得出相同的结论。实务上
的争议焦点，主要集中在证据调查过程中的当事人责任分担，以
及法官最后的事实认定标准。对于这些问题，《民间借贷规定》
第16条第2款恰恰没有给出答案，由此留下一系列有待澄清的
问题。

　　第一，是否原告只要提交了借据、收据、欠条之类的债权
凭证，被告就必须提出附理由的否认？从逻辑上，被告提出"合
理说明"的前提是原告的事实主张本身是"合理"的。换成民
事诉讼法学的术语来说，就是原告要对其关于民间借贷关系
的事实主张进行具体化陈述，[4]而不能只是提出抽象的事实主
张；对法院来说，这种主张的具体化程度应达到所谓的"一贯性

---

〔1〕　BGH NJW 2001, 2096.

〔2〕　李浩：《民事证明责任研究》，法律出版社2003年版，第31页。

〔3〕　该条第1款规定："在合同纠纷案件中，主张合同关系成立并生效的一
方当事人对合同订立和生效的事实承担举证责任；主张合同关系变更、解除、终
止、撤销的一方当事人对引起合同关系变动的事实承担举证责任。"2019年《民
事诉讼证据规定》删除了第5条的规定。新规定的理解与适用认为，能够通过适
用《民事诉讼法解释》第91条关于举证责任规则的规定解决，没有重复规定的
必要。

〔4〕　关于民事诉讼当事人的具体化义务，参见姜世明：《民事诉讼中当事人
之具体化义务》，载《举证责任与真实义务》，台湾地区新学林出版股份有限公
司2006年版，第253—371页；占善刚：《主张的具体化研究》，载《法学研究》
2010年第2期；胡亚球：《论民事诉讼当事人具体化义务的中国路径》，载《清
华法学》2013年第4期；陈贤贵：《当事人的具体化义务研究》，载《法律科学》
2015年第5期。

（Schlüssigkeit）"标准。[1]因为，只有原告的事实主张内容具体、条理清楚，对方当事人才能有针对性地作出反驳，法官也才能有针对性地进行证据调查。如果债权凭证本身内容不全，原告又不能对借贷合意的形成或者金钱实际交付作出令人信服的说明，那么原告的事实主张就不具有一贯性。对于不具有一贯性的事实主张，法官可以直接作出驳回诉讼请求的实体判决。[2]《民间借贷规定》第 16 条没有明确规定这一点，并不表明这一审查就可以略去。尽管在大多数时候，一份内容完整的债权凭证本身就足以构成一个关于借贷关系成立的"一贯性"说明，但不排除有例外情形存在。[3]出于强化原告主张责任、避免滥用诉权的考虑，关于原告主张的具体化要求可以说是民事诉讼本身的"事理使然"。

　　第二，被告"合理说明"是一种什么性质的责任？关于这一问题的回答至为关键，因为它实际上从反面决定了，对原告提交的借据、收据、欠条的证明力应作何种程度的限制。由于司法解释在这里使用了"作出合理说明"，而没有像第 16 条第 1 款那样使用"提供证据加以证明"的表述，被告这里承担的显然是一种较低程度的反驳义务。这种反驳在性质上属于对原告主张的否认，至于这种否认是否需要"具体化"，视情况而定。在原告

　　[1]　Herbert Roth, In: Stein/ Jonas, Kommentar zur ZPO, 22. Aufl. 2008, § 253 Rn. 54; 姜世明：《民事诉讼中当事人之具体化义务》，载《举证责任与真实义务》，台湾地区新学林出版股份有限公司 2006 年版，第 270—271 页。

　　[2]　按照有些德国学者的见解，原告并非任何时候都需要做这种具体化陈述，只有当被告否认某个主张时才有此必要。Vgl. Claus Wagner, In: Rauscher/ Wax/ Wenzel, Münchener Kommentar zur ZPO, 3. Aufl. 2008, § 138 Rn. 18; [德] 罗森贝克、施瓦布、戈特瓦尔德：《德国民事诉讼法》（下册），李大雪译，中国法制出版社 2007 年版，第 744—745 页。这是有道理的，但本书为了精简论述，暂时搁置这种区分。

　　[3]　比如，有的借条、借据、欠条只记载了借贷合意的成立，不包含借款已经交付的内容，这时候，就不能构成对借贷关系实际发生的"一贯性"说明。

提出借条、借据、欠条并且能够对借贷关系成立作出具体化陈述的情况下，被告可以提出的否认大致有两种。一是否认借贷合意存在，比如合同系在胁迫情况下签订，或者合同本身系伪造，被告根本没有在合同上签字。对于胁迫的主张，被告当然需要作出具体化陈述；对伪造的主张，通常不需要、实际上也不可能具体化，[1]而只能由原告进一步举证。二是否认借贷行为实际发生，即承认借贷合意真实，但否认原告实际交付了债权凭证中约定的借款。《民间借贷规定》第16条第2款针对的就是这类否认。对于这种否认，被告原则上需要进行具体化陈述。也就是说，被告不能只是简单地说一句"原告并没有实际交付借款"，而是要对"为何实际情况与借据、借条等债权凭证记载不符"作出具体陈述，这种陈述要达到让法官对借款实际交付产生怀疑的程度。不妨观察以下两个案例。[2]

案例1：在罗某诉肖某民间借贷案中，再审法院认为，"肖某抗辩借贷行为未实际发生，其负有向人民法院作出合理解释和说明的义务。本案中，肖某作为完全民事行为能力人，理应知道出具欠条的法律后果，其辩称所涉欠条是开玩笑所写有悖常理，不属于上述司法解释规定的'合理说明'"。[3]

案例2：在张某诉陈某民间借贷案中，二审法院认为，"本案中，一审被告陈某等人并未提出已经偿还借款的抗辩意见，仅

---

[1]　当然，被告可以主张其他事实，比如他不认识原告、原告主张的借款发生时间他不在现场，以否定原告主张的真实性。

[2]　本章讨论的主题是民间借贷案件中的事实认定，而事实问题本身复杂、微妙，为避免因转述而曲解事实，本章一般原文引用裁判文书中的事实认定结论，只是对当事人姓名作了处理，同时对过于冗长的事实分析作了适当删减以节省篇幅。

[3]　湖北省高级人民法院（2016）鄂民申2462号民事裁定书。

提出借贷行为尚未实际发生。由于张某诉讼中称该借款是此前借款结算形成，且已举出相应的银行凭证予以证明，故陈某等被告抗辩借贷行为尚未实际发生，并不能作出合理说明"。[1]

在案例 1 中，"所涉欠条是开玩笑"显然不构成"合理说明"。从理论上讲，这种否认不具有"重要性（Erheblichkeit）"，[2]不能导致法官对原告主张事实的怀疑，因此也就不能将进一步的说明、举证义务转移到原告一方。案例 2 中，在原告主张借条系对之前借款的结算并举出相应银行凭证的情况下，被告对借贷行为实际发生的否认就要更加具体化，比如可以主张，这些银行凭证涉及双方其他经济往来而与原告主张的借款无关。被告未作出这样的具体化陈述，严格说来，就该事实不能形成争点。

第三，借款是否实际交付的提出证据责任[3]如何在原告和被告之间分担？如果被告的否认具有"重要性"，让法官对原告主张的事实产生了怀疑，该事实就构成所谓"争点"。就此争点，负客观证明责任一方当事人应当首先举证。这种首先提出证据的责任，被部分学者看作是"主观证明责任"分配的结果。其效力体现在：如果负主观证明责任一方当事人不能进行任何举证，则法院判其败诉。[4]就《民间借贷规定》第 16 条设定的场景而言，

---

〔1〕湖北省孝感市中级人民法院 (2016) 鄂 09 民终 542 号民事判决书。

〔2〕重要性（Erheblichkeit）是对被告反驳的具体化要求，在效力上类似对原告主张的一贯性（Schlüssigkeit）要求。参见姜世明：《民事诉讼中当事人之具体化义务》，载《举证责任与真实义务》，台湾地区新学林出版股份有限公司 2006 年版，第 270—271 页。

〔3〕本章使用"提出证据责任"来描述证据调查过程中当事人"行为意义上的证明责任"，用"客观证明责任"来描述真伪不明之时"结果意义上的证明责任"；不加限定地使用"证明责任"，一般是指客观证明责任。

〔4〕参见［日］高桥宏志：《民事诉讼法：制度与理论的深层分析》，林剑锋译，法律出版社 2003 年版，第 428—431 页。关于主观证明责任的更多讨论，参见毕玉谦：《民事证明责任研究》，法律出版社 2007 年版，第 142 页以下。

因为原告已经提交了相关债权凭证，一般并不存在这样的情形。但在法官因为被告的合理说明而对借款是否交付产生怀疑的情况下，原告需要提交更多证据来打消法官的怀疑，让后者形成借款已经交付的内心确信。就此可以两个案例予以说明。

案例3：在沈某诉龙某民间借贷案件中，一审法院认为，"对被告辩解该款系原告在广西南宁参与传销亏本后，威逼被告战友潘某退钱，被告怕闹出人命才被迫向原告写下欠条的事实，经法院电话联系潘某，潘某陈述是被告向其打电话告知原告威逼被告退钱，与被告的辩解存在不一致，且潘某与被告系战友关系，潘某对原、被告间是否发生借贷关系不知情；庭审中，被告申请的三位证人证言也对原、被告间是否发生借贷关系不知情，为此，根据'谁主张、谁举证'的原则，对被告辩解的事实，无充足证据证明，法院不予采信"。龙某不服上诉。

二审法院认为，"本案中被上诉人虽提供了《欠条》，并陈述了写《欠条》的时间、地点及在场人，但对借款金额具体交付时间、地点、用途未作出合理说明，对大额的借款既没有提供转款给上诉人的凭证，也没有提供自己取款的凭证，且也未提供证据证实上诉人借款搞工程的事实，本院电话询问写《欠条》时的在场人即被上诉人沈某之子沈某乙时，其也只陈述了写《欠条》的事实，但对借款多少及来源、交付时间并不知情，另一在场人龙某甲之女龙某丙陈述，当时上诉人与被上诉人均在广西搞传销，上诉人并没有向被上诉人借款。故被上诉人诉称上诉人向其借款8万元的事实，证据不足……"[1]

---

[1] 贵州省黔东南苗族侗族自治州中级人民法院（2016）黔26民终1338号民事判决书。

案例 3 中，一审判决犯了这类案件中的常见错误，即对被告否认提出过高要求，要求被告"提供证据证明"其否认。按照《民间借贷规定》第 16 条第 2 款，被告的否认只要具有表面上的合理性即可。因为借款是否支付的客观证明责任由原告负担，基于这样的证明责任分配，被告在整个事实调查中处于反驳和质疑的地位。也就是说，只要被告的否认达到了让法官对借款已经支付产生怀疑的程度，提出证据的责任就转移到了原告一方。在被告已经对其否认作出合理说明的情况下，法官要做的是审查原告能否证明其主张。只有当原告能够证明待证事实到法定证明标准以上，才产生被告反证的义务。因此，在该案中，一审法院法律适用错误，二审法院法律适用正确。

第四，原告对借款已经支付的证明应当达到什么样的证明标准？前文提到，《民间借贷规定》第 16 条第 2 款后半句是对法官自由心证的授权，即允许法官在对借贷事实是否发生存疑时，综合各方因素进行判断。这一内容延续了 2011 年全国民事审判工作会议以来的司法政策，[1] 相对司法实践中长期存在的"书证至上主义"，无疑是巨大的进步。不过，这一规定并未指明法官在什么情况下可以认定借贷行为真实发生。在实务中，法官的裁判标准远远谈不上统一。

案例 4：在陈某诉邵某民间借贷案中，一审法院认为，"综

〔1〕 根据《最高人民法院关于印发〈全国民事审判工作会议纪要〉的通知》（法办〔2011〕442 号）第 31 条，"对于民间借贷纠纷案件的全部证据，应从各证据与案件事实的关联程度、各证据之间的联系等方面进行综合审查判断。出借人应对存在借贷关系、借贷内容以及已将款项交付给借款人等事实承担举证责任；借款人应承担已经归还借款的举证责任。对于形式要件有瑕疵的'欠条'或'收条'等，应结合其他证据认定是否存在借贷关系。对现金交付的借贷，可根据借贷金额大小、交付凭证、支付能力、交易习惯、当事人关系以及当事人陈述的交付经过等因素，综合判断是否存在借贷关系"。

合分析双方当事人所举证据，陈某所举证据相对于邵某所举证据更直接、更充分、更完整，而邵某所举证据间接、单薄，由此判断，陈某所举证据的证明效力优于邵某所举证据的证明效力，特别是邵某无足够证据推翻其亲笔签名的借条，而该借条是本案的最主要的证据，所以，一审法院依据陈某提供的证明效力强势于邵某提供的证据认定陈某主张的借款事实成立……"邵某不服上诉。

二审法院认为，"邵某抗辩陈某并未将借款交付给邵某，而是支付给梅某，借贷行为尚未实际发生，为此提供了农村商业银行流水账及情况说明，该组证据证明 2013 年 4 月 25 日陈某通过网银向梅某转账 184000 元，依据陈某庭审时认可的每月利息为 8000 元及借条约定的借款时间为 2 个月，与转账款项数额能够相互印证。此外，陈某在一审庭审中先是陈述梅某只借过一笔借款，时间是借给邵某钱之后的 1—2 个月，借款金额是 20 多万元，后又陈述 2013 年 4 月 25 日转账给梅某的 184000 元是梅某找其借的钱，陈某本人的陈述前后矛盾，且未对其所称梅某两次借款提供相应书面证据。""结合双方当事人的陈述、举证、质证及诉辩意见，陈某提供的证据不足以证明双方当事人之间的借贷关系已实际发生……"[1]

案例 5：在刘某诉阮某民间借贷案中，一审法院认为，"虽然刘某在借条出具经过上陈述前后有出入，但阮某于 2015 年 6 月 3 日向刘某出具借条的事实清楚，且阮某亦予以认可。借条是证明双方成立借贷关系的依据，本案阮某出具的借条从内容和形式上均能证明阮某向刘某借款的事实。同时，刘某、阮某均陈述在借款之前并不熟悉。基于一般生活常识，阮某不可能在刘某尚

---

〔1〕 安徽省蚌埠市中级人民法院（2016）皖 03 民终 767 号民事判决书。

未支付其借款的情况下就先出具借条并签字确认。因此，阮某的辩解意见有悖一般生活常识，一审法院不予采纳，阮某应当偿还刘某借款 50000 元"。阮某不服上诉。

二审法院认为，"从刘某自称的借款发生时间到进入本案诉讼程序的时间间隔并不长，而刘某对于借款资金的交付时间、借款资金的来源以及借条的形成情况有多次矛盾的陈述，有些陈述还与其自己所举示的证据相互矛盾。刘某所举示的证人证言亦不足以证明借款已实际交付。因此，刘某仅凭借条尚不足以证明其已实际向阮某交付了 5 万元借款，也即不足以证明本案借款关系已经生效……"[1]

上述两个案例都经过了两个审级，而两审法院的分歧，都不妨归结为对民事诉讼证明标准的不同把握。案例 4 中，一审法院以原告证据的盖然性优于被告为由确认原告主张成立，是对民事诉讼证明标准的明显误用。根据《民事诉讼法解释》第 108 条，"对负有举证证明责任的当事人提供的证据，人民法院经审查并结合相关事实，确信待证事实的存在具有高度可能性的，应当认定该事实存在。对一方当事人为反驳负有举证证明责任的当事人所主张事实而提供的证据，人民法院经审查并结合相关事实，认为待证事实真伪不明的，应当认定该事实不存在"。按照第 1 款，判断待证事实是否存在的标准是法官是否确信待证事实的存在具有高度盖然性，而非原告证据的盖然性是否优于被告证据的盖然性；[2]根据第 2 款，被告反证只需让待证事实陷入真伪不明，而

---

〔1〕 重庆市第一中级人民法院 (2016) 渝 01 民终 3991 号民事判决书。

〔2〕 这是对 2001 年《民事诉讼证据规定》第 73 条的巨大进步，关于这一点，参见吴泽勇：《中国法上的民事诉讼证明标准》，载《清华法学》2013 年第 1 期。2019 年《民事诉讼证据规定》删除了第 73 条的规定。

非像本证一样达到高度盖然性的标准。一审法院将原、被告证据的证明力进行比较并在此基础上认定原告主张成立，混淆了本证与反证，使得待证事实的证明标准被人为降低。从这个角度，一审法院适用法律错误。二审法院回到对原告本证的分析，并且在此基础上否认了原告的主张，适用法律正确。案例5中，在原告只出具了借条而被告否认借款实际发生并且作出合理说明的情况下，法院应当重点审查的是原告提交的证据能否让其形成对借款实际发生的内心确信，而不是被告的反驳是否存有疑点。一审法院仅以借条本身真实为由认定借贷关系成立，明显违背了《民间借贷规定》第16条第2款的意旨。二审法院对待证事实进行了更加具体、深入的调查分析，并在适用较高证明标准的基础上驳回原告诉讼请求，是对《民间借贷规定》第16条第2款的准确适用。

第五，在借贷行为是否发生真伪不明的情况下，应当判谁败诉?《民间借贷规定》起草者设计第16条第2款的目的是让法院对争议事实进行更加深入、全面的调查，避免简单依据个别书证作出事实认定。这种初衷自然值得肯定。但在理论上，肯定存在经过全面调查依然无法对待证事实形成判断的情形，这时候，就只有根据客观证明责任的分配作出判决。如前文所述，对于借贷行为实际发生的证明责任由原告负担，因此，该事实真伪不明时，法官只能判原告败诉。

（二）民间借贷案件事实调查的一般流程

基于上文的阐述，民间借贷案件事实调查大致可以遵循以下流程展开。

（1）原告主张的具体化。在进行事实调查之前，法院应当首先审查原告主张的请求权构成要件事实是否足够具体化。如果原告主张本身颠三倒四、漏洞百出，法院可以直接驳回其诉讼请求。

（2）被告对原告主张的否认及其具体化。对原告已经具体化的陈述，被告可以进行否认，并根据情况，就其否认给出理由。被告否认的具体化程度，视原告主张的具体化程度而定，也视否认的内容而定。原则上，这种否认能够让法官对原告主张事实产生怀疑即可。如此，则就该事实形成诉讼上的争点。

（3）原告首先对待证事实提供证据进行证明。作为负主观证明责任一方当事人，原告应当首先提供证据证明待证事实。原告的证明在性质上属于本证，应当达到高度盖然性的证明标准。如果原告不能举证，或者证据不能证明待证事实到高度盖然性的程度，则本证失败。

（4）被告对其否认提供证据证明。如果原告对待证事实的证明达到了高度盖然性的证明标准，则行为意义证明责任转移到被告一方，被告应当提供证据证明其对待证事实的否认。被告的证明在性质上属于反证，只需将法官对待证事实的心证状态由"内心确信"拉低到"真伪不明"即可。如果被告无法举证，或者举证不能动摇法官的内心确信，则反证失败。

（5）原、被告的证明活动可能持续多轮，但上述3、4阶段的证明原理始终适用。

（6）法官对待证事实的认定。证据调查可能在上述任一环节嘎然而止，而无论证据调查何时终结，法官都要综合本案全部证据和辩论情况，根据自由心证，对待证事实作出判断。判断结果可能是待证事实成立、不成立或者真伪不明。在待证事实真伪不明的情况下，应当根据客观责任分配，驳回原告诉讼请求。

真实世界的证据调查很少遵守上述流程，而且也没有这个必要。原告一般会在起诉的同时提供大部分证据，被告也会在反驳原告主张的同时提供相应证据。但上述原理的意义在于，它可以为法官的事实调查提供一种思维模型。利用这个模型，法官在任何情形下都知道自己处在事实调查的哪个阶段，并且知道在这个阶段该如何分配双方当事人的责任。

三、借贷合意成立的证明

（一）《民间借贷规定》第 17 条的法律适用

《民间借贷规定》第 17 条规定："原告仅依据金融机构的转账凭证提起民间借贷诉讼，被告抗辩转账系偿还双方之前借款或其他债务，被告应当对其主张提供证据证明。被告提供相应证据证明其主张后，原告仍应就借贷关系的成立承担举证证明责任。"本条规定涉及借贷合意的证明责任。但在理论上，对此同样不存在争议。德国法上，通说认为，如果被告主张支付的原因是赠与或者其他法律关系，应由原告证明借贷关系的存在；原告应当排除被告主张的其他法律关系。[1]我国学者同样认为，借贷合意的

---

[1] Dieter Leipold, In: Stein/ Jonas, Kommentar zur ZPO, 22. Aufl. 2008, § 286 Rn. 105; BGH NJW 1983, 931; BGH WM 1976, 974–977.

成立应由原告负客观证明责任。[1]

实务中的主要争议在于：在原告仅以转账凭证提起民间借贷诉讼的情况下，应如何分配双方当事人的提出证据责任，以及如何进行事实认定。就此问题，多数观点认为，转账凭证只能证明实际给付了款项，不能证明双方存在借贷关系，在被告否认存在借贷关系的情况下，原告应当进一步证明借贷关系存在；[2]但也有观点认为，转账凭证是出借人已将借款支付给借款人的证据，原告提交该证据，可以证明其与被告之间的借款关系和已经实际履行出借义务，如果被告主张支付原因是其他法律关系，应当就此承担证明责任。[3]司法解释起草过程中一度采纳了前一种观点，规定原告仅提供转账、存款凭证等交付凭证，未提供借贷合意成立的证据，被告以双方不存在借贷关系或者存在其他法律关系为由抗辩的，人民法院应当要求原告就双方存在借贷合意进一步提供证据。原告不能提供证据的，应当驳回其诉讼请求。但在征求意见过程中，有意见认为，这样的证明责任分配对许多缺乏法律

---

〔1〕 除了前文引用的李浩教授的论述外，另见段文波主编：《要件事实理论视角下民事案件证明责任分配实证分析》，厦门大学出版社 2014 年版，第 153 页；肖琳等：《民间借贷纠纷中"孤证"案件的法律适用——以 100 份民间借贷孤证案件判决书为分析样本》，载《海南大学学报（人文社会科学版）》2016 年第 1 期。

〔2〕 比如《浙江省高级人民法院关于审理民间借贷纠纷案件若干问题的指导意见》（2009）（已失效）第 15 条、《北京市高级人民法院关于审理民间借贷案件若干问题的会议纪要》（2013）第 7 条、《江苏省高级人民法院关于审理民间借贷纠纷案件的会议纪要》（2013）第二部分第（三）条、《重庆市高级人民法院关于审理民间借贷纠纷案件若干问题的指导意见》（2011）第 9 条；郝正：《民间借贷纠纷实务解析与裁判指引》，法律出版社 2015 年版，第 116 页；关恒：《仅有款项交付凭证的事实认定》，载《人民法院报》2015 年 12 月 3 日，第 7 版。

〔3〕 陈永强等：《民间借贷的事实审查与举证责任分配之法理》，载《政治与法律》2013 年第 12 期；靳羽：《民间借贷案件的举证责任分配》，载陈国猛主编：《民间借贷：司法实践及法理重述》，人民法院出版社 2015 年版，第 177—179 页。

意识的出借人来说举证难度很大，不利于实体权利的保护。于是最高人民法院在该条中增加了被告就其"抗辩"提供证据证明的环节，以"加强对合法出借人的司法保护"。[1]这里首先运用上一部分阐述的证明原理，分析第17条在实务中可能遇到的问题。至于这些问题的根源，留待下文讨论。

第一，原告对于借贷合意成立的具体化主张。在这一阶段可能提出的问题是：是否原告只要提出金融机构的转账凭证，就完成了第一个回合的诉讼攻防？当然不是。借款偿还请求权的法律要件至少包括借贷合意成立和借款已经交付，而金融机构转账凭证或者其他的支付凭证只能证明支付发生，并不能就支付的原因提供任何信息。[2]因此，原告如果希望在第一个回合里说服法官，至少还要就借贷合意的形成进行具体化的事实主张。原告应当具体说明其与被告之间的借贷关系是如何形成的，具体内容又是什么。如果原告不能进行这种说明，或者其说明漏洞百出、自相矛盾，那么法院可以以原告主张欠缺"一贯性"为由驳回其诉讼请求。

第二，被告的具体化反驳。在原告已经对借贷合意的形成进行了具体化主张的情况下，被告原则上需要对其否认提出具体化的反驳。这时可能提出的问题是：被告反驳需要具体化到何种程度？笔者认为，这种反驳需要达到的证明程度与第16条第2款一样，"作出合理说明"即可。就此不妨观察下述案例。

案例6： 在谢某诉吕某民间借贷案中，二审法院认为，"谢

---

[1] 参见最高人民法院民事审判第一庭编著：《最高人民法院民间借贷司法解释理解与适用》，人民法院出版社2015年版，第304页。

[2] 实践中，原告可能在转账凭证上备注转账原因，这可以提供一些信息，但因为是单方备注，一般并不能作为直接证据使用。

某未与吕某签订借款协议或借条，其仅提供银行转账凭证用以证明借款 151000 元。吕某认可收到上述款项，对于该笔款项的性质解释为谢某帮助吕某出售预留房屋所得溢价款……吕某在对涉案款项进行合理解释后，谢某应进一步提供证据证明其主张"。[1]

上述案例中，被告对其关于借贷合意的否认给出了合理解释，基于该解释，法官足以相信，就该笔转账的基础法律关系存在其他可能性。这种情况下，被告已经完成与其否认匹配的具体化义务，下一轮的攻击防御任务就转移到了原告一方。

第三，原告的提出证据责任。按照上一部分阐明的原理，在被告对其否认作出合理说明后，借贷合意是否成立就构成了本案中的争点。就此争点，原告应当首先提供证据进行证明。因为，对借贷合意这一争点（待证事实），同样是原告负担主观证明责任。如果原告对该事实不能提供证据予以证明，法官只能判原告败诉。恰恰在这一点上，实践中的做法存在严重分歧。

案例 7： 在夏某诉王某民间借贷案中，再审法院认为，"申请人主张其与被申请人存在民间借贷关系，依法应提供相应证据予以证明。但申请人在原审时仅提供了其从本人银行账户向被申请人银行账户转款的转账凭证及与被申请人之间的短信记录。申请人提供的转账凭证仅能证明其曾经向被申请人银行账户转款的事实，其提供的短信记录中，被申请人也未明确表示哪些款项属于借款，因此，申请人提供的证据不足以证明其与被申请人存在借贷合意"。[2]

案例 8： 在周某诉留某民间借贷案中，二审法院认为，"本

---

〔1〕　北京市第三中级人民法院（2016）京 03 民终 6296 号民事裁定书。
〔2〕　湖北省高级人民法院（2016）鄂民申 1781 号民事裁定书。

案的争议焦点是诉争的 100 万元是否系周某出借给留某的借款。本案中，留某收到周某的银行汇款 100 万元是双方均认可的事实。周某主张此款为出借给留某的借款，并提交 100 万元汇款的银行凭证。留某抗辩此款系周某偿还向其外币借款及代为垫付购买石雕的款项，但留某既未提交相应的证据予以证明，也未能详细、合理地陈述其主张的事实……在留某未能就 100 万元系周某向其支付的还款而非借款的抗辩理由提供充足的证据予以证明的情况下，留某应承担举证不能的不利后果"。[1]

案例 9： 在郑某诉郭某民间借贷案中，二审法院认为，"从以上规定（《民事借贷规定》第 17 条）可见，原告仅依银行转账凭证提起民间借贷诉讼，法院先推定双方之间的关系是借贷关系，如果被告提出相应证据能够证实其抗辩，法院再依法认定……根据现有证据，尚不足以证明郭某收取的 43 万元是廖某委托郑某向其支付的郭某应当收取的其在某公司应得工资、分红及营销等费用，郭某应当承担举证不能的后果。根据优势证据原则，本院依法认定郑某与郭某之间 43 万元的借款关系成立"。[2]

上述三个案例中，只有案例 7 对当事人双方的提出证据责任作了正确的分配。在该案中，当借贷合意成立与否发生争议时，应当由原告提供证据证明其主张的借贷合意存在。这种证明在性质上是本证，应当达到高度盖然性的证明标准。原告提交的证据不足以达到这样的证明标准，法官只能判其败诉。案例 8 中，被告主张其收到的 100 万元系原告偿还其外币借款以及垫付购买石雕的款项，应该说对其否认已经尽到了必要的具体化义务（说明

---

[1] 浙江省丽水市中级人民法院 (2016) 浙 11 民终 268 号民事判决书。
[2] 重庆市第五中级人民法院（2016）渝 05 民终 4891 号民事判决书。

了该笔转账存在其他可能性）。这种情况下，应该由原告进一步提供证据证明这100万元转账的法律原因是其主张的借款，而非由被告证明这100万元是用来偿还外币借款以及垫付购买石雕的款项。案例9中，法院认为在原告提交银行转账凭证的情况下，首先推定双方之间的关系是借贷关系，如果被告否认存在这种关系，则需要提供证据予以证明。但这种"推定"并没有令人信服的基础。一份转账凭证背后可能有无穷多的法律原因，怎么可以因为原告的一纸诉状就推定是原告主张的借贷关系呢？所以，案例8和案例9对当事人提出证据责任的分配都是错误的。

第四，被告的提出证据责任。如果原告对借贷合意的证明让法官形成了内心确信，提出证据责任就转移到了被告一方。按照前文的阐释，被告这时的证明在性质上是反证，只需要动摇法官关于借贷合意成立的内心确信即可。假如被告无法进行有效的反证，自然只能承受败诉的结果。

第五，自由心证与客观证明责任的分配。如果原、被告双方都进行了充分的举证，那么法官就需要综合双方证据以及相关案情因素，对借贷合意是否成立作出判断。这种判断在原理上与上文阐述的标准并无二致，关键是看原告对待证事实的证明是否足以让法官形成内心确信（达到高度盖然性）；对被告反证的审查只需看其能否从反面动摇法官的内心确信，并非证据评价的重心。

案例10： 在雍某诉黄某民间借贷案中，二审法院认为，"雍某仅依据其向黄某的银行账户存款的银行凭证和其代理人对黄某的一份调查笔录向黄某主张债权，黄某抗辩提出双方当事人之间根本不存在借贷关系，并提供了银行交易记录、证人证言、合伙协议等证据予以证明。根据高度盖然性的证据标准，本院认为黄某提供的证据能够证明其主张。在黄某举证证明双方当事人之间不存在借贷关系的情况下，雍某对于其起诉时所主张的借贷关系的存在，需要进一步提供证据证明，但雍某未能提供证据推翻黄某的抗辩主张，故本院认为不能仅依据银行存款凭证认定借贷关系成立"。[1]

案例11：在张某诉苏某民间借贷案中，再审法院认为，"张某依据中国银行汇款凭证提起民间借贷诉讼，要求苏某偿还借款，苏某辩称未向张某借款，曾委托张某办事时，向张某账户存款90万元，并交付张某鸡血石等财物，后因事情未能办妥，双方协商，张某退还200万元。依据上述法律规定（《民间借贷规定》第17条），苏某应当对其主张提供证据予以证明，但其在本案中提供的证据不足以证明其主张，一、二审法院认定双方之间存在民间借贷的事实，并无不当"。[2]

案例12：在王某诉谭某民间借贷案中，二审法院认为，"谭某举示的证据虽不能确证谭某退出合伙，案涉款项为退伙款，但却存有此可能。在此前提下，需要王某进一步举证证明其与谭某之间存有借款合同关系。如若不能，则应依据《民间借贷规定》第17条……由王某承担举证不能的不利后果"。[3]

上述三个案例中，案例10、案例11中判决书对事实认定结果的论证，都不乏可指摘之处。两个判决书的共同问题是，对原告主张事实和被告主张事实采取了相同的证明标准。如果说案例

[1] 湖南省岳阳市中级人民法院（2016）湘06民终171号民事判决书。
[2] 北京市高级人民法院（2016）京民申2281号民事裁定书。
[3] 重庆市第四中级人民法院（2015）渝四中法民终字第01486号民事判决书。

10 因为被告恰好可以证明其主张，因此尚不影响判决实体结果，那么案例 11 中的被告就没这么幸运了。该案要求被告证明其反驳主张，而按照本章阐述的证明原理，他本来没有这样的义务。这里的原理就是：被告对其否认的证明属于反证，反证只需动摇本证形成的内心确信，无须达到高度盖然性的证明标准。案例 12 的审理法院准确把握了这一原理，对待证事实的证明责任作出了正确的分配。

（二）对《民间借贷规定》第 17 条的批评

以上考察表明，即便在《民间借贷规定》实施后，我国法院对借贷合意的事实认定仍然难言统一。在笔者看来，实务上的分歧主要源于对两个问题的不同认识：一是转账凭证可否初步证明借贷合意存在；二是被告是否应就"转账系偿还双方之前借款或其他债务"的主张负证明责任。只要对这两个问题作出了明确回答，其他争议都将迎刃而解。解释起草者恰恰在这两个问题上认识模糊，由此导致了《民间借贷规定》第 17 条在表述上的严重缺陷。

1. 转账凭证并不能初步证明借贷合意存在。如上文所述，支付凭证除了能够证明支付，并不能对借贷合意的存在提供任何证明。一个支付背后可能有无数种基础法律关系。这无穷多的可能性，并不会因为原告起诉时对借款关系的主张而消除。有法官认为，在"有转账凭证无借据"的情况下，应当认定借贷关系成立。因为，"原告虽然未能举证证明双方曾经达成借贷合意，但是其在庭审中能够合理陈述借贷发生的原因、经过，再结合其向被告转账的事实可以认定，双方之间存在借贷关系的可能性非常大，原告的举证已经达到'高度盖然性'的证明标准"。[1]这种推理表面上合理，实际上有明显的逻辑漏洞——它完全忽略了被告反驳可能具有的意义。假如原告有转账凭证作为证据，并且能够合理陈述借贷发生的原因、经过，其对借贷合意成立的陈述的确构成了一个具有"一贯性"的事实主张，但仅此而已。在被告主张转账系因其他法律关系，并同样就该主张进行了合理陈述的情况下，借贷关系是否成立即陷入真伪不明。这才是《民间借贷规定》第17条要面对的典型场景。而在这一场景中，显然不能立足于"假定借贷合意存在"前提来讨论双方的证明责任分配。

2. 被告对"转账系偿还双方之前借款或其他债务"的主张不负证明责任。被告应否对该主张负证明责任，取决于该主张是不是真正意义上的"抗辩"。正如学者指出的，抗辩与否认的本质区别在于，抗辩事实与请求原因事实可以并存，而否认事实与请求原因事实无法共存。[2]有学者进一步指出，抗辩的目的在于否定请求原因的法律效果，而否认的目的则在于否定请求原

---

〔1〕靳羽：《民间借贷案件的举证责任分配》，载陈国猛主编：《民间借贷：司法实践及法理重述》，人民法院出版社2015年版，第178—179页。袁琳通过分析转账凭证作为本证和反证的证明力，也认为，"在转账凭证系案件唯一证据的情况下，可以认为原告凭借这一证据已经达到了高度盖然性的证明标准，《民间借贷规定》第17条视原告提供转账凭证为完成初步举证有其正当性和合理性"。参见袁琳：《证明责任视角下的抗辩与否认界别》，载《现代法学》2016年第6期。

〔2〕参见杨立新、刘宗胜：《论抗辩与抗辩权》，载《河北法学》2004年第10期；占善刚：《民事诉讼中的抗辩论析》，载《烟台大学学报（哲学社会科学版）》2010年第3期；占善刚：《附理由的否认及其义务化研究》，载《中国法学》2013年第1期；陈刚：《论我国民事诉讼抗辩制度的体系化建设》，载《中国法学》2014年第5期；袁琳：《证明责任视角下的抗辩与否认界别》，载《现代法学》2016年第6期；刘学在、李祖业：《论仅有转账凭证之借贷事实的证明责任分配——对〈民间借贷规定〉第17条之检讨》，载《烟台大学学报（哲学社会科学版）》2017第2期。

因本身。[1]这些观点无疑都是正确的,因为,倘若不持这样的观点,那么民事诉讼的证明责任分配体系将陷入混乱,对待证事实的证据调查也将失去准据。基于这种理解,被告对"转账系偿还双方之前借款或其他债务"的主张显然是否认而非抗辩。最高人民法院释义书认为,被告以转账系偿还双方之前借款或者其他债务为由否认原告提出的借款事实,实际上提出了一个新的主张,即双方当事人之间还存在其他的法律关系,"按照主张权利的当事人应当对权利发生的法律要件存在的事实负举证责任的基本原理,即应负相应的举证责任,需要提供证据予以证明"。[2]这种观点恰恰混淆了否认与抗辩。我们说被告"转账是因为其他法律关系"的主张是否认而非抗辩,是因为在《民间借贷规定》第17条的语境中,被告提出这一主张只是为了排除原告主张的原因事实——因为两种事实无法共存,而不是援引一个新的法律规范,以消灭、妨碍或者制约原告的权利主张。因为有待适用的法律规范并无任何变化,适用法律要件分类说的结论只能是原告证明其主张的借贷法律关系存在,而非被告证明其主张的其他原因事实存在。可见,被告对"转账系偿还双方之前借款或其他债务"的主张不负客观证明责任。

由于被告关于存在其他法律关系的主张是否认而非抗辩,关于该主张的证明就是反证而非本证。对《民间借贷规定》第17条而言,作为请求权基础的要件事实是"借贷合意成立",对该

〔1〕 袁琳:《证明责任视角下的抗辩与否认界别》,载《现代法学》2016年第6期。

〔2〕 参见最高人民法院民事审判第一庭编著:《最高人民法院民间借贷司法解释理解与适用》,人民法院出版社2015年版,第307—308页;靳羽:《民间借贷案件的举证责任分配》,载陈国猛主编:《民间借贷:司法实践及法理重述》,人民法院出版社2015年版,第177页。

要件事实的证明责任已由实体法分配给原告，被告对该要件事实的否认的证明只能是反证。有学者认为，《民间借贷规定》第17条可以解读为将证明顺序调整为先反证后本证，而且这种调整具有正当性。理由是，"这类纠纷的事实认定难度极大，对原告而言，由于提交不出证明力较大的直接证据，说服法官的过程十分艰难……由被告先行举证，一定程度上可以降低认定事实的难度：一方面，被告的证明难度相对较低，只需让待证事实陷入真伪不明即可；另一方面，在被告需要进行反证且提出反证不困难的情形下，如果认为负有证明责任一方的事实主张是不真实的，那么在没有特别事由的前提下其应当会提起反证，这本身也是一个经验法则"。[1]该学者认为，不妨将这种制度设计看作赋予被告事案解明义务，而其正当性在于，"在如第17条所示的案件中，原告提交不出直接证据和书面证据，这是由自然人民间借贷纠纷的性质决定，并不当然意味着凡如此类的原告一概没有实体法上的请求权。为了降低事实认定难度、保障合法债权人的利益不受损失，应当施加被告解明事案的义务。特别是，被告对于原告主张不是单纯否认，而是附理由地否认，这更加印证了被告承担事案解明义务的正当性，被告既然引入新的事实来积极地否认原告的主张，就应当认定其必然可以举证证明其事实主张"。[2]笔者不同意这种见解。

首先，证明难度不是改变本证、反证顺序的恰当理由。如果说原告可能因为缺乏法律知识而没有事先签订或者保留债权凭证，那么被告对其主张的其他法律关系，同样有可能没有保留相

---

〔1〕　袁琳：《证明责任视角下的抗辩与否认界别》，载《现代法学》2016年第6期。

〔2〕　袁琳：《证明责任视角下的抗辩与否认界别》，载《现代法学》2016年第6期。

关凭证。就概率而言，两种证明在难度上并无二致。实务中，被告当然可以在否认的同时提出证据，但这不等于可以在制度上要求被告首先进行反证。

其次，反证证明标准较低也不是支持反证先行的恰当理由。反证的确只需让待证事实陷入真伪不明，但问题是，在被告举证之前，借贷合意是否成立本来就是真伪不明的。若非如此，这一事实根本不会成为证明的客体。

再次，无论怎样安排证明顺序，都不可能保护所有合法债权人的利益。由原告首先举证证明借贷合意成立，的确有可能让某些合法债权人利益受损；但让被告首先进行反证，同样会让某些被告因为并不存在的借贷关系而蒙冤。客观证明责任本质上是一种风险分配机制。将民间借贷案件的证明责任分配给原告，是因为让攻击方（原告）保留借贷合意成立的证据，比让防御方（被告）保留（与本案无关的）其他法律关系存在的证据更具期待可能性。[1]而先反证、后本证的制度设计，会让这种风险分配很大程度上落空。

最后，在民间借贷案件中，不存在要求不负证明责任一方当事人负事案解明义务的充分理由。所谓事案解明义务，"其内涵是不负证明责任的一方当事人对于事实厘清负有积极的、具体的陈述和说明义务，包括提出相关证据资料的义务"。[2]无论在德国还是日本，判例和主流学说都不承认一般性的事案解明义务，而

---

[1] 作为证明责任分配实质性依据的"进攻者原则"，Vgl. Hans Prütting, Gegenwartsprobleme der Beweislast, 1983, S. 250, 258. 新堂幸司认为，基于当事人之间的公平，也要求改变权利现状者对权利变更的要件负证明责任。参见［日］新堂幸司：《新民事诉讼法》，林剑锋译，法律出版社2008年版，第397页。

[2] 袁琳：《证明责任视角下的抗辩与否认界别》，载《现代法学》2016年第6期。

是主张将其适用范围限制在所谓"信息偏在型"的案件中。[1]我国亦有学者明确支持这一观点。[2]其理由在于：对争议事实进行具体化的陈述和说明属于当事人主张责任的内容，而对待证事实的主张责任，与证明责任一样，通常情况下被分配给主张特定法律效果的当事人。这种分配方法源于辩论主义的内在要求。如果承认一般性的事案解明义务，将会从根本上改变证明责任的分配，进而动摇辩论主义的根基。只有在负证明责任一方当事人因为欠缺相关信息而不能期待其对案件事实主张进行具体陈述，而不负证明责任一方当事人掌握相关信息且其对案件事实进行具体化陈述具有期待可能性时，要求后者负事案解明义务才具有正当性。民间借贷案件并不属于这种"信息偏在型"案件。民间借贷合同作为合同的一种，其签订和履行都是双方当事人共同参加和见证的。在民间借贷案件中，并不像在医疗侵权案件、环境侵权案件中经常出现的那样，某一要件事实相关信息完全或者主要处于不负证明责任一方当事人控制。因此，在民间借贷案件中，要求不负证明责任一方当事人负事案解明义务缺乏基础。

有学者认为，《民间借贷规定》第17条可以理解为被告的"积极否认"义务。[3]但在民间借贷案件中，并不存在被告的一般性"积极否认"义务。正如上文所述，民间借贷案件不是以"信

---

[1] 德国的情况，参见姜世明：《诉讼上非负举证责任一造当事人之事案解明义务》，载《举证责任与真实义务》，台湾地区新学林出版股份有限公司2006年版，第107—183页；日本的情况，参见占善刚：《附理由的否认及其义务化研究》，载《中国法学》2013年第1期。

[2] 参见占善刚：《附理由的否认及其义务化研究》，载《中国法学》2013年第1期。

[3] 包冰锋和袁琳持这种观点。参见包冰锋：《论民事诉讼中当事人的积极否认义务》，载《证据科学》2015年第4期；袁琳：《证明责任视角下的抗辩与否认界别》，载《现代法学》2016年第6期。

息偏在"为一般特征的案件类型,因此没有理由对双方当事人的主张和证明责任作不同于一般案件的特殊安排。理论上,如果原告只有转账凭证而不能对借贷合意作出具有"一贯性"的具体化主张,被告当然可以作出不附理由的否认(消极否认)。在原告对借贷合意存在作出具体化主张之后,被告才有义务作出具体化的反驳(积极否认)。[1]在《民间借贷规定》第17条的语境下,被告只要具体、合理地说明转账凭证是因何种借款或者法律关系引起的,即可认为满足了这种义务。而在被告完成具体化反驳之后,按照证明责任分配的一般原理,接下来就应当是原告首先对其请求原因事实进行举证,而非被告对其否认事实进行举证。

综上可见,《民间借贷规定》起草者不仅误判了转账凭证对于借贷合意的证明力,而且混淆了否认与抗辩的制度区别。这使得《民间借贷规定》第17条在逻辑上越过"原告对法律要件事实的具体化主张"、"被告对原告事实主张的反驳"以及"原告对争点事实的本证",直接进入被告的反证环节。这种制度安排让被告在证据调查中承受过重负担,甚至导致借贷合意要件证明责任被倒置的意外后果。正如前文所述,没有人主张倒置借贷合意要件的证明责任,《民间借贷规定》的起草者也没有。[2]但"被告

---

〔1〕 包冰锋也指出了这一点。参见包冰锋:《论民事诉讼中当事人的积极否认义务》,载《证据科学》2015年第4期。一般性地要求被告对其否认提出"附理由否认",有可能导致民间借贷与不当得利的混同。对后者而言,赋予被告对"无法律上理由"法律要件的具体化陈述义务,在某些情况下是正当的。但在民间借贷案件中不加区分地要求被告提出"附理由否认",不仅缺少法理基础,而且混淆了民间借贷与不当得利的区别,有可能导致实体法适用的紊乱。

〔2〕 释义书这部分的论述相当混乱,很多地方自相矛盾,但没有证据证明《民间借贷规定》的起草者要在这个地方引入证明责任倒置的制度设计。而《民间借贷规定》第17条最后落脚在原告的"举证证明责任",从另一个角度否认了这种可能性。

应当对其主张提供证据证明"的表述，有可能让法官误解此类案件中的证明责任分配。[1]之所以出现案例 8、案例 9、案例 11 这类"问题判决"，《民间借贷规定》第 17 条的表述失误难辞其咎。

四、偿还抗辩的证明

《民间借贷规定》第 16 条第 1 款规定："原告仅依据借据、收据、欠条等债权凭证提起民间借贷诉讼，被告抗辩已经偿还借款，被告应当对其主张提供证据证明。被告提供相应证据证明其主张后，原告仍应就借贷关系的成立承担举证证明责任。"立法者将这一款规定在两条三款的最前面，但从逻辑上，这一款涉及的内容本应出现在其他两款之后。因为在理论上，被告偿还借款的主张是真正的抗辩。偿还的前提是承认借贷关系存在，因此二者是可以并存的。被告抗辩已经偿还借款，实际上是主张合同的权利义务因为债务履行而终止（《合同法》第 91 条第 1 项；《民法典》第 557 条第 1 款第 1 项）。按照《民事诉讼法解释》第 91 条，这一主张属于"权利消灭抗辩"，被告需要对此负证明责任。在这个前提下，本章之前阐述的所有原理一应适用，只是主体对调而已。但与《民间借贷规定》第 17 条一样，这个条款同样存在表述缺陷。结合相关案例，分述如下。

---

〔1〕 实务中，不乏以《民间借贷规定》第 17 条对抗《民事诉讼法解释》第 91 条的裁判。比如在崔某诉剧某甲、剧某乙民间借贷案中，再审法院就认为，虽然再审申请人认为本案应当适用《民事诉讼法解释》第 91 条第 1 项分配证明责任，但"根据新法优于旧法、特别法优于普通法的法律适用原则，本案应当适用《最高人民法院关于审理民间借贷案件适用法律若干问题的规定》第十七条的规定"。参见新疆维吾尔自治区高级人民法院（2015）新民申字第 1800 号民事裁定书。

首先是被告对于偿还抗辩"提供证据证明"的责任。《民间借贷规定》第16条第1款第1句要求被告对其偿还抗辩"提供证据证明",这在表达方式上与第17条第1句完全相同。但考虑到被告主张的性质,我们却不能拿上一部分的解读方式来理解这里的"提供证据证明"。考虑到被告在这里提出的是真正意义的抗辩,他当然要对抗辩事实负客观证明责任。基于这样的证明责任分配,被告首先应当对偿还借款的抗辩进行具体化的事实主张。与第16条第2款、第17条中被告的处境类似,原告对于被告的偿还抗辩也可以提出两种否认:一是否认被告对原告有过金钱给付;二是承认有过给付,但否认该给付是偿还原告主张的借款。如果因为原告否认而使得借款是否偿还成为争点,被告应当首先提供证据证明其主张,而不是原告提供证据证明其否认。作为负证明责任一方当事人,被告对于偿还抗辩的证明属于本证,应当达到高度盖然性的证明标准。可参见以下案例。

案例13: 在姜某、刘某、陈某诉杨某民间借贷案中,二审法院认为,"被上诉人主张上诉人未偿还借款,提交上诉人出具的欠条为证。上诉人对被上诉人提交欠条的真实性没有异议,但主张已偿还借款。对其主张上诉人在原审中申请证人尉某、顾某、李某到庭作证,二审中又申请证人尉某、顾某到庭补充说明情况。本院认为,顾某曾是上诉人的司机,与上诉人存在一定的利害关系。尉某与上诉人系同村邻居、多年的朋友,且尉某自己也认可并不清楚借款、还款的数额。李某没有见到还款过程。二审中尉某与顾某在有关借款、还款地点以及借款经过方面的陈述存在不一致的地方。且刘某已经去世,关于尉某与顾某是否参与了还款过程,除其二人陈述外,也无其他证据佐证。而且在上诉人与刘某关系并不密切的情况下，上诉人还款时既不要求刘某退还欠条也不要求刘某出具收条，也不符合常理……原审认定上诉人主张已偿还借款证据不足，并无不当"。[1]

案例14：在代某诉肥西某公司民间借贷案中，二审法院认为，"代某持有150万元借款条据的原件，而肥西某公司上诉称其已经偿还完毕，并提供了其于2012年11月9日向代某转款100万元的转款凭证（注明用途：劳务费）、2013年1月15日向代某转款30万元的转款凭证（注明用途：还款）及20万元的转款凭证（注明用途：劳务费）、2013年2月23日向代某支付3万元的收据（注明此款系小额贷款公司利息）、2013年3月25日向代某转款4万元的转款凭证（注明劳务费）。上述款项虽发生于案涉借款条据之后，但双方之间存在其他经济往来，且肥西某公司在辩称2013年已经偿还完毕的情况下，于2014年1月28日仍然还向代某支付案涉借款利息50万元的行为，有悖常理。因此，代某称肥西某公司所举证的还款系其他经济往来，更符合证据呈现的客观事实，本院予以采信"。[2]

在案例13中，由于原告否认借款已经偿还，被告提供了若干证人来证明其主张。但这些证人证言本身证明力有限，加上证人陈述存在不一致的地方，法院不能形成被告已经偿还原告借款的内心确信。案例14中，被告尽管提交了转账凭证，但在原告主张双方有其他经济往来，转账并非偿还借款的情况下，法院不能形成这些转款为偿还原告借款的内心确信。应该说，在两个案例中，法院都正确地分配了证明责任，对被告本证证明标准的适

---

〔1〕　山东省烟台市中级人民法院（2016）鲁06民终1795号民事判决书。

〔2〕　安徽省合肥市中级人民法院（2015）合民一终字第04149号民事判决书。

用也比较妥当。

其次是原告的"举证证明责任"。《民间借贷规定》第16条第1款第2句要求原告在被告证明其抗辩后，仍就借贷关系的成立"承担举证证明责任"。在我国民事诉讼实务的语境中，"举证证明责任"因为包含了客观证明责任的内涵，而与所谓"提供证据证明"有本质的不同。[1]但在《民间借贷规定》第16条第1款的情况下，恰恰不存在根据客观证明责任判决原告败诉的的可能性。被告偿还借款的抗辩就是以认可借贷关系成立为前提的，无论其抗辩能否被证明，借贷关系成立都作为自认事实而无须进入证据调查。从这个角度，《民间借贷规定》16条第1款第2句可以说是画蛇添足。另外，对于被告关于偿还抗辩的举证，原告当然可以提出反证。这种反证仅在被告本证足以让法官形成借款已经偿还的内心确信时才有必要，并且无须达到本证那么高的证明标准。关于这一点，实务中并不总是能正确把握。

案例 15：在张某诉自某民间借贷案中，一审法院认为，"被告辩称已偿还原告全部借款，且已还超。首先，被告所举的三份银行回单，累计偿还原告借款合计 645000 元，超过向原告所借款项 1 倍多；其次，第一次庭审中被告承认，原、被告之间是合伙关系，但第二次庭审中被告否认双方有合伙关系，两次庭审被告的辩称相互矛盾；再次，第二次庭审中，原审法院询问被告，对超出还款的金额是否予以反诉，被告明确表示不提反诉。以上三点被告的行为均与常理不相符，故原审法院对被告的辩称不予采信"。自某不服上诉。

---

〔1〕 关于"举证证明责任"的内涵，参见最高人民法院修改后民事诉讼法贯彻实施工作领导小组编著：《最高人民法院民事诉讼法司法解释理解与适用》（上册），人民法院出版社 2015 年版，第 312 页。

二审法院认为，"被上诉人张某要求上诉人自某偿还借款的事实依据为借款金额合计为300000元的《借条》二份，上诉人自某抗辩称其已归还借款300000元，并提供通过银行陆续向被上诉人张某打款五次总计金额为782760元的凭证证实其主张。被上诉人张某亦认可收到上诉人自某782760元，但主张该782760元系用于偿还当事人双方另外的借款（并不包含在本案中主张的300000元借款）及双方的合伙经营的分红。……由于上诉人自某不认可与被上诉人张某存在合伙关系，被上诉人张某应当对其与上诉人自某之间除300000元借款之外尚有其他借款及收到的款项为合伙经营分红的事实承担举证责任，但被上诉人张某未向本院提供证据证明该项主张，被上诉人张某应当承担举证不能的法律后果，对于上诉人自某认为300000元借款已经归还的主张，本院予以支持"。[1]

按照上文关于本证与反证的区分，案例15中一审法院的事实认定是正确的。因为被告对其抗辩的证明不能让法官形成借款已经偿还的内心确信，根本不需要原告证明其否认。二审法院则在这个问题上犯了错误：它竟然要求原告证明被告主张的支付行为系偿还其他借款以及双方合伙经营分红。正如上一部分已经指出的，存在其他法律关系的主张在性质上属于否认，对该否认，主张者不负结果意义上的证明责任。二审略过被告的本证，直接要求原告对否认进行证明，完全颠倒了本案中的证明顺序。而出现这样的问题判决，《民间借贷规定》第16条第1款关于原告"举证证明责任"的多余规定难说不是重要的诱因。

---

〔1〕 云南省普洱市中级人民法院（2016）云08民终271号民事判决书。

五、结论

行文至此，可以对引言提出的问题稍作回答：（1）第16条第1款中的被告"提供证据证明"是行为意义上的证明责任，也是结果意义上的证明责任。（2）被告对偿还抗辩的证明在性质上属于本证；在被告提出偿还抗辩的情况下，原告无须再对借贷关系成立加以证明。（3）第16条第2款中"合理说明"可以理解为被告对其否认的具体化。（4）人民法院应当综合各种因素，仍然无法判断借贷事实是否发生，客观证明责任由原告负担。（5）第17条中的被告"提供证据证明"只能理解为行为意义上的证明责任，这是一种反证意义上的证明责任。（6）三款规定中都提到被告的"抗辩"，但只有第16条第1款中的"抗辩"才是真正意义的抗辩，其他二款中的"抗辩"在性质上都是否认。基于以上讨论，我们发现，《民间借贷规定》第16条第1款、第17条在术语使用、条文逻辑上都存在明显缺陷。第16条第1款不必要地规定了原告的"举证证明责任"，第17条则不恰当地强调了被告的提出证据责任。由于这些缺陷的存在，旨在解决实务问题的司法解释，实际上导致了新一轮的问题。[1]

但我们同时也看到，即便法律解释存在表述缺陷，实践中依然有大量值得称道的裁判。比如在案例6、案例7、案例12中，法官都绕开《民间借贷规定》第17条第1句，作出了既具有个案妥当性、又符合证明责任原理的判决。这给我们的启发是，事实认定问题的解决未必都需要专门的司法解释施以援手。只要法

---

〔1〕 在实践中，第17条带来的混乱更严重，而第16条第1款的缺陷，正常情况下不会对法官产生重大影响。

官掌握了证明责任分配的理论和证据调查的技巧，完全可以在没有司法解释的情况下作出妥当的事实认定。这些理论包括哪些内容？就本章论题所及，这主要包括以下几对概念的准确理解和妥当运用。一是否认与抗辩的区分：第16条第1款涉及抗辩，第16条第2款、第17条涉及否认。二是主张的具体化义务与提出证据责任的区分：第16条第2款中的"合理说明"是一种主张的具体化义务，而不是提出证据的责任。三是本证与反证的区分：第16条第2款、第17条中被告的证明属于反证，应当按照反证的顺序和标准进行。

而上述三组区分的依据，都来自客观证明责任分配。这就是为什么，证明责任被称为民事诉讼的"脊梁骨"。证明责任制度的功能不仅在于案件审理终结时分配真伪不明的风险，同时也在于在事实调查各阶段分配当事人的责任。由于在实践中，真正意义的证明责任判决并不多见，而且理应尽量避免，后一功能就显得尤其重要。为了发挥证明责任的这一功能，需要在证明责任分配之外，引入主张责任、主张的具体化、证明的必要性、提出证据责任的转移、本证和反证的区分等理论，对民事诉讼事实调查的流程作更精细的划分，对当事人在各阶段的任务作更具体的分配。我国民间借贷案件审理中之所以出现事实认定的"困境"，并非证明责任分配有问题，而是有的法官没有全面掌握、妥善运用上述理论工具带来了问题。

本章虽然主要围绕《民间借贷规定》的两个条文展开，意义却不限于民间借贷。民间借贷诉讼中的事实认定问题，在其他民商事诉讼中同样会出现。在笔者看来，为了解决这些问题，当务之急不是颁布更多司法解释，甚至不是进行相应的立法。事实上，上文提到的那些原理，很少成为各国民事诉讼法的规范内容；由这些原理构成的"证明责任的法教义学"，才是保证这一领域法律适用稳定性、可预期性的关键。从这个意义上，强化法官对于证明责任基本原理的学习，才是当前最为紧迫的任务。

民间借贷诉讼中的借款单据鉴定
——基于证明责任视角的分析*

一、引言：民间借贷诉讼中的"鉴定困境"

民间借贷诉讼中，借条、欠条、收条等借款单据作为证明借贷关系成立的直接证据，常常会对案件审理进程产生重大影响。当一方当事人提出借款单据作为证据，而另一方当事人对其真实性提出质疑时，人们很容易想到委托专门的鉴定机构进行鉴定。但在当事人主义的诉讼结构下，鉴定作为一种证据方法，原则上要经当事人申请才能启动。因为鉴定要缴纳一定数额的鉴定费，当然也可能因为其他一些诉讼策略的考虑，有时会出现双方当事人都不愿意申请鉴定的情况。另一些时候，一方当事人申请了鉴定，却因为种种主、客观原因，并不能通过鉴定澄清争点、化解纷争。这些时候，证据调查似乎就陷入了困局。

上述困局常常被学者纳入证明责任分配的框架中进行讨论。典型的提问方式是这样的："原告甲向法院起诉，请求法院判决被告乙返还欠款 10 万元。经法院查明：原告甲仅有一张乙出具的借条作为二者借贷关系的唯一证据，除欠条外无其他有效证据，

---

* 本文最初发表在《法律适用》2018 年第 9 期，标题是《证明责任视角下民间借贷诉讼中的借款单据鉴定问题研究》。

但被告乙对原告甲提供的证据予以否认，称原告甲提供的借条不是被告乙所写，原告甲则坚持借条是由被告乙所写。对于借条究竟是否由被告所写的事实不明，因此就需要对此证据进行鉴定。针对本案，我们的问题是：举证责任应如何分配，即由原告被告的哪一方提出鉴定申请，承担举证责任？"[1]对此设问的回答远远谈不上统一，[2]司法实务中对于申请鉴定责任的处理也没有形成稳定、清晰的思路。

　　从逻辑上，"谁申请鉴定"并不是任何时候都需要回答的问题。在面对这一问题之前，首先要回答"何时需要鉴定"的问题。只有在需要鉴定的案件中，才需要进一步考虑申请鉴定责任的归属问题。在民事诉讼证明理论上，这些问题的确与证明责任有关，但又不是简单考察证明责任分配就能解决的。本部分结合裁判文书，对这两个问题以及直接相关的事实说理进行梳理，以期有益于规范民间借贷诉讼中的借款单据鉴定，同时也展示证明责任理论对于处理司法实践问题可能具有的价值。

二、何时需要鉴定？

　　《民事诉讼法解释》第121条第1款规定："当事人申请鉴定，可以在举证期限届满前提出。申请鉴定的事项与待证事实无关联，或者对证明待证事实无意义的，人民法院不予准许。"按

---

〔1〕 赵健雅：《论民事诉讼中借条的举证责任分配》，载《法制博览》2015年第6期。

〔2〕 参见闫谦逊：《关于民间借贷纠纷审判实务若干问题的探讨》，载《学术交流》2012年第9期；陈永强等：《民间借贷的事实审查与举证责任分配之法理》，载《政治与法律》2013年第12期。

照该规定，"与待证事实有关联""对证明待证事实有意义"是鉴定被准许的两个条件。但何为"待证事实"？何为"有关联"？何为"有意义"？这些问题，都需要在民事诉讼证明理论的框架内予以说明。

（一）事实调查的一般原理与争点的形成

在理论上，原告起诉请求被告偿还借款，系根据原《合同法》第 107 条（《民法典》第 577 条）主张返还款项给付请求权。民间借贷合同是实践合同，故该请求权的要件不仅包括借款合意存在，还包括借款实际交付。原告通过诉讼实现该请求权，不能仅仅在抽象层面声称要件事实存在，而要主张各种具体事实来让法官相信要件事实真的存在；被告如果不愿意遭受败诉的结果，也需要主张具体事实来对原告的主张加以否认。在证据法理论上，此即所谓"具体化主张义务"。[1]关于民间借贷案件待证事实的形成，不妨结合当事人事实主张的具体化来展开。

由于诉讼在逻辑上是循序推进、渐次展开的，对当事人主张的具体化要求在诉讼不同阶段并不相同。在诉讼早期阶段，原告的事实主张只需达到所谓一贯性（Schlüssigkeit）标准，即原告主张的事实在法律上能够支持其提出的诉讼请求即可。比如，原告请求被告偿还借款，就要主张他曾经基于借款合意交付给被告金钱。如果原告声称是为了合伙做生意，或是代购商品而把金钱交付给被告，这样的事实主张对于"偿还借款"的请求而言就不具有一贯性。原告若在法官释明后仍不能主张具有一贯性的事实，

---

〔1〕 参见姜世明：《民事诉讼中当事人之具体化义务》，载《举证责任与真实义务》，厦门大学出版社 2017 年版，第 169 页以下。另见本书第二章。

应实体驳回其诉讼请求。就原告具有一贯性的事实主张，被告的否认应当具有重要性（Erheblichkeit），即具备"假如否认成立则原告请求应被驳回"的特征。举例而言，假如被告没有否认原告主张的借款行为本身，而只是对借款的原因、时间或者其他细节作出与原告不同的陈述，或者只是对自己为何没有归还借款作出了解释，这种否认就不具有重要性。因为，即便这些否认是真实的，也不影响法院支持原告的诉讼请求。

由于被告大多数情况下都会否认原告的主张，原告想要胜诉，其事实主张仅仅满足一贯性标准是不够的。原告为了证明其诉讼请求有理由，还应当更加具体地陈述案件事实，以便对方当事人可以有针对性地进行防御，法院可以有针对性地展开证据调查。比如，就民间借贷诉讼而言，原告一般不能仅仅主张曾借给被告金钱这样一个抽象事实，而是要就借款合意的形成过程，借款金额，借款交付的时间、地点、见证人等作更具体的陈述。按照证据法理论上的分类，这种陈述包括单独支持某个法律要件的主要事实，也包括虽不能单独支持某个法律要件，但可以通过经验法则的运用，或者与其他事实配合，间接支持某个法律要件的间接事实、辅助事实和背景事实。[1]对于原告主张的具体事实，被告可以承认，也可以否认。前者即诉讼法上的自认，[2]自认事实，法官无须进行证据调查。被告的否认，同样应以具体化的方式提出。具体化的标准一般依原告主张的具体化程度而定，

----

〔1〕　关于这些概念，参见王亚新、陈杭平、刘君博：《中国民事诉讼法重点讲义》，高等教育出版社 2017 年版，第 19—20 页。

〔2〕　大陆法系民事诉讼理论一般认为，自认事实限于主要事实，不及于间接事实、辅助事实和背景事实。由此，究竟后几类事实的调查程序也受辩论主义涵盖，还是委诸法官自由心证，理论上存在争议。限于本文论题，对此暂不展开。

在效果上，只要让原告建构的事实图景变得模糊可疑即可。举例而言，如果原告只是主张他借给了被告10万元，但是对于借款合意的形成过程以及金钱交付的细节都说不清楚，那么被告只要简单地说"不是原告说的那样，我并没有从原告那里借钱"就够了。但如果原告的主张中包含了关于借款合意形成以及金钱交付的完整细节，被告就不能仅仅用一句"没有借钱"了事。被告必须说明，为什么原告主张的借款合意或者金钱交付并不存在。如果不能具体地、有针对性地提出否认，被告可能就要面临遭受不利判决的风险。

原告主张但遭被告（有效）否认的事实，如果与本案要件事实的认定相关，即构成诉讼中的争点。只有争点事实，法院才需要进行证据调查。从这个意义上，争点整理就是在原告具体化主张与被告具体化否认的基础上，确定本案待证事实（证据调查对象）的活动。在民间借贷诉讼中，借条、欠条通常用于证明当事人双方就其内容达成了借款合意，而收条则用于证明约定借款已经实际交付。当事人双方是否就相关内容达成了借款合意、约定借款是否实际交付，属于民间借贷案件中的主要事实。只有当这些主要事实成为诉讼中的待证事实，而借条、欠条、收条的真实性与这些待证事实有关联，对于证明这些待证事实有意义时，才会产生鉴定的必要。

（二）借款单据真实性鉴定的前提

民间借贷案件中涉及借条、欠条、收条的鉴定申请，主要是针对这些借款单据（或者其部分内容）的真实性提出的。除了要与待证事实有关联以及对于证明待证事实有意义，这种真实性质疑还必须是通过鉴定能够澄清的，否则同样没有进行鉴定的必要。归纳起来，一份借款单据是否需要鉴定，取决于法官对三个问题的回答。以下结合实务案例逐一讨论。

1. 对于拟通过鉴定证明的事项，是否存在争点？

案例1：原告崔某起诉请求被告李某甲、张某、邵某某、刘某某偿还借款，并提交借条作为证据。被告李某甲主张借条双方签名下方的"附：约定月利息叁分"系担保人张某事后添加，申请对该部分内容的书写时间、是否同一支笔书写及上方的指印进行鉴定，但终因无力支付鉴定费而未能启动鉴定程序。法院认为，综合案情可知双方当事人签订借款合同时的确约定过利息，但借条上的利息标准明显高于《民间借贷规定》的利息范围。遂判决按中国人民银行同期同类贷款利率的四倍计算利息。[1]

案例2：原告金某某起诉请求被告薛某某偿还借款，并提交借条作为证据。被告薛某某认为借条中的借款归还日期系后期添加，并申请对借条进行鉴定。法院认为，鉴于原告在庭审中已经承认借条该部分内容系自己事后添加，对借条进行鉴定已无必要，遂确定自原告起诉之日起，按银行同期贷款基准利率的标准支付逾期还款利息。[2]

案例3：原告廖某甲起诉请求被告廖某乙偿还3万元借款，并提交借据一张作为证据。被告廖某乙辩称：确实向原告借过3万元，但其写下的借据不是原告廖某甲向法庭举证的这张；原告现举证的借据上的借款人签名并不是被告本人所签，要求原告把有被告签名及指模的借据拿出来。法院判决认为，被告自认尚欠

---

〔1〕 参见安徽省灵璧县人民法院（2016）皖 1323 民初 3764 号民事判决书。

〔2〕 参见浙江省杭州市下城区人民法院（2016）浙 0103 民初 6057 号民事判决书。

原告 3 万元借款，又对原告举证的 3 万元借据上签名的真实性有异议，被告的表述前后矛盾。经本院释明后，被告不同意对签名进行真实性鉴定。根据谁主张、谁举证的原则，结合原告举证的借据及被告自认欠款情况，确认被告尚欠原告借款 3 万元未还的事实。[1]

案例 1 中，尽管被告对借条中的利息约定内容提出质疑，但因为该约定超出了法律规定的范围，无论内容真实与否都不可能获得法院认可。按照上文阐述的原理，原告关于该部分利息的主张实际上不具有一贯性，法院无须对该事实进行审理，只要按照利息约定不明处理即可。案例 2 中，虽然被告提出借条中关于还款期限的内容系原告事后添加，但这一主张已获原告自认。换言之，原告已经撤回了关于还款期限的主张，该主张不再构成本案的审理对象。这种情况下，法院自然不必对借条进行鉴定，只需按照"双方没有约定还款时间"处理即可。案例 3 中，被告虽然对借条真实性提出质疑，但却对借条拟证明的主要事实表示了自认。考虑到经过被告自认，借贷关系成立已经可以确认，被告对借条真实性的质疑也就因为不具有重要性而应被忽略。可见，对拟通过鉴定证明的事实是否存在争点，是确定是否需要启动鉴定的基本前提。而这通常可以通过对原告主张一贯性和被告主张重要性的分析来确定。

2. 借款单据真实性鉴定对于澄清争点是否有意义？

案例 4：原告任某起诉请求被告鄂州某公司偿还借款，并提交一张附有被告财务专用章和经办人叶某签名的《收据》作为证

---

〔1〕 参见广东省肇庆市鼎湖区人民法院（2016）粤 1203 民初 179 号民事判决书。

据。庭审过程中，被告申请对《收据》上出现的财务专用章的真实性进行鉴定；原告则以被告申请鉴定超过举证期限为由提出书面异议。法院认为，首先，本案于2017年1月13日已开庭审理，而被告于庭审后的2017年1月22日才提出鉴定申请，其提出申请的时间不符合法律规定；其次，涉案《收据》上不但加盖有被告的财务专用章，还有经办人叶某的签名，在其无充分证据否认叶某经办人身份的情况下，即使否认了财务专用章的真实性，也不足以推翻《收据》的证明力，故对被告的鉴定申请不予准许。[1]

案例5： 原告沈某某起诉请求被告栾某偿还借款，并提交借据一张作为证据。被告栾某否认原告沈某某是本案债权人，并申请对借据中的原告姓名"沈某某"三字进行鉴定。法院认为，即使该借据中债权人处"沈某某"三个字不是被告书写，也不能认定本案债权人系案外人。因原告持有借据，可推定其为债权人，故对被告的鉴定申请不予批准。[2]

案例4中，虽然被告对《收据》中的财务专用章的真实性提出质疑，但因被告并未否认《收据》中签字的叶某系其公司经办人，凭此事实已经足以认定《收据》真实有效，故对财务专用章进行鉴定已属多余。案例5中，被告同样未对借条本身的真实性提出质疑，而只是对其中的原告姓名"沈某某"三字提出质疑。考虑到无论沈某某三字是谁书写，都不足以否认原告对被告的债权，再进行鉴定当然也无必要。由上述两个案例可见，只有当鉴

---

〔1〕 参见湖北省十堰市郧阳区人民法院（2016）鄂0321民初1140号民事判决书。

〔2〕 参见黑龙江省哈尔滨市道外区人民法院（2015）外民三商初字第1477号民事判决书。

定事项对于澄清本案争点（借款单据是否真实）有价值的时候，鉴定才是必要的。

3. 借款单据真实性鉴定是否现实可行？

案例6： 原告孙某某起诉请求被告赵某偿还借款，并提交借条、抵债合同等作为证据。被告否认抵债合同系其真实意思表示，并申请对合同盖章时间与成文时间是否一致进行鉴定。但因两者形成时间较为接近，专业鉴定机构无法作出鉴定。遂法院以此认定被告未对其否认进行有效举证，并判被告败诉。[1]

案例6中，尽管鉴定事项可能对证明被告否认有价值，但因为鉴定在技术上不具有可行性，所以属于不具备进行鉴定的前提条件的情况。

上述案例表明，并非只要当事人对借款单据的真实性提出质疑，就自动产生了鉴定的必要。鉴定作为一种证据手段，本质上服务于争点的澄清。只有当争点真实存在，有必要并且有可能通过鉴定澄清时，才会产生鉴定的必要。在实务中，法官应当结合本案争点的整理、对争点与鉴定事项之间关系的分析以及对鉴定的现实可能性的审查，作出是否允许鉴定的决定。

三、谁申请鉴定？

按照《民事诉讼法》第79条，鉴定可以经当事人申请启动，也可以由法院依职权启动。考虑到在实务中，依职权启动的情形

---

〔1〕 参见安徽省宿州市埇桥区人民法院（2017）皖1302民初15号民事判决书。

非常罕见，[1]下文讨论主要限于当事人申请鉴定。当事人申请鉴定的情况，在实务中又可以分为两种。一种是当事人主动申请鉴定，并且成功地启动了鉴定程序；另一种是鉴定程序未启动，一方当事人因此遭受不利判决。考虑到这两类情况在程序法理上存在不小的区别，下文区分"主动申请"与"被动申请"逐一讨论。

（一）主动申请鉴定

主动申请鉴定的案件通常不会给法院带来困扰。理论上，只要符合上一部分提到的条件，当事人就可以申请鉴定。这种申请与本案证明责任分配没有必然关系。换句话说，无论当前的提出证据责任在哪一方，双方当事人只要认为有必要，都可以通过鉴定来推动法官形成有利于己的心证。具体情形如以下案例所示。

案例7： 原告刘某某起诉请求被告何某、罗某某偿还借款，并提交《借条》作为证据。法院认为，原告刘某某主张出借给被告的8万元现金是从其父亲处得来，但未能提供证人证言佐证，亦未能提供诸如取款凭证、收条等证据进一步佐证借款的事实，对出借款项的细节（如出借的具体时间，在场人）等也未作合理说明，仅凭《借条》这一单一证据，不足以证明其有实际履行交付8万元现金给被告何某。另外，被告何某主张《借条》中的手写时间"2014"是从"2011"改写而来并申请鉴定，经法院依法委托第三方鉴定，鉴定结果印证了被告何某的主张。故原告提交的主要证据存在重大瑕疵，根据相关法律规定，应由原告承担不

---

〔1〕 参见王亚新、陈杭平、刘君博：《中国民事诉讼法重点讲义》，高等教育出版社 2017 年版，第 84 页。

利后果。[1]

案例 8：原告 L 公司起诉请求被告 D 公司偿还借款，并提交《收据》作为证据。法院判决认为，原告 L 公司主张其支付 350 万元系借款，就应当举证证明该 350 万元是独立于双方之间工程款项资金来往之外，且双方存在借贷合意的事实。而原告提供的《收据》中"收款事由"虽载明"借款"，但被告申请对该收据上加盖的"某某集团有限公司财务专用章"的真实性进行鉴定，而原告同意以某某公司单方面提供的印文作为鉴定的比对样本。故在鉴定意见为"检材与样本不一致"的情况下，该《收据》载明的内容不能证明是被告的真实意思表示，即不能证明双方之间存在借贷之合意。[2]

上述两个案例中，均是当事人主动申请鉴定，并且获得了对自己有利的鉴定意见。案例 7 中，原告未对借贷关系的形成作出具体化的陈述，按说提出证据责任仍在原告一方。此时被告申请鉴定并非必须，但鉴定意见无疑有利于强化法官的心证。案例 8 中，虽然很难判断鉴定申请提出时法官心证偏向于哪一方，但鉴定进行之后，法官显然已足以形成关于待证事实的内心确信。

（二）被动申请鉴定

真正容易导致分歧的，是一方当事人对借款单据真实性提出质疑，但却没有当事人申请并且成功启动鉴定的情形。引言中提出的问题主要就出现在这类场景中。按照惯常的问题提出模式，

---

　　[1]　参见广东省珠海市金湾区人民法院（2015）珠金法三民初字第 130 号民事判决书。

　　[2]　参见安徽省合肥市中级人民法院（2017）皖 01 民终 514 号民事判决书。

这一问题常常被简化为："当被告质疑原告借条的真实性时，应该谁申请鉴定？"有学者认为，"被告否认借条不是自己所写，其否认的是借款的事实而不是原告的主张，故原告负有证明自己主张事实成立的证明责任，应当申请笔迹鉴定，否则承担举证不能的责任"。[1]有学者持类似观点，认为"在借贷纠纷案件中，借条真伪不明时，证明责任应由作为出借人的原告来承担，才能使这类案件的处理更加简便迅速，兼顾体现公平正义的价值目标"。[2]与此不同，最高人民法院在《民间借贷规定》的征求意见稿中一度提出，对于双方均未提出鉴定申请，但笔迹真实性确实可疑的案件，应当区分两种情形分别处理。如果被告提供了相应证据证明借条、收条、欠条的真实性存在疑点，由原告申请司法鉴定；被告虽对借条、收条、欠条的真实性提出异议，但未提供反驳证据或者提供的证据不足以证明借条、收条、欠条的真实性存在疑点的，由被告申请鉴定。[3]

笔者认为，上述观点均有一定道理，但如果用来指导民间借贷的诉讼实践，却都有明显问题。按照学术界相当主流的观点，似乎当被告对原告提交的借条表示质疑时，就应当由原告申请鉴定。这表面上符合民间借贷案件的证明责任分配，实际上却混淆了作为裁判规范的客观证明责任与作为诉讼推进手段的提出证据责任。证明责任固然被誉为民事诉讼的"脊梁骨"，但它在每个

---

〔1〕　闫谦逊：《关于民间借贷纠纷审判实务若干问题的探讨》，载《学术交流》2012 年第 9 期。

〔2〕　赵健雅：《论民事诉讼中借条的举证责任分配》，载《法制博览》2015年第 6 期。

〔3〕《关于审理民间借贷案件适用法律若干问题的解释》（2013 年 8 月征求意见稿）第 20 条，转引自陈永强等：《民间借贷的事实审查与举证责任分配之法理》，载《政治与法律》2013 年第 12 期。

诉讼阶段发挥的作用却完全不同。理论上,只有当案件审理终结而要件事实真伪不明时,客观证明责任才会作为"看得见的手"登场;在此之前,它只是推动诉讼进行的"看不见的手"。在事实调查的某个具体环节上,决定应当由谁举证的是所谓提出证据责任,[1]而不是客观证明责任。与客观证明责任一般由实体法确定并且始终恒定不一样,提出证据责任是在当事人之间不断转换的。在民间借贷案件中,当争点呈现后,首先应当提供证据证明待证事实的是原告。决定这一点的是主观证明责任分配。[2]原告的证明在性质上属于本证,按照《民事诉讼法解释》第108条第1款,要让法官"确信待证事实的存在具有高度可能性"才算成功。如果原告对待证事实的证明让法官形成了这样的内心确信,提出证据责任就转移到了被告一方。被告的证明在性质上属于反证,根据《民事诉讼法解释》第108条第2款,这种证明只需将法官的心证状态拉低到"认为待证事实真伪不明"即可。按照这样的原理,决定"由谁申请鉴定"的关键不是客观责任分配,而是鉴定的必要出现时法官的心证状态。简单地说,在客观证明责任分配既定(归于原告)的情况下,如果法官尚未形成对借贷关系成立的内心确信,提出证据责任(包括申请鉴定责任)在原告;如果法官已经初步形成这种确信,提出证据责任在被告。[3]

---

〔1〕 对于同一概念,学界有用"具体举证责任"表达的,有用"行为意义上的举证责任"表达的,还有用"主观证明责任"表达的。因为基本上不影响理解,本文也不打算对这些概念进行辨析、整合。

〔2〕 关于这一概念,本文采狭义的用法,即认为主观证明责任与客观证明责任在性质上都是抽象责任,在分配上基本上一致,在功能上主要是在双方都无举证时决定判谁败诉。

〔3〕 考虑到某些案件类型中可能存在的证明困境,这一模型中的"内心确信"需要调整为"临时心证"。对这种微调,参见本书第三章、第六章、第七章的展开。但对民间借贷这类常规案件来说,这里的模型基本上够用了。

最高人民法院司法解释征求意见稿提出的方案看上去更具可操作性，但在理论上同样有明显问题。考虑到实体法已经将民间借贷案件中的证明责任分配给了原告，诉讼中对法官心证状态的判断只能着眼于原告的本证，而不是被告的反证。也就是说，重要的不是被告能否证明借款单据的真实性存在疑点，而是综合此前原告、被告提出的全部证据和陈述，法官是否确信借贷关系的存在具有高度可能性。如果法官形成了这种确信，接下来的提出证据责任就在被告；如果没有，这一责任就仍然在原告。举例言之，假定原告对借贷关系成立的主张和证明非常单薄，比如只有一张借条，而对相关细节根本说不清楚，那么当被告对借条的真实性提出质疑时，即使没有任何证据证明其质疑，此时的申请鉴定责任也应该在原告；相反，即便被告证明了借条真实性存疑，但如果原告的其他证据足以让法官相信借贷关系存在，此时的申请鉴定责任也在被告。对于上述原理，下文结合案例具体阐述。

案例9：原告马某某起诉被告兰某某请求偿还借款，并提供借条为证。被告辩称不存在借款事实，并申请对原告提供的借条上被告的指印进行鉴定。但相关鉴定机构以该指印模糊不清、细节特征未显示、不具备鉴定条件为由不予受理。法院判决认为，"审理过程中，被告因本案原告未出庭，其委托诉讼代理人对借贷事实细节陈述不清，在原告提供借条证实借款事实存在的情形下，被告辩解该事实不存在，对该消极事实被告无法也无责任提供证据加以证实，但其申请对原告借条上所谓被告的指纹进行鉴定，在指纹因客观原因无法鉴定的情形下，原告应承担进一步举证的责任。但原告未申请所谓代写借条的白某出庭作证，也未提供其他证据与借条相互佐证，进一步证实其主张的事实存在，据此本院无法查明该事实的真伪，故对原告的主张本院不予支持"。[1]

案例10：原告吕某甲与被告梁某某系同村村民。2016年3月4日，吕某甲诉至法院，请求被告梁某某偿还借款5万元及利息。审理中，原告吕某甲提交欠条一张，载明"证明 欠吕某甲款50000.00元（五万元）梁某某 2014年9月19日"。关于借款过程，原告称2013年5月被告以其长子在H市卖菜需要扩大经营为由借原告现金2万元，原告在田庄信用社取款后在原告家中交付给被告；2013年农历八月二十，被告给原告打电话称H市有好买卖挺赚钱要借3万元，原告在兄弟吕某乙处借款2万元，在邮局支取现金9500元，另加现金500元，凑足3万元后一起交付给被告。被告梁某某称在邮政储蓄网点替原告支取9500元现金，原告所述的借款经过均不存在。被告同时否认原告所提交的欠条系自己所写。审理中，被告就原告所提交的欠条中的手印是否为自己所留申请鉴定，但因不具备检验条件被退回。后法院就原告所提交的证据是否是被告书写进行释明，原告在规定的期限内没有提交笔迹鉴定申请。法院判决认为，原告主张其与二被告之间存在民间借贷关系，应当提交其与二被告间存在借贷合意的证据并就双方间存在借贷关系承担举证责任。但被告对原告所提交的证据以及所陈述的借款经过均不认可，且原告在规定期限内没有就该欠条是否系被告书写申请笔迹鉴定，因此原告所提交的证据不能证明其与被告曾就借款5万元达成借款合意。原告应提供相应的证据以证明自己的主张，否则应承担举证不能的法律后果。[2]

---

[1] 参见宁夏回族自治区固原市中级人民法院（2017）宁04民终85号民事判决书。

[2] 参见山东省夏津县人民法院（2016）鲁1427民初555号民事判决书。

案例11：原告F诉称，2014年11月10日，在某纸业有限公司的办公室，四被告A、B、C、D以厂子资金运转为由借款30万元，原告以银行承兑汇票支付。双方约定还款时间为2014年12月30日，原告向被告支付款项后，被告未履行还款义务，故诉至法院。四被告辩称：不记得是否借钱，等原告提供证据后再发表意见。审理过程中，被告A以对原告提交的借款协议中的签名并非自己所签为由申请对笔迹、捺印进行司法鉴定，法院通知被告A于2016年8月9日上午到法院交鉴定费和留样本，A无故未到，致使司法鉴定中心将该案退回。被告B、C、D否认原告提交的借款协议中的签名系自己所为，但没有提交证据证实自己的主张。法院认为，综合原、被告陈述以及证据质证情况，本案的焦点是被告向原告借款是否属实。由于被告A提出鉴定申请后拒绝配合鉴定，被告B、C、D对借款协议中签名、捺印的异议未提出相反的证据予以证实，故对原告提交的借款协议中的签名、捺印的真实性依法予以认定，该借款协议依法具备证据效力。[1]

案例12：原告周某某起诉请求被告王某某、于某某偿还借款，提交了借条、银行打款记录以及证人证言作为证据。二被告提交书面答辩状认为："原、被告之间不存在债权、债务关系，被告王某某、于某某没有向原告借款，无借款的事实，原告向法院提供的担保合同是虚假的（其手写部分也不是于某某和王某某手写），无被告王某某、于某某签字，根据法律规定，谁主张、谁举证原则，原告主张是被告借款，原告可申请作笔迹鉴定。此项不应由被告鉴定。"法院判决认为，原告周某某主张被告王某

---

〔1〕　参见山东省莱阳市人民法院（2016）鲁0682民初2515号民事判决书。

某向其借款 30 万元，并提供了借条和银行打款凭证，已经完成了举证责任。被告王某某、于某某在答辩状中抗辩称，借条中于某某和王某某的签名不是本人手写及账号 62×××60 不是被告王某某的，均未提供证据予以证明，因此二被告的抗辩不能成立。[1]

上述四个案例中，案例 9、案例 10 与案例 11、案例 12 对于提出证据责任的分配正好相反。但细读裁判文书，却又都可以接受。案例 9 中，原告对借款经过陈述不清，证据也只有一张借条。加之原告两次开庭均不出庭，被告又主动申请鉴定指印，更是进一步强化了法官对于原告主张的怀疑。这种情况下，法官显然不能对借贷关系成立形成内心确信，将进一步提出证据的责任分配给原告可以说是理所当然的。案例 10 中，虽然原告对事实的主张较为具体，但他对这些主张并未提供充实的证据。实际上，除了一份借条，其他都是原告本人关于借款过程的陈述。而被告的具体化否认，及其申请鉴定指印的行为，一定程度上增强了法官对原告主张的怀疑。这种场景下，法官将借条真实性鉴定的责任分配给原告也说得过去。案例 11 中，原告对借款过程描述清晰、具体，而被告的辩解抽象、含糊。加之被告 A 主动申请鉴定又无故缺席，进一步强化了法官对原告主张为真实的内心确信。这时候，法官将进一步的提供证据责任分配给被告，符合该案的实际情况。案例 12 中，原告已经进行了相当充分的举证，应该说足以让法官对借贷关系成立形成内心确信。此时被告如果要质疑借条的真实性，只能是自己申请鉴定，或者提交其他证据

---

〔1〕 参见山东省潍坊市坊子区人民法院（2016）鲁 0704 民初 745 号民事判决书。

来证明其质疑。可见，着眼于案件具体情况，这四个案例中的申请鉴定责任分配大体上都是成立的。[1]

四、关于提出证据责任的事实说理

基于前文讨论可知，申请鉴定责任分配给原告或者被告都是可能的，司法裁判文书展示的情况也是如此。但是，对于为何将这一责任分配给原告或者被告，不少判决书缺乏充分说理。说理匮乏一方面容易给公众造成"同案不同判"的观感，另一方面，也说明法官的确对该类问题缺乏清晰的理论自觉。这里略举数例，讨论对于提出证据责任的分配，怎样的说理才是充分的和妥当的。

案例 13： 原告刘某某起诉被告马某某、秦某某请求偿还借款，并提交借条一张作为证据。二被告否认曾经借款。法院判决认为，"原告刘某某提供了借条，已经证明借贷法律关系存在，但被告马某某、秦某某对该借条不予认可，应当由被告就该借条上的字迹和指印是否系被告马某某所留进行举证。被告逾期未申请鉴定，视为其举证不能，应当由其承担不利的法律后果。原告刘某某请求被告偿还借款六千元及利息，理由成立，予以支持"。[2]

案例 14： 原告沈某某起诉被告宋某某、冯某某请求偿还借

---

〔1〕 值得注意的是，最高人民法院 2019 年《民事诉讼证据规定》第 92 条规定，"私文书证的真实性，由主张以私文书证证明案件事实的当事人承担举证责任……"在此之前，曹志勋也主张对文书真伪单独适用证明责任。参见曹志勋：《文书真伪认定的中国路径》，载《法学研究》2019 年第 6 期。笔者仍然坚持本文中的观点，但更深入的讨论却只能留待他日。

〔2〕 参见河南省泌阳县人民法院（2016）豫 1726 民初 1187 号民事判决书。

款，并提交欠条一张作为证据。被告宋某某在答辩期申请对欠条进行鉴定，但因未在规定时间内缴纳鉴定费用，鉴定程序终结。法院判决认为，"持有借据等债权凭证的当事人推定为债权人，被告宋某某虽提出对欠条中其本人的签名捺印及借款金额上的捺印的真实性进行鉴定，但未在规定期限内缴纳鉴定费用，又未提供其他证据予以反驳，故原告沈某某与被告宋某某的借贷关系有欠条为凭，本院确认合法有效"。[1]

案例 15：原告李某某起诉被告高某及其前夫宋某，请求二被告偿还借款，并提交宋某在其与高某婚姻存续期间出具的借条二张。被告宋某未到庭参加诉讼。被告高某申请对借条上的宋某签字进行鉴定，但因提交鉴定样本过少而被鉴定机构退回。法院判决认为，"被告高某认为借条上签字的宋某与其前夫宋某并非同一人，申请对借条上宋某签字与被告高某认可的宋某签字是否一致进行司法鉴定，但因被告高某仅提供一份比对样本，不能满足司法鉴定所需条件，致使鉴定无法进行，但此结果非原告所能预期，被告高某对此应承担举证不能的法律后果"。[2]

上述三个案例在判决结果上未必不当，但对于鉴定落空与判决结果之间关系的说理都有明显问题。案例 13 中，尽管被告逾期未申请鉴定，但这却不应成为其败诉的理由。如前文所述，申请鉴定的责任不一定总是在被告，也可能在原告。为何此处必须由被告申请鉴定？判决书对此应当进行具体分析。在本案中，最好的说理是结合整个案情经过，说明原告的陈述和举证已经足以让法官相信借贷关系成立。只有这个前提下，将申请鉴定责任分

---

〔1〕　参见浙江省杭州市余杭区人民法院（2015）杭余商初字第 3411 号民事判决书。

〔2〕　参见辽宁省辽阳市中级人民法院（2016）辽 10 民终 705 号民事判决书。

配给被告才是合理的。案例 14 中，法院将申请鉴定责任分配给被告的理由是"持有借据等债权凭证的当事人推定为债权人"，但实际上，只有在债权凭证确定真实，只是缺少债权人信息的时候，这一推定才能成立。[1]如果债权凭证本身的真实性存疑，如何能作出持有该债权凭证的原告为债权人的推定呢？所以，本案中以这样的说理来论证被告的申请鉴定责任，非常不妥。案例 15 中，被告高某作为共同债务人对借条真实性提出了质疑，只是因为其提供的宋某笔迹样本过少而被退回鉴定。判决以此要求高某承担举证不能的责任，严重缺乏说理。判决并未充分阐明，法官是因为哪些理由确信宋某与原告李某某的借贷关系成立具有"高度可能性"的。如果原告没有让法官确信这一点，继续举证的责任就在原告李某某，而不在被告高某。高某申请鉴定被退回，并不能成为其败诉的理由。尤其是，考虑到高某已经与宋某离婚，而宋某在整个诉讼中从未出现，这种情况下，高某申请鉴定并且提供了一份宋某的笔迹样本，可以说已经不能期待更多。限于依判决书提供的事实，笔者甚至认为，本案更合适的做法也许是以待证事实真伪不明为由驳回原告的请求。

司法实践中，经常会出现"否认借条真实性的一方，应当向法庭申请鉴定"的表述；也经常出现"当事人否认借条真实性，但又没有申请鉴定""当事人申请鉴定，但因未能缴纳鉴定费""因样本过少而导致鉴定无法进行"，故"应当承担举证不能的责任"的表述。基于证明责任的视角，这些表述都是不准确的。否定借款单据真实性的一方当事人，不一定就是"应当"承担申请鉴定责任的当事人。如果提出借款单据的当事人对借贷关

---

〔1〕 比如上文案例 5 中的情况。

系的证明没有让法官形成内心确信，否认一方并没有进一步提出证据的责任。鉴定因为种种原因无法进行，也不能直接推出对申请人不利的事实认定结论。如果原告对待证事实的证明本来就没有让法官形成内心确信，那么无论鉴定是否被申请、有没有被启动，败诉风险都仍在原告一方。

五、余论

尽管"谁申请鉴定"的问题经常被纳入证明责任分配的框架中进行讨论，但如上文展示的，这在很多时候并不准确。在民事诉讼中，证明责任分配至少在三个环节上发生作用。首先是在诉讼开始阶段，决定谁最先举证。一般而言，负客观证明责任的当事人同时也负主观证明责任，因此应当首先举证。其次是确定本证与反证，并结合证明标准制度，决定诉讼中提出证据责任的转移。负客观证明责任一方当事人对要件事实存在进行的证明是本证，应当达到法定证明标准，让法官形成内心确信；不负证明责任当事人为否认要件事实存在而进行的证明是反证，将法官的心证状态拉低到真伪不明即可。最后是在待证事实真伪不明时，确定谁败诉。要件事实真伪不明时，负客观证明责任的当事人败诉。实践中所谓"谁申请鉴定"的问题，实际上是提出证据责任的分配问题，应当纳入第二个环节中去分析。

细读民间借贷案件的裁判文书可以发现，法官大多数时候都能根据本案实际情况，对提出证据责任作出正确的分配。但由于基本原理的模糊，也的确有些判决在事实说理上，甚至在判决结果上存在可商榷之处。由于《民事诉讼法解释》用"举证证明责任"涵盖行为和结果双重意义上的证明责任,[1]实践中混淆上述第二环节与第三环节,不当适用证明责任规范的情况时有发生。更普遍、也更严重的是,许多法官对于待证事实的调查浅尝辄止,常常过于急切地诉诸鉴定;鉴定落空时,又过于草率地动用证明责任规范作出裁判。很多时候,只要一方当事人对借款单据的真实性提出质疑,法官的第一反应就是,"你可以申请鉴定"。一定程度上,裁判文书中之所以如此频繁地出现关于申请鉴定责任的讨论,实务界之所以认为"谁申请鉴定"是个重要问题,正是这种倾向的反映。在笔者看来,这是不妥当的。一方面,鉴定费时、费钱,而且受制于技术局限,并非所有问题都能通过鉴定获得答案。另一方面,由于种种原因,鉴定机构的公信力在我国并未得到社会普遍认可,即使鉴定结果清晰、明确,也未必能被当事人接受,由此导致一再鉴定、反复争讼的,所在多有。[2]而法官作为代表国家权力解决纠纷的主体,在尚未穷尽常规调查手段之前就将争议踢给鉴定机构,说轻点是怠于行使职权,说重点就是逃避职业责任。

应当看到,当事人对借款单据真实性提出质疑,既可能是单据本身真的有瑕疵,也可能是"有枣没枣打三竿",甚至可能是恶意拖延诉讼的一种策略。面对这种质疑,法官不妨依次作三件事:首先,是对迄今为止的事实调查进行梳理,看看自己是否形成了对借贷关系成立的内心确信。假如即使借款单据真实也不能

---

〔1〕　围绕这一概念的讨论,参见李浩:《证明责任的概念——实务与理论的背离》,载《当代法学》2017 年第 5 期;胡学军:《举证证明责任的内部分立与制度协调》,载《法律适用》2017 年第 15 期。

〔2〕　实践中,对于己不利的鉴定结论,对方当事人多数时候会提出异议。比如在汪某梅与叶某民间借贷纠纷案中,先后进行了三次鉴定、一次心理检测。参见四川省成都市中级人民法院(2015)成民终字第 1816 号民事判决书。

形成这种确信，或者即使借款单据有瑕疵也不能动摇这种确信，那么法官可以无视被告的质疑。其次，是进一步推进证据调查。如果经过第一个阶段的梳理，法官发现自己对于借贷关系成立与否无法形成强有力的内心确信，就应当进一步展开证据调查，强化或者巩固自己对待证事实的心证。这种证据调查可能主要是间接证据的收集和运用，其中特别重要的是对当事人陈述的进一步收集和运用。从逻辑上，相反命题不可能同时为真。随着当事人陈述的展开，两个事件版本进入细节层面，不真实的那个版本自然会暴露出疑点。这时候，通过经验法则的运用，法官完全有可能形成自己对于待证事实的内心确信。最后，在经过更多调查之后，如果借款单据真实性问题依然重要，法官应当适时公开自己的心证状态。这种心证公开的目的是告诉当事人，迄今为止的证据调查有利于哪一方当事人，下一步的提出证据责任在哪一方当事人。如果负提出证据责任的当事人不能进一步举证，就要面临败诉的风险。进一步的举证包括申请鉴定，也包括提出其他直接或间接证据。在经过这些努力之后，证据调查实在无法推进，法官才能适用实体法——包括实体法的证明责任规范，对案件作出实体判决。判决书中，法官应当结合证明责任分配、证明标准运用、本证与反证的区分等理论，对当事人在证据调查中的责任分担进行充分说理。相信经过了上述环节，大多数案件可以在查明案件真实，形成法官内心确信的基础上作出判决；而对于那些实在无法查明事实的案件，这样的审理逻辑也可以保证诉讼程序运作与判决书事实说理的统一，进而保证案件在实体法与程序法双重意义上实现同案同判。

上述讨论虽然针对鉴定问题展开，意义却不限于鉴定，甚至不限于民间借贷诉讼。在所有民事诉讼案件中，对于证据调查的困境，大抵可以遵循类似的逻辑、依照类似的流程来处理。而在具体案件类型和具体证明困境中展示证明责任的原理，推动这些原理被法官理解、接受，进而运用到司法实践中去，正是笔者撰写本部分的目的所在。

附录 2

先诉民间借贷再诉不当得利案件的证明责任问题*

　　李浩教授在一篇论文标题中指出，"民间借贷与不当得利的交集"是"诉讼实务中一个值得关注的问题"。[1]这种交集的典型场景是：原告以民间借贷提起诉讼，败诉后再以不当得利起诉同一被告。[2]表面上，这似乎只涉及诉讼标的是否同一，以及是否构成重复起诉的问题。但实际上并非如此。很多时候，当事人之所以在民间借贷案败诉后以不当得利起诉，是因为两种请求权构成要件不同，在某些律师看来，证明责任分配也不同。正是这些不同，让前诉的原告觉得有机可乘。而对受诉法院来说，在此类案件中，除了要确定后诉是否构成重复起诉，还要针对当事人围绕证明责任、证据调查以及事实认定提出的争议作出回答。本部分结合实践案例，对先诉民间借贷再诉不当得利案件所涉及的证明责任与事实认定问题展开讨论，以此求教于学界同仁，并期待对规范司法实务、统一法律适用有所裨益。

---

　　* 本文最初发表在《法律适用》2018 年第 21 期，标题是《先诉民间借贷再诉不当得利案件的程序法问题》。收入本书时选取了其中部分内容。

　　〔1〕 李浩：《不当得利与民间借贷的交集——诉讼实务中一个值得关注的问题》，载《清华法学》2015 年第 1 期。

　　〔2〕 另一种场景是原告在民间借贷诉讼中发现自己难以胜诉，遂在诉讼过程中变更诉讼请求为不当得利。鉴于两类案件涉及的诉讼法理基本重合，本部分一并进行讨论。

一、证明责任分配

对于先诉民间借贷再诉不当得利的案件，实践中分歧最大的可能就是证明责任分配。原告之所以会在民间借贷案件败诉后再诉不当得利，就是期待在不当得利案件中获得证明责任方面的优势。而那些在民间借贷之诉败诉之后判决不当得利之诉胜诉的法官，很可能将"获利没有合法根据"这一要件的证明责任分配给了被告。因此，讨论这类案件的处理方案，避不开不当得利的证明责任问题。

但在理论上，关于不当得利案件的证明责任分配，似乎并没有太大争议。晚近的研究几乎一致认为，在给付型不当得利案件中，应由请求权人负担所有请求权成立要件（包括"获利没有合法根据"）的证明责任。[1]这种观点也得到了大部分民法学者的支持。[2]争议主要在于非给付型不当得利案件的证明责任分配，[3]

〔1〕 参见李磊：《不当得利中无法律上原因之证明责任分配研究》，载《河南省政法管理干部学院学报》2011 年第 4 期；娄爱华：《不当得利"没有合法根据"之概念澄清——基于"给付"概念的中国法重释》，载《法律科学》2012 年第 6 期；邬砚：《不当得利"没有合法根据"证明责任的分配》，载《国家检察官学院学报》2015 年第 2 期；郑金玉：《论否定事实的诉讼证明——以不当得利"没有法律根据"的要件事实为例》，载《法学》2018 年第 5 期。

〔2〕 详细讨论，参见刘言浩：《不当得利法的形成与展开》，法律出版社 2013 年版，第 440—448 页。相同观点参见崔建远：《债法总论》，法律出版社 2013 年版，第 289—290 页；李永军主编：《债权法》，北京大学出版社 2016 年版，第 428 页。反对观点，参见王利明：《债法总则》，中国人民大学出版社 2016 年版，第 197—198 页。

〔3〕 对于非给付型不当得利中的侵权型不当得利，部分学者主张由被告负担"没有合法根据"的证明责任。参见李磊：《不当得利中无法律上原因之证明责任分配研究》，载《河南省政法管理干部学院学报》2011 年第 4 期；娄爱华：《不当得利"没有合法根据"之概念澄清——基于"给付"概念的中国法重释》，载《法律科学》2012 年第 6 期。实务界也有人赞同这种观点，参见周冬冬：《不当得利诉讼的证明责任分配》，载《人民司法·案例》2010 年第 6 期；肖祥君、李顺前：《不当得利纠纷中证明责任的分配》，载《人民司法·案例》2011 年第 12 期。

而这恰恰与我们讨论的案件类型无关。

上述观点也是唯一符合现行法的证明责任分配方案。根据《民事诉讼法解释》第 91 条，"主张法律关系存在的当事人，应当对产生该法律关系的基本事实承担举证证明责任"，法律另有规定的除外。既然没有法律对不当得利的证明责任分配作出专门规定，那么在这类案件中，只能是由主张不当得利法律关系存在的原告对构成不当得利法律关系的要件事实负担证明责任。

但在民间借贷转诉不当得利案件的司法实践中，法官对"没有合法根据"要件的证明责任分配远远谈不上统一。由以下案例可见一斑。

案例 1：冯某起诉王某，请求判决后者返还借款 7 万元。王某承认收到 7 万元，但认为是原告返还给他的借款。冯某败诉后，以不当得利再次起诉王某。一审判王某败诉，王某不服提起上诉。二审法院认为，"王某对收到该款亦不持异议，但认为系双方之间有借款关系发生有还款行为，对于该主张，其举证责任的分配应于王某方，因为被上诉人冯某已将转帐支付 7 万元给王某的事实通过转款凭证证明，故王某则应当承担双方存在借款并还款的证明责任"。因为王某不能证明其主张，遂判决驳回王某上诉。[1]

案例 2：郑甲起诉郑乙，请求判决后者返还借款 161000 元。败诉后，郑甲以不当得利再次起诉郑乙，要求后者返还该笔款项。法院审理认为，"原告汇款给被告 161000 元事实清楚，其误认为该款系偿还（2013）某号民间借贷纠纷案借款本息，而（2013）某号生效判决对该 161000 元并非偿还该案借款本息已予

----

[1]　参见贵州省遵义市中级人民法院（2017）黔 03 民终 879 号民事判决书。

以确认，故被告就其占有涉案款项负有合法占有的举证义务"。
因郑乙不能举证证明，遂判郑乙败诉。[1]

　　案例3：杜某起诉陈某，请求判决后者返还借款20万元。
后经法院释明，杜某将诉讼请求变更为请求陈某返还不当得利。
一审法院认为，"被告主张原告向其所转账20万元系用于偿还原
告之前向其所借款项，但其并未提供有效证据证明，故对被告的
该主张不予采信。现被告无证据证明具有合法理由持有原告向其
所转的该款，其构成不当得利，应承担返还责任，故对原告主张
被告返还20万元的请求予以支持"。陈某不服判决，提起上诉。
二审法院认为，"被上诉人主张涉案20万元系不当得利，应当提
供证据证实上诉人取得该20万元没有合法根据，证明上诉人获
得不当得利的举证责任应由被上诉人承担。……由于被上诉人杜
某不能提供充分有力的证据证实上诉人没有合法依据取得涉案20
万元，应由其承担举证不力的法律后果。"遂撤销一审判决，驳
回杜某诉讼请求。[2]

　　案例4：周某起诉伍某，请求判决后者返还借款843万元。
伍某主张该笔借款并非周某支付给他的借款，而且已按上诉人指
示转到他人账户。周某因不能提供有力证据证明借款关系存在而
败诉。后周某又以不当得利再次起诉伍某。一审败诉后，周某提
起上诉。二审法院认为，"本案系请求人行为导致的不当得利之
诉，即先有上诉人一方多次、主动的给付行为，才有被上诉人账
户上的入款记录，上诉人使自己财产频繁发生变动必然基于某一
法律关系，现其要求恢复利益变动前的状态，应承担给付原因不

---

〔1〕　参见浙江省乐清市人民法院（2014）温乐民初字第246号民事判决书。
〔2〕　参见贵州省六盘水市中级人民法院（2017）黔02民终2099号民事判
决书。

存在或丧失等证明责任……借贷关系不成立并不必然导致获利没有合法根据结论的成立……由于上诉人不能提供证据证明其向被上诉人支付款项的合法根据已经灭失，故不足以认定被上诉人已经实际从中获利以及获利没有合法根据，原判对上诉人要求返还不当得利的请求不予支持并无不当"。[1]

上述案例中，案例 1 明确地将支付有理由的证明责任分配给了被告一方，但这样的证明责任分配并没有法律或者法理上的依据。案例 2 虽然使用了"举证义务"而非"证明责任"或者"举证责任"的表述，但考虑到判决书并未对原告的证明责任和举证情况进行分析，实际效果与案例 1 并无二致。可能因为《民事诉讼法解释》的颁行，实践中案例 1 这样明确倒置证明责任的案例越来越少。但像案例 2 这样越过证明责任分配，直接针对被告主张的法律关系进行分析，并以被告不能证明该法律关系而判原告不当得利请求权成立的案件，相当常见。考虑到被告对其他法律关系的证明在案件中属于反证，按照《民事诉讼法解释》第 108 条第 2 款，并不需要证明到高度盖然性的证明标准，这种说理其实暗示了错误的证明责任分配方法。

案例 3 的一审将支付理由的证明责任分配给了被告，但在二审中被纠正。案例 4 中，法官不仅指出不当得利之诉中"没有法律上依据"的证明责任归于原告，而且明确指出，借贷关系不成立并不必然导致被告获利没有合法根据的结论成立。应该说，这两个案例都正确地分配了证明责任，判决书说理也较为恰当、得体。由这两个案例，也可以看出证明责任在此类案件中的关键性意义。

---

[1] 参见浙江省温州市中级人民法院（2014）浙温民终字第 497 号民事判决书。

二、主张责任："一贯性"审查

按照上一部分关于证明责任的讨论，不当得利的原告对不当得利的构成要件负证明责任。依此原理，原告要对不当得利的要件事实负主张责任，也就是说，原告要主张能够支持不当得利请求权构成要件的具体事实。在民间借贷败诉后再诉不当得利的案件中，原告究竟有没有可能按照不当得利请求权来主张事实？不妨看以下几个案例。

案例5： 韩某起诉吴某，请求判决后者偿还借款。后因吴某否认借款事实，韩某撤回起诉，并以不当得利纠纷提起诉讼。就转账原因，韩某陈述称是因为第三人陆某的刻意安排，让其误以为与吴某形成了借款合同关系，才将争议款项打入吴某账户。经过审理，法院支持了韩某的诉讼请求。[1]

案例6： 黄某起诉陆某，请求判决后者偿还借款，后因无法证明双方之间存在借款合同关系而败诉。黄某又以不当得利起诉陆某。一审中，对于转账款项给陆某的原因，黄某陈述称是收到陆某口头要求打款的请求，误以为陆某向其借款，而后进行了转账。经过审理，法院认为黄某不能证明其转账行为没有法律上的原因，遂判决驳回其诉讼请求。[2]

案例7： 赵某起诉饶某，请求判决后者偿还90万元借款，后因无法证明双方之间存在借款合同关系而败诉。赵某又以相同

---

[1] 参见上海市第一中级人民法院（2014）沪一中民一（民）终字第524号民事判决书。

[2] 参见广东省广州市中级人民法院（2014）穗中法民一终字第3632号民事判决书。

事实起诉饶某，要求后者返还不当得利。赵某认为，"法院判决认定了这样一个事实，被告收受过原告 90 万元钱款。被告凭什么可以收受原告 90 万元钱款。被告没有合法根据从原告处取得 90 万元应为不当得利，造成了原告的损失"。法院经审理认为，"原告主张其给付被告的 90 万元系不当得利，应就该给付之原因及给付无法律上原因承担举证责任。原告在前次民间借贷纠纷一案及本案诉讼中的陈述均表明原告交付该 90 万元之行为存在给付原因。前案原告未尽证明义务而承担不利的诉讼后果，客观上并不改变原告交付被告 90 万元钱款之法律性质"。遂驳回原告诉讼请求。[1]

案例 8：王某起诉吴某，请求判决后者偿还借款。经两审终审败诉后，王某又以不当得利起诉吴某。王某在诉状中陈述了与前诉完全相同的事实，并认为，"被告既不承认借贷又不承认有经济往来，那么被告收取、占有原告的 162800 元没有法律依据，属于不当得利"。法院经审理认为，"……王某给付诉争款项的原因明确，且其对款项支付对象、收款账户均不存在认识错误，故本案不属于给付错误的情形。王某主张的事实及法律关系因不符合不当得利的特征，其起诉请求吴某返还不当得利不能成立，依法应予以驳回"。[2]

从主张责任的角度，笔者认为，案例 5、案例 6 中的原告充分履行了主张责任，即按照不当得利的构成要件主张了事实。案例 7、案例 8 中的原告则没有恰当履行主张责任，而继续主张民

---

〔1〕　参见上海市闵行区人民法院（2013）闵民一（民）初字第 13014 号民事判决书。

〔2〕　参见浙江省金华市中级人民法院（2014）浙金民终字第 915 号民事裁定书。

间借贷的事实，并不能支持不当得利返还的诉讼请求。给付型不当得利的构成要件之一是给付目的欠缺。[1]基于借款合意而给付金钱，这里给付目的（交付借款）并不欠缺。即使合同相对方没有如期偿还借款，那也只是对方没有履行合同约定义务，而非不当得利意义上的给付目的欠缺。也正因为此，不当得利返还请求权与合同履行请求权并不存在竞合的可能性。[2]如果原告在不当得利之诉中依然主张民间借贷的事实，法院应以原告主张欠缺"一贯性"为由驳回其诉讼请求。

李浩教授认为，"对当事人先诉借款，再诉或改诉不当得利，作出不利于原告的评价，甚至由此认为原、被告之间的法律关系原本就不属于不当得利，是值得商榷的。在此情形下，允许在借贷诉讼中败诉的原告再次提起不当得利诉讼是合理的，并且不当得利诉讼也许会成为原告维护自身合法权益的有力武器"。[3]笔者赞同这一观点。民间借贷败诉不能直接成为否定不当得利请求权的理由，案例5、案例6已经展示了这一点。只要原告可以针对不当得利请求权主张相应的原因事实，法院就应该对案件进行实体审理。

但对案例7、案例8这类原告无法主张新的事实，只因在民间借贷诉讼中无力举证而转诉不当得利的案件，应当如何处理？笔者认为，不妨区分情形。如果法院认为当事人之间的法律关系明确，原告不可能根据不当得利的构成要件主张相应事实，应当毫不犹豫地驳回请求。如果发现当事人只是没有理解不当得利的

---

〔1〕　参见王泽鉴：《不当得利》，北京大学出版社 2009 年版，第 43—46 页；娄爱华：《不当得利"没有合法根据"之概念澄清——基于"给付"概念的中国法重释》，载《法律科学》2012 年第 6 期。

〔2〕　参见王泽鉴：《不当得利》，北京大学出版社 2009 年版，第 211 页。

〔3〕　李浩：《不当得利与民间借贷的交集——诉讼实务中一个值得关注的问题》，载《清华法学》2015 年第 1 期。

构成要件，而且案情本身有可能符合不当得利法律关系，则应当进行释明，提醒其根据不当得利的构成要件主张事实。如果原告经过释明，主张了符合不当得利构成要件的事实，案件继续审理；如果原告不能主张符合不当得利构成要件的事实，则驳回其诉讼请求。

三、要件事实的审查顺序

在原告主张具有"一贯性"的前提下，法院应对其与被告是否构成不当得利法律关系进行调查。一般认为，不当得利有四个构成要件——原告受损、被告获利、受损与获利之间有因果关系以及获利无合法根据。笔者认为，这类案件的事实调查不妨分两步走，即先审查前三个要件，再审查最后一个要件。在我们关注的这类案件中，一般可以确认原告向被告进行了特定的支付，因此前三个要件多数情况下不会成为争议的焦点。不过，被告为了否认其与原告之间有借款关系，可能会主张他只是代为收款，实际的借款人是某案外第三人。如果确有证据证明原告支付给被告的款项已经转给了第三人，就很难认定被告获利。实践中，法官对此把握常常并不准确。比如在前引案例 5 中，一审判决认为，"韩某将 120 万元转账给吴某系基于错误的给付原因，即在陆某的刻意安排下误以为与吴某之间形成了借贷合意，故吴某取得该款无合法根据。其次，虽然吴某次日即将款项转至陆某账户，但吴某曾实际占有、控制该款是事实，即已取得不当利益"。[1]在笔

---

[1] 上海市第一中级人民法院（2014）沪一中民一（民）终字第 524 号民事判决书。

者看来，不当得利中的"获利"应当是被告在整个交易活动中的财产增加，而在本案中，被告吴某的财产并无任何增加。因此，被告获利无法认定，事实调查应到此为止。

只有在前三个要件基本得到确认的情况下，才有必要审查被告获利是否有合法根据。有观点认为，该要件涉及消极事实，原告无法具体主张。这种观点并不正确。没有合法根据是一个消极陈述，但并不表明支持这一陈述的具体事实都是消极的、无法主张的。在给付型不当得利案件中，这一要件可以转化为给付目的自始或者嗣后欠缺。在民间借贷转诉不当得利的案件中，原告可以通过主张"误以为与被告达成了借款合同""误将支付给第三人的款项转账到了被告账户"等具体事实，来对被告获利没有合法根据进行具体化。如果这些事实在诉讼中成为争点，则法院可以就此启动证据调查。

四、证据调查

当原告根据不当得利返还请求权的成立要件作出了具有"一贯性"的事实主张，而原告受损、被告获利已得到初步确认，那么被告是否"获利没有合法根据"就成了证据调查的重点。按照证明责任的一般原理，在举证顺序上，当然是原告首先就被告获利没有合法根据进行举证；原告举证让法官对此形成内心确信之后，被告就其否认进行举证。原告就其为支持不当得利要件事实而提出的待证事实的证明是本证，被告对其否认事实进行的证明是反证。根据《民事诉讼法解释》第108条，原告对待证事实的证明要达到高度盖然性的证明标准；而被告对反证的证明，只需要让法官对待证事实陷入真伪不明即可。

实践中有一种观点认为，在民间借贷之诉被驳回之后，原告实际上已经无法就被告收益无法律上依据继续举证。比如在 G 公司诉陈某不当得利案中，法院判决认为，"虽然就案涉 250 万元，G 公司另案中曾以借款为由提起诉讼，但在 G 公司已提供证据证明却被法院判决否定了双方存在借款关系的情形后，G 公司已无法举证证明，故 G 公司的举证责任完成"。[1]这种理解显然不当。正如李浩教授指出的，"原告在前一次诉讼中提出的借贷被否定，只是表明钱款不是因为借贷而转移于被告，但并不能由此便得出结论被告取得系争款项就一定是不当得利"。[2]民间借贷被否认与不当得利被承认之间，不存在必然的因果关系。原告以不当得利起诉，就应该按照不当得利的构成要件主张事实，提供证据。比如，如果原告主张其误以为与被告达成借款合意，那么就要就这种错误认识是如何形成的，以及事后又是如何被发现的进行主张和举证。

在原告进行了上述的举证之后，被告不能只是笼统、抽象地进行否认。鉴于不当得利案件的特殊性，原告常常没有办法依靠自己的力量将"获利没有合法根据"这一要件事实单独证明到让法官形成内心确信。因此，在证据调查中可以适当强化被告对其否认的具体化责任，以及在其具体化主张的事实成为争点后，提供证据加以证明的责任。被告在否认原告关于不当得利的事实主张时，应当具体说明，其取得原告支付金钱的法律依据是什么。这种具体化的否认以及与此相关的提供证据责任的强化，不妨理

---

〔1〕浙江省高级人民法院（2014）浙民申字第 234 号民事裁定书。

〔2〕李浩：《不当得利与民间借贷的交集——诉讼实务中一个值得关注的问题》，载《清华法学》2015 年第 1 期。

解为不负证明责任当事人的事案解明义务。这种义务并非民事诉讼中的普遍义务，但在不当得利这种证据偏在型案件中，可以考虑适用。基于这种义务，不负证明责任的当事人，应当在可预期的范围内对案件事实进行具体的说明和举证。[1]

但要注意的是，被告对其否认事实的证明仍然是反证，而不是本证。即便我们考虑到这类案件的特殊性，要求被告承担高于普通民事案件的事实主张和证据提出义务，但真正需要完成对待证事实证明的仍然是原告；被告对其否认事实的证明，仍然是只要达到让待证事实真伪不明的程度即可。就此可见以下案例。

案例9：陈某生起诉罗某，请求判决后者偿还借款10万元，后变更诉讼请求为不当得利返还。罗某承认收到10万元汇款，但主张该款是因为陈某生与罗某、崔某等人聚餐时与崔某发生矛盾，将崔某手表砸坏，陈某生委托其赔偿损坏案外人崔某的手表款。一审判决认为，罗某提供的证据不能证实陈某生委托其办理赔偿事宜，故对其抗辩意见不予采纳。罗某取得陈某生汇给其的10万元没有法律上的根据，属于不当得利行为。罗某不服上诉。二审判决认为，"结合案涉手表被砸坏的时间及陈某生汇付款项的时间，可以认定罗某收到陈某生汇付的10万元与案涉手表被砸坏之间具有高度的关联性。如陈某生认为案涉10万元款项与处理手表赔偿事宜无关，系其因误解罗某有向其借款意图而给付，应当进一步举证证明其主张"。遂撤销一审判决，驳回陈某生诉讼请求。[2]

---

〔1〕　更多研究参见吴泽勇：《不负证明责任当事人的事案解明义务》，载《中外法学》2018年第5期。

〔2〕　参见江苏省南京市中级人民法院（2014）宁民终字第2046号民事判决书。

案例 10：王甲起诉王乙，请求判决后者归还欠款 30 万元，败诉后又提起不当得利之诉。王乙承认收到 30 万元，但主张该笔款项系股权转让款。一审判决王甲败诉。王甲不服上诉，在上诉理由中表示，取得利益没有合法依据的要件对王甲来说属于消极事实，对王乙来说是积极事实，故由后者举证证明更加合理。二审法院在援引《民事诉讼法解释》第 108 条的基础上认为，"王乙提交的上述反证足以使得本院对王甲认为案涉款项构成不当得利的主张产生合理性怀疑，因此在王甲不能进一步举证证明其主张成立的情况下，该举证不能的不利后果应当由负有举证责任的王甲自行承担"。遂驳回上诉，维持原判。[1]

案例 9 中，一审法院没有区分本证与反证，对被告为了否认原告不当得利请求权而主张的法律关系提出了过高的证明要求。按照《民事诉讼法解释》第 108 条，被告的反证只要让原告主张的待证事实陷入真伪不明即可。二审纠正了这一点，明确只要被告否认具有一定可能性，原告就应继续对其主张进行举证。案例 10 中，二审判决在适用《民事诉讼法解释》第 108 条的基础上正确分配了提出证据的责任，堪称这类案件当中推进证据调查的范本。

五、事实认定

以上讨论基本上是将后发的不当得利之诉作为一种独立的诉来看待。在这种语境下，不当得利之诉的事实认定当然应在事

---

〔1〕 参见广东省东莞市中级人民法院（2015）东中法民一终字第 2583 号民事判决书。

实调查的基础上，根据法官对争议要件事实的心证状态来作出判断。但如果我们换一个角度，将不当得利与民间借贷作为同一事件导致的两次诉讼，就会发现，后诉中的事实认定可能并没有那么复杂。

如前文所述，在民间借贷败诉后再诉不当得利的案件中，前诉之所以败诉，大多是因为原告无法证明其与被告之间有借款合同关系。而不能证明借款合意存在，十有八九是因为被告主张了其他的法律关系，比如原告的支付系偿还借款、投资款、委托被告代收款，等等。大多数时候，就是因为被告对这些替代性法律关系进行了初步证明，让法官对原告主张的借款合同关系产生怀疑，进而驳回了原告返还借款的请求。考虑到这一点，如果原告再诉不当得利，正常情况下，他同样无法让法官对不当得利的存在形成内心确信。因为在不当得利返还请求权的证明责任归于原告的前提下，只要被告对其主张的替代性法律关系进行了一定程度的陈述和证明，被告"获利没有合法根据"这一要件同样会陷入真伪不明。

换句话说，尽管后诉不构成重复起诉，原告也并非不能针对不当得利主张具有"一贯性"的事实，但基于事实审理本身的逻辑，原告在后诉中胜诉的概率并不会更大。[1]在这个意义上，不当得利并不比民间借贷更有利于原告。而且，理应如此。

---

〔1〕 案例5、案例6这类情况除外。对这类案件而言，前诉败诉可以认为是原告主张了错误的法律关系，因此还轮不到被告进行反证，法官已经可以判决原告败诉了。

六、余论

由以上讨论可知，在当事人先诉民间借贷再诉不当得利的案件中，确有法官错误分配了证明责任，使得一些在民间借贷诉讼中败诉、在不当得利之诉中也没有提出新的事实和证据的原告赢得了诉讼。这类判决没有法律依据，无法得到民事诉讼法理的支持，在司法实践中也遭到越来越多法官的抵制。比如，有判决书指出，"民间借贷与不当得利具有各自独立的请求权基础，……不当得利作为一种独立的民事法律制度，具有严格的构成要件及适用范围，不能作为当事人在其他具体民事法律关系中缺少证据时的请求权的基础"。[1]又有判决书指出，在支付本身系以借贷合同关系为背景的案件中，因举证困难而选择以不当得利来起诉，"这种技术性的选择并不符合不当得利制度的应有功能和立法本意"。[2]假如我们承认这并非特别复杂的道理，那究竟是什么原因，让相当数量的案件会在民间借贷败诉之后又以不当得利起诉，甚至还得到了支持呢？

笔者不认为这些判决在实体上都是错误的。细读胜诉判决之后的一个猜测是：法官可能在之前的民间借贷之诉中已经相信了原告的主张，或者换句话说，已经形成了原告对被告享有某种请求权的内心确信。只是苦于原告无法提出有力的证据，特别是无法提出借条、借据、欠条之类可以直接证明借款合意的书面证据，法官只好释明原告改诉或再诉不当得利，并且通过模糊证明

---

[1]　安徽省合肥市中级人民法院 (2017) 皖 01 民终 3189 号民事判决书。
[2]　广东省东莞市中级人民法院（2015）东中法民一终字第 2936 号民事判决书。

责任分配，忽略原告主张责任等一系列操作，达到判决原告胜诉的目的。这种猜测虽然无法确证，但考虑到我国法官对于自由心证的排斥和对书证的依赖，想来也不是空穴来风。换句话说，法官有可能通过"调包"法律适用，作了本该运用自由心证去作的事。

　　笔者尽管理解，但仍然反对上述做法。一方面，这种做法模糊了民间借贷与不当得利这两种法律关系的界限，让真正的错误判决有了可乘之机。另一方面，更重要的是，这种做法破坏了实体法确立的预期结构，使得不当得利这种请求权有可能被滥用。如果接受"不能证明借款关系就走不当得利"的逻辑，那么几乎所有合同案件在不能证明基础法律关系的情况下，都有可能被认定为不当得利。这对这类案件中的被告是个灾难，对《民法典》确立的请求权体系更是个灾难。让民间借贷的归民间借贷，不当得利的归不当得利，这就是本部分的结论。

第三章
违约金调减的证明责任

一、问题的提出

《民法典》第 585 条第 2 款规定，"约定的违约金过分高于造成的损失的，人民法院或者仲裁机构可以根据当事人的请求予以适当减少"，此即现行法上的违约金调减规范。违约金调减在比较法上并不罕见，在我国合同法中亦由来已久。[1]但就其在司法中的适用，却争议颇多。一个被经常提起的话题是：对于违约金调减请求所涉及的事实，谁应负证明责任？这在理论上似乎不复杂，在司法实务中却难言统一——有法院将证明责任分配给违约方，有法院分配给守约方，还有法院要求违约方先完成初步证明，再将证明责任转移给守约方。这种混乱局面彰显了法律适用的不统一，也与民法学界主张谨慎运用违约金调减的共识[2]背道

---

〔1〕 1985 年《涉外经济合同法》第 20 条第 2 款就规定了违约金调整。1999年，这一制度被写进了《合同法》第 114 条第 2 款。《民法典》第 585 条第 2 款只对《合同法》的规定作了微调。最高人民法院的司法解释和指导性文件亦多次涉及该制度，详见下文。

〔2〕 比如韩世远：《违约金的理论问题——以合同法第 114 条为中心的解释论》，载《法学研究》2003 年第 4 期；罗昆：《我国违约金司法酌减的限制与排除》，载《法律科学》2016 年第 2 期；姚明斌：《〈合同法〉第 114 条（约定违约金）评注》，载《法学家》2017 年第 5 期；张力、赵自轩：《英国罚金判断新标准在我国违约金调减中的运用》，载《河北法学》2017 年第 9 期；石冠彬、彭宛蓉：《司法视域下民法典违约金调减规则的解释论》，载《苏州大学学报（哲学社会科学版）》2020 年第 4 期。

而驰。毕竟，无论"守约方证明说"还是"违约方初步证明说"，在实际效果上都降低了违约金调减请求获得支持的难度，从而使得该制度有可能被滥用。[1]

导致上述局面的原因未必是法律文本有多大缺陷，而是对法律的理解和适用存在偏差。一方面，尽管民法学界对违约金的功能已有不少研究并形成了一定共识，但仍有法官在观念上将其与损害赔偿混同。要求违约方证明损失的司法立场，就是这种观念在诉讼程序中的反映。另一方面，时至今日，实务界整体上尚未确立正确的证明责任观念。混淆行为意义的证明责任与结果意义的证明责任，以后者替代前者，不区分证明责任与自由心证各自适用的空间，试图用前者解决后者遇到的问题，凡此种种，在司法实践中都屡见不鲜。这些理论误区，与实务中的证明责任分配乱象可谓相互成就。为了改变此种乱象，需要结合违约金调减的实践，对相关原理加以澄清，以便法官可以在一个相对确定的基础上考虑违约金调减规范的适用。

除此之外，违约金调减规范本身的特殊性，也为其司法适用增加了难度。与一般民事诉讼"查明事实—依法裁判"的司法模式不同，违约金调减规范赋予法官广泛的自由裁量权。法官在这类诉讼中扮演更加积极的角色，而这自然会影响事实调查过程中法官与当事人的权利义务分配。这种背景下，违约金调减请求可能涉及的诸事实应如何定性，适用何种法理，之前的研究并未充

---

〔1〕 有学者 2015 年的统计显示，当事人要求酌减违约金的请求 70% 以上得到了支持。参见罗昆：《我国违约金司法酌减的限制与排除》，载《法律科学》2016 年第 2 期。而不当的证明责任分配方案是导致违约金调减"失范"的重要原因。参见张力、赵自轩：《英国罚金判断新标准在我国违约金调减中的运用》，载《河北法学》2017 年第 9 期。

分关注。而缺少对这些问题的讨论，也就很难对违约金调减的证明责任问题给出整体性的解决方案。

上述问题跨越实体法与程序法，需要综合运用两个领域的学术资源来梳理和回应。本章结合实践案例，运用民法学界关于违约金功能的研究成果和民事诉讼法学界关于证明责任、自由心证以及证明困难缓解的理论共识，对违约金调减的证明责任问题进行展开，尝试提出既有利于规范司法实践，又能推动立法目的实现的法律适用方案。引言之后，第二部分讨论违约金调减规范的构成，从区分权利成立要件与调减衡量因素的角度重新解读《民法典》第585条第2款后段。以这种解读为基础，第三部分分析违约金调减权利成立要件的证明责任分配，第四部分讨论其具体证明过程，第五部分讨论违约金调减衡量因素相关事实的调查。结语部分归纳主要观点，回答引言提出的问题，并对本研究的理论与实践价值略作阐发。

二、违约金调减规范的构成

（一）权利成立要件与调减衡量因素的一体化处理

按照"规范说"的操作流程，研究违约金调减诉讼的证明责任问题，首先要对违约金调减规范的权利基础和构成要件进行分析。但与民法上的其他权利相比，违约方请求违约金调减的权利具有明显的特殊性。如学者指出的，"可以"调减意味着也可以不调减，"适当"调减意味着法官有权根据案件具体情况决定调减的数额。[1]从这个角度，所谓"违约金调减权"在内容上可被分割为"违约金调减申请权"与"违约金调减裁量权"两个部分。[2]因为其强烈的自由裁量特征，与违约金调减相关的实体权利不仅区别于民法上的请求权和形成权，也不同于同样需要以诉讼方式为之的其他形成诉权，比如撤销权。比较接近的，或许可以想到涉及共有物分割方法的形成诉权——在共有物分割诉讼中，法官同样可以根据自由裁量决定共有物的分割方式。[3]

上述特征深刻影响了违约金调减请求的审理过程。按照司法三段论的逻辑，权利人如果希望根据实体法上的某一规范获得救济，需要证明该规范的构成要件；相应地，如果他证明了该规范的构成要件，就一定能够获得规范预设的法律效果。整个司法过程被划分为"查明事实"和"依法裁判"两个阶段，而且只有两个阶段。违约金调减请求的审理却不是如此。按照《民法典》第585条第2款后半句，违约方证明"违约金过分高于损失"，只是触发法官调减裁量权的行使而已。至于要不要调减违约金，要的话调减多少，是法官自由裁量的事项。根据最高人民法院的司法解释和指导性文件，[4]法院应当兼顾合同履行情况、当事人过错程度等因素，根据公平原则和诚实信用原则决定是否调减以及如何调减。由此提出的问题是：违约金调减的权利构成要件是什

[1] 参见姚明斌：《〈民法典〉违约金规范的体系性发展》，载《比较法研究》2021年第1期。

[2] 因为这个原因，本书不使用"违约金调减权"这一语义含糊的概念。

[3] 参见房绍坤：《论共有物分割判决的形成效力》，载《法学》2016年第11期；陈磊：《诉讼法理与非讼法理交错下的共有物分割诉讼》，载《北京理工大学学报（社会科学版）》2020年第3期。

[4] 参见原2009年《合同法解释（二）》第29条、2009年《审理民商事合同指导意见》第7条、2019年《九民纪要》第50条、2021年《实施民法典会议纪要》第11条、2023年《民法典合同编通则解释》第65条。

么？是仅包括违约金"过分高于造成的损失"，还是同时也包括综合衡量因素涉及的事实？

　　既往研究中，学者一般不区分"违约金过分高于损失"与其他调减衡量因素，而是对二者作一体化处理。比如，姚明斌认为，"鉴于《合同法解释（二）》第 29 条以综合衡量思路为先、判断过高的标准为后，应认为其第 1 款中的'作出裁决'不仅涉及酌减多少，也包括是否酌减的判断"。[1]又认为，"本条第 2 款后段规定'过分高于造成的损失'是法院决定酌减的前提，其中约定金额'高于造成的损失'显然属于数额比较的事实问题，但'过分'的程度并非事实问题，因为从《合同法解释（二）》第 29 条第 2 款'一般可以认定为'之措辞意味着很有可能存在约定金额超过造成的损失达 30% 以上，却基于个案情事不认定为'过分高于造成的损失'的情况，故'过分'程度的判断应属综合衡量中的法律评价问题"。[2]即，对于"违约金过分高于损失"这一事实的认定，也应考虑第 1 款列举的综合衡量因素。韩强认为，"……违约金过高是法律问题，而非事实问题"；[3]"对于违约金过高的问题，不应将衡量的标准局限在与实际损失的比较上，……应一定程度吸收《合同法解释（二）》第 29 条的经验，从公平正义和诚实信用原则的角度把握违约金过高问题"。[4]换言之，他也建议将《合同法解释（二）》第 29 条第 1 款列举的综合衡量因素

---

〔1〕 姚明斌：《〈合同法〉第 114 条（约定违约金）评注》，载《法学家》2017 年第 5 期。

〔2〕 姚明斌：《〈合同法〉第 114 条（约定违约金）评注》，载《法学家》2017 年第 5 期。

〔3〕 韩强：《违约金担保功能的异化与回归——以对违约金类型的考察为中心》，载《法学研究》2015 年第 3 期。

〔4〕 韩强：《违约金担保功能的异化与回归——以对违约金类型的考察为中心》，载《法学研究》2015 年第 3 期。

纳入"违约金过高"这一要件，对二者作一体化考量。王洪亮认为，"在性质上，违约金的适当性本身是法律问题，而非事实问题，故不存在举证负担的问题，只存在由哪一方申请的问题，与其他所有法律问题一样，均由法官依职权判断。但对于法官酌减所依据的事实，则存在举证责任的问题，原则上由债务人承担，而债权人至少要说明关系其利益的事实，但由于允许法官自由裁量，实际上减轻了债务人的举证责任"。[1]显然，他同样没有区分违约金调减的权利成立要件与调减衡量因素，而是将所有相关事实因素都纳入了"违约金适当性"的判断之中。

实际上，很少见到区分违约金调减的权利成立要件与调减衡量因素的讨论。代表性学者均对二者作一并处理，并在此基础上讨论违约金调减相关事实的证明问题。从实体法角度，这并无不当。法官支持违约方的违约金调减主张，本来就是综合考虑"违约金过分高于损失"及其他酌减因素的结果。但是，这种处理忽略了违约金调减规范的特殊性，在法理上难言顺畅，也不能对事实调查的展开给出恰当的指引。

（二）权利成立要件与调减衡量因素的分别处理

本书认为，在对《民法典》中的违约金调减规范进行解读时，应当区分"违约金过分高于损失"与其他调减衡量因素，仅将前者界定为当事人申请违约金调减的权利成立要件，而将后者视为法院行使酌减裁量权的参考因素。理由如下：

首先，这一解释方案符合法律的文义和结构。在《民法典》

---

[1] 王洪亮：《违约金酌减规则论》，载《法学家》2015 年第 3 期。作者这里关于证明责任的见解，本书并不认同。详见下文。

确立的违约金调减规范中，前半句是"约定的违约金过分高于造成的损失的"，后半句是"人民法院或者仲裁机构可以根据当事人的请求予以适当减少"。就文义而言，对该句最直观的理解方式就是将前者理解为权利构成要件，将后者理解为要件达成时的法律后果。当然，这种法律后果是阶段性的。之所以不是终局性的，是因为，在这类诉讼中，违约方并不享有完整意义的"请求权"或"形成权"。"违约金过分高于损失"并不直接导致违约方"胜诉"的实体判决，违约方最终能得到什么样的裁判结果，还要看法院裁量的情况。

按照这种理解，原《合同法解释（二）》第 29 条两款规定的关系可以获得新的诠释。[1]姚明斌认为，"……两款规定对于酌减中的法官自由裁量其实隐含了正反相对的不同立场，进而引发了该两款规定如何协调的问题"。在他看来，两款规定应以第 1 款为重，即"判断应否酌减以及决定酌减多少，均须结合第 1 款诸因素，第 2 款只是对该过程中应否酌减问题的一个具体化的指引"。[2]从强调综合衡量、避免采用固定标准"一刀切"的角度，这一观点值得赞同。但是，基于区分权利成立要件与调减衡量因素的思路，不妨更进一步，将第 2 款看作对违约金调减规范前半句（权利成立要件）的解释，将第 1 款看作对该规范后半句（自由裁量权行使）的解释。重要的不是孰轻孰重，而是孰先孰后。在原《合同法》第 114 条第 2 款后半段的适用中，法官首先需要

---

〔1〕　虽然原《合同法解释（二）》已随着《民法典》的颁行而被废除，但是第 29 条的核心内容被《实施民法典会议纪要》第 11 条以及《民法典合同编通则解释》第 65 条保留。考虑到这一点，同时也出于行文的方便，本章仍以该解释作为分析样本。

〔2〕　姚明斌：《〈合同法〉第 114 条（约定违约金）评注》，载《法学家》2017 年第 5 期。

判断违约金是不是严重高于损失，为此当然要参考《合同法解释（二）》第29条第2款；但在认定违约金过分偏高之后，决定是否以及如何调减时，则需结合第29条第1款进行综合权衡。从阅读原《合同法》第114条相关裁判文书得到的印象来看，大多数法官其实就是这样操作的——虽然他们可能没有意识到。

其次，这一解释方案与两类事实的特征较为吻合。在违约金调减规范中，立法者只规定了"违约金过分高于损失"这一权利成立要件，而没有规定其他考量因素。这只能理解为立法者基于两类事实的区别而有意作出的选择。"过分高于"固然包含了一定的评价成分，却不能因此认为这就是"法律问题"。实际上，"过分"只是一个程度限定，类似的表达程度的限定词在《民法典》中并不罕见。[1]换言之，"违约金过分高于造成的损失"这一表达并不缺少作为要件事实的最低限度的确定性。与此相反，法院在此基础上决定是否调减以及调减多少的衡量因素，却不具有这种确定性。这些衡量因素因案件具体场景而呈现出层出不穷的组合方式，实际上无法通过抽象的立法语言精确概括。即便司法解释对这些考量因素作了一定范围的列举，但这种列举不是封闭的，也远没有达到堪比"违约金过分高于造成的损失"的确定程度。易言之，这些要素无法"要件化"，只能交由司法人员自由裁量。

再次，这一解释方案界定了诉讼权利与审判权力的边界，有利于不同程序法理在违约金调减诉讼中的适用。因为上一段提到的区别，将两类事实一体处理会带来法理上的困境。无论是将

---

〔1〕 比如"严重"，在《民法典》中就多次出现，但是并没有人因此认为它指向的对象是法律问题，而不是事实问题。

"违约金过分高于损失"界定为"法律问题",还是将违约金调减衡量因素作为要件事实,诉讼权利与审判权力的边界都会模糊不清。将前者作为法律问题,按照"法官知法"的一般原理,就很难在严格意义上讨论当事人的主张责任和证明责任。将后者视为要件事实,意味着要将其纳入证明责任的适用范围,但由于这些因素先天的流动性和模糊性,当事人的主张和证明并没有明确的对象。况且,要件事实的调查遵循辩论主义——当事人没有主张的事实法官不能调查,存在争议且未证明到法定证明标准以上的事实,不能作为裁判的基础。这恰恰不符合立法者在违约金调减诉讼中赋予法官自由裁量权的意图。

一旦将二者分别处理,上述问题就迎刃而解。基于对《民法典》第585条第2款后段的解读,违约金调减请求的审理实际上包含了两个阶段。前一个阶段是对权利成立要件的确认,后一个阶段是对形成事项的裁量。前一个阶段虽然不够成完整的确认之诉——因为法官并不需要在判决主文中就此专门作出回应,但不妨碍其适用确认之诉的一般法理。后一个阶段不妨理解为形式上的形成之诉,即虽然外观上采取了诉的方式,本质上却是法院代表国家直接进行某种合目的性的处分行为。[1]相应地,对于前一阶段涉及的事实争议适用辩论主义,由依实体法负客观证明责任的当事人主张和证明。法官对这种证明可以评价,但不能依职权介入。至于后一阶段的审理,则不适用辩论主义。法官可以根据自由裁量权行使的需要对相关事实进行调查,并根据自己对法律

---

〔1〕 参见陈磊:《诉讼法理与非讼法理交错下的共有物分割诉讼》,载《北京理工大学学报(社会科学版)》2020年第3期。该文将法院对共有物分割方法的裁判理解为合目的性的"行政行为"。无论如何界定,无非都是强调该类诉讼中法院的积极角色和裁判行为的自由裁量属性。

精神的理解，决定其在最终调减权衡中的权重。这样一来，两类事实各自适用的法理就会相对明确，法官与当事人的权限划分也相对清晰。这无疑有利于司法实践朝着更加有序的方向演进。

最后，民法学界关于违约金功能的认识，为这一解释方案提供了理论支持。民法学界主流观点认为，约定违约金具有双重功能。其中一个功能是补偿守约方因违约所受损失；至于另一种功能，最高人民法院传统上将其界定为"惩罚功能",[1]晚近论述则强调了违约金作为履约担保或者压力的功能。[2]抛开细节上的分歧，对于本章的问题意识而言，民法学界在这一问题上的共识相当明显。这种共识可以归纳为两个方面：一方面，我国合同法中约定违约金的基础功能是补偿守约方因为对方违约遭受的损失。[3]这一点在我国违约金制度的立法演进过程中有清晰脉络可寻,[4]最高人民法院也明确表达了违约金应以补偿为主的裁判思路。[5]另一方面，除了补偿功能这一"一阶功能"，我国合同法并

〔1〕《审理民商事合同指导意见》第6条提到，约定违约金的性质"以补偿性为主、以惩罚性为辅"。司法裁判中也广泛存在惩罚性功能的说法。

〔2〕 参见王洪亮：《违约金功能定位的反思》，载《法律科学》2014年第2期；韩强：《违约金担保功能的异化与回归——以对违约金类型的考察为中心》，载《法学研究》2015年第3期；罗昆：《违约金的性质反思与类型重构——一种功能主义的视角》，载《法商研究》2015年第5期；姚明斌：《违约金双重功能论》，载《清华法学》2016年第5期。

〔3〕 参见崔建远：《合同法》（第3版），北京大学出版社2016年版，第393页；韩世远：《合同法总论》（第4版），法律出版社2018年版，第825页。但对于当事人能否在延迟履行之外的场合约定惩罚性违约金，二位学者存在分歧。详见崔建远书，第393—402页。

〔4〕 参见崔建远：《合同法》（第3版），北京大学出版社2016年版，第394—396页；韩强：《违约金担保功能的异化与回归——以对违约金类型的考察为中心》，载《法学研究》2015年第3期。

〔5〕 参见最高人民法院研究室编著：《最高人民法院关于合同法司法解释（二）理解与适用》，人民法院出版社2015年版，第256页。近年的案例，如最高人民法院(2015)民申字第1325号民事裁定书；最高人民法院(2016)最高法民终82号民事判决书；最高人民法院(2017)最高法民申1914号民事裁定书；（转下页）

不否认违约金作为履约压力或者担保的"二阶功能"。[1]基于这一理论共识，可对《民法典》第 585 条第 2 款后段作出新的解读。该段前半句着眼于违约金与损失的比较，其法理基础自然是违约金的补偿功能。但是，根据后半句，约定违约金过分高于造成的损失并不必然导致违约金的调减。如何解释这一点？姚明斌指出："在违约金偏高于违约损害的情况下，法院可经裁量而决定少酌减，甚至不酌减，其正当基础显然已不在于约定违约金的损害补偿功能，而在于尊重交易主体通过约定违约金所注入的履约担保目的。"[2]笔者对此深表赞同，并且认为，这一论述与本章提出的权利成立要件与调减衡量因素分别处理的法律适用方案不谋而合。将"违约金过分高于损失"理解为权利成立要件，是因为在我国，约定违约金的基本功能是损失总额预定，违约方如欲主张违约金过高，当然要证明约定违约金严重超出损失总额。在证明这一点的基础上，法院还要进一步衡量合同履行情况、当事人过错等因素才能决定是否以及如何调减，则是考虑到，当事人约定违约金除了旨在补偿守约方所受损失外，可能还有为合同履行提供压力和担保的意图。可见，分别处理的方案与约定违约金的功能区分完全匹配。采纳这种方案，将有利于司法实务精准把握两类功能的权重和考察顺序，全面实现立法者设计违约金调减制度的目的。

（接上页）最高人民法院 (2017) 最高法民申 5047 号民事裁定书；最高人民法院 (2018) 最高法民终 1153 号民事判决书；最高人民法院 (2020) 最高法民申 1483 号民事裁定书；最高人民法院 (2020) 最高法民终 342 号民事判决书等。另见姚明斌：《〈合同法〉第 114 条（约定违约金）评注》，载《法学家》2017 年第 5 期。

[1] 参见姚明斌：《违约金双重功能论》，载《清华法学》2016 年第 5 期。

[2] 姚明斌：《〈民法典〉违约金规范的体系性发展》，载《比较法研究》2021 年第 1 期。

三、"违约金过分高于损失"的证明责任分配

依上文建议的解释方案，《民法典》第585条第2款后段确立的违约金调减规范涉及两类事实。其中，"约定违约金过分高于造成的损失"是违约金调减的权利成立要件，需要违约方主张事实并证明。正如引言中提到的，关于该要件的证明责任分配，司法实践中的做法相当混乱。本部分运用证据法上的一般原理，对此进行分析。

（一）"违约金过分高于损失"的内涵界定

我国的违约金调减在构成上诉诸违约金与违约所造成损失的比较，印证了违约金作为损害赔偿总额预定的性质。[1]考虑到作为比较一方的违约金相对确定，诉讼中首先需要调查违约造成的损失，其次则要评价违约金是否"过分高于"损失。

按照原《合同法解释（二）》第29条，这里的损失指"实际损失"。何为实际损失？鉴于原《合同法解释（二）》第29条第1款将实际损失与预期利益并列，有学者认为，这里的实际损失应理解为信赖利益损失，预期利益则理解为可得利益损失。[2]但

---

〔1〕　参见韩强：《违约金担保功能的异化与回归——以对违约金类型的考察为中心》，载《法学研究》2015年第3期。

〔2〕　参见雷继平：《违约金司法调整的标准和相关因素》，载《法律适用》2009年第11期；陈怀峰、赵江风：《违约金数额司法调整的适用问题》，载《政法论丛》2011年第6期。最高人民法院也有裁判表达了这一观点，参见最高人民法院(2021)最高法民申2522号民事裁定书。

更有力的观点认为，实际损失包含了预期利益。[1]另外，这里的损失是否限于《民法典》第 584 条法定损害赔偿中的损失？换句话说，第 585 条第 2 款所言损失，是否要受到第 584 条（原《合同法》第 113 条）规定的可预见性规则的检验？对此，民法学界也有分歧。[2]最高人民法院 2021 年 4 月发布的《实施民法典会议纪要》对这些问题作出了澄清。根据《实施民法典会议纪要》第 11 条，"民法典第五百八十五条第二款规定的损失范围应当按照民法典第五百八十四条规定确定，包括合同履行后可以获得的利益，但不得超过违约一方订立合同时预见到或者应当预见到的因违约可能造成的损失"。[3]也就是说，这里的损失包括信赖利益损失和可得利益损失，并受到可预见性规则的检验。[4]

另一个需要讨论的概念是"过分高于"。过分高于的评价带有主观性，但如前文所言，这一评价依赖约定违约金与实际损失的比较，并未脱离违约金调减请求的权利成立要件，不宜看作"法律问题"。作为主观性较强的事实，如何保证法院在认定标准上相对统一，是一个难点。就此，最高人民法院在一系列司法解释和指导性文件中作了规定。[5]按照这些规定，约定违约金超出

---

[1] 参见姚明斌：《违约金司法酌减的规范构成》，载《法学》2014 年第 1 期；姚明斌：《〈合同法〉第 114 条（约定违约金）评注》，载《法学家》2017 年第 5 期。相同司法观点，参见重庆市高级人民法院 (2019) 渝民再 353 号民事判决书。

[2] 参见韩世远：《违约金的理论争议与实践问题》，载《北京仲裁》2009 年第 1 期；姚明斌：《〈合同法〉第 114 条（约定违约金）评注》，载《法学家》2017 年第 5 期。

[3] 参见《实施民法典会议纪要》第 11 条第 1 款。

[4] 另外，最高人民法院 2023 年 12 月发布的《民法典合同编通则解释》第 65 条第 1 款规定，"人民法院应当以民法典第五百八十四条规定的损失为基础"。

[5] 参见原《合同法解释（二）》第 29 条第 2 款、《商品房买卖合同纠纷解释》第 12 条、《实施民法典会议纪要》第 11 条第 3 款、《民法典合同编通则解释》第 65 条第 2 款。

损失 30% 的，"一般可以"认定为"过分高于造成的损失"，但非必须如此认定。如果接受上一部分建议的解释方案——在认定"违约金过分高于损失"这一权利成立要件时只考虑原《合同法解释（二）》第 29 条第 2 款，"约定违约金超过损失 30%"将在"违约金是否过分高于损失"的判断中发挥更加基础性的作用。但就算如此，也仍然不是绝对标准。考虑到实务中涉及违约金的案件类型多样，即便违约金超出损失 30%，也未必都适宜认定为过高。而且应该注意，该标准的适用范围限于实际损失被确认的场合。如果违约金只是超过已证明损失的 30%，除此之外仍有部分损失处于存疑状态——既无法证实也无法证伪，就不能根据该标准认定违约金过分高于损失。因为那等于将该要件真伪不明的风险分配给了守约方，而这可能恰恰是有问题的。

（二）关于"违约金过分高于损失"证明责任分配的观点分歧

就违约金过高或者违约方损失的证明，有裁判认为应由违约方负证明责任；[1]有裁判认为应由守约方负证明责

---

[1] 如最高人民法院 (2016) 最高法民终 20 号民事判决书；最高人民法院 (2017) 最高法民申 3423 号民事裁定书；最高人民法院（2019）最高法民终 1886 号民事判决书；最高人民法院 (2019) 最高法民申 2934 号民事裁定书；最高人民法院 (2019) 最高法民申 1306 号民事裁定书；最高人民法院 (2020) 最高法民申 5393 号民事裁定书；最高人民法院 (2020) 最高法民终 153 号民事判决书；最高人民法院 (2021) 最高法民终 340 号民事判决书；江苏省南通市中级人民法院 (2017) 苏 06 民终 3772 号民事判决书；山东省青岛市中级人民法院 (2017) 鲁 02 民终 3964 号民事判决书；贵州省贵阳市中级人民法院 (2021) 黔 01 民终 2995 号民事判决书；北京市第三中级人民法院 (2018) 京 03 民终 13702 号民事判决书等。

任；[1]还有裁判认为违约方应进行初步证明，之后由守约方就违约金并未过分高于损失进行证明。[2]三种立场分别可以称为"违约方证明说""守约方证明说""违约方初步证明说"。最后一种观点尤其流行，似乎已成实务中的主流。[3]就上述司法立场，不妨举例如下：

案例1：在四川H公司诉四川Y公司承揽合同纠纷案中，再审法院认为，"……根据《合同法》第114条第2款的规定，违约金是双方当事人预先估计的损害赔偿总额，实质是约定的损害赔偿金。作为违约金的请求权人，无须证明因对方违约给自己造成损失及损失的数额。违约方如果主张违约金过高，应当承担相应的举证证明责任"。[4]

案例2：在李某诉包头Y公司商品房预售合同纠纷案中，再审法院认为，"关于违约金数额，李某虽主张Y公司逾期办理产权登记给其造成损失，但在原审期间并未提交充分、有效证据予以证明，故应依据《民事诉讼法解释》第90条……之规定，承担举证不能的法律后果"。[5]

案例3：在Z公司诉四川H公司、黄某合同纠纷案中，二审

〔1〕　如最高人民法院 (2020) 最高法民申 6272 号民事裁定书；最高人民法院 (2020) 最高法民终 1072 号民事判决书；最高人民法院 (2020) 最高法民申 2912 号民事裁定书；黑龙江省双鸭山市中级人民法院 (2017) 黑 05 民终 77 号民事判决书；江苏省徐州市中级人民法院 (2017) 苏 03 民终 4842 号民事判决书；云南省昆明市中级人民法院 (2017) 云 01 民终 4232 号民事判决书等。

〔2〕　如最高人民法院 (2020) 最高法民申 1152 号民事裁定书；最高人民法院 (2021) 最高法民申 2522 号民事裁定书；北京市第二中级人民法院 (2018) 京 02 民终 11557 号民事判决书；上海市高级人民法院 (2020) 沪民申 181 号民事裁定书；甘肃省高级人民法院 (2017) 甘民申 1144 号民事裁定书等。

〔3〕　参见谭启平、张海鹏：《违约金调减权及其行使与证明》，载《现代法学》2016 年第 3 期。

〔4〕　最高人民法院 (2017) 最高法民申 3423 号民事裁定书。

〔5〕　内蒙古自治区高级人民法院 (2021) 内民申 737 号民事裁定书。

法院认为，"主张违约金过高并提出调减申请的系迟延交付案涉水电站工程的 H 公司和黄某，应由 H 公司和黄某就实际损失问题进行初步举证，一审法院要求 Z 公司就其不主张的事实承担举证责任，举证责任分配错误，本院对此予以纠正"。[1]

案例 4：在上海 S 公司诉 Z 公司买卖合同纠纷案中，再审法院认为，"……Z 公司承担了有关违约金过高的初步证明义务，法院在认定其主张具有合理性的情况下，有权要求守约方 S 公司对其主张的违约金构成承担相应的举证证明责任，现 S 公司对其主张的备货损失及可得利益均未提供充分证据，故一、二审法院判令其承担相应不利后果并无不当"。[2]

上述案例代表了违约金调减诉讼中常见的证明责任分配方法。其中，案例 1 明确要求违约方承担违约金过高的证明责任，案例 2 要求守约方就其损失承担证明责任，案例 3、案例 4 采取了"违约方初步证明说"的立场，但侧重点有所不同。案例 3 仍然强调了违约方的证明责任，只是认为这种证明责任在具体诉讼中表现为初步举证；案例 4 则强调违约方初步证明之后，守约方要对其主张的违约金负相应的证明责任。

最高人民法院就此问题的指导性意见，最早出现在 2009 年发布的《审理民商事合同指导意见》中。根据《审理民商事合同指导意见》第 8 条，"违约方对于违约金约定过高的主张承担举证责任，非违约方主张违约金约定合理的，亦应提供相应的证据"。[3]但对该意见，司法系统存在不同的解读。最高人民法院民二庭负责人就《审理民商事合同指导意见》答记者问时指出：

---

〔1〕 最高人民法院 (2017) 最高法民终 34 号民事判决书。
〔2〕 上海市高级人民法院 (2020) 沪民申 181 号民事裁定书。
〔3〕 参见《审理民商事合同指导意见》(法发〔2009〕40 号)。

"违约方一般应当承担非违约方没有采取合理减损措施而导致损失扩大、非违约方因违约而获得利益以及非违约方亦有过失的举证责任；非违约方应当承担其遭受的可得利益损失总额、必要的交易成本的举证责任。对于可以预见的损失，既可以由非违约方举证，也可以由人民法院根据具体情况予以裁量。"[1]考虑到未采取减损措施导致损失扩大、非违约方因此获益以及非违约方与有过失属于违约方针对违约责任的一般抗辩，本来就应由违约方负证明责任，这一观点似乎背离了《审理民商事合同指导意见》第8条的文义，将违约所造成损失的证明责任分配给了守约方。有的法官则认为："……司法解释也并未规定由主张消极事实的当事人承担举证责任。当违约方对其主张的损失事实进行初步举证或者虽然不能举证但却提出了支持其主张的符合常理的理由后，非违约方如不认可并同时提出其不同的主张时，则举证责任理应转移至非违约方。"[2]这种解读更接近"违约方初步证明说"。

　　近年来，最高人民法院又就该问题多次表态。2019年发布的《九民纪要》第50条规定，"主张违约金过高的违约方应当对违约金是否过高承担举证责任"。[3]这一规定强调了违约方负担证明责任，但却并未根本否定《审理民商事合同指导意见》第8条。而在2021年发布的《实施民法典会议纪要》第11条第3款中，最高人民法院指出，"当事人主张约定的违约金过高请求予以适当减少的，应当承担举证责任；相对人主张违约金约定合理的，

〔1〕《妥善审理合同纠纷案件 维护市场正常交易秩序——最高人民法院民二庭负责人就〈关于当前形势下审理民商事合同纠纷案件若干问题的指导意见〉答记者问》，载《人民法院报》2009年7月14日，第3版。
　〔2〕周振华：《违约金数额调整若干问题研究》，载《山东审判》2010年第6期。
　〔3〕参见《九民纪要》第50条。

也应提供相应的证据"。[1]这无疑又回到了《审理民商事合同指导意见》的立场。[2]

就该问题，理论界也没有形成共识。有学者主张"违约方证明说"，[3]有学者主张"违约方初步证明说"，[4]未见学者主张"守约方证明说"。还有学者认为，债务人应证明支持违约金过高的事实，在此基础上，支持违约金并不过高的事实（比如损害程度特别巨大）则应由债权人提出并证明。[5]这种观点或可称为"分别证明说"。[6]不过，在笔者看来，论者此处的"应由债权人提出并证明"不妨理解为行为意义上的提出证据责任，而非结果意义上的客观证明责任。

---

〔1〕 参见《实施民法典会议纪要》第 11 条。

〔2〕 在 2023 年发布的《民法典合同编通则解释》第 64 条第 2 款中，最高人民法院指出，"违约方主张约定的违约金过分高于违约造成的损失，请求予以适当减少的，应当承担举证责任。非违约方主张约定的违约金合理的，也应当提供相应的证据"。

〔3〕 参见韩世远：《违约金的理论问题——以合同法第 114 条为中心的解释论》，载《法学研究》2003 年第 4 期；谭启平、张海鹏：《违约金调减权及其行使与证明》，载《现代法学》2016 年第 3 期；姚明斌：《〈合同法〉第 114 条（约定违约金）评注》，载《法学家》2017 年第 5 期；庞晓：《合同纠纷诉讼中违约金酌减的证明责任》，载《证据科学》2021 年第 1 期。

〔4〕 王雷：《违约金酌减中的利益动态衡量》，载《暨南学报（哲学社会科学版）》2018 年第 11 期；石冠彬：《民法典合同编违约金调减制度的立法完善——以裁判立场的考察为基础》，载《法学论坛》2019 年第 6 期。

〔5〕 姚明斌：《〈合同法〉第 114 条（约定违约金）评注》，载《法学家》2017 年第 5 期；王洪亮：《违约金酌减规则论》，载《法学家》2015 年第 3 期。

〔6〕 《上海市高级人民法院关于商事审判中规范违约金调整问题的意见》（沪高法民二〔2009〕13 号）的规定与这种观点异曲同工。该意见第 6 条、第 7 条规定："……当事人主张约定的违约金过高的，应当提供违约金约定缺乏公平性的相应证据。""……被主张调整违约金一方当事人否认约定的违约金过高，认为约定公平合理的，在主张调整违约金一方当事人提供相应证据后，也应当举证证明违约金约定的合理性。"

（三）本书观点

从经典民事诉讼理论出发，客观证明责任只能分配给一方当事人。受限于知识背景，不少论者并未区分作为要件事实真伪不明之时裁判规范的结果责任和在具体诉讼中提出证据的行为责任，考虑到这一点，本书不拟逐一评析上述观点。本书认为，基于现行法和公认的证据法理论，违约金过高的客观证明责任只能由违约方承担，且不能转移。理由如下：

首先，基于现行法，只能是违约方负担证明责任。就违约金调减请求的证明责任，如果说在 2015 年之前尚可争论，那么随着 2015 年《民事诉讼法解释》的颁行，这一问题在解释论上已经没有讨论的空间。违约方请求调减违约金，是主张变更合同约定的违约金法律关系，按照《民事诉讼法解释》第 91 条，他应对支持该主张的基本事实负证明责任。[1]在最高人民法院 2019 年《民事诉讼证据规定》明确废除旧《民事诉讼证据规定》第 7 条的背景下，[2]这一证明责任分配也不能经由法官裁量而在个案中调整。从经典证明责任理论出发，最高人民法院在数部司法文件中的表态都应理解为将违约金过高的证明责任分配给了违约方；至于"守约方也应提供相应证据"的表述，不妨看作是对具体诉讼进程中提出证据责任转移的提示。

其次，从违约金制度的价值取向出发，只能由违约方负证明

---

〔1〕 同样思路的判决，如江苏省高级人民法院 (2015) 苏审三商申字第 00429 号民事裁定书。

〔2〕 参见刘敏、宋春雨、潘华明等：《关于新〈民事证据规定〉理解和适用的若干问题》，载《人民法院报》2020 年 3 月 26 日，第 5 版。

责任。《民事诉讼法解释》第 91 条明确采纳了"规范说",[1]而"规范说"的理论基础在于民法的评价分层。[2]正如民法学者经常指出的,违约金发挥补偿功能的机制在于它可以在违约发生时简化证明,避免守约方因无法证明损失数额而陷入困境。[3]当事人约定违约金,就是为了追求这种简化证明的利益。合同法保护约定违约金,则是通过对这种利益的保护,彰显对合同自由的尊重和对诚信履约的倡导。与此相对,违约金调减制度的正当性不在于对合同自由的否定,而在于尊重合同自由的前提下,兼顾合同公平。[4]在违约金制度的评价分层中,合同自由、对守约方的保护是基本价值,合同公平、对违约方的保护是次级价值。假如违约造成的损失需要由守约方来证明,上述评价分层就被打乱,整个违约金制度的根基也将因此而坍塌。

---

〔1〕 参见最高人民法院修改后民事诉讼法贯彻实施工作领导小组编著:《最高人民法院民事诉讼法司法解释理解与适用》(上册),人民法院出版社 2015 年版,第 316 页。

〔2〕 关于实体法的评价分层("Wertungsschichten,或译为"价值分层"),参见本书"导论"第二部分。Vgl. Dieter Leipold, Besprechung von Reinecke, Beweislastverteilung im Bürgerlichen Recht und im Arbeitsrecht als rechtspolitische Regelungsaufgabe, AcP 179 (1979), S. 503 f; 吴泽勇:《规范说与侵权责任法第 79 条的适用——与袁中华博士商榷》,载《法学研究》2016 年第 5 期;任重:《论中国"现代"证明责任问题——兼评德国理论新进展》,载《当代法学》2017 年第 5 期;刘小砚:《论证明责任分配视域下民法典的规范构造》,载《华东政法大学学报》2019 年第 3 期。

〔3〕 参见〔德〕迪特尔·梅迪库斯:《德国债法总论》,杜景林、卢谌译,法律出版社 2004 年版,第 341 页;崔建远:《合同法》(第 3 版),北京大学出版社 2016 年版,第 392 页;韩世远:《违约金的理论问题——以合同法第 114 条为中心的解释论》,载《法学研究》2003 年第 4 期;王洪亮:《违约金酌减规则论》,载《法学家》2015 年第 3 期;孙良国、燕艳:《功能视野下约定违约金过高调整1.3 倍规则的反思和改进——兼评〈合同法司法解释〉(二)第 29 条》,载《社会科学研究》2018 年第 6 期。也有判决指出了这一点,如重庆市第五中级人民法院 (2020) 渝 05 民终 8575 号民事判决书。

〔4〕 违约金调减的正当性,参见姚明斌:《违约金司法酌减的规范构成》,载《法学》2014 年第 1 期;王洪亮:《违约金酌减规则论》,载《法学家》2015 年第 3 期。

最后，证明困难不是转移证明责任的恰当理由。证明责任规范是裁判规范，不是证据评价和事实认定规范。在实体法领域，证明责任规范是实体法确立的风险分配机制的一部分。它回答的问题是：当实体法规范的要件事实真伪不明时，法官应该如何裁判？按照"规范说"，证明责任分配方法应当通过对实体的解释来发现，基本操作方式就是观察实体法规范的文义和结构。既然立法者将违约金调减规定为一种对违约方有利的权利成立规范，[1]就只能认为，立法者将"违约金过分高于损失"这一要件事实真伪不明的风险分配给了违约方。不能假定立法者没有考虑该要件的证明难度，进而在具体诉讼中轻易地将证明责任转移给守约方。因为那样一来，实体法确立的风险分配机制就被打破，立法者设立该制度的初衷也无法准确实现。[2]这并不是说证明困难不应当考虑，而是说，不应当在证明责任分配的议题中考虑。

四、"违约金过分高于损失"的证明过程

无论"守约方证明说"，还是"违约方初步证明说"，一个潜在的理由就是违约方很难证明守约方的损失，将证明责任分配给违约方，很容易导致不公平的后果。就诉讼的实际进程而言，要求违约方单方证明守约方所受损失确实不现实。正如有法官指出的，违约方没有充分证明的能力，因为他一般不了解债权人的生

---

〔1〕 也可以认为是针对约定违约金请求的权利妨碍规范，但实质上并无差别。

〔2〕 "……法院将证明责任转移给守约方之时，便是违约金的制度目的遭受破灭之时。"谭启平、张海鹏：《违约金调减权及其行使与证明》，载《现代法学》2016 年第 3 期。

产经营状况；也没有充分证明的动力，因为当然是损失越小越对其有利。[1]在将"违约金过分高于损失"的证明责任分配给违约方的前提下，如何解决该要件在具体案件中的证明问题？"违约方初步证明说"貌似提出了解决这一问题的方案。按照该观点，违约方应当对违约事实进行初步证明，如果无法证明，也要主张能相应的事实理由；守约方否认违约方的主张，则需要主张相反的事实并加以证明。[2]这种观点符合法官的直觉，也与该类诉讼中常见的证据调查顺序吻合。但它没有告诉我们，违约方的"初步证明"究竟是一种什么证明，要达到何种证明程度？守约方的证明又是一种什么证明，要达到何种证明程度？如果不对这些问题作出准确界定，这种观点很容易滑入"守约方证明说"。

在证据法的语境中，关于这个问题的解答有两个出发点。一个出发点是上文讨论过的证明责任分配规则。一旦将证明责任分配给了违约方，就意味着，"违约金过分高于损失"这一要件事实真伪不明的败诉风险要由违约方负担。这包括：他要就该要件主张具体事实，如果不能恰当主张，法院应驳回其请求（主张责任）；他要首先对争议事实进行举证，如果没有任何举证，法官无须就对方的举证进行调查（主观证明责任）；他需要证明待证事实到法定证明标准，如果不能，法官将判他败诉（客观证明责任）。这就是证明责任作为实体法风险分配机制的意义所在。另一个出发点是自由心证原则。证明责任和证明标准是法律问题，法官只能解释、适用，不能裁量，也不能调整。证据评价和事实

---

〔1〕 参见周振华:《违约金数额调整若干问题研究》，载《山东审判》2010年第6期。

〔2〕 参见周振华:《违约金数额调整若干问题研究》，载《山东审判》2010年第6期。

判断是事实问题，基于自由心证原则，法官就此享有相当充分的自由。为了方便法官对争议事实形成心证，现代民事诉讼法发展出了一系列缓解证明困境、推进证据调查的策略。在个案中，法官可以而且应当充分运用这些策略。基于上述两个出发点，对"违约金过分高于损失"的证明可以从以下几个阶段展开。

第一，违约方要就"违约金过分高于损失"主张具体事实。按照辩论主义的要求，主张违约金调减请求的当事人应当就其权利的构成要件主张具体事实。在具体案件中，违约所造成损失的范围、损失计算方法以及该类违约一般可能造成的损失、市场行情变化等，都可以成为支持违约金过高的具体事实。为了给接下来对方的反驳和法院的调查提供一个靶子，违约方的主张不能是笼统的、模糊的，而应该是具体的、清晰的。理论上，违约方的主张应具有"一贯性（Schlüssigkeit）"，即达到"一旦这些事实确认，法官就应当认定请求成立"的程度。如果违约方无法提出具有"一贯性"的主张，法院应当驳回其违约金调减的请求。[1]

第二，守约方应对违约方主张的事实进行具体化否认。对于违约方为支持违约金过高而提出的那些事实，守约方可以承认，也可以否认。理论上，否认的具体化程度应与主张的具体化程度匹配，但在事件经过不在负证明责任一方当事人控制的典型案件中，可以适当提高对方当事人的具体化否认义务。此即具体化否

---

[1] 关于主张的具体化，参见本书第二章。Vgl. Herbert Roth, In: Stein/ Jonas, Kommentar zur ZPO, 22. Aufl. 2008, § 253 Rn. 54；姜世明：《民事诉讼中当事人之具体化义务》，载《举证责任与真实义务》，台湾地区新学林出版股份有限公司 2006 年版，第 253—371 页；占善刚：《主张的具体化研究》，载《法学研究》2010 年第 2 期；胡亚球：《论民事诉讼当事人具体化义务的中国路径》，载《清华法学》2013 年第 4 期；陈贤贵：《当事人的具体化义务研究》，载《法律科学》2015 年第 5 期。

认或者积极否认。[1]在德国民事诉讼实务中，由此发展出了不负证明责任当事人的事案解明义务。[2]违约金调减诉讼中守约方损失的发生经过，很多时候不在违约方的控制之下，对于这类明显偏在于一方的事实，法官可以要求守约方提供更多与损失相关的信息。事案解明义务的适用范围应遵循"可期待性"标准，即限于"基于守约方在具体交易中的地位和一般经验法则，可以期待其掌握并提供的那些事实"。如果原告有能力提供某些信息但拒不提供，可以适用拟制自认的法理，推定其承认违约方主张的事实。[3]理论上，这应理解为法官为了获得心证而对常规事实调查模式所作的策略性调整，它一定程度上改变事实调查过程中的行为负担，但不改变要件事实的证明责任分配。

第三，对于双方争议的主要事实，违约方应首先举证证明。双方存在分歧的主要事实，构成了诉讼中的争点。对于争点事实，法院应当启动证据调查予以查明。基于辩论主义和主观证明责任的要求，在这个阶段，依然是对争议要件事实负证明责任的违约方首先举证。需要讨论的是，这种证明应达到何种程度？"违约方初步证明说"的一个版本认为：违约方"提供初步证据或者提出合理理由，在足以引起法庭对违约金过高产生合理怀疑

---

〔1〕 参见占善刚：《附理由的否认及其义务化研究》，载《中国法学》2013年第1期；包冰锋：《论民事诉讼中当事人的积极否认义务》，载《证据科学》2015年第4期。

〔2〕 结合德国法对事案解明义务的讨论，参见吴泽勇：《不负证明责任当事人的事案解明义务》，载《中外法学》2018年第5期。国内也有文献提出对损失证明适用事案解明义务的观点，参见庞晓：《合同纠纷诉讼中违约金酌减的证明责任》，载《证据科学》2021年第1期。

〔3〕 在我国引入事案解明义务的具体建议，参见吴泽勇：《不负证明责任当事人的事案解明义务》，载《中外法学》2018年第5期。

时，方能要求守约一方当事人举证证明自己的损失"。[1]这一观点在实务上较为常见，甚至最高人民法院的裁判文书也采纳了这一表述。[2]但是，认为违约方的证据只需让法庭对违约金过高产生合理怀疑的观点，与证明责任分配的法理显然不符。

违约方是负证明责任的一方当事人，从这一点出发，他对其应当证明的事实不能只证明到"产生合理怀疑"的程度。《民事诉讼法解释》第108条规定，负证明责任当事人对待证事实所要达到的证明标准是"高度盖然性"。[3]当然，考虑到诉讼证明是一个整体，在违约方举证的阶段，未必需要一次达到高度盖然性的程度。作为证据调查的阶段性要求，违约方的证明至少应让法官对"违约金过分高于损失"形成临时心证。所谓临时心证是指，法官在当前这个阶段，已经形成待证事实有可能为真的判断，但尚不确定，因此希望通过进一步的证据调查来强化或者动摇这种心证。[4]这种心证是临时的，只是暂时解除了负证明责任一方当事人的证明负担。在程度上，这种心证至少应在盖然性优势以

---

〔1〕 参见山东省高级人民法院民二庭《合同纠纷审判实践中的若干疑难问题》第10条第2款。

〔2〕 参见最高人民法院(2020)最高法民申1152号民事裁定书；最高人民法院(2021)最高法民申2522号民事裁定书。

〔3〕 有学者主张，"在违约金调减程序中，当违约方举证特别困难而违约金数额又明显偏高时，可以适当降低其证明标准，采用较高程度的盖然性"。谭启平、张海鹏：《违约金调减权及其行使与证明》，载《现代法学》2016年第3期。但按照大陆法系公认的证据法理论，证明标准属于法律问题，其提高或者降低需要立法明文规定。就违约金调减的证明，并没有立法或者司法解释规定可以降低证明标准。因此在解释论上，"证明标准降低"的观点并不成立。

〔4〕 邱联恭将此称为"暂定性心证"，参见邱联恭：《心证公开论——着重于阐述心证公开之目的与方法》，载台湾民事诉讼法研究基金会编著：《民事诉讼法之研讨（七）》，台湾地区三民书局1998年版，第203—204页。王亚新等人在其教科书中以图解方式展示了民事诉讼的证明模式，其内在逻辑大体也是建立在临时心证的认识上的。参见王亚新、陈杭平、刘君博：《中国民事诉讼法重点讲义》（第2版），高等教育出版社2021年版，第126—127页。

上，也就是说，法官至少要相信违约金过高的可能性高于违约金合理。只有在这种情况下，才发生提出证据责任转移的效果。假如违约方不能让法官对违约金过高形成临时心证，对方无须进行反证。坚持这一点，同样是实体法风险分配的逻辑结果——采证明到产生合理怀疑的标准，意味着大幅度降低违约方的证明负担，等于把一部分风险转嫁给了守约方。实践中，这是比较容易出错的一个环节，不妨看以下案例。

案例 5：在 D 公司、魏某诉 T 公司、李某买卖合同纠纷案中，再审法院认为，"……违约方请求调整违约金的，应当首先举证证明对方主张的违约金应予调整的要件事实。就本案而言，T 公司认为双方约定的违约金过高，其应就违约金过高提供初步证据，在足以引起法庭对违约金约定公平性产生怀疑时，方能要求 D 公司举证证明自己的损失。经核查本案一、二审庭审笔录、T 公司委托人代理词、上诉书及证据材料等，T 公司只是认为违约金过高，未提供证明违约金过高的初步证据"。[1]

案例 6：在罗某诉邓某买卖合同纠纷案中，再审法院认为，"根据'谁主张，谁举证'的原则，邓某作为违约方提出调整违约金的主张应当承担举证责任，但考虑到违约方不可能举出守约方损失全部证据的因素，违约方举出让法官对违约金约定公平性产生怀疑的证据即可。就举证能力而言，违约方对守约方造成的损失，与损失相关的证据距守约方较近，守约方对此具有更强的举证能力，应由守约方对其造成的损失数额承担举证责任。现罗某不能提供充分证据证明其因邓某违约给其造成的具体损失，邓某逾期付款造成罗某的损失应体现为其占用资金利息的期待利益

---

[1] 甘肃省高级人民法院 (2017) 甘民申 1144 号民事裁定书。

损失"。[1]

上述两个案例都是"初步证明到产生合理怀疑"说的适例。如果说案例5中，由于违约方未能提供初步证据，法院的事实认定在结果上仍是有利于守约方的；那么在案例6中，由于产生合理怀疑标准的采纳和证据距离理论的误用，实际上导致了与"守约方证明说"同样的结果。这是本书不能赞同的。无论从我国民事诉讼的法定证明标准来看，还是从法官阶段性心证的要求来看，产生合理怀疑的证明程度都太低了。当然，法官在形成临时心证的时候，应充分考虑违约方在证据调查中的处境，以及交易中的经验法则。证据本身的数量和规模不是关键，关键的是法官的心证状态。换句话说，即便违约方的证据非常薄弱，但是如果法官结合交易习惯和经验法则，认为违约金过高有较大可能性，也可以形成违约金过高的临时心证；反之，虽然违约方提出大量证据，但如果这些证据并不足以让法官形成违约金过高的初步判断，也应认为其未完成举证。重要的是，法官这里要形成违约金可能过高的临时心证，而不只是"对违约金的公平性产生合理怀疑"。

第四，守约方可以对违约方的证明进行反证。就像在其他民事诉讼中一样，在违约金调减诉讼中，守约方当然也可以进行反证。证据法上，反证不需要达到让法官确信相反事实存在的证明程度，而是只需要动摇法官对本证事实的心证即可。在违约金调减相关案件中，考虑到守约方的事案解明义务，守约方需要证明的事实有可能较一般诉讼中的反证更为丰富，但这并不会改变其证明的反证性质。换言之，即使守约方就损失构成和计算方法进行了一定的

---

[1] 湖北省荆门市中级人民法院 (2019) 鄂 08 民再 21 号民事判决书。

主张，他对这些事实的证明也仍然是反证，而不会变成本证。事案解明义务的影响主要在于否认事实在量上的增加，而不是对这些事实证明要求的提升。反证的目的是动摇法官对于本证方主张事实的临时心证，按照《民事诉讼法解释》第 108 条第 2 款，守约方的举证只需让"违约金过分高于损失"这一待证事实陷入真伪不明。当然，评价守约方的证明是否足以让本证的证明对象陷入真伪不明时，也应当考虑守约方对证据的掌握情况。换言之，如果他明明可以提供更多证据但却没有提出，法院在特定情况下可以坚持其临时心证。但这在理论上不妨看作经验法则的运用，而不是证明要求的提高。对这一点，实务中的把握也常常出现偏差。

案例 7： 在扈某、赵某诉 D 公司买卖合同纠纷案中，再审法院认为，"扈某、赵某上诉主张该条款约定的违约责任并未过高，D 公司应依约履行。扈某、赵某在二审中主张 D 公司的违约行为导致其在房屋买卖合同中违约造成巨额损失，为此提交了相关合同和银行流水为证。本院认为扈某、赵某关于 D 公司违约造成其房屋交易巨额损失的主张未达到高度盖然性的证明标准，本院不予采信"。[1]

案例 7 中，法院以守约方对损失的证明未达"高度盖然性"为由不予采信其主张。但按照上文的讨论，守约方并不需要证明损失数额到"高度盖然性"以上。[2]对守约方证明的过高要求，在程序上消解了违约金的简化证明功能，在实体上模糊了违约金

---

〔1〕 广东省深圳市中级人民法院 (2019) 粤 03 民终 23679 号民事判决书。

〔2〕 考虑到损失的证明本来就很困难，"高度盖然性"的要求无疑让守约方雪上加霜。比较法上，德国和日本民事诉讼法都对损失的证明作了特殊规定，这些规定被认为一定程度降低了损失的证明标准。参见段文波：《事实证明抑或法官裁量：民事损害赔偿数额认定的德日经验》，载《法学家》2012 年第 6 期。

请求权与损害赔偿请求权的区别。结果是，实体法确立的风险分配机制被侵蚀，甚至被颠覆了。

第五，法院应结合本案全部证据和事实，对违约金是否过分高于损失作出判断。上述流程只是事实调查过程的理论提炼，与审判实务中的真实做法未必完全对应。对法官来说，唯一重要的是本案当事人所主张权利的构成要件是否成立。在违约金调减诉讼中，即"违约金过分高于损失"是否成立。根据自由心证原则，法院应综合本案全部证据、事实以及庭审中得到的信息，根据民事诉讼中的法定证明标准，对该要件事实的真伪作出判断。判断的结果无非三种：要件事实为真、为伪或者真伪不明。第一种情况下，应认定违约金调减请求成立；后两种情况下，都不成立。

五、违约金调减衡量因素的调查

（一）履约压力功能与调减衡量因素

按照违约金调减规范的文义，"违约金过分高于损失"的认定只是触发了法院的调减裁量权，是否调减以及如何调减，还要考虑一系列其他因素。基于前文对《民法典》违约金调减规范的解读，"违约金过分高于损失"的认定和这些考量因素的判断分别回应了违约金的补偿功能和履约压力功能。结合最高人民法院的司法解释和指导性文件，这种对应关系可见表3-1。

表 3-1 违约金调减规范的法律适用方案

功能区分	损失补偿功能	履约压力功能
规范表达	违约金过分高于损失	可以适当调减
规范性质	权利成立要件	自由裁量考量因素
适用法理	诉讼法理（辩论主义）	非讼法理（职权调查）
对应权威司法意见	原《合同法解释（二）》第 29 条第 2 款；《商品房买卖合同纠纷解释》第 12 条；《实施民法典会议纪要》第 11 条第 3 款第 2 句；《民法典合同编通则解释》第 65 条第 2 款。	原《合同法解释（二）》第 29 条第 1 款；《审理民商事合同指导意见》第 7 条；《九民纪要》第 50 条；《实施民法典会议纪要》第 11 条第 3 款第 1 句；《民法典合同编通则解释》第 65 条第 1 款。

从上述解读出发，法院在调减衡量阶段主要应当考虑的问题是，基于违约金的履约压力功能，本案中过高的违约金是否应予调减，如果调减，调减到什么数额。这其实又包括两个子问题：一是从违约金的履约压力功能出发，违约金高出损失的幅度是否恰当；二是违约金的履约压力功能在合同履行过程中是否受到了尊重。第一个问题的回答主要看违约金的约定是否公平，比如，当事人是否具备大体对等的谈判能力，合同约定的违约金是否超出了具体情境中所能接受的范围。第二个问题的回答则主要观察当事人在合同履行过程中的表现，比如，违约方是否积极进行了履约，双方对于合同无法履行是否存在过错以及各自过错的程度，还有当事人在整个履约以及后续交涉过程中是否诚实、守信，等等。

本书认为，法院对上述衡量因素的审理，应在一定范围适用非讼法理。所谓非讼法理，是指一般在非讼程序中适用的程序法理。与诉讼程序中采处分权主义、辩论主义、公开审理不同，非讼程序中通常限制处分权主义，同时采职权探知主义、书面主义。[1]非讼法理一般适用于无争议的监护、确认、许可和证明事项，但也适用于一些争议案件，以弥补诉讼程序的缺陷。[2]非讼法理与形成之诉具有亲和性，[3]这一点在违约金调减诉讼中体现得尤其明显。违约金调减表面上采取诉讼的形式，但其本质是通过法官在个案中的权衡，创设新的法律关系。这与常态下的诉讼程序相当不同：法官在这类诉讼中不仅行使"判断权"，同时也在行使"决定权"；其工作不只是回溯既往，一定程度上也塑造未来。正因为此，诉讼程序中的处分权主义和辩论主义无法完全适用。一方面，为了实现实体法的规范目的，必须引入非讼法理。这主要体现在：违约金调减的请求限制适用处分原则，违约金调减衡量事实的调查不适用辩论主义。就前者而言，不需要当事人主张明确的调减数额，即便当事人主张了特定数额，法官也不受其拘束；[4]对后者而言，主要体现在，法官可以依职权调查当事人没有主张的衡量因素，当事人无法充分证明某一衡量因素涉及的事实，也不必然导致对其不利的后果。这也就意味着，证明责任对这类事实并不适用。在实际的诉讼进程中，当事人为了获得对其有利的裁量结果，当然有权就衡量因素涉及的事实进行主张和举证。但这种主张和举证并非证明责任的反映，而是一种

---

〔1〕参见邱联恭：《诉讼法理与非讼法理之交错适用——从民事事件之非讼化审理及诉讼化审理论程序保障之机能》，载台湾民事诉讼法研究基金会编著：《民事诉讼法之研讨（二）》，台湾地区三民书局1996年版，第435页以下。

〔2〕参见郝振江：《论非讼程序的功能》，载《中外法学》2011年第4期。

〔3〕参见郝振江：《论非讼程序在我国的重构》，载《法学家》2011年第4期。

〔4〕但出于对合同自由的尊重，法院酌定的违约金不应高于当事人请求的数额，更不应在当事人没有提出违约金调减请求时主动调减。

"纯粹的"诉讼权利，即当事人享有的、影响法官自由裁量权行使的权利。

另一方面，既然法律规定违约金调减要通过诉讼（而不是非讼）的方式进行，法官自由裁量权行使就仍应在诉讼程序的框架内进行。[1]这包括，公开审理和言辞直接原则仍需遵循，当事人仍有机会申请二审审查，等等。除此之外，事实调查应符合程序保障的要求，避免发生"裁判突袭"。具体言之，在诉讼进行中，法官如果准备考虑某一要素，应当向当事人释明，以便当事人能够有针对性地进行攻击和防御；如果法官对某一争议事实已经形成初步判断，应当公开心证，以便不利一方当事人可以进行必要的反驳和反证。唯有如此，裁判结果才具有程序上的正当性。最后也是最重要的，所有被考虑的裁量因素和事实都应在裁判文书中写明，即纳入对是否调减以及调减幅度的论证当中。这种论证构成了二审审查的对象，也是对法官自由裁量权行使的核心约束。[2]

（二）违约金调减衡量因素的证明

按照最高人民法院司法解释，作为违约金调减衡量的因素主要包括合同履行情况、当事人过错等，以及公平原则和诚实信用

---

[1] 对违约金酌减争议采取诉讼而非非讼方式处理，是因为该类事件事关实体法上的重要权利，而且当事人双方存在明显争议，需要运用更加审慎和周延的程序来审理。由此出发，非讼法理的适用应限于行使自由裁量权所必要的范围，在此之外，仍应坚持更完备、程序保障程度更高的诉讼法理。

[2] 此即"诉讼法理与非讼法理的交错适用"。参见邱联恭：《诉讼法理与非讼法理之交错适用——从民事事件之非讼化审理及诉讼化审理论程序保障之机能》，载台湾民事诉讼法研究基金会编著：《民事诉讼法之研讨（二）》，台湾地区三民书局1996年版，第427页以下。

原则。[1]但考虑到自由裁量权行使的特征，司法解释对调减衡量要素的列举并不是封闭的。理论上，只要是与违约金的履约压力功能有关，又无法被《民法典》第584条意义上的损失所涵盖的要素，都应该纳入考虑。另外，这些要素之间并不是非此即彼的关系。尤其是，明文列举的那些具体要素与公平原则、诚实信用原则的考量之间，难免存在重合之处。

1. 合同履行情况。约定违约金如果远远超过预期损失，通常情况下是一方当事人意欲借此压迫对方积极履约。如果申请违约金调减的当事人实际上已经履行了相当部分的合同义务，不妨认为这种压力功能得到了回应。因此，合同履行情况可以作为调减违约金的衡量因素。就此，违约方可以就实际履行情况进行举证，守约方也可就尚未履行情况或者违约情况进行举证。法官则应在双方举证的基础上，综合判断合同履行状况，并决定其在违约金调减裁量中所占的比重。值得注意的是，在考虑违约与损失之间的因果关系的背景下，合同部分履行的逻辑后果是守约方损失的减少。为此，有学者认为，这时本质上仍然是一个如何确定债权人损失的问题。[2]笔者认为，作为违约金调减衡量因素的合同履行情况与守约方实际损失的计算确实会有重合，但并非完全不能区分。这种区分主要是功能上的：预期利益损失从客观角度

---

〔1〕 原《合同法解释（二）》第29条第1款提到了"预期利益"，但在《实施民法典会议纪要》第11条第3款中，这个要素已被删去。这是可以理解的，因为《实施民法典会议纪要》明确《民法典》第585条中的"损失"就是《民法典》第584条意义上的损失，其中已经包含了可预期的可得利益损失。《民法典合同编通则解释》第65条第1款与《实施民法典会议纪要》第11条第3款的规定精神是一致的。另外，《民法典合同编通则解释》第65条第1款还新增了部分衡量因素。

〔2〕 参见罗昆：《我国违约金司法酌减的限制与排除》，载《法律科学》2016年第2期。

计算损失数额，对应违约金的补偿功能；合同履行情况则主要考察违约方履约的主观态度，对应违约金的履约压力功能。就此可见下述案例。

案例8：在涂某诉S公司房屋租赁合同纠纷案中，二审法院认为，"涉案租赁合同约定履行期为十年，至2019年8月9日租赁合同履行期限届满，S公司自2018年7月开始拖欠房租，涂某提起本案诉讼后，S公司即将拖欠的八个月的租金全部付清，涂某作为出租人已收取大部分房租，合同目的已近实现。综合以上因素，一审法院以逾期支付租金和利息为基数计算S公司应承担的违约金数额，并无不当"。[1]

案例9：在肖某诉J公司租赁合同纠纷案中，二审法院认为，"J公司自签订房屋租赁合同后，一直未缴纳房屋租金，考虑到违约金调整的目的，是充分补偿守约方实际损失并适度惩罚违约方，因此依照公平原则和诚实信用原则，根据案件具体情况，综合考量合同履行程度、当事人过错程度，认定对于合同约定的违约金标准无须酌减，即J公司需按月租金标准的200%向肖某支付延期支付房屋租金的违约金7000元"。[2]

上述两个案例都涉及租金拖欠，只是案例8中违约方在起诉前和起诉后已经付清了绝大部分租金，而在案例9中，违约方自始拖欠租金，没有任何履约行为。从违约金的压力功能出发，后者当然在法律上更应被谴责。案例8中大幅度调减违约金而案例9中不予调减，符合违约金的压力功能。

---

〔1〕 山东省高级人民法院（2019）鲁民终2493号民事判决书。
〔2〕 北京市第二中级人民法院（2020）京02民终9832号民事判决书。

2. 当事人过错。原则上，过错不是违约金成立的要件，[1]无过错也不意味着违约金就应当调减。但过错情节折射了债务人对履约压力的态度，在当事人追求履约压力功能的违约金中尤其值得重视。[2]违约方的过错是指故意违约的心理状态，其外在表现包括从未履约、长时间持续违约，以及违约后没有及时通知以便债权人减少损失，等等。即使违约金较高，如果违约方有明显过错，违约金调减的请求仍有可能被驳回。另外，这里的过错也包括守约方是否积极避免违约发生，以及在违约发生后是否采取措施避免损失发生和扩大。无论己方无过错还是对方有过错的事实，双方都可以根据自己掌握的证据进行主张和举证。法官则根据双方的举证情况，权衡双方当事人的过错程度，判断该因素是否以及在何种程度上影响违约金调减的决定。需要注意的是，2023 年《民法典合同编通则解释》第 65 条第 3 款明确规定，"恶意违约的当事人一方请求减少违约金的，人民法院一般不予支持"。

案例 10：在巴某诉北京 S 公司劳务合同纠纷案中，一审法院将 50 万元的约定违约金调减为 1 万元。二审判决认为该案中的约定违约金不应调减。除了其他理由，二审法院还指出，"……除实际损失外，在考虑调整违约金的过程中，违约方的主观过错亦为衡量因素。违约方的过错情节可以折射其对履约压力

---

〔1〕 参见韩世远：《合同法总论》（第 4 版），法律出版社 2018 年版，第 826 页；崔建远：《合同法》（第 3 版），北京大学出版社 2016 年版，第 403—404 页；姚明斌：《〈合同法〉第 114 条（约定违约金）评注》，载《法学家》2017 年第 5 期。

〔2〕 参见姚明斌：《〈合同法〉第 114 条（约定违约金）评注》，载《法学家》2017 年第 5 期。另见北京市第三中级人民法院（2018）京 03 民终 13702 号民事判决书。

的态度，在涉及故意违约时，违约方已意识到约定的违约金负担而仍实施违约行为，故原则上不应满足其获得宽待的愿望"。[1]

案例11：在张某诉宣某房屋买卖合同纠纷案中，二审法院认为，"宣某逾期支付首期款、逾期办理过户手续，构成违约，依约应承担违约责任。但考虑到涉案交易属于流程性交易，各环节环环相扣，宣某违约情形并不严重，张某亦存在一定的过错，现双方亦已完成交易，故一审法院在宣某提出违约金过高，而张某亦未提供证据证实其实际损失的情况下，酌定宣某向张某支付违约金3万元，并无不妥，故本院予以维持"。[2]

案例10中，一审法院将违约金由50万元调减为1万元，二审法院认为，考虑到违约方为故意违约，原则上不应满足其获得宽待的愿望。案例11中，二审法院认为，违约方的过错并不明显，而守约方也有一定过错，调减违约金具有合理性。应该说，两个案例都较好地体现了违约金的压力功能。

3.公平原则。与合同履行情况、当事人过错两个因素主要牵涉合同履行过程不同，公平原则涵盖从违约金达成到违约责任形成的全过程。基于公平原则，一方面要关注违约金约定的达成是否公平。这里的不公平应当理解为，即便考虑违约金的履约压力功能，违约金依然超出了可以接受的范围。这个环节的考察可以从两个维度展开。一个维度是违约金的数额是否畸高。在与原《合同法解释（二）》第29条第1款区分的视角下，这里的畸高不是相比较损失过高——这在权利要件的审理阶段已经考虑，而是看约定违约金对于当事人期待的履约压力功能而言，是否不合

---

〔1〕　参见北京市第三中级人民法院（2018）京03民终13702号民事判决书。
〔2〕　广东省广州市中级人民法院（2020）粤01民终19088号民事判决书。

理的高。法官一般需要参考违约金数额[1]、交易风险[2]以及合同标的数额[3]，在交易习惯和个案具体情形中去衡量违约金是否畸高。另一个维度是双方当事人形成约定的过程是否公平。由于具体谈判过程很难复原，这里应主要考虑当事人在交易中的地位和由此决定的缔约能力对比。[4]比如，如果当事人双方都是商事主体，即便违约金看上去过高，一般也不宜认为不公平。[5]而对于一般民事主体之间的约定违约金，则要进一步考察是否存在当事人地位不对等的可能。在劳动者、消费者参与的格式合同中，尤其要将这类当事人的弱势地位作为有利于违约金调减的因素加以

---

〔1〕约定违约金即使明显高于实际损失，但如果违约金总额较低，对违约方经济状况影响甚微，法院也可以不调减。因为这种情况下，违约金制造的履约压力并未超出合理范围。

〔2〕从违约金的履约压力功能出发，对于风险较大的交易，应允许当事人约定数额较高的违约金。

〔3〕屈茂辉基于实证研究认为，应将"当事人约定的违约金超过合同标的额的百分之二十"作为认定"约定的违约金占合同标的额比例过高"的参考标准，进而作为支持违约金调减请求的另一个依据。参见屈茂辉：《违约金酌减预测研究》，载《中国社会科学》2020年第5期。

〔4〕《民法典合同编通则解释》第65条第1款还新增了合同主体、交易类型、履约背景等违约金调减的酌定因素。最高人民法院释义书认为，考虑到民事主体和商事主体在缔约能力、违约金约定、交易预见性等方面的差异，需通过兼顾合同主体、交易类型的方式交由法官根据案件实际情况进行个案裁量。另外，在个案裁判上要考虑宏观经济形势以及价值导向上促进市场经济发展的问题。参见最高人民法院民事审判第二庭、研究室编著：《最高人民法院民法典合同编通则司法解释理解与适用》，人民法院出版社2023年版，第726—727页。

〔5〕学界广泛存在限制甚至排除商事主体之间约定违约金酌减的观点，比如罗昆：《我国违约金司法酌减的限制与排除》，载《法律科学》2016年第2期；姚明斌：《〈合同法〉第114条（约定违约金）评注》，载《法学家》2017年第5期；石冠彬、彭宛蓉：《司法视域下民法典违约金调减规则的解释论》，载《苏州大学学报（哲学社会科学版）》2020年第4期。

考虑。[1]另外，合同履行过程也应纳入公平原则的考量范围。就此而言，未履行数额、预期之外的可得利益损失[2]，都可以成为评价违约金是否公平的因素。对这些因素，当事人应根据各自掌握的证据进行举证，法院在必要时也可以进行一定的职权调查。

案例12：在D公司、魏某诉T公司、李某买卖合同纠纷案的再审程序中，T公司在原判决已经调减违约金的情况下要求再次调减违约金。再审法院认为，"综合分析本案有关事实，双方两份合同标的额超过1200万元，D公司已付货款250多万元，预付定金260万元，T公司仅履行供货义务717.589吨，而占用资金至本案诉讼时已逾数年，双方均系从事经营的商事主体，故一、二审从长期占用资金必然产生利息，主张权利必然产生费用的客观情况出发，考量合同总标的额、合同履行情况及转售玉米的可得利益等情形，根据公平原则和诚实信用原则予以衡量并作出1811200元的违约金判决，符合本案实际情况，不违反法律、司法解释有关违约金调整的规定，T公司的该项申请再审理由无法支持"。[3]

案例13：在X培训学校与安某劳动争议案中，二审法院认为，"一审法院综合考虑用人单位支付的经济补偿数额、劳动者

---

〔1〕 依《审理民商事合同指导意见》第7条，"当事人缔约地位强弱、是否适用格式合同或条款"亦属参酌因素。另见孙良国、燕艳：《功能视野下约定违约金过高调整1.3倍规则的反思和改进——兼评〈合同法司法解释〉（二）第29条》，载《社会科学研究》2018年第6期；金绍奇：《商事合同纠纷中违约金司法调整规则》，载《中国外资》2021年第7期。

〔2〕 签约时无法预期的可得利益损失，不属于《民法典》第584条规定的可赔损失，无法在损失比较的环节予以考虑。但这类损失的出现，同样意味着违约金履约压力功能的落空。从这一点出发，对这类损失，应当在调减衡量阶段加以考虑。

〔3〕 参见甘肃省高级人民法院（2017）甘民申1144号民事裁定书。

的工资收入水平、劳动者的职务、劳动者的主观过错程度以及给用人单位造成的损害等因素，认为双方约定的每月 1000 元的竞业限制补偿金的数额与 10 万元竞业限制违约金的数额失衡，而对竞业限制违约金数额进行酌减，判令安某支付 X 培训学校竞业限制违约金 6 万元，并无不当，本院对此予以维持"。[1]

案例 12 中，再审法院考虑合同标的数额、双方履行数额以及双方都是商事主体的事实，驳回了违约方要求继续调减违约金的再审请求。案例 13 中，一审法院考虑了竞业限制补偿金与竞业限制违约金的对比，同时考虑劳动者在合同形成过程中的弱势地位，对双方约定的违约金进行了适当调减。从这两个案例可见，在具体个案中，公平原则一般无法与某一单一事实对应，而必须结合合同涉及的利益关系和双方当事人的地位对比来综合判断。

4. 诚实信用原则。有学者认为，诚实信用原则在这里的价值在于沟通合同法上的其他规范，比如减损规则。[2]但在笔者看来，如果对过错采取一种相对灵活的解释策略，减损规则未必不能纳入守约方过错因素中加以考量。但这并不是说，诚实信用原则在违约金调减的衡量中就不重要。相反，违约金调减是诚实信用原则的具体化，[3]无论在合同履行情况的考察中，还是在当事人过错的判断中，诚实信用都发挥着价值指引的作用。

由以上分析可见，影响违约金调减衡量的诸要素基本上都是主观性很强、难以量化的评价性事实。即便合同履行情况这一

---

〔1〕 北京市第二中级人民法院（2017）京 02 民终 10918 号民事判决书。

〔2〕 参见姚明斌：《违约金司法酌减的规范构成》，载《法学》2014 年第 1 期。

〔3〕 参见姚明斌：《〈合同法〉第 114 条（约定违约金）评注》，载《法学家》2017 年第 5 期。

看似"客观"的要素，在这个阶段，也主要是观察其对于违约方履约态度的折射效应。之所以如此，是因为这个阶段的任务是审查违约金的履约压力功能是否实现，而与补偿性功能可以通过损失比较客观化不同，履约压力功能很难客观化。这也是这些事实无法以"要件化"形式写入法条的原因之所在。当然，这些要素涉及的具体事实不同，在诉讼证明上可能达到的程度也有细微差异。合同履行情况相对客观，如果法官准备考虑这一因素，应形成相对确定的心证。当事人过错虽然涉及主观评价，但是也可以通过外部事实客观化，理论上也应达到较高的证明程度。对于与公平原则相关的违约金畸高，当事人应当结合违约金数额、合同标的数额、未履行数额、不可预期的可得利益损失数额以及交易习惯等经验法则进行证明；至于双方谈判能力的不对等，除了商事与民事主体的划分外，其他细节常常只能通过间接证据加以证明。实践中，违约金调减可能涉及的因素各不相同，法官只能根据案件具体情况，确定个案中各种权衡要素的组合，以及每个因素在最终权衡结果中所占的比重。这也是立法者就此设立自由裁量权的题中应有之意。

六、结论

本书认为，在《民法典》第585条第2款后段的解读中，应将"违约金过分高于损失"理解为违约金调减请求的权利成立要件，而将法官对于是否调减以及如何调减的自由裁量，理解为权利成立的法律后果。这一区分不仅能为违约金调减请求的审理提供更清晰的思路，也对应了违约金的双重功能。具体言之，违约金调减权利构成要件的审理对应违约金的补偿性功能，适用诉讼法理；调减衡量因素的审理对应违约金的履约压力功能，部分适用非讼法理。就权利成立要件的审理，"违约金过分高于损失"的证明责任只能由违约方承担，且不能转移。这是现行法唯一支持的证明责任分配方案，也是最符合违约金功能与违约金调减制度体系地位的理论选择。违约方对于守约方损失的证明困难属于法官自由心证的议题，在具体诉讼中可以通过事案解明义务来缓解，但不改变证明责任、证明标准以及由此决定的本证与反证的区分。至于违约金调减衡量因素的调查，则应围绕法官自由裁量权的行使，在诉讼法理与非讼法理的交错适用中展开。

对于违约金调减的实践问题，这里不可能提供一套一劳永逸的解决方案——也许这种方案压根就不存在。但是，通过本章的整理和澄清，或许能为违约金调减请求的事实调查提供更加清晰的思路，进而为该制度的实践展开和判例积累提供一定的理论支持。本章建议方案的优势主要体现在以下两个方面。

一方面，区分违约金调减权利成立要件与调减衡量因素，有助于该类诉讼中的事实调查程序有序展开。在过去的研究中，一直存在一体化处理违约金调减权利成立要件与调减衡量因素的倾向。这种倾向对于违约金调减实务中的法律适用混乱，有推波助澜的作用。将二者区分处理，分别运用诉讼法理和非讼法理，或可改变这种局面。具体言之，在权利成立要件审理阶段，法院应严守辩论主义的要求，让违约方始终承担"进攻方"角色。对于守约方损失的证明困境，应善用法律赋予的各种手段，在自由心证允许的范围内予以缓解。而在衡量因素审理阶段，法院则应通过职权介入来发现可能影响违约金调减的各类事实，其角色也宜由被动变为主动。当然，在此过程中也要关注当事人的听审权保障，注意通过释明、心证公开的运用，避免裁判突袭。按照上述方案，法官与当事人在事实审的各个阶段都能做到权责分明、边界清晰，未来这一领域的司法实务或许也有章可循。

另一方面，本章建议的证据调查方案，有利于恰当分配诉讼风险，准确实现违约金调减规范的立法目的。在地方各级法院的实践中，违约金调减常常很容易被支持，这与民法学界的主流观点相悖，也与最高人民法院的立场不符。[1]导致这种局面的一个可能的原因是，学界迄今没有给出一套实现上述立场的程序法方案。尤其是，没有给出一套既符合证明责任一般原理、又能满足此类诉讼实务需要的证据调查方案。本章对自由心证的强调、对事案解明义务的引入，都旨在缓解损失证明的困境，法官如能妥善运用，将有助于其形成对争议事实的心证。而按照本章建议的方案，如果权利成立要件没有被确认，法官无须考虑违约金调减衡量因素；如果违约方不能提出支持违约金调减的具体事实，法院不应启动证据调查；如果违约方对损失的证明不能让法官形成临时心证，法院不必调查守约方的否认；作为反证，守约方对其否认的证明无须达到很高的证明标准。凡此种种，都一再确认了违约金调减规范的风险分配，如能在实务中坚持，应有利于落实审慎适用违约金调减的司法政策。

应当看到，上述方案的提出，主要归功于程序法视角的引入。违约金调减请求的审理在性质上属于形式上的形成之诉，而

---

〔1〕 最高人民法院通过系列判决表达了审慎适用违约金调减的立场，参见石冠彬：《民法典合同编违约金调减制度的立法完善——以裁判立场的考察为基础》，载《法学论坛》2019 年第 6 期。

损失证明是证据法上的传统难题。民事诉讼法学界关于这些议题的理论储备，对于违约金调减规范的精准适用和违约金功能的完整实现具有重要意义。笔者希望，这些理论资源的引入，对于民法学界认识、研究违约金制度也能有所启发。

第四章

买卖合同标的物瑕疵的证明责任与通知义务

一、问题的提出

买卖交易中，买受人以标的物存在瑕疵为由主张相关请求权时，应由买受人证明瑕疵存在，还是出卖人证明瑕疵不存在？司法机关就此从未形成稳定、清晰的处理意见。学界多数观点认为，买受人应就标的物有瑕疵存在负证明责任。[1]可能的理由是：[2]根据《民法典》第 617 条（原《合同法》第 155 条），对于标的物不符合质量要求的，买受人根据《民法典》第 582—584条规定请求出卖人承担违约责任。而按照"规范说"，主张请求权发生的当事人，对请求权的成立要件负证明责任。标的物瑕疵作为违约责任相关请求权的成立要件，理应由买受人负证明

---

〔1〕 参见金晶：《〈合同法〉第 111 条（质量不符合约定之违约责任）评注》，载《法学家》2018 年第 3 期；袁中华：《违约责任纠纷之证明责任分配——以〈民法典〉第 577 条为中心》，载《法学》2021 年第 5 期。

〔2〕 前引金晶文对该论点并未深入论证，袁中华文则主要是通过对违约责任"一元论"的支持得出这一观点。笔者认为，对买卖合同而言，更恰当的切入点是《民法典》第 617 条（原《合同法》第 155 条）。至于是否采独立的瑕疵担保责任，对标的物瑕疵的证明责任分配并无重大影响。考察德国法也会得出同样的结论：经过 2003 年"债法现代化"，《德国民法典》关于标的物瑕疵的证明责任分配并没有实质性改变。

责任。[1]

上述观点看上去无可争议。不过，换一个角度，答案似乎就不再那么确定。实践中，买卖物瑕疵责任出现的诉讼场景并不总是买方起诉卖方主张违约责任。很多时候，争议发生在出卖人请求买受人支付价款，而买受人以标的物质量不符合约定为由拒绝支付的场合。根据《民法典》第598条（原《合同法》第135条），出卖人有义务向买受人交付标的物，并转移标的物所有权。依民法学界主流观点，我国奉行违约责任"单轨制"，[2]判断出卖人是否履行交付义务，需结合《民法典》第615条作一体观察。[3]也就是说，出卖人的交付义务不只是"交付标的物"，而是"交付没有瑕疵（符合质量约定）的标的物"。[4]按照这个逻辑，出卖人为实现其支付价款请求权，需要证明他已经向买受人交付无瑕疵的标的物。这一结论与前述观点相反，但同样符合"规范说"。

另外，根据《民法典》第620—621条（原《合同法》第157—158条），买受人应在约定检验期内对标的物进行检验，并将标的物不符合约定的情形通知出卖人。买受人怠于通知的，视为标的物的数量或者质量符合约定。此即买受人的"检验通知义

---

〔1〕　作为这一观点的佐证，学者有时会援引罗森贝克在其经典著作《证明责任论》中的论述。参见［德］莱奥·罗森贝克：《证明责任论》（第5版），庄敬华译，中国法制出版社2018年版，第422—426页。但应注意，罗森贝克的论述带有独立的瑕疵担保责任的印记，在细节上已经不符合现行德国法。

〔2〕　参见韩世远：《合同法总论》（第4版），法律出版社2018年版，第555页。

〔3〕　参见吴香香：《〈民法典〉第598条（出卖人主给付义务）评注》，载《法学家》2020年第4期。

〔4〕　当然，瑕疵不同导致的后果也不同。只有标的物有重大瑕疵时，买受人才享有拒收权。

务"。这一义务与瑕疵责任关系密切，民法学界也对此议论颇多。晚近的有力观点认为，买受人怠于通知将导致其瑕疵责任请求权无法得到支持，因此该规范在效果上属于抗辩[1]或者抗辩权[2]。与此相关，在对《民法典》第 621 条第 1 款第 1 句中"视为"一句的理解上，又存在拟制说、推定说等多种观点。[3]这些讨论已经相当深入，但从证据法的角度，仍有一些基本问题尚未澄清。

在"规范说"的语境中，关于标的物瑕疵证明责任的两种分析进路有无统合的可能？在我国法上，怠于检验通知的法律效果是否只能理解为出卖人获得了一种抗辩？事实上，对于理论上占主导地位的抗辩说，实务上并未完全遵从。那些不符合抗辩说的裁判是否都是错误裁判？或者说，是否都是法官对相关原理理解不清所致？在《民法典》第 621 条第 1 款的解释上，有没有更容易被接受的方案？本章对这些问题进行初步探讨，以期推进学界关于《民法典》证明责任问题的研究。

二、标的物瑕疵的证明责任

（一）标的物瑕疵证明责任分配的一般原理

根据《民法典》第 615 条，"出卖人应当按照约定的质量要求交付标的物"。这一规定结合《民法典》第 617 条，会得

---

〔1〕 参见袁中华：《违约责任纠纷之证明责任分配——以〈民法典〉第 577 条为中心》，载《法学》2020 年第 5 期。

〔2〕 参见金晶：《〈合同法〉第 111 条（质量不符合约定之违约责任）评注》，载《法学家》2018 年第 3 期。

〔3〕 参见纪格非：《论法律推定的界域与效力——以买受人检验通知义务为视角的研究》，载《现代法学》2020 年第 6 期。

出"买受人应就标的物有瑕疵负证明责任"的观点；结合《民法典》第 598 条，又会得出"出卖人应就标的物无瑕疵负证明责任"的结论。两种证明责任分配方法都符合"规范说"的思考方式，但"标的物有无瑕疵"这一事实不可能同时由两方当事人负证明责任。唯一的可能是，《民法典》第 617 条与第 598 条的适用场景不同。因标的物瑕疵主张违约责任的场景是：出卖人已经进行了给付，只是给付不符合约定。[1]这包括标的物的数量不符合约定，也包括标的物的质量不符合约定。[2]根据《民法典》第 617 条，标的物的质量不符合约定时，买受人可以根据《民法典》第 582—584 条，向出卖人请求修理、重作、更换、退货、减价或者赔偿损失。要求出卖人履行交付义务的场景是：出卖人尚未履行合同约定的标的物交付义务。按照《民法典》第 598 条，向买受人交付标的物并转移所有权，是出卖人的主要义务。这一义务中本来就包括标的物无瑕疵的所谓"瑕疵担保义务"。换句话说，如果出卖人尚未交付无瑕疵的标的物，其主义务就不能视为已经履行完毕。这种情况下，买受人只需证明买卖合同有效，就可以请求出卖人交付符合约定的标的物；在此之前，买受人有权拒绝支付标的物价款。

由上述分析可见，区别两种证明责任的标准是，出卖人是否按照约定进行了给付。在此之前，基于出卖人的给付义务确定证明责任分配；在此之后，则根据违约责任确定证明责任分配。这

---

〔1〕 即所谓"不完全履行"，参见韩世远：《合同法总论》（第 4 版），法律出版社 2018 年版，第 549 页。

〔2〕 具体来说，标的物瑕疵包括质量瑕疵、数量瑕疵、附带事项瑕疵（包装、安装、说明书、货物附件瑕疵）及异类物交付瑕疵。要注意的是，口语中"假货"多数时候也属于"质量瑕疵"，而不是"异类物交付"。参见秦静云、宋汝庆：《论买卖物之瑕疵的认定》，载《河南财经政法大学学报》2017 年第 3 期。

样一来，两种证明责任分配方案的适用场景就通过"给付"这个节点得到区分，所谓矛盾也就不复存在。

如果以给付作为区别两种证明责任分配的节点，给付完成与否的判断就至关重要。根据《民法典》第595条，买卖合同是出卖方依照约定向买受人交付买卖标的物，买受人支付价款的合同。结合《民法典》第598条、第604条等，不妨认为，出卖人将标的物交付买受人，即从其买卖合同主义务（交付与转移标的物所有权）中解脱。此时，如果买受人基于买卖合同要求出卖人交付标的物，后者可以主张其给付义务因履行而消灭的抗辩；[1]反过来，出卖人可以基于标的物已经交付并转移风险，要求买受人履行支付价款的义务。[2]问题是，是不是只要将标的物交付买受人——完成标的物的占有转移，出卖人的主义务就已履行完毕？并非如此。理论上，买受人取得标的物的占有只是一个事实，并不必然发生出卖人债务消灭的法律后果。这种后果的发生，需要买受人将出卖人的给付作为债务履行而受领。[3]此即"事实上的受领"与"法律上的受领"的区分：前者只是转移标的物占有的事实，后者则在此基础上进一步发生债务履行的效果。[4]法律上的受领意味着，买受人将出卖人提供的给付作为债

---

〔1〕 在证据法上，履行是权利消灭抗辩。Vgl. Jauernig/Stürner, BGB, 18. Aufl. 2021, § 363 Rn. 1；〔德〕莱奥·罗森贝克：《证明责任论》（第5版），庄敬华译，中国法制出版社2018年版，第410页。

〔2〕 参见吴香香：《〈合同法〉第142条（交付移转风险）评注》，载《法学家》2019年第3期。

〔3〕 严格说来，这里的债务消灭只是在初显意义上（prima facie），而非在终极意义上发生。因为，即使买受人受领给付，如果事后发现给付存在瑕疵，则债务依然没有履行完毕。

〔4〕 参见韩世远：《合同法总论》（第4版），法律出版社2018年版，第424页。

务清偿接受，并认可其基本上符合约定。[1]就买卖合同而言，"基本上符合约定"是指标的物没有重大瑕疵。如果标的物仅有不影响合同目的实现的轻微瑕疵，买受人不得拒绝受领。[2]

由此，标的物瑕疵证明责任的转移时点可以进一步明确为"买受人以受领清偿的意思接受标的物之时"。实际上，这正是《德国民法典》第363条确立的规范。[3]有德国文献认为，该规定的正当性源于证明困境——标的物一旦脱离出卖人控制，再让他证明无瑕疵无疑很困难。[4]但笔者认为，这个因素不是转移证明责任分配的关键理由。根据上文，标的物瑕疵证明责任转移的时点恰恰不是标的物转移占有的事实，而是出卖人的给付被买受人作为履行接受这样一个事实。从这个角度，证明责任在买受人受领给付时转移，不是因为此时出卖人无法证明标的物无瑕疵；而是因为，买受人受领给付的行为，意味着该给付可以被初步认为符合约定。

另外，在买卖合同中，标的物毁损、灭失的风险并不因其被买受人占有而转移，而是因买受人对标的物（基于接受清偿意思）的受领而转移。标的物转移占有但买受人尚未受领清偿的，买受人只对标的物负有保管义务，不承担标的物毁损、灭失的风

---

〔1〕　Vgl. Jauernig/Stürner, BGB, 18. Aufl. 2021, § 363 Rn. 2; Wenzel, In: Münchener Kommentar zum BGB, 5. Aufl. 2007, § 363 Rn. 3; Palant/Grüneberg, BGB, 79. Aufl. 2020, § 363 Rn. 2.

〔2〕　参见吴香香：《〈民法典〉第598条（出卖人主给付义务）评注》，载《法学家》2020年第4期。

〔3〕《德国民法典》第363条规定："债权人已将作为履行而向其提出的给付作为履行加以受领，且因它是所负担的给付以外的给付或它不完全而不欲承认它作为履行的效力的，由债权人负证明责任。"参见陈卫佐译注：《德国民法典》（第5版），法律出版社2020年版，第152页。

〔4〕　Jauernig/Stürner, BGB, 18. Aufl. 2021, § 363 Rn. 2; Baumgärtel/Eyinck, Handbuch der Beweislast, 3. Aufl. 2007, § 363 Rn. 4.

险。[1]标的物风险转移与标的物瑕疵的证明责任均属实体法上的风险分配机制，二者理应保持一致。从这个角度，在此期间双方当事人就标的物质量发生争议的，也应由出卖人证明标的物质量符合约定。

上述讨论的意义在于，标的物转移占有与买受人受领给付的时点并不总是一致。买受人是否受领给付，需要结合交易场景和当事人行为进行解释。考虑到受领是出卖人履行交付义务的标志性事件，而履行是对出卖人有利的权利消灭抗辩，受领与否的证明责任应由出卖人负担。[2]

（二）标的物瑕疵的证明路径

按照上文的分析，标的物瑕疵在买受人受领给付之前由出卖人证明，此后由买受人证明；是否受领，则由出卖人证明。现就三种情况下的证明路径分述如下。

首先，标的物受领之前的瑕疵证明。出卖人向买受人交付标的物，而买受人以标的物存在瑕疵为由拒收，此时需要出卖人证明标的物没有瑕疵。标的物没有瑕疵的意思是，标的物品质与双方约定的品质一致。不过，由于出卖人很难在不了解瑕疵所指的情况下证明瑕疵不存在，在证据调查过程中，一般需要买受人对瑕疵的类型和表征进行主张和初步的证明。[3]这不是证明责任倒置，而是在具体证明过程中，买受人在诉讼法上应当负担的证

---

〔1〕 参见韩世远:《合同法总论》(第4版)，法律出版社2018年版，第426页。

〔2〕 Vgl. Wenzel, In: Münchener Kommentar zum BGB, 5. Aufl. 2007, § 363 Rn. 3; Palant/Grüneberg, BGB, 79. Aufl. 2020, § 363 Rn. 1.

〔3〕 Vgl. Baumgärtel/Becker, Handbuch der Beweislast,3. Aufl.2007, § 434 Rn 5.

明协力义务。对于买受人提出的瑕疵主张和初步证据，出卖人应当进行有针对性的反驳。这种反驳可以针对买受人对于标的物约定品质的主张展开，也可以针对买受人对标的物实际品质的描述展开，甚至可以针对交付标的物与瑕疵标的物的同一性展开。但归根结底，都是为了证明所交付标的物的品质与双方的约定相符。[1]要注意的是，由于出卖人对标的物无瑕疵负客观证明责任，此时出卖人排除标的物瑕疵的证明在性质上属于本证，需要达到高度盖然性的证明标准。如果出卖人的证明活动不能让法官确信标的物品质与双方的约定相符，将要承担相应的败诉风险。

其次，标的物受领之后的瑕疵证明。受领之后，买受人仍然可以主张瑕疵救济，甚至可以基于标的物重大瑕疵主张拒收权或者解除权。[2]区别在于，此时买受人需要证明标的物存在瑕疵。在标的物风险已经转移到买受人的情况下，买受人不仅要证明标的物存在瑕疵，而且要证明瑕疵在标的物风险转移之时就已存在。前者的证明并无特殊之处，后者的证明可能非常困难。[3]尤其是，对于隐蔽瑕疵以及后续损害与瑕疵之间因果关系的证明，更是经常成为实务中的难题。为了缓解买受人的证明困难，实践中会经常需要借助经验法则。假如特定的后续损害可以通过某一标的物风险转移前就存在的缺陷典型地获得解释，这类经验法则

---

〔1〕　相符并不是没有任何偏差，而是在实现合同目的的范围内没有偏差。轻微的、不影响合同目的实现的偏差不能拒收，也不影响标的物风险的转移。参见吴香香：《〈民法典〉第598条（出卖人主给付义务）评注》，载《法学家》2020年第4期。

〔2〕　参见吴志忠：《试论国际货物买卖中的风险转移》，载《中南财经政法大学学报》2002年第6期；吴香香：《〈合同法〉第142条（交付移转风险）评注》，载《法学家》2019年第3期。

〔3〕　参见秦静云、宋汝庆：《论买卖物之瑕疵的认定》，载《河南财经政法大学学报》2017年第3期。

甚至可以构成表见证明。一旦法官认为表见证明成立，接下来就需要出卖人举证动摇。此外，出卖人的质量保证也是缓解买受人证明困难的重要手段，有时甚至会引起证明责任倒置。[1]同样出于缓解证明困难的考虑，就消费者买卖，各国民法多规定一定范围、一定期限内的证明责任倒置。[2]

最后，标的物受领的证明。关于受领，并不存在"标的物转移占有即视为受领"的推定规则，而是需要结合交易类型和双方当事人的意思，在案件的具体场景中解释和判断。在现付交易中，如果买受人没有对出卖人的给付明示保留，一般可以认为受领了给付。[3]比如在商场、超市购买商品，买受人接受商品并支付对价的行为，即可解释为以接受履行的意思受领了给付。但是也有例外。比如，在一度引起热议的水晶球案中，[4]虽然在商场里买一枚水晶球属于现付交易，但在买受人对标的物品质明确表示怀疑并要求鉴定时，就不能认为买受人受领了给付——即使她支付了对价。法律上的受领包含了"将卖方提供的给付作为债务清偿接受，并认可其基本上符合约定"的意思，而本案中，买受人并没有这个意思。在买受人要求鉴定并得到卖方店员许可的

---

〔1〕 Vgl. Baumgärtel/Becker, *Handbuch der Beweislast*,3. Aufl. 2007, § 434 Rn. 21, 27.

〔2〕 比如《消费者权益保护法》第 23 条、《德国民法典》第 477 条。实际上，类似的规定在比较法上广泛存在。参见［德］克里斯蒂安·冯·巴尔、［英］埃里克·克莱夫主编：《欧洲私法的原则、定义与示范规则：欧洲示范民法典草案》（第 4 卷），于庆生等译，法律出版社 2014 年版，第 93—95 页。

〔3〕 Vgl. Jauernig/Stürner, BGB, 18. Aufl. 2021, § 363 Rn. 1（日常生活中的现付交易，一旦买受人进行了对待给付，即会发生有利于出卖人的表见证明）；Baumgärtel/Eyinck, Handbuch der Beweislast,3. Aufl. 2007, § 363 Rn. 7（简单给付，直接视为受领）。

〔4〕 关于该案的介绍，参见丛玉红：《法官运用自由裁量权分配举证责任之我见——水晶球案例分析》，载《北京市政法管理干部学院学报》2002 年第 4 期。

情况下，买受人对水星球的占有显然不是"受领清偿意义上的占有"，而是"出于检验目的的占有"。这种情况下，当买受人很快鉴定完毕并回到商场主张瑕疵，应当认为出卖人的主给付义务尚未履行。故在争议发生时，仍应由出卖人对标的物无瑕疵负证明责任，而不是买受人对标的物有瑕疵（比如是假货）负证明责任。从这个角度，该案两审法院均将标的物同一性的证明责任分配给买受人，值得商榷。

而在大宗买卖中，仅仅是收到卖方发送的货物，并不足以认定为受领给付。因为，此时买受人依约定或者依习惯，通常要对货物进行一定程度的检验，如果买受人及时进行了检验并发现货物存在严重瑕疵，可以行使拒绝受领权。[1]伴随着买受人的异议，应当认为，出卖人的主给付义务尚未履行完毕。另外，受领清偿也不需要以买受人的明示为条件。如果买受人收到货物后长时间沉默，或者对货物进行了使用、转售，可以解释为已经受领清偿。[2]

三、证据法视野中的检验通知义务

（一）通知义务的性质之争

《民法典》第 621 条第 1 款规定："当事人约定检验期限的，

---

〔1〕　参见韩世远：《合同法总论》（第 4 版），法律出版社 2018 年版，第425—426 页。

〔2〕　Wenzel, In: Münchener Kommentar zum BGB, 5. Aufl. 2007, § 363 Rn. 3; Westermann, In: Münchener Kommentar zum BGB, 5. Aufl. 2007, § 434 Rn. 48; Palant/Grüneberg, BGB, 79. Aufl. 2020, § 363 Rn. 2; Baumgärtel/Eyinck, Handbuch der Beweislast, 3. Aufl. 2007, § 363 Rn. 7.

买受人应当在检验期限内将标的物的数量或者质量不符合约定的情形通知出卖人。买受人怠于通知的，视为标的物的数量或者质量符合约定。"此即买卖合同中的检验通知义务。[1]民法学界对此讨论颇多，争议尤其集中在"怠于通知"的法律效果上。理论上先后出现除斥期间说[2]、独立期间说[3]、或有期间说[4]，各种立场的主要分歧在于，买受人怠于通知的后果究竟是违约责任相关请求权从未发生，还是请求权已经发生但随着期间届满嗣后消灭。[5]而这反映了论者对《民法典》第621条规范性质的理解。早期文献中，学者多从辅助规范的进路讨论通知义务，将"买受人适时检验并提出瑕疵异议"理解为瑕疵责任的构成要件。[6]晚近文献则从抗辩规范出发，认为及时检验通知并非瑕疵责任的构成要件，但怠于通知可以成为出卖人对抗买受人请求权的理由。[7]亦有民事诉讼法学者从"规范说"的精神出发，认为《民法典》第621条本质上有利于出卖人，应视为瑕疵责任相关请求权的抗辩

---

〔1〕 检验义务与通知义务不同，二者之间的关系也颇值得辨析。就此参见武腾：《合同法上难以承受之混乱：围绕检验期间》，载《法律科学》2013年第5期。本书不介入这些讨论，概念使用也只是视情况而定。

〔2〕 参见韩世远：《租赁标的瑕疵与合同救济》，载《中国法学》2011年第5期；王洪亮：《债法总论》，北京大学出版社2016年版；耿林：《论除斥期间》，载《中外法学》2016年第3期。

〔3〕 参见崔建远：《合同法》（第2版），北京大学出版社2013年版，第331、332页；崔建远：《论检验期间》，载《现代法学》2018年第4期。

〔4〕 参见王轶：《民法总则之期间立法研究》，载《法学家》2016年第5期。

〔5〕 参见金晶：《〈合同法〉第158条评注（买受人的通知义务）》，载《法学家》2020年第1期。

〔6〕 参见王洪亮：《债法总论》，北京大学出版社2016年版，第288—295页；崔建远：《合同法》（第2版），北京大学出版社2013年版，第331、446页；宁红丽：《试论出卖人物之瑕疵责任的构成——以〈买卖合同司法解释〉为主要分析对象》，载《社会科学》2013年第9期。

〔7〕 参见金晶：《〈合同法〉第158条评注（买受人的通知义务）》，载《法学家》2020年第1期。

规范。[1]与此相关的另一个问题是：如何认识《民法典》第621条第1款第2句中的"视为"。就该问题，先后出现可反驳的推定说[2]、不可反驳的推定说[3]、法律拟制说[4]等观点。有学者通过梳理相关证据法原理认为，上述观点均有缺陷。从《民法典》的立法目的出发，第621条采用推断的意思表示赋予卖方针对买方请求权进行抗辩的规定更具合理性。[5]

上述学说或多或少都意识到了通知义务在证据法上的重要意义。对于从辅助规范出发的独立期间说、或有期间说，实体法学者已有较为充分的批评，[6]此处不赘。针对"视为"一句的法律拟制说，诉讼法学者给出了反驳，[7]这里也不重复。目前，法教义学上较为有力的是"怠于通知"法律效果的抗辩说，以及针对"视为"一句的法律推定说。比如，原《合同法》第158条的一位评注作者认为，"……当买受人主张数量或质量不符合约定时，出卖人需就标的物符合约定进行证明，但经由本条'视为符合约

---

〔1〕参见袁中华：《违约责任纠纷之证明责任分配——以〈民法典〉第577条为中心》，载《法学》2021年第5期。

〔2〕参见茆荣华、蔡东辉：《买卖合同质量异议期的理解与适用——兼评〈合同法〉第158条》，载《法律适用》2004年第4期。

〔3〕从原《买卖合同解释》第20条（2020年修正后的第14条）出发，只能将这里的"推定"理解为"不可反驳的推定"。参见金晶：《〈合同法〉第158条评注（买受人的通知义务）》，载《法学家》2020年第1期。但这一理解并不准确，原《买卖合同解释》第20条只是支持了抗辩说，未必支持法律推定说。详见下文。

〔4〕参见最高人民法院民事审判第二庭编著：《最高人民法院关于买卖合同司法解释理解与适用》，人民法院出版社2012年版，第345—346页。

〔5〕参见纪格非：《论法律推定的界域与效力——以买受人检验通知义务为视角的研究》，载《现代法学》2020年第6期。

〔6〕参见金晶：《〈合同法〉第158条评注（买受人的通知义务）》，载《法学家》2020年第1期。

〔7〕参见纪格非：《论法律推定的界域与效力——以买受人检验通知义务为视角的研究》，载《现代法学》2020年第6期。

定'的法律上事实推定后，出卖人只需证明买受人怠于通知，法律就推定为标的物数量或质量符合约定得到了证明，即改变了证明命题，降低了当事人的证明责任难度"。该学者进一步认为，法律上推定的认识与该条作为抗辩权的定位一脉相承。[1]

从证据法原理出发，抗辩说和法律推定说都有一定道理，但也都有明显缺陷。抗辩说符合比较法上的多数立法例，亦有最高人民法院权威司法意见加持。但是，通知期届满丧失瑕疵救济的权利，对于买受人过于苛刻。在我国这样一个采民商合一体制的国家，这一点尤其突出。而法律推定说，可能建立在一个从未被认可的前提之上。法律推定说的基本命题是：立法者用"买受人怠于通知"这一基础事实代替"产品质量符合约定"这一终极事实，目的是缓解后者在证明上的困难。而这一命题的潜在前提是，出卖人对产品质量符合约定负证明责任——否则就不存在需要缓解的"证明困难"。一方面，并无作者主张这一证明责任分配方案。[2]另一方面，这一前提与学者对于《民法典》第 621 条作为抗辩规范的定性存在明显冲突。该条作为抗辩规范的逻辑前提是，买受人应对产品不符合质量约定负证明责任。唯有如此，才有抗辩规范登场的必要。从这个角度，出卖人要么通过主张检验通知期间届满获得抗辩机会，要么经由买受人"怠于通知"实现对产品"产品质量符合约定"的证明。但无论如何，这二者不可能同时并存。

〔1〕　参见金晶：《〈合同法〉第 158 条评注（买受人的通知义务）》，载《法学家》2020 年第 1 期。

〔2〕　在前述评注的"证明责任"部分，作者认为，"买受人就'数量或质量不符存在'……承担证明责任"。这与其论证法律推定说的出发点（出卖人需就标的物符合约定进行证明）明显矛盾。参见金晶：《〈合同法〉第 158 条评注（买受人的通知义务）》，载《法学家》2020 年第 1 期。

（二）德国法上的检验通知义务

通过考察德国法上的相关制度，可以对上述法理获得更清楚的认识。《德国民法典》没有规定检验通知义务。《德国民法典》第 433 条规定了出卖人的瑕疵担保义务，第 434 条对物的瑕疵作了界定，第 437 条规定了基于物的瑕疵享有的补充履行、解除合同、减少价款以及损害赔偿请求权。所有这些请求权，根据《德国民法典》第 438 条的规定，分别适用 30 年、5 年和 2 年的消灭时效。[1] 也就是说，在该条规定的时效内，买受人任何时候都可以基于标的物瑕疵行使请求权。与《德国民法典》第 195 条、第 199 条规定的普通消灭时效相比，第 438 条的规定对出卖人更有利；考虑到瑕疵救济请求权的时效不以买受人知道瑕疵作为起算条件，更是如此。[2] 不过，虽然《德国民法典》没有规定检验通知义务，买受人及时检验并在发现瑕疵时立刻提出异议却并非没有意义。正如前文提到的，如果涉及重要的瑕疵，这可以发生受领清偿被"阻断"的效果。而由于受领没有发生，标的物瑕疵的证明责任仍由出卖人负担。

德国法上的检验通知义务，规定在《德国商法典》第 377 条。根据该条，在买卖双方均为商人的场合，买受人应在出卖人交付标的物后"不迟延"地进行检查，并在发现标的物瑕疵时，"不迟延"地向出卖人进行通知。如果买受人没有进行这种通知，则标的物"视为被承认"。无法在检验时发现的隐蔽瑕疵不在此

---

〔1〕 参见陈卫佐译注：《德国民法典》（第 5 版），法律出版社 2020 年版，第 170—172 页。

〔2〕 Vgl. MüKoHGB/Grunewald, HGB, 5. Aufl. 2021, § 377 Rn. 2-3.

列，但对于此类瑕疵，买受人也必须在瑕疵出现时"不迟延"地进行通知，否则同样会"视为被承认"。[1]在立法技术上，该规定采用了"承认拟制"的表达方式，实质后果却是买受人失权。买受人基于《德国民法典》第437条享有的诸权利自此无法获得支持[2]——除非出卖人故意隐瞒瑕疵。[3]而且，作为一种法律直接规定的效果，这种"承认拟制"不需要出卖人主张。[4]

理论上，检验通知义务属于"不真正义务（Obliegenheit）"，其后果全部来自《德国商法典》第377条第2—3款的规定。[5]这种后果的本质就是，买受人不能再依照《德国民法典》第437条主张相应的请求权。这无疑是对出卖人利益的重大倾斜。一般认为，这种倾斜的出发点是保护商事交易的顺畅进行。一方面，只有尽快知道买受人对标的物的态度，出卖人才能确保其对整个交易过程的控制。比如，如果及时确认瑕疵存在，出卖人就能采取补救措施，或者向其上家供应商进行追诉。另一方面，早日提出异议，也有利于瑕疵的查明和责任的认定。而一旦标的物被使用、消耗或者改变，再进行调查就会异常困难。此外，如果买受

----

〔1〕《德国商法典》第377条规定："（1）买卖对当事人双方均为商行为的，买受人应在出卖人交付后不迟延地对商品进行检查，但以此举依通常的营业为可能为限，并在出现瑕疵时，不迟延地向出卖人进行通知。（2）买受人不进行此项通知的，商品视为被承认，但瑕疵在检查时不能辨识的，不在此限。（3）在以后出现此种瑕疵的，必须在发现后不迟延地进行通知；否则，即使存在此种瑕疵，商品仍视为被承认。（4）为保持买受人的权利，及时寄发通知即可。（5）出卖人恶意不告知瑕疵的，其不得援用此种规定。"参见杜景林、卢谌译：《德国商法典》，中国政法大学出版社2000年版，第177页。

〔2〕 EBJS/Achilles, HGB, 4. Aufl. 2020, § 377 Rn. 194-197; Oetker/Koch, HGB, 7. Aufl. 2021, § 377 Rn. 116.

〔3〕 EBJS/Achilles, HGB, 4. Aufl. 2020, § 377 Rn. 193.

〔4〕 Oetker/Koch, HGB, 7. Aufl. 2021, § 377 Rn. 116l; MüKoHGB/Grunewald, HGB, 5. Aufl. 2021, § 377 Rn. 97.

〔5〕 Oetker/Koch, HGB, 7. Aufl. 2021, § 377 Rn. 75.

人因为价格变动等因素而试图反悔，检验通知义务的存在也让这种企图更难实现。[1]

需要注意的是，《德国商法典》第377条并未改变《德国民法典》第363条规定的证明责任分配。[2]也就是说，在该条的适用中，依然是以买受人受领清偿作为标的物瑕疵证明责任转移的关键时点。多数时候，受领发生与检验通知期届满同步。但受领也可以发生在异议期届满之前，比如在买受人已经通过使用、加工、转卖等行为对标的物基本品质表达认可的情况下。[3]如果出卖人援引《德国商法典》第377条，需要证明买卖双方都是商人，以及他已经交付了标的物；作为抗辩，买受人则需要证明他向出卖人及时、恰当地通知了瑕疵异议。如果买受人主张隐蔽瑕疵，则必须证明该瑕疵无法在约定的检验期内发现，以及他发现和通知瑕疵的时间都是恰当的。[4]

不难发现，对于不同类型的瑕疵，违反检验通知义务导致的后果也不完全相同。对于表面瑕疵，一旦检验通知期届满而买受人没有异议，不仅发生买受人受领清偿的效果，同时也让买受人丧失了基于标的物瑕疵享有的各项权利。至于隐蔽瑕疵，通常无法在较短检验期内通过常规检验手段发现，而一旦买受人使用了标的物，或者长时间没有表达异议，只能视为受领了标的物。这种情况下，买受人仍然可以主张相应的瑕疵救济权利，只是不得

〔1〕 Vgl. Oetker/Koch, HGB, 7. Aufl. 2021, § 377 Rn. 1-2.

〔2〕 Vgl. EBJS/Achilles, HGB, 4. Aufl. 2020, § 377 Rn. 262; MüKoHGB/Grunewald, HGB, 5. Aufl. 2021, § 377 Rn. 148; Oetker/Koch, HGB, 7. Aufl. 2021, § 377 Rn. 144.

〔3〕 EBJS/Achilles, HGB, 4. Aufl. 2020, § 377 Rn. 262.

〔4〕 Vgl. EBJS/Achilles, HGB, 4. Aufl. 2020, § 377 Rn. 263-264; Baumbach/Hopt/Leyens, HGB, 40. Aufl. 2021, § 377 Rn. 55; Oetker/Koch, HGB, 7. Aufl. 2021, § 377 Rn. 144.

不承担标的物瑕疵的证明责任。只有当买受人在隐蔽瑕疵应当被发现的合理期限内仍然没有发现并通知瑕疵，才会进一步遭受失权的惩罚。

（三）《民法典》第 621 条的再解释

与德国法不同，我国现行法并未区分民事买卖和双方均为商行为的商事买卖，而是在《民法典》中概括规定了检验通知义务。根据原《买卖合同解释》第 20 条第 1 款（2020 年修正后的第 14 条第 1 款），"合同法第一百五十八条规定的检验期间、合理期间、两年期间经过后，买受人主张标的物的数量或者质量不符合约定的，人民法院不予支持"。这大致采纳了抗辩说的立场。在不区分民事买卖和商事买卖的背景下，这种处理显然对自然人买家过于苛刻。毕竟，不能期待每个自然人收到货物后都会及时检验并在发现异议时立刻通知，许多时候，普通人也欠缺进行检验、通知的必要知识和经验。考虑到实践中当事人约定的检验期通常较短，[1] 这一点更为突出。有学者认为，从规范的目的出发，宜将该制度限缩适用于商事买卖。[2] 这种观点有一定道理，但超出了法律解释的文义边界，在权威司法机关没有表态的情况下，落地的可能性很小。

在笔者看来，问题仍然可以从法教义学上着手解决。结合受领给付转移证明责任的法理，不妨把《民法典》第 621 条第 1 款理解为明示的特别证明责任规范。这个规范就是：如果买受人怠

---

〔1〕 研究者发现，实践中一周或者一周以内的检验期约定较为常见。参见武腾：《合同法上难以承受之混乱：围绕检验期间》，载《法律科学》2013 年第 5 期。

〔2〕 参见冯珏：《或有期间概念之质疑》，载《法商研究》2017 年第 3 期。

于通知，则关于标的物瑕疵的证明责任由买受人负担。基于《民法典》第 621 条的文义，"怠于通知"的后果是"视为产品质量符合约定"。结合前文关于法律上受领的讨论，可以认为，该条在逻辑上包含了"怠于通知视为受领"和"受领视为产品质量符合约定"两个推定。考虑到"通知期届满视为受领标的物"本来就是通知期间的固有功能，立法上略去第一次推定，实属正常。而作为第二次推定的"受领视为产品质量符合约定"，实乃"法律上受领"概念的题中应有之意。德国文献在讨论《德国民法典》第 363 条也指出，这里存在一个由买受人受领给付的行为，推定该给付符合约定的事实推定。[1]正是因为这个推定的存在，买受人受领标的物后再起争执，就要证明其相反面——给付不符合约定。可见，从"怠于通知"到买受人就标的物瑕疵负证明责任，在法教义学上并无太大障碍。

　　上述解释方案或可称为"特别证明责任规范说"。这一方案与抗辩说的区别是：怠于通知的后果不是失权，而是标的物瑕疵的证明责任转由买受人负担。该方案与法律推定说接近，但也不完全相同。主要区别是，该方案引入了受领转移证明责任的法理。这一法理的引入，补齐了"怠于通知"到"标的物质量符合约定"之间的逻辑真空。[2]同时，这一法理从受领前出卖人证明标的物无瑕疵的前提出发，将受领后的瑕疵证明理解为证明责任

---

　　〔1〕　Vgl. Baumgärtel/Eyinck, Handbuch der Beweislast, 3. Aufl. 2007, § 363 Rn. 2, 4.

　　〔2〕　有学者曾指出，"怠于通知"与标的物符合约定之间盖然性较低，无法支持不可反驳的推定说。参见纪格非：《论法律推定的界域与效力——以买受人检验通知义务为视角的研究》，载《现代法学》2020 年第 6 期。实际上，真正让《民法典》第 621 条中的法律效果得以正当化的不是"怠于通知"这一行为，而是通知期届满引发的受领推定。

倒置，从而全面处理了不同场合下的瑕疵证明问题。该方案与意思表示推断说的区别在于，按照后说，买受人可以通过举证证明其真实意思表示，取代依法律推断而得的意思表示。[1]而在本方案中，无论怠于通知导致受领的推定还是受领后倒置证明责任的法律效果，都是不可反驳的。一旦"怠于通知"被确认，买受人唯一能做的就是举证证明标的物无瑕疵。

由此带来的疑问是：这一解释方案是否过于纵容不及时检验通知的买受人，同时容易让交易陷入出卖人预期之外的不确定状态？这种担心有一定道理，但问题并没有想象中那么严重。首先，如果交易双方对效率和安定有特别的追求，不妨在买卖合同中约定异议期届满的失权效果。基于合同法上的意思自治原则，对这种约定，法院不必干涉，也不应干涉。其次，放弃一般检验通知期的失权效果，但不妨承认二年最长异议期具有这种效果。与约定期间、合理期间相比，最长期间是对检验通知期的二次限制。将前者解释为法律推定，不妨碍对后者继续适用失权的法律效果。最后，这种解释方案不会导致买卖合同中的风险分配失衡。多数时候，检验通知期届满后，买受人很难证明标的物瑕疵存在于标的物风险转移之时。尤其是对于表面瑕疵，正常情况下，买受人几乎不可能排除瑕疵发生在标的物受领之后的嫌疑。所以，即便没有失权，瑕疵救济请求也一样会被驳回。

至于隐蔽瑕疵的风险分配，则更加复杂。一般来说，这类瑕疵要么涉及不动产、汽车、机器等价值较高的大件商品，要么涉及动植物、种子、食品等需要较长时间才会完全展示品质的

---

[1] 意思表示推断的这一特点，参见纪格非：《论法律推定的界域与效力——以买受人检验通知义务为视角的研究》，载《现代法学》2020年第6期。

商品。不难发现，在这类商品的交易中，买受人"撒谎"的道德风险明显低于可能出现表面瑕疵的那些商品交易。除了隐蔽瑕疵很难伪造，买受人通常情况下也没有伪造瑕疵的动力。其中的逻辑在于：买受人购买这些产品，一般是出于在生活或者生产中长期使用的目的，很难想象他会故意造假来欺诈出卖人。有谁会不爱护自己开的汽车、住的房子、用于生产的机器？又有谁会在自己种植的植物、喂养的宠物、消费的食品中"动手脚"来骗取赔偿？如果这一"经验法则"成立，那么，对于这类商品的交易，"未及时异议即失权"的规则就显得过于简单、刻板。相反，"受领即转移证明责任"看上去更符合这类交易的实际情况。首先，通过长期沉默即推定受领的规则，出卖人对交易安定性的期待得到了保护。其次，在瑕疵被事后发现的场合，给买受人机会举证证明，买受人对标的物的预期利益得到了保护。最后，倘若买受人没有及时发现瑕疵并提出异议，也并非毫无制裁。一方面，时间越久，关于瑕疵发生时间的证明越困难。对于隐蔽瑕疵，更是如此。另一方面，未能及时发现隐蔽瑕疵并主张异议，一般会让法院形成不利于买受人的事实推定。这种情况下，买受人不仅要证明标的物瑕疵存在而且存在于标的物转移风险之前，还要举证动摇法官因其没有及时异议而形成的不利推定，胜诉机会可以说微乎其微。

（四）"怠于通知"的证明责任

实务中，除了瑕疵的有无会成为争点，买受人是否"怠于通知"也会成为争点。对于这一争点，同样存在证明责任问题。有晚近的文献认为，《民法典》第 621 条第 1 款是有利于出卖人的法律规范，按照"规范说"，主张有利于自己的规范的当事人，应当对构成该规范的要件事实负证明责任。"怠于通知"作为上述规范的构成要件，自然应由出卖人证明。[1]

无论采抗辩说还是特别证明责任规范说，上述观点都是笔者无法赞同的。该说将"怠于通知"看作《民法典》第 621 条第 1 款的构成要件，忽略了该款作为期间抗辩的性质。理论上，导致标的物被视为符合约定的直接原因不是买受人怠于通知，而是通知期届满。《民法典》第 621 条第 1 款之所以有利于出卖人，是因为它确立了一种期间，一旦届满就会发生法律规定的效果。无论将其界定为除斥期间还是特别期间，都不会改变这一点。从这个角度，出卖人为了获得有利于自己的期间届满效果，只要证明期间届满即可；而买受人挑战这种效果，则需要证明期间中断或者中止。实际上，这正是经由罗森贝克阐发的证明责任通说。[2]

理解这一点，要回到"规范说"的基本精神。"规范说"的法理基础在于实体法的评价分层，[3]但因为种种原因，《民法典》

---

〔1〕参见袁中华:《违约责任纠纷之证明责任分配——以〈民法典〉第 577 条为中心》，载《法学》2021 年第 5 期；金晶:《〈合同法〉第 111 条（质量不符合约定之违约责任）评注》，载《法学家》2018 年第 3 期。但在另一篇评注中，金晶表达了相反观点，参见金晶:《〈合同法〉第 158 条评注（买受人的通知义务）》，载《法学家》2020 年第 1 期。

〔2〕参见［德］莱奥·罗森贝克:《证明责任论》（第 5 版），庄敬华译，中国法制出版社 2020 年版，第 459—465 页。从诉讼时效角度对该问题的讨论，参见霍海红:《诉讼时效中断证明责任的中国表达》，载《中外法学》2021 年第 2 期。

〔3〕关于实体法的评价分层（"Wertungsschichten，或译为"价值分层"），参见本书"导论"第二部分。Vgl. Dieter Leipold, Besprechung von Reinecke, Beweislastverteilung im Bürgerlichen Recht und im Arbeitsrecht als rechtspolitische Regelungsaufgabe, AcP 179（1979），S. 503 f；吴泽勇:《规范说与侵权责任法第 79 条的适用——与袁中华博士商榷》，载《法学研究》2016 年第 5 期；任重:《论中国"现代"证明责任问题——兼评德国理论新进展》，载《当代法学》2017 年第 5 期。

不可能明文规定所有这些分层。这时就需要对实体法规范进行解释。认为"怠于通知"应由出卖人证明的观点，实际是将"期间届满"与"期间中断"两个要件一体处理，而没有进一步关注《民法典》第621条第1款内部的评价分层。从通知义务出发，《民法典》第621条第1款可以区分为两个规范。第一个规范是，"检验通知期届满，视为标的物质量符合约定"；第二个规范是，"买受人在通知期届满前提出质量异议的除外"。前一个规范是为了保护出卖人对于交易安定的期待，后一个规范则是为了表彰买受人对交易状况的注意。因此，从买受人主张瑕疵救济的利益，到出卖人的期间利益，再到买受人通知豁免的利益，其中的价值分层是三次，而不是两次。相应地，在证明责任上，这里应该是"请求—抗辩—再抗辩"的三次分配，而不是"请求—抗辩"的两次分配。

实际上，这也是最符合当事人处境的证明责任分配方案。出卖人作为期间利益的享有者，理应积极关注期间的开始和届满；而买受人作为通知豁免利益的享有者，有动力、也有条件保管其进行有效通知的证据。反观出卖人一体证明买受人"怠于通知"的证明责任分配方案，就难免遭遇要求出卖人证明从未发生、自己也不经历之事的尴尬。虽说这种证明在技术上并非绝不可能，但既然从实体法的评价分层中可以得出更优方案，又何必固守这种明显"别扭"的证明责任分配方案呢？

四、司法实务中的瑕疵证明

到目前为止，本章讨论主要限于理论推演。但对于标的物瑕疵的证明责任问题，司法实践中的做法也许更值得关注。标的物瑕疵的证明责任属于典型的实体法风险分配问题，分析这一问题，离不开对相关主体利益期待的衡量。在理论通说尚未形成，更遑论对司法实践发挥稳定指导作用的情况下，司法裁判的选择展示了法官对于当事人之间利益格局的判断，以及对于权利人公正预期的回应。从这个意义上，裁判文书整理或可帮助我们了解这一领域风险分布的实态，检验上文提出的证明责任分配方案。

（一）标的物瑕疵的证明责任分配

粗看上去，中国法院对于买卖标的物瑕疵的证明责任分配，呈现出极为分裂的局面。要求买受人证明瑕疵和要求出卖人证明无瑕疵的判决都大量存在，而且在数量上大体持平。[1]以买受人负证明责任的立场观之，这种现象当然极不正常。但是，当我们深入裁判细节，就会发现，问题并没有那么"触目惊心"。结合前文阐述的原理，可以说，大部分案件中的证明责任分配都是可以接受的。试举例若干如下。

案例1：在海某诉李某买卖合同纠纷案中，一审法院认为，"原告海某以案涉车辆外廓尺寸不合格无法通过年检为由要求解除案涉合同，因此原告对于涉案车辆外廓实际尺寸不合格应当承担相应的举证责任。根据庭审查明的事实，案涉车辆原、被告双方已交易完成且已过户，原告使用案涉车辆一年以上，原告单方

---

〔1〕 笔者在中国裁判文书网检索到，援引原《合同法》第155条的案例中，以"证明责任"或"举证责任"作为关键词，共83个有效案例。其中，由卖方承担证明责任的40个，由买方承担证明责任的41个，双方对不同情形分别负证明责任的1个，当事人对证明责任作出约定的1个。检索时间：2021年11月17日。

对外廓尺寸所做的检测结果亦不一致，原告提交的证据不能直接证明购车时案涉车辆外廓尺寸不合格无法通过车检，故原告应自行承担举证不能的法律后果"。[1]

案例 2：在西安 T 公司诉陕西 H 公司买卖合同纠纷案中，一审法院认为，"H 公司向 T 公司供应混凝土，双方已经结算结清货款。现 T 公司主张 H 公司供应的混凝土存在质量问题，应承担相应的举证责任。合同约定 T 公司对浇筑到工程部位的混凝土发现有质量异常的，应在 24 小时内书面通知 H 公司进行核实，如有争议，双方应会同工程监理及具有国家资质认证的质量监督部门共同确认责任。T 公司提出有质量问题混凝土供货时间为 2018 年 4 月、5 月，双方结算时并未确认有质量问题，审理中 T 公司表示不申请混凝土质量鉴定，其提交的相关证据不能证明 H 公司的供货不符合双方约定，T 公司应当承担举证不能的法律后果，其主张质量损失及窝工损失，证据不足，本院不予支持"。[2]

案例 3：在黄某诉陈某买卖合同纠纷案中，二审法院认为，"……与普通货物买卖有别的是，活体动物买卖的经营者在交付其所售的活体动物时应依照《动物防疫法》第 42 条、第 43 条之规定履行检疫义务。销售的商品应当检疫而未检疫的，应当承担相应的责任。故此，陈某应当对涉案猫在交付时不存在疾病的事实承担证明责任，举证不能的，由其承担不利后果。……黄某与陈某之间交易的标的物系宠物猫，属于活体物，陈某作为出卖人应当保证其出售的宠物猫具有健康的生理状况。但黄某收到涉案猫当日即反馈猫咪有异常、不吃东西只喝汤、口臭，后又发现

---

〔1〕 新疆维吾尔自治区喀什地区中级人民法院（2021）新 31 民终 1614 号民事判决书。

〔2〕 陕西省西安市未央区人民法院（2021）陕 0112 民初 256 号民事判决书。

持续尿黄，第13天确诊感染传染性腹膜炎，故本院认为陈某违反了瑕疵担保义务，其交付的涉案猫存在健康瑕疵，已构成违约"。[1]

案例4：在施某诉绵阳J公司买卖合同纠纷案中，二审法院认为，"经审理查明，施某于2019年5月29日提车，同月31日施某驾车办理车辆登记手续时发现该车发动机与变速箱接缝处有油滴现象发生，随即回J公司门市部咨询，其维修人员要求施某继续驾驶，并将问题向生产厂家上汽大众公司反映，答复为车辆装配时的润滑脂装配油，属于正常现象，让客户继续观察使用。但从案涉车辆使用至今该车仍然存在发动机与变速箱接缝处有漏油现象发生，对于销售商与生产厂家认为是'润滑脂装配油，属于正常现象'就应当举证证明该理由及事实成立的证据，但其在一、二审中均未提供相关的事实证据，从日常生活基本常识看，该车从使用至今一年多还存在润滑脂装配油漏滴现象的情形也与生活常识不符。……本院再次明确由被上诉人承担'质量瑕疵及其原因'的举证责任，其再次明确表示'我公司认为没有申请鉴定的必要'。故本院对一审确定案涉车存在质量瑕疵的事实推定予以认可"。[2]

忽略表述上的模糊之处，大体上可以认为，案例1、案例2将标的物瑕疵的证明责任分配给了买受人，案例3、案例4则分配给了出卖人。但如果我们分析每个案例的具体情节，就会发现，这种表面上的"分歧"，并非不能得到解释。案例1中，买受人主张的瑕疵车辆外廓尺寸不合格。这显然属于标的物的表面

---

〔1〕 浙江省宁波市中级人民法院（2020）浙02民终3700号民事判决书。
〔2〕 四川省绵阳市中级人民法院（2020）川07民终3537号民事判决书。

瑕疵，对这种瑕疵，买受人理应在较短时间内发现并通知出卖人。买受人没有这么做，而是在使用车辆一年以后才提出异议。这种情况下，将瑕疵的证明责任分配给买受人，完全符合检验通知期满转移证明责任的规则。案例2中，法院也将瑕疵的证明责任分配给了买受人，但应当注意，本案中明确约定了24小时的检验通知期。买受人没有在约定期间内通知出卖人标的物瑕疵，同样符合检验通知期满转移证明责任的规则。案例3中，双方买卖的标的物是宠物猫，买受人主张猫患有传染性腹膜炎，属于隐蔽瑕疵。考虑到买受人收到猫咪后一直及时反馈其反常表现，应认为其尽到了表面瑕疵的通知义务。而买受人在标的物在被医院确认患有疾病时立刻进行了通知，应认为也尽到了隐蔽瑕疵的通知义务。这种情况下，法院基于出卖人没有对标的物进行检疫的事实，推定标的物瑕疵存在于交付之前，理论上没有问题。案例4中，法院似乎是将"车辆质量瑕疵及其原因"的证明责任分配给了出卖人。但要注意的是，买受人在提车后两天内就通知了汽车漏油的状况。应当认为，此时尚在检验通知期内，出卖人应对车辆无瑕疵进行证明。尽管事后买受人继续使用车辆的行为可以视为其受领了车辆，但是漏油的瑕疵却是从受领之前一直持续的。这种情况下，要求出卖人证明车辆无瑕疵或者车辆瑕疵并非因为车辆交付时的固有缺陷所致，也完全符合上文阐述的法理。

应该承认，上述案例都没有运用本章阐述的法理来说理。笔者可以用这些法理解释实务中的大部分案例，是因为这种法理与我国法官的法感情不谋而合。不过，实务中也有与上述法理不符的案例。

案例5：在邢某诉孙某买卖合同纠纷案中，一审法院认为，

"关于燕窝是否为原告邢某购买，原告提供了专用收款收据及涉案商品即七盒燕窝，被告孙某虽对该产品是否为其所销售持疑，但未有证据证明该产品系原告邢某在他处所购，故认定案涉产品为被告孙某向原告邢某销售。据此，原、被告之间存在真实有效的买卖关系。被告孙某作为销售者，在收据上将其出售的燕窝产地标注为泰国，其标注行为存有瑕疵，本院对原告邢某主张被告孙某退还其七盒燕窝的价款即 63000 元，同时召回该七盒燕窝的诉讼请求予以支持"。[1]

案例 5 中，买受人从商场购得燕窝，该交易在性质上属于现付交易。现付交易中，一般应认为，买受人接收标的物并支付价款之时即已受领了出卖人的给付。如果事后就标的物质量发生争执，应由买受人证明标的物有瑕疵。标的物有瑕疵包括标的物存在瑕疵，也包括标的物与交付物具有同一性。因此，本案中当出卖人质疑燕窝是否为其销售时，不应由出卖人证明该产品为买受人从他处购买，而应由买受人证明该产品系从出卖人处购买。从这个角度，本案的证明责任分配值得商榷。实践中，这类证明责任分配模糊甚至错误的案例并不鲜见。这从反面说明，仅仅依靠法官朴素的法感情是不够的。为了统一实务中的法律适用，需要一套清晰、完整的证明责任分配方案。

（二）"怠于通知"的法律效果

本书认为，《民法典》第 621 条第 1 款不一定要解释为抗辩规范，解释为明示的特别证明责任规范可能更合理。这一观点固

---

[1] 辽宁省沈阳市和平区人民法院（2019）辽 0102 民初 10518 号民事判决书。

然是比较研究和逻辑推理的结论，但也得到了司法实务的有力支持。事实上，真正让笔者背离比较法上得到更多支持的抗辩说，转而选择特别证明责任规范说的重要原因，除了《民法典》第621条第1款的文义可以容纳后一立场外，另一个就是这一立场得到了多数司法裁判的支持。比如，上文案例1、案例2中，法院都没有因为买受人"怠于通知"而直接驳回其请求，而是对其举证情况作了进一步的分析。而在直接援引《民法典》第621条（及原《合同法》第158条）的案例中，此类裁判更是占了明显多数。[1]

案例6： 在杨某诉王某买卖合同纠纷案中，一审法院认为，"关于被告称原告交付的油漆材料质量不符合约定的主张，根据《民法典》第621条第1款……的规定，被告于2019年4月22日签署的发货单中约定：提货单位如有异议，可在10日内提出，双方协商解决，必要时可在供方法律部门解决。被告未在期限内提出货物质量问题，亦未向法庭提供标的物质量存在问题的证据，故被告的此项主张，依法不予支持"。[2]

案例7： 在东莞M公司诉东莞H公司买卖合同纠纷案中，二审法院认为，对于H公司要求退款的问题，"第一，H公司向M公司发邮件称该货物有质量问题的时候，已超过双方约定的检验期。第二，H公司主张模胚有质量问题，但根据双方的往来邮

---

〔1〕 笔者在中国裁判文书网检索到，适用《民法典》第621条和原《合同法》第158条的有效案例共378个。其中直接以"怠于通知"为由驳回买受人请求的96个，对买受人针对标的物瑕疵的举证作了进一步分析的231个，其他类型的51个。检索时间：2021年10月8日。按照本书的识别标准，真正适用抗辩说的只有25.4%，而适用证明责任倒置的达到61.1%。

〔2〕 吉林省长春市绿园区人民法院（2021）吉0106民初1042号民事判决书。

件显示，均是 H 公司的单方陈述，故 H 公司提供的证据并不足以证明其主张。第三，H 公司未能提供证据证明案涉货物存在质量问题及该质量问题是 M 公司提供的货物本身的原因导致，应承担举证不能的责任。综上，对于 H 公司的主张，本院不予采信"。[1]

案例 8：在常州市 DJ 公司诉常州市 DBT 公司买卖合同纠纷案中，二审法院认为，"2019 年 9 月 4 日的 DJ 公司型材质量会议记录显示，发生 8 月 23 日比亚迪路试下舱梁断裂事件后，经调查事故原因，发现 DJ 公司所提供型材的原材料成分不符合要求，生产监管不到位，存在私自将不过水材料送至客户处的情况等，由此导致断裂件硬度和抗拉强度严重不合格，会议并就如何改进送货管理提出了针对性的要求，DJ 公司顾某参加了此次会议并在会议记录上签字。上述事实足以证明 H 公司于 2019 年 11 月 11 日向 DBT 公司发出的质量索赔，与 DJ 公司向 DBT 公司交付的型材质量存在问题有关。考虑到 DJ 公司与 DBT 公司签订的《铝型材供货协议》中约定了 DBT 公司的检测义务和质量异议期，H 公司索赔事件的发生系 DJ 公司所供型材质量不合格及 DBT 公司未尽收货检测义务的双重原因所致。一审据此根据 DJ 公司和 DBT 公司的过错大小，确定 DJ 公司和 DBT 公司各自承担 80% 和 20% 的责任并无不当"。[2]

案例 6、案例 7 在援引《民法典》第 621 条的案例中最为常见。在这类案例中，法院首先指出买受人没有在检验通知期内及时通知标的物质量问题，但同时又会对买受人的证据进行评

---

[1]　广东省东莞市中级人民法院（2021）粤 19 民终 4470 号民事判决书。
[2]　江苏省常州市中级人民法院（2021）苏 04 民终 1757 号民事判决书。

价。尽管绝大多数时候买受人都因为无法证明产品质量存在问题而败诉，但对买受人的证据进行评价这一点，已经表明法院没有采纳抗辩说。因为，按照抗辩说，通知期届满则瑕疵救济请求权受阻，即使买受人能够证明标的物瑕疵也于事无补。如果说在案例6中，这种区别因为买受人没有进行任何举证而显得无关紧要，那么在案例7中，法院对抗辩说的背离就显得分外明显。因为，在该案中，买受人进行了一定的举证，法院也对这些证据进行了较为充分的分析和评价。案例8更有代表性。该案中，买受人同样没有在异议期内通知产品质量问题，但其主张罕见地得到了证明。为此，其请求大部分得到了支持。无论如何，在所有这些判决中，法院显然都没有坚持"通知期届满则买受人失权"的规则。

在最高人民法院司法解释明确采纳抗辩说的背景下，如何评价上述裁判？笔者认为，不宜将这类裁判简单定性为"适用法律错误"。法官是直接面对当事人的主体，他们的决策常常建立在具体个案中的公平感觉之上。而这种公平感觉，一方面反映了法官作为职业法律人的直觉；另一方面，又在与当事人公正预期的互动中被强化，或者被摒弃。上述裁判给人的印象是：即使买受人未在通知期内主张标的物瑕疵，法官多数时候也愿意看看，他究竟有没有证据证明瑕疵。这暗示了，"通知期届满即失权"的规则在这些法官看来过于苛刻，机械适用这一规则，将会遭致当事人的不满。重要的是，这种不满并非没有道理。毕竟，相较于瑕疵产品购买者获得救济的权利，出卖人及时得到瑕疵通知的权利是第二位的。即便买受人没有在通知期内及时提出质量异议，但如果他有证据证明标的物确实存在质量问题，法官通常也很难拒绝其瑕疵救济的请求。从这个角度，法官在上述案件中的选择完全可以理解。在笔者看来，这种选择暗合了特别证明责任规范说的思维方式。它没有逾越规范的文义，依然在《民法典》第621条的射程以内。

当然，可视为抗辩说的裁判也不鲜见。

案例9：在宝鸡X公司诉宝鸡T公司买卖合同纠纷案中，一审法院认为，"根据《民法典》第621条第1款……被告公司在原告向本院起诉之后，才以产品质量不符合约定存在质量问题为由，提出拒绝支付剩余货款，被告公司怠于通知原告公司，故本案涉及货物的质量视为符合双方的约定。被告公司提出原告公司所提供货物存在质量问题的抗辩意见，本院不予采纳"。[1]

案例10：在聊城L公司诉T公司买卖合同纠纷案中，二审法院认为，"L公司既然于2020年5月1日对案涉设备进行调试，并当即发现存在质量问题，即发生验收不合格的情形，则其应于7日内提出书面异议，否则应当视为验收质量合格。L公司系于2020年5月10日向T公司发出律师函，对设备质量提出异议，已超出了约定的7天检验期间，应当视为案涉设备质量合格，现其当然不能再以质量不符合约定为由主张解除合同……现有证据无法证明T公司知道或者应当知道交付的案涉设备质量不符合约定，故一审法院适用相关检验期限规定并无不当，因L公司未在合同约定检验期限向T公司通知设备存在问题，故视为案涉设备质量符合约定"。[2]

案例9、案例10可以视为采纳了抗辩说，因为这两个案例

〔1〕　陕西省宝鸡市金台区人民法院（2021）陕0303民初782号民事判决书。
〔2〕　江苏省宿迁市中级人民法院（2021）苏13民终411号民事判决书。

都没有对"标的物是否存在瑕疵"这一问题进行讨论，而是直接以异议期届满为由驳回了当事人的瑕疵救济请求。尤其是案例10，甚至援引了《民法典》第 621 条第 3 款。言下之意是，除非买受人能够证明出卖人知道或者应该知道提供的标的物不符合约定，否则，"怠于通知"的效果只能是视为标的物符合约定。其中的逻辑，与前文介绍的《德国商法典》中的检验通知义务非常接近。这类案例在实务中不占多数，但也绝不罕见。这反映了，在通说尚未形成的情况下，法院在法律适用上呈现出明显的不稳定性。

（三）"怠于通知"的证明

实践中，不仅瑕疵的认定会成为问题，"怠于通知"的认定也会成为问题。如前文所述，"怠于通知"的认定包含了"期间是否届满"和"是否在届满前通知"两个要件事实。实务中，前者遇到的问题主要是，在双方没有约定检验通知期的情况下如何确定"合理期间"。关于后者的争议则是，买受人是否恰当地进行了瑕疵通知。二者都可能成为诉讼中的争点，也都会遇到证明的问题，试举例如下。

案例 11： 在周某诉嘉兴 Y 公司买卖合同纠纷案中，二审法院认为，"……周某据以认为车辆曾被作为展车的依据，即座椅污渍、储物箱内垃圾、挡板破损等，无法证明系车辆交付时即已存在，且上述问题均系外观瑕疵，其在提车检验当时即可发现，但其当时并未对此提出异议……"[1]

案例 12： 在 AL 公司诉中山市 J 公司买卖合同纠纷案中，二

---

[1] 浙江省嘉兴市中级人民法院（2015）浙嘉商终字第 512 号民事判决书。

审法院认为，"……本案中，AL 公司与 J 公司未在合同中约定检验期间，但是 J 公司与刘某二审中均确认 AL 公司是在其交货后大约两个月提出质量异议的。因此，本院认定 AL 公司是在合理期间内提出质量异议的"。[1]

案例 13：在绵阳市 A 公司诉张某买卖合同纠纷案中，二审法院认为，"诉讼中，上诉人抗辩称被上诉人销售和安装的门不符合质量要求，但并未提交安装后合理的期间内提出质量异议的证据，依照《合同法》第 158 条第 2 款……以及《民事诉讼证据规定》第 2 条……之规定，上诉人张某的上诉理由无事实及法律依据，对其上诉请求，本院不予支持"。[2]

案例 14：在萍乡 B 公司诉湘西 Q 公司买卖合同纠纷案中，一审法院认为，"……根据《民事诉讼证据规定》第 2 条规定及原、被告在《产品购销合同》中关于质量追索期为一个月内的约定，原告需对其在收到标的物后一个月内向被告主张其销售的货物质量不符合约定及因此造成的损失多少承担举证责任，而在案件审理过程中原告既未提供其在收到标的物后一个月内与被告就货物质量问题进行协商的相关证据，亦未提供经专业鉴定机构对被告销售的产品质量进行鉴定后作出的质量鉴定报告等证明产品质量不符合约定的证据，而仅提供案外人 D 公司单方出具的检验报告及投诉函，没有其他证据佐证，不足以作为定案的依据，本院对原告主张被告销售的产品质量不符合约定的事实不予认定"。[3]

---

〔1〕 广东省中山市中级人民法院（2014）中中法民四终字第 1 号民事判决书。

〔2〕 四川省绵阳市中级人民法院（2017）川 07 民终 1616 号民事判决书。

〔3〕 江西省萍乡市湘东区人民法院（2016）赣 0313 民初 896 号民事判决书。

案例 11 涉及车辆的表面瑕疵，法院认为，对于这类瑕疵，买受人应该立刻检验和通知。案例 12 中，双方没有约定检验期间，但法院认为买受人在两个月内提出质量异议，并未超出合理期间。关于合理期间的确定，按照原《买卖合同解释》第 17 条第 1 款（2020 年修正后的第 12 条第 1 款），应当综合各种因素综合判断。[1] 上述两个案件中，法院应该就是在考虑这些因素的基础上，对合理期间作出了认定。但从证据法理论出发，依职权确定合理期间的做法并不一定妥当。双方对买受人通知异议的时间是否在合理期间内发生争执时，同样有可能涉及合理期间的证明责任问题。按照前文的分析，合理期间的主张和证明责任应当由出卖人负担，如果出卖人主张的期间跨度是否合理真伪不明，则对其期间利益不予保护。此时应当认为，买受人的通知仍在合理期间之内。案例 13 和案例 14 涉及通知义务的证明问题。其中，案例 13 提到买受人没有提交自己在合理期间内提出过异议通知的证据，隐含了这一事实应由买受人负证明责任的立场。这一立场，在案例 14 中得到了更加明确的表达。笔者认为，这种证明责任分配是合理的。实际上，这也是实践中大多数案件中的做法。

五、结论

本章认为，就买卖合同纠纷中标的物瑕疵的证明责任分配，

---

〔1〕 根据原《买卖合同解释》第 17 条第 1 款，"人民法院具体认定合同法第一百五十八条第二款规定的'合理期间'时，应当综合当事人之间的交易性质、交易目的、交易方式、交易习惯、标的物的种类、数量、性质、安装和使用情况、瑕疵的性质、买受人应尽的合理注意义务、检验方法和难易程度、买受人或者检验人所处的具体环境、自身技能以及其他合理因素，依据诚实信用原则进行判断"。

不能一概而论地给出答案。协调出卖人交付无瑕疵标的物的义务与买受人瑕疵救济请求权的关键，是确定一个区别两种规范适用的标准时点。这个时点就是出卖人主给付义务的履行，而这以买受人以受领清偿的意思接受标的物为标志。受领之前，标的物无瑕疵的证明责任由出卖人负担；受领之后，标的物有瑕疵的证明责任由买受人负担。标的物转移占有与买受人受领清偿的时间并不必然一致，在标的物需要检验的情况下，检验通知期届满才发生"法律上的受领"。在此之前，标的物无瑕疵的证明责任仍然由出卖人负担。在我国《民法典》对民事买卖和商事买卖一体适用检验通知义务的背景下，关于"怠于通知"法律效果的抗辩说对买受人过于苛刻。裁判文书整理也显示，法院多数时候没有从抗辩说出发。司法机关的这种选择与其说是对法律理解有误，不如说是在法律规定不尽完美的背景下，基于实践需要作出的自发调整。因为上述理由，本章建议将《民法典》第 621 条第 1 款第 2 句理解为明示的特别证明责任规范，即，一旦买受人没有在通知期间内主张标的物瑕疵，对瑕疵的证明责任即其负担。此外，从"规范说"的原理出发，检验通知义务的证明应该区分为检验通知期间的证明和通知行为的证明，前者由出卖人负证明责任，后者由买受人负证明责任。

　　需要说明的是，本章对于《民法典》第 621 条第 1 款的解释，是在法教义学的进路下，兼顾规范表达和实践操作得出的结论。如果进入立法论，完全可能得出不同的结论。另外，本章只研究了与标的物瑕疵和检验通知义务相关的证明责任问题。与此相关的问题还有很多，比如检验期与通知期的区分、质量保证期的性质、消费者权益保护法上的证明责任倒置等。此外，就隐蔽瑕疵的风险分配，更是可以延伸出系列议题。就这些议题，本章均未专门涉及。

读者会注意到，本章较多关注了德国法，同时也对中国法院的裁判文书进行了整理。这两种资源对于本章的议题都很重要：比较法经验为笔者思考标的物瑕疵证明责任提供了坐标，而裁判文书整理则让作者有可能透过中国法院的行动，观察买卖合同中的风险格局和当事人的利益诉求。不过，比较法资料也好，司法裁判文书也好，都只是研究的素材。立场选择和观点取舍的标准，是这些立场、观点在法教义学上的可论证性，以及在实务操作上的可接受性。归根结底，法教义学对于比较法和司法裁判的运用并无"定法"，我们的研究也只能围绕具体问题，在多元素材的"目光往返"中渐次展开。

第五章

网络服务提供者帮助侵权责任诉讼的证明责任

一、问题的提出

网络服务提供者的帮助侵权责任,[1]一直是我国侵权法中广受关注,却又争议颇多的问题。这固然是因为我国互联网产业发展迅猛,实践走在了理论的前面;但规范本身体系不畅,也是导致争议的重要原因。正如学者注意到的,在这一领域,源自美国《千禧年数字版权法案》[2]的"避风港—红旗规则",与我国历来奉行的大陆法系侵权法传统存在明显的紧张关系。[3]由于这种体系上的紧张,司法机关适用法律时经常思路不清,学者对规范的解读也呈现出立场分歧。

上述问题在 2000 年《计算机网络著作权解释》(已被 2013年 1 月 1 日施行的《侵害信息网络传播权规定》所废止》)和

---

〔1〕 一般认为,帮助侵权是美国法上间接侵权的一类,而大陆法系多使用共同侵权,不使用间接侵权的概念。但这种区别与本章论题基本无关。考虑到帮助侵权已经被中国知识产权法学界普遍接受,在中国法院的判决中也频繁出现,本书也使用这一概念。另外,出于论题集中的考虑,本书仅讨论网络服务提供者帮助网络用户对第三人的侵权责任,不涉及其对网络用户的侵权责任。

〔2〕 即"Digital Millennium Copyright Act",简称 DMCA。

〔3〕 参见薛军:《民法典网络侵权条款研究:以法解释论框架的重构为中心》,载《比较法研究》2020 年第 4 期。

2006 年《信息网络传播权保护条例》主导的时代就已非常突出，在 2009 年原《侵权责任法》中也没有得到解决。《民法典》以 3 个条文对网络服务提供商的共同侵权责任作了规定：第 1195 条规定了权利人的侵权通知，以及网络服务提供者收到通知后采取必要措施的法律效果；第 1196 条规定了网络用户的反通知，以及网络服务提供者收到反通知后所应进行的处置；第 1197 条则规定了网络服务提供者承担连带责任的基本条件。这些规定不乏细节上的发展，[1]但在规范结构上，却延续了 2000 年《计算机网络著作权解释》以来的思路。这意味着，针对实务中的一些疑问，《民法典》并未给出正面回答。比如，如何认定网络服务提供者"知道或应当知道"侵权行为？网络服务提供者收到权利通知（以及网络用户的反通知）后，其转通知、采取措施及调查斡旋等行为，会对责任认定产生何种影响？在有权利通知的情况下，法院是否需要审查网络服务提供者有无《民法典》第 1197 条规定的侵权情形？

　　对这些问题，既有研究并非毫无涉及。但之前的文献多着眼于实体法上的权利、义务关系及责任构成，很少围绕诉讼程序，尤其是围绕事实认定和证据调查展开。在笔者看来，实体法上的责任承担与诉讼法上的事实证明实乃一枚硬币之两面，须臾不可分离。理论上，无论请求权构成要件的划定，还是要件事实的证明责任分配，都不过是实体法风险分配机制在裁判规范中的呈现。实践中，缺少了证明的维度，关于责任构成要件的议论很容

---

〔1〕 参见杨立新：《民法典侵权责任编草案规定的网络侵权责任规则检视》，载《法学论坛》2019 年第 3 期；徐伟：《〈民法典〉中网络侵权制度的新发展》，载《法治研究》2020 年第 4 期；程啸：《论我国〈民法典〉网络侵权责任中的通知规则》，载《武汉大学学报（哲学社会科学版）》2020 年第 6 期。

易流于空洞，不仅不能为审判活动提供指引，甚至可能给司法人员增添困扰。鉴于此，本章拟围绕网络服务提供者帮助侵权的证明责任问题展开研究，旨在为此类案件的事实调查提供清晰、完整的程序指引，同时，也为民法学界对《民法典》第1195—1197条的教义学阐释引入新的维度。

二、通知规则与知道规则的关系

（一）立场分歧

从2000年最高人民法院的《计算机网络著作权解释》开始，我国的网络服务提供者帮助侵权责任制度就呈现出一种"二元归责"的模式。根据该解释第5条，"提供内容服务的网络服务提供者，明知网络用户通过网络实施侵犯他人著作权的行为，或者经著作权人提出确有证据的警告，但仍不采取移除侵权内容等措施以消除侵权后果的，人民法院应当根据民法通则第一百三十条的规定，追究其与该网络用户的共同侵权责任"。[1]这一解释规定了网络服务提供者帮助侵权的两种归责路径，一是知道侵权存在，二是收到通知但没有采取措施。这种二元归责模式在历次法律和司法解释修改中一直被延续，深刻塑造了我国的网络服务提供者帮助侵权制度。在《民法典》中，两种归责路径分别体现为第1195条设定的"通知条款"[2]和第1197

---

〔1〕 参见《计算机网络著作权解释》（法释〔2000〕48号，已废止）。

〔2〕《民法典》第1196条规定的反通知是通知的延续，一定意义上，也可以理解为通知规则的一部分。本书根据语境，对这两个法条或合并讨论，或分别讨论。

条设定的"知道条款"[1]。

但是,对于通知条款与知道条款在网络服务提供者帮助侵权责任规范体系中的地位,学界认识并不一致。早期的主流观点认为,通知条款作为"避风港规则"的体现,是立法对网络服务提供者的一种特殊保护,而知道条款作为"红旗规则"的体现,是这种保护的例外。比如,张新宝认为,应当将通知条款理解为一般适用的条款,将知道条款理解为特殊或者例外情况下适用的条款。[2]王利明也认为,通知规则适用于一般情形,知道规则适用于例外情形,只有在特殊情况下,才能援引后者主张权利。[3]但是,司法实务并未坚持上述立场。实际上,我国法院频繁适用知道规则认定网络服务提供者的帮助侵权责任。《民法典》颁行后,学界似乎不再坚持通知规则与知道规则之间的"一般"与"例外"关系。比如,最高人民法院组织编写的《中华人民共和国民法典侵权责任编理解与适用》认为,《民法典》第1195条规定的通知规则与第1197条规定的知道规则在适用上既非递进关系,也非包含关系,而是并列关系。也就是说,如果被侵权人能够举证证明网络服务提供者知道侵权行为,可以直接要求后者承担《民法典》第1197条规定的侵权责任;如果被侵权人无法举证证明网络服务提供者有过错,则只能根据《民法典》第1195条发

---

〔1〕 反映在原《侵权责任法》中,即第36条第2款和第3款。由于两个法律文本的内容基本一致,原《侵权责任法》时期的文献和裁判文书对于本研究同样适用。

〔2〕 张新宝、任鸿雁:《互联网上的侵权责任:〈侵权责任法〉第36条解读》,载《中国人民大学学报》2010年第4期。

〔3〕 王利明:《侵权责任法研究》(下卷),中国人民大学出版社2011年版,第139—140页。

出侵权通知。[1]有学者也支持这种观点，认为《民法典》第 1195
条适用于网络服务提供者"不知道也不应当知道"网络用户利用
其网络服务实施侵权行为的情形，而第 1197 条适用于网络服务
提供者"知道或者应当知道"网络用户利用网络服务从事侵权行
为的情形。[2]

　　上述主流立场之外，有少数观点认为，应以知道规则作为理
解网络服务提供者帮助侵权责任的出发点。比如徐伟认为，通知
规则不是免责条款，而是归责条款。基于这一认识，原《侵权责
任法》第 36 条第 2 款规定的通知规则应看作第 3 款知道规则的
具体化。"……第 2 款规定的网络服务提供者未遵守通知移除制
度，便是体现第 3 款规定的其知道侵权的一种表现。故第 2 款与
第 3 款间应是包容关系，后者包容前者，前者是后者具体化后的
一种表现。"[3]《民法典》颁行后，薛军明确提出，应当以侵权法
上的过错原则作为理解网络服务提供者帮助侵权责任的基础。基
于这一立场，他认为，《民法典》第 1197 条的规定具有一般性特
征，而第 1195 条所处理的只是一种特殊情况。无论《民法典》
第 1195—1196 条所确立的规则在构造上多么复杂，其目的无外
乎是要解决网络服务提供者是否构成帮助侵权行为，以及是否承
担连带责任的问题。[4]这类观点在各个时期都是少数意见，尽管

---

　　〔1〕　最高人民法院民法典贯彻实施工作领导小组主编：《中华人民共和国民
法典侵权责任编理解与适用》，人民法院出版社 2020 年版，第 273、283 页。
　　〔2〕　程啸：《论我国〈民法典〉网络侵权责任中的通知规则》，载《武汉大学
学报（哲学社会科学版）》2020 年第 6 期。
　　〔3〕　徐伟：《通知移除制度的重新定性及其体系效应》，载《现代法学》2013
年第 1 期。
　　〔4〕　薛军：《民法典网络侵权条款研究：以法解释论框架的重构为中心》，载
《比较法研究》2020 年第 4 期。

也得到了一些研究的支持,[1]但并未对制度实践产生持续、稳定的影响。

（二）一般与例外关系

认为通知规则是一般规则而知道规则是其例外的观点，来自美国法对"避风港规则"和"红旗规则"的理解。"避风港规则"又称通知—移除规则，按照该规则，网络服务提供者对网络用户上传的内容原则上不负审查义务；当被侵权人向其发出侵权通知后，它只要采取必要措施阻止了侵权继续，就进入责任避风港，无须就侵权行为承担责任。"红旗规则"是指，如果侵权行为"像红旗一样显著"，则网络服务提供者仍然需要承担责任。[2]在"避风港—红旗规则"中，后者当然是前者的例外。我国法上的相关规则源自美国法，学者持上述立场并不令人意外。但本书认为，不能用这一立场来理解《民法典》第1195—1196条与第1197条的关系。

首先，我国不存在严格意义的"避风港规则"。毋庸讳言，我国法上的通知—移除规则确实来自美国法上的"避风港规则"，这在早期的制度设计中尤其明显。比如，根据2006年国务院发

---

〔1〕比如刘文杰：《网络服务提供者的安全保障义务》，载《中外法学》2012年第2期（引入安全保障义务，重塑我国网络服务提供者责任的法理基础）；崔国斌：《网络服务商共同侵权制度之重塑》，载《法学研究》2013年第4期（告别"避风港规则"，恢复侵权法一般规则的适用，强化网络服务商的注意义务）；冯术杰：《论网络服务提供者间接侵权责任的过错形态》，载《中国法学》2016年第4期（明确过失为网络服务提供者间接侵权责任的过错形态，并以"采取合理、有效的侵权预防措施"的注意义务来对其进行定义）。这些研究从不同角度指出了引入"避风港—红旗规则"给中国法带来的难题。

〔2〕"避风港规则"的发展及其在中国的变异，参见崔国斌：《网络服务商共同侵权制度之重塑》，载《法学研究》2013年第4期。

布的《信息网络传播权保护条例》第22条，网络服务提供者为服务对象提供信息存储空间的，在接到权利人的通知后删除权利人认为侵权的作品、表演、录音录像制品，不承担赔偿责任。根据该条例第23条，网络服务提供者为服务对象提供搜索或者链接服务的，在接到权利人的通知后，断开与侵权的作品、表演、录音录像制品的链接的，不承担赔偿责任。[1]在这些规定中，接到权利通知后采取必要措施终止侵权，就是作为免责事项规定的。基于这样的规定，学术界广泛存在将通知—移除规则理解为免责条款的观点。[2]然而，这种观点不符合我国的制度实践，已经被众多学者批评。其中最关键的一点在于：我国侵权法对于网络侵权采过错责任，而不像"避风港规则"诞生之前的美国法那样，采严格责任。在《千禧年数字版权法案》中，"避风港规则"确实是免责规则，只不过，它免除的是互联网企业根据此前判例[3]和美国政府白皮书[4]所应当承担的严格责任。[5]而在我国侵权法中，对于网络侵权历来采过错责任。从这个角度，《信息网络传播权保护条例》第22条规定的通知—删除和第23条规定

---

[1]　参见《信息网络传播权保护条例》，国务院2006年5月18日发布。

[2]　比如王胜明主编：《中华人民共和国侵权责任法释义》，法律出版社2010年版，第193页；刘家瑞：《论我国网络服务商的避风港规则——兼评"十一大唱片公司诉雅虎案"》，载《知识产权》2009年第2期；鲁春雅：《网络服务提供者侵权责任的类型化解读》，载《政治与法律》2011年第4期。

[3]　主要是1993年的"花花公子诉Frena案"（Playboy Enterprises v. George Frena）、1997年的"花花公子诉Webworld案"（Playboy Enterprises v. Webworld）等著名判例。

[4]　即美国政府"信息基础设施专门工作组"下属知识产权工作中发布的《知识产权和国家信息基础建设》报告，全称"Information Infrastructure Task Force, Intellectual Property and the National Information——The Report of the Working Group on Intellectual Property Rights"。

[5]　参见王迁：《〈信息网络传播权保护条例〉中"避风港"规则的效力》，载《法学》2010年第6期。

的通知—断开，只能视为网络服务提供者帮助侵权的归责条款，而不是免责条款。从过错责任出发，假如网络服务提供者在收到通知之前并不知道、也不应当知道侵权存在，那么它就不需要承担责任。既然本来就不构成侵权责任，又何谈"免责"？[1]相反，在通知规则中，网络服务提供者承担责任的理由恰恰是它经过通知已经知道了侵权行为，但却放任不管。由此可见，通知规则只是成立网络服务提供者帮助侵权责任的一种路径，从文义上看，这种路径并没有天然的优先性。

其次，"红旗规则"在我国发生了重大变异。网络服务提供者因为网络用户侵权而应承担的责任，在美国法上被界定为间接侵权责任。就主观方面而言，这种侵权要求侵权人必须知道（know）或者有理由知道（have reason to know）特定侵权行为的存在，但不包括应当知道（should know）。有理由知道与应当知道是两个完全不同的概念：有理由知道是依据特定事实推定的知道，本身并不为行为人预设任何认知义务；而应当知道恰好相反，它不考虑行为人实际上是否知道，而是赋予行为人一定的认知义务，违反该种义务即构成应当知道。[2]"红旗规则"中的知道，显然也是一种基于客观事实而对当事人主观状态的推定。但与有理由知道不同的是，"红旗规则"将推定的前提事实仅限于"侵权行为具有显著性"这一客观事实，从而压缩了有理由知道的适用空间。[3]我国原《侵权责任法》对网络服务提供者帮助侵

---

〔1〕 关于免责条款说与过错责任的矛盾，参见徐伟：《通知移除制度的重新定性及其体系效应》，载《现代法学》2013年第1期。

〔2〕 参见朱冬：《网络服务提供者间接侵权责任的移植与变异》，载《中外法学》2019年第5期。

〔3〕 参见朱冬：《网络服务提供者间接侵权责任的移植与变异》，载《中外法学》2019年第5期。

权责任的主观要件，采纳了"知道"的表达。这一表达在后来的官方意见中被解释为包括明知和应知两种状态，[1]但在学术界却存在不同认识。有学者对立法文义进行了限缩，认为这里的知道只包括明知，不包括应知；[2]有学者则认为，这里的知道包括明知和应知，而应知是指依据一定事实推定的知道。[3]应该注意的是，即便是后者，也认为应知是对主观过错的法律推定，是过错责任的例外情形，必须按要件规定严格把握。[4]应该说，上述观点基本都没有超出"避风港—红旗规则"的范畴，只不过对"应知"概念的界定有所不同而已。但是，司法实践却走上了另一条道路。主要是为了回应盗版盛行带来的压力，大概从 2007 年开始，中国法院频繁地通过注意义务审查来认定网络服务提供者是否构成应知。[5]时至今日，注意义务审查实际上已经成为我国法院认定网络服务提供者"应知"侵权行为的核心。[6]这种实践一方面背离了"红旗规则"以故意作为网络服务提供者帮助侵权责任主观要件的原则，远远超越了这一规则本来的适用范围；[7]另

---

〔1〕　参见王胜明主编：《中华人民共和国侵权责任法释义》，法律出版社2010 年版，第 195 页。

〔2〕　参见张新宝、任鸿雁：《互联网上的侵权责任：〈侵权责任法〉第 36 条解读》，载《中国人民大学学报》2010 年第 4 期；杨立新：《〈侵权责任法〉规定的网络侵权责任的理解与解释》，载《国家检察官学院学报》2010 年第 2 期。

〔3〕　参见吴汉东：《论网络服务提供者的著作权侵权责任》，载《中国法学》2011 年第 2 期。

〔4〕　参见吴汉东：《论网络服务提供者的著作权侵权责任》，载《中国法学》2011 年第 2 期。

〔5〕　参见崔国斌：《网络服务商共同侵权制度之重塑》，载《法学研究》2013年第 4 期。

〔6〕　参见陈锦川：《网络服务提供者过错认定的研究》，载《知识产权》2011年第 2 期；司晓：《网络服务提供者知识产权注意义务的设定》，载《法律科学》2018 年第 1 期。

〔7〕　参见朱冬：《网络服务提供者间接侵权责任的移植与变异》，载《中外法学》2019 年第 5 期。

一方面，也一定程度赋予了网络服务提供者事前审查义务，实质上告别了"避风港规则"。[1]值得注意的是，在 2013 年以来的立法中，上述趋势得到确认和延续。[2]无论如何评价这一现象，[3]客观事实是，由于引入了违反注意义务的应知，我国的知道规则已经不是美国法上的"红旗规则"，而是越来越呈现出过错责任一般条款的外观。

由于上述两个原因，认为通知规则是一般规则并且包含知道规则的观点，在我国法上无法得到支持。虽然我国的通知规则和知道规则移植于美国法上的"避风港—红旗规则"，但在各种因素的影响下，它们与原初意义的"避风港—红旗规则"已经不可同日而语。考虑到我国法对网络侵权采过错责任，《民法典》第1195—1196 条规定的通知规则在我国只能理解为归责条款，而不是免责条款。[4]由于知道规则在我国不仅包含狭义的明知和推定的知道，而且还包含违反注意义务的知道，其适用范围实际上涵

〔1〕 尽管注意义务不等于事前审查义务，但对注意义务的考察一定程度赋予了网络服务提供者事前审查义务。参见朱冬：《网络服务提供者间接侵权责任的移植与变异》，载《中外法学》2019 年第 5 期。对于法官来说，二者更是难以截然分离。参见林广海、张学军：《P－P网络服务提供者侵权责任的认定》，载《人民司法·案例》2009 年第 22 期。

〔2〕 参见徐可：《网络侵权归责体系中认识要件的起源与嬗变》，载《福建师范大学学报（哲学社会科学版）》2020 年第 4 期。

〔3〕 有学者对这种现象提出了批评，认为知道规则不包括应知，或者仅限于"故意侵权"。参见徐伟：《网络服务提供者"知道"认定新诠——兼驳网络服务提供者"应知"论》，载《法律科学》2014 年第 2 期；胡晶晶：《论"知道规则"之"应知"——以故意/过失区分为视角》，载《云南大学学报（法学版）》2013 年第 6 期。还有学者分析了这种趋势对于我国互联网商业发展模式的消极影响，参见雷逸舟：《不安全的"避风港"：重新思考中国网络视频平台的著作权侵权责任》，载《电子知识产权》2020 年第 3 期。

〔4〕 时至今日，多数学者已不坚持通知规则的免责条款说。但也有例外，比如周学峰：《"通知—移除"规则的应然定位与相关制度构造》，载《比较法研究》2019 年第 6 期。

盖了所有的过错形态。[1]这种情况下，二者的关系显然已经不是"避风港规则"与"红旗规则"之间那种一般与例外（或补充[2]）的关系。

（三）并列关系

认为通知规则与知道规则是并列关系的立场，表面上没有太大问题。从法律的文义理解，权利人要基于网络服务商帮助侵权责任请求赔偿，其选择无非两个，要么根据《民法典》第1197条主张后者知道或者应知侵权存在，要么根据《民法典》第1195—1196条，主张自己发出了权利通知而网络服务提供者没有采取必要措施。但是，两种路径"择一适用"的可能性，并不能支持两个规则是并列关系的立场。

一方面，通知规则的适用范围是有限的。按照《民法典》第1195条，网络服务提供者收到通知后没有采取必要措施制止侵权的，只对损害扩大部分承担连带责任。这无疑是正确的，因为，网络服务提供商对于采取措施之后的损害扩大部分没有主观上的过错，当然不构成帮助侵权。但基于这一规定，通知规则的效力范围也就被严格划定了。它仅仅适用于通知以后的损害扩大部

---

〔1〕　参见冯术杰：《论网络服务提供者间接侵权责任的过错形态》，载《中国法学》2016年第4期。

〔2〕　有研究指出，"红旗规则"与"避风港规则"的目的一样，都是限制网络服务提供者的责任。因此它不是"避风港规则"的例外，而是其补充。参见朱冬：《网络服务提供者间接侵权责任的移植与变异》，载《中外法学》2019年第5期。

分,[1]而不及于通知之前的损害。[2]

另一方面，知道规则是普遍适用的。按照《民法典》第 1197 条的文义，任何时候，只要权利人能够证明网络服务提供商知道或者应当知道侵权存在，就有权要求后者承担连带责任。但按照并列关系说，法院很容易陷入两种误区：一是在网络服务提供者主张权利人没有提出权利通知或者通知不合法的情况下，只对此主张进行审查，不审查网络服务提供者是否明知或应知侵权行为；二是在权利人提出了合法通知的情况下，只对损害扩大部分的责任承担作出判断，而忽略此前可能存在的侵害。这两种做法当然都是错误的。因为，《民法典》第 1197 条不仅适用于权利人没有通知情况下的侵害，也适用于权利人通知情况下的侵害。由此可见，并列关系具有误导性。实践中，不乏从通知—移除这一单一视角讨论网络服务提供者帮助侵权责任的案例。

案例 1：在 A 股份有限公司与 Y 商贸部、浙江 T 网络有限公司侵害商标权纠纷案中，法院判决认为，"原告在提起本案诉讼前并未通知 T 公司对 Y 商贸部的被诉侵权行为采取前述必要措施，也未向 T 公司提供构成侵权的初步证据及原告的真实主体信息，而双方在庭审中确认 T 公司已于 2020 年 2 月 20 日将被诉侵权商品作下架处理，并删除了被诉侵权页面，故原告对 T 公司的侵权主张无事实依据，本院不予支持"。[3]

案例 1 中，法院仅仅因为权利人没有向网络服务提供者进行

---

〔1〕 准确说，应该是网络服务提供者收到权利通知，并且经过合理期限之后的损害扩大部分。参见王利明：《论网络侵权中的通知规则》，载《北方法学》2014 年第 2 期。

〔2〕 早期立法忽略了这一点，比如《信息网络传播权保护条例》第 22 条、第 23 条。

〔3〕 四川省成都市中级人民法院（2020）川 01 民初 5030 号民事判决书。

通知就驳回其要求后者承担连带责任的请求，这种说理在《民法典》颁行前后都不罕见。考虑到权利人一般很难证明网络服务提供者知道或者应当知道侵权行为，案例1的审理思路多数时候不会影响案件的实体审理结果。但是，《民法典》作为一般法，其对网络服务提供者责任的规定适用于所有网络侵权类型。[1]即使实践中认定一般知道的案件不多，在法律适用上，却不能无视这种可能性。考虑到原告是请求网络服务提供者就整个网络侵权承担连带责任，而通知与否只涉及通知后损害扩大部分，法院以原告未通知为由否定网络服务提供者的全部责任，在说理上存在明显疏漏。

（四）特殊与一般关系

基于我国网络服务提供者帮助侵权责任的制度实践，通知规则与知道规则既不是一般与例外的关系，也不是并列关系。从法条的文义、适用范围以及我国侵权责任法的传统出发，都只能将《民法典》第1197条看作网络服务提供者帮助侵权责任的一般规定，而将《民法典》第1195—1196条看作认定该责任的一种特殊方式。也就是说，按照《民法典》第1197条，网络服务提供者对网络用户侵权承担连带责任的条件是主观上有过错，即知道或者应知道侵权行为；而《民法典》第1195—1196条则规定了权利人发出权利通知这一特定情形下，认定网络服务提供者主观过错的具体方式。详言之，这包括权利人的权利通知，网络服务

---

〔1〕虽然从法律适用上，对于电子商务背景中的知识产权侵权应适用《电子商务法》第42—45条，但这几个条文的内容与《民法典》第1195—1197条高度类似。所以，这里的分析对于《电子商务法》第42条与第45条关系的处理同样适用。

提供者的转通知、必要措施的采取，网络用户的反通知，网络服务提供者的再次转通知，以及合理期间后对所采取措施的终止或者继续。对于网络服务提供者帮助侵权责任的认定而言，所有这些规定的意义都在于而且仅仅在于，辅助法官就"网络服务提供者对通知后损害扩大部分是否具有过错"形成判断。只有这样理解，才既符合立法的文义，又能与我国侵权法上的过错责任原则保持一致。司法实践中，多数法院对于网络服务提供者帮助侵权责任的认定符合上述逻辑。比如：

案例2：在中国L基金会与深圳S环保有限公司、浙江T网络有限公司大气污染民事公益诉讼案中，最高人民法院认为，"网络服务提供者承担连带责任的前提是知道网络用户利用其网络服务侵害他人民事权益，未采取必要措施。……网络服务平台运营商虽然应当对其平台发布的产品进行一定监管，具有一定的注意义务。但T公司本身并不参与会员用户的交易行为，且已尽到身份审查、事前提醒等义务，并在发现S公司行为后已经履行网络运营商'通知—删除'义务，不能认为其明知或者应知S公司行为仍然提供电子商务服务，不存在原《侵权责任法》规定的帮助侵权行为，不应对S公司销售违规产品的侵害不特定多数人权益的行为承担连带责任"。[1]

案例2中，最高人民法院讨论网络服务提供者帮助侵权责任的出发点和落脚点都是知道规则（原《侵权责任法》第36条第3款），而不是通知规则。通知与否，被视为评价网络服务提供者是否知道侵权行为的一个根据。在这种评价模式中，通知规则只是认定网络服务提供者是否知道侵权行为的一种路径，其地位无

---

[1] 最高人民法院（2020）最高法民申4446号民事裁定书。

法与知道规则并列，更不可能包含后者。

三、责任构成要件及证明责任分配

（一）网络服务提供者共同侵权责任的构成要件

　　分析网络服务提供者帮助侵权的证明责任，首先要明确这类责任的构成要件。[1]就此，有学者持三要件说，认为网络服务提供者帮助侵权责任的构成要件包括网络用户实施了侵权行为、网络服务提供者知道或应当知道侵权行为，以及网络服务提供者没有采取必要措施；[2]也有观点采两要件说，但区别不过是把"知道或应当知道直接侵权行为"和"未采取必要措施"作为一个要件看待而已。[3]

　　从《民法典》第 1197 条的文义出发，上述理解都说得过去。但是，从证明责任的角度，如果将"未采取必要措施"理解为责任构成要件，就不得不面对该要件由谁证明的问题。就这一问题，有评注认为，权利人应当就该条提到的三个要件事实都负证明责任；[4]也有评注认为，权利人只需对直接侵权行为和网络服务提供者知道负证明责任，未提及"及时采取必要措施"的证明

---

　　〔1〕　实践中，权利人对网络服务提供者提起的请求主要是采取措施终止侵权以及侵权损害赔偿。前者一般较为简单，只要直接侵权确认，通常就会被支持。引发争议的主要是后者。本书的讨论也主要着眼于损害赔偿请求权。

　　〔2〕　参见邹海林、朱广新主编：《民法典评注·侵权责任编》（第 1 册），中国法制出版社 2020 年版，第 344—350 页（第 1197 条评注，刘文杰撰写）。

　　〔3〕　参见张新宝：《中国民法典释评·侵权责任编》，中国人民大学出版社 2020 年版，第 115 页。

　　〔4〕　参见张新宝：《中国民法典释评·侵权责任编》，中国人民大学出版社 2020 年版，第 115 页。

责任分配；[1]还有著作认为，"及时采取必要措施"属于"免责抗辩事由"，应由网络服务提供者负证明责任。[2]

从文义出发，《民法典》第1197条将"网络服务提供者未采取必要措施"与"网络用户实施了侵权行为""网络服务提供者知道或应当知道侵权行为"并列，是将该要件作为权利成立要件规定的。在这种立法体例下，依"规范说"，当然应由权利人证明"网络服务提供者未采取必要措施"。但是，这种证明责任分配显然有些"别扭"。这意味着，权利人要证明从未发生之事，否则就无法获得救济。从证明便利的角度，要求网络服务提供者证明其采取了必要措施，更符合一般人的直觉。为了实现这种效果，一种可能是将采取必要措施理解为网络服务提供者帮助侵权责任的权利妨碍要件。配合这种定位，《民法典》第1197条需要改写为："网络服务提供者知道或者应当知道网络用户利用其网络服务侵害他人民事权益的，与该网络用户承担连带责任；但网络服务提供者采取必要措施的除外。"但在实践中，网络服务提供者可能在知道直接侵权之后并未立刻行动，而是放任侵权发生一段时间之后，才采取必要措施予以制止。对于这类案件，上述方案就会出现自相矛盾的局面——在网络服务提供者没有采取措施的那段时间里，帮助侵权责任成立；而在网络服务提供者采取必要措施后，这种责任又不成立了。之所以出现这种荒谬局面，是因为，不同于权利成立规范与权利妨碍规范之间的"一般—例

---

〔1〕参见邹海林、朱广新主编：《民法典评注·侵权责任编》（第1册），中国法制出版社2020年版，第350—351页（第1197条评注，刘文杰撰写）。但在第1195条的评注中，作者认为，权利人应就网络服务提供者未采取必要措施负证明责任。见该书第338页。

〔2〕参见最高人民法院民法典贯彻实施工作领导小组主编：《中华人民共和国民法典侵权责任编理解与适用》，人民法院出版社2020年版，第273页。

外"关系，这里出现的是"先发—后发"关系。在罗森贝克的四种规范类型中，与权利成立规范构成先后关系的是权利消灭规范，而非权利妨碍规范。[1]可见，将采取必要措施理解为网络服务提供者帮助侵权责任的"抗辩事由"大体成立，但这里的抗辩不是权利妨碍抗辩（权利妨碍规范指向的要件事实），而是权利消灭抗辩（权利消灭规范指向的要件事实）。换句话说，网络服务提供者采取必要措施的法律后果应该是让已经成立的帮助侵权责任消灭，而非为此种责任设置例外。

上述解释可能因为偏离立法表达而遭受质疑。但是，规范性质的识别本来就需要法律解释，在立法者显然没有考虑证明责任的情况下，[2]这种解释尤其必要。考虑到"采取必要措施"这一要件事实的性质、其与网络提供者帮助侵权责任的意义关联，将其理解为权利消灭规范的要件事实虽然突破了立法文义，却并非不能接受。这一解释基本不会带来行为规范的变化，但在裁判规范上，更符合网络服务提供者帮助侵权责任的发生逻辑。特别是，对于网络服务提供者事后采取必要措施的情况，这一方案可以给出更为妥当的处置。具体言之，法官不妨根据网络服务提供者"知道直接侵权"的时间，及其"实际采取必要措施的时

---

〔1〕 罗森贝克指出，权利妨碍规范"一开始"就阻止权利成立规范的效力产生，而权利消灭规范"后来才"对抗权利成立规范。参见［德］莱奥·罗森贝克：《证明责任论》（第5版），庄敬华译，中国法制出版社2018年版，第123—124页；Vgl. Purrmann Ulrici, Einwendungen und Einreden, JuS 2011, S. 106.
〔2〕 关于《民法典》在证明责任领域的发展及依然存在的问题，参见翁晓斌、饶淑慧：《我国民事证明责任分配规范问题再审思》，载《河南师范大学学报（哲学社会科学版）》2021年第3期。

间",[1]认定帮助侵权发生和终止的时点，并据此确定其责任范围和赔偿数额。[2]

（二）知道规则的证明责任展开

按照上文分析，《民法典》第 1197 条规定了网络服务提供者共同侵权责任的两个权利成立要件，即网络用户利用网络从事了侵权行为，以及网络服务提供者知道或者应当知道侵权行为；另外还规定了一个权利消灭规范的构成要件，即网络服务提供者采取了必要措施。根据《民事诉讼法解释》第 91 条，权利成立要件应由权利人负证明责任，权利消灭规范的构成要件则由义务人，即网络服务提供者负证明责任。在诉讼中，权利人通常会在起诉直接侵权人的同时起诉网络服务提供者，而"直接侵权存在"本来就是直接侵权责任诉讼的主要审理对象，因此，这一要件并无必要专门讨论。最重要，也引起最多讨论的是"知道或者应当知道侵权行为"要件。

在《民法典》第 1197 条将"知道"与"应当知道"并列的语境中，知道只能理解为"明知"，即实际上知道。而我国立法中的"应当知道"，实际上包含了"推定的应知"和"基于注意义务的应知"两种情形。[3]不过，从证据法的角度，推定的知道

---

〔1〕 当然，在实践中，从知道直接侵权到采取必要措施，应该留出必要的调查、准备时间。参见程啸：《论我国〈民法典〉网络侵权责任中的通知规则》，载《武汉大学学报（哲学社会科学版）》2020 年第 6 期。

〔2〕 而在将"及时采取必要措施"作为权利妨碍要件的方案中，就无法作出这种区分。相应地，对侵权时间和责任范围的认定也就失去了依据。

〔3〕 参见朱冬：《网络服务提供者间接侵权责任的移植与变异》，载《中外法学》2019 年第 5 期；徐可：《网络侵权归责体系中认识要件的起源与嬗变》，载《福建师范大学学报（哲学社会科学版）》2020 年第 4 期。

与实际知道的区别仅仅在于前者可通过间接证据证明，而后者须通过直接证据证明。理论上，无论实际知道还是推定知道，都表示网络服务提供者主观上意识到了侵权行为，在过错类型上均构成故意；与此不同，违反注意义务的知道则不考虑网络服务提供者主观上是否认识到侵权行为发生，在过错类型上属于过失。[1]由于证明路径不同，在证明责任的承担方式上，也会有明显的差异。

实际知道的证明与其他要件的证明没有本质区别，理论上并无太多值得讨论之处。推定知道的证明，在逻辑上包含了基础事实的证明、经验法则的运用以及相对方反证等一系列证明活动。违反注意义务的知道，则涉及注意义务的成立，以及对该义务的违反两个事实的证明。需要明确的是，权利人请求判决网络服务提供者承担帮助侵权责任，必须在结果意义上证明后者知道侵权行为存在。这种证明要么通过直接证明的方式完成（明知），要么通过事实推定/间接证明的方式完成（推定的知道），要么通过证明注意义务未履行的方式完成（违反注意义务的应知）。[2]无论以哪种方式，只要审理终结时网络服务提供者是否知道直接侵权真伪不明，法官就只能判决驳回权利人的请求。倘非如此，网络服务提供者帮助侵权责任就很容易滑入某种不作为责任，甚至

---

〔1〕 参见冯术杰：《论网络服务提供者间接侵权责任的过错形态》，载《中国法学》2016年第4期；朱冬：《网络服务提供者间接侵权责任的移植与变异》，载《中外法学》2019年第5期。从这个角度，把推定的知道归入"明知"，而把"应知"纯化为违反注意义务的知道，在逻辑上或许更合理。最高人民法院的释义书也持这种观点，参见最高人民法院民法典贯彻实施工作领导小组主编：《中华人民共和国民法典侵权责任编理解与适用》，人民法院出版社2020年版，第279页。

〔2〕 在具体证明方面，权利人一般只需主张并证明特定注意义务存在，在此基础上，网络服务提供者则需证明它已遵照该义务行事。

是严格责任。[1]至于权利人可能遇到的证明困境，则是自由心证需要解决的问题，原则上不应纳入证明责任的考虑范围。对这一点，实务中的掌握并不完全统一。

案例3：在广东Z文化发展有限公司诉广州S软件技术有限公司、上海K广告有限公司侵犯信息网络传播权纠纷案中，一审法院认为，"被告S公司在POCO网上设立电影交流区栏目等行为的目的，就是通过提供免费欣赏电影的服务吸引网络用户，提高网站的点击率，并以出让网站广告经营权的方式获利。因此，被告S公司对于网络用户在电影交流区传播的电影作品之版权问题，应当负有审查义务，而不应仅仅通过在网站上作一些有关权利的警告性提示或要求权利人发出权利通知来替代上述义务，除非被告S公司能够提供证据证明其对涉案电影作品经审查后仍然不知其为侵权作品，否则被告S公司不能以前述辩解理由免除相应的侵权之责。而且在本案中，网络用户的侵权行为是显而易见的，被告S公司却视而不见，放任侵权行为的扩大，其主观过错明显，应当承担相应的法律责任"。[2]

案例3中，一审判决要求被告网络服务提供者证明其"经过审查仍不知涉案电影作品为侵权作品"，至少存在一定的误导性。在具体的证据调查活动中，法院当然可以要求网络服务提供者提供证据证明其尽到了审查义务。但这种证明不是结果意义上的证明，因为对该事实的客观证明责任在权利人一方，而不是在网络

---

〔1〕 对这种可能性的分析，参见朱冬：《网络服务提供者间接侵权责任的移植与变异》，载《中外法学》2019年第5期。

〔2〕 一审判决见上海市第一中级人民法院（2006）沪一中民五（知）初字第384号民事判决书；二审维持了一审判决，见上海市高级人民法院（2008）沪高民三（知）终字第7号民事判决书。

服务提供者一方。

网络服务提供者帮助侵权责任的构成要件及知道要件的证明方式,可以通过图 5-1 展示。

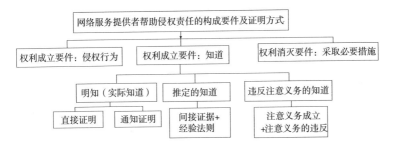

图 5-1 网络服务提供者帮助侵权责任的构成要件与证明方式
——以《民法典》第 1197 条为中心

(三)通知规则的证明责任展开

相对原《侵权责任法》第 36 条,《民法典》第 1196 条规定的反通知规则是一个重要的发展。反通知让网络服务提供者得以兼听则明,对于其准确判断侵权行为是否真实存在具有重要意义。同时,反通知也使得权利人与网络用户之间的信息沟通成为可能,从而有利于促成纠纷在诉讼之外化解。但是,就网络服务提供者帮助侵权责任的认定而言,反通知规则与通知规则一样,都不过是判断网络服务提供者是否知道侵权行为的规范性指引。两个法条涉及权利人的通知、网络服务提供者的转通知、网络服务提供者的必要措施、网络用户的反通知以及网络服务提供者的后续处置等一系列行为。以下依次分析这些行为在证据法上的意义。

1.权利通知。网络服务提供者明知侵权行为,这在实践中很难证明。从这个意义上，通知规则提供了一种认定网络服务提供者"明知"的核心标准——只要权利人发出的合法通知到达网络服务提供者，即视为后者知道了通知中所指出的侵权事实。[1]立法对通知内容的要求是要包括构成侵权的初步证据和权利人的真实身份信息，但这只是形式要求。从责任认定的角度，真正重要的是，通知能否让网络服务提供者"知道"侵权行为。考虑到权利通知是判断网络服务提供者是否"知道"的关键载体，通知内容的合法性和充分性应视为证据法上的主要事实。因为，通过这一个事实，即可实现对"知道"这个法律要件的证立。[2]

案例 4： 在北京 L 科技有限公司诉 A 计算有限公司侵害作品信息网络传播权纠纷案中，二审法院对权利人的三次权利通知逐一进行了分析。对于第三次通知，二审判决认为，"……该通知函没有提供准确定位侵权作品的信息。此外，该通知函没有体现任何联系方式。L 公司主张该通知附件包含前述重要信息，但是，A 公司否认收到该附件，L 公司一审相关证据中亦不包含该附件，且根据在案证据显示，该通知函骑缝章仅覆盖两页主文，没有显示还有其他页面。根据举证责任的分配原则，L 公司应当承担举证不能的不利后果。因此，本院认为，在案证据不能证明 L 公司第三份通知符合合格通知的法定要件"。[3]

在以通知决定网络服务提供者帮助侵权责任的诉讼中，通知

---

〔1〕 参见黄薇主编：《中华人民共和国民法典侵权责任编释义》，法律出版社2020 年版，第 112 页。

〔2〕 证据法上的事实分为主要事实、间接事实、辅助事实等。其中，主要事实是能够单独证立要件事实的具体事实，而其他事实不能单独证立要件事实。因此，主要事实与要件事实共享同样的证明责任分配，而其他事实原则上不存在证明责任问题。

〔3〕 北京知识产权法院（2017）京 73 民终 1194 号民事判决书。

本身的合法性和充分性有可能成为争点。在案例4中，二审法院就是基于对该问题的讨论，纠正了一审对于第三份通知合法性的认定。从证明责任分配的角度，二审判决的论述是得体的。

2. 转通知。根据《民法典》第1195条第2款，网络服务提供者收到权利人的通知后，应将通知及时转送给相关网络用户。学界时有"通知权""转通知义务"的说法，[1]但从实体责任认定的角度，并不存在独立的通知权，也不存在独立的转通知义务。[2]转通知的意义主要在于传送信息，推动斡旋。如果网络服务提供者从权利人的通知中已经确定侵权存在，可以在转发通知的同时，直接采取必要措施终止侵权；如果对是否侵权并不确定，或者侵权损害不那么紧迫，则可以等候网络用户对转通知作出反馈后再作定夺。但如果侵权行为不存在，或者侵权行为存在但权利通知不合格，网络服务提供者即使不转发通知，也无须承担责任。可见，网络服务提供者是否将权利通知及时转发给了网络用户，与其应否承担责任没有必然联系。但是，转通知的存在有助于排除网络服务提供者的过错，在诉讼中也并非毫无价值。

转通知不仅出现在《民法典》第1195条，也出现在《民法典》第1196条。对于网络用户的不侵权声明，网络服务提供者同样应当及时转发给权利人。两个地方的转通知在性质上并无二致。它们都是认定网络服务提供者过错的参考信息，不是主要事

---

[1]　参见杨立新：《民法典侵权责任编草案规定的网络侵权责任规则检视》，载《法学论坛》2019年第3期；徐伟：《〈民法典〉中网络侵权制度的新发展》，载《法治研究》2020年第4期。

[2]　有学者认为这是程序性义务，参见张新宝：《中国民法典释评·侵权责任编》，中国人民大学出版社2020年版，第113页。但违反程序义务，同样需要遭受惩罚或者不利后果，而违反"转通知义务"并不会。所以本书认为，转通知只是一个倡导性规范，不是法律意义上的义务。

实，也不存在证明责任问题。

3. 采取必要措施。作为网络服务提供者帮助侵权责任的权利消灭抗辩，采取必要措施的证明责任由网络服务提供者负担。这意味着，如果法官对措施是否及时、充分无法形成判断（真伪不明），应当判决网络服务提供者对损害扩大部分负连带责任。实务中，有判决将网络服务提供者收到通知后的沟通和斡旋归入"必要措施"；[1]有学者也认为，由于侵权行为尚不明朗，网络服务提供者可以采取删除、屏蔽、断开连接以外的"其他合理措施"。[2]按照本章的分析，这种认识可能混淆了证据法上的不同事实。在证据法上，出于对通知本身的疑惑而进行的反馈、调查和斡旋，属于网络提供者对其主观过错的否认。否认与抗辩在证明责任上有重大差别：对于抗辩事实，主张者要负客观证明责任；而对于否认事实，主张者不负客观证明责任。[3]这意味着，对于采取了必要措施的主张，网络服务提供者需要进行本证意义的证明；而对于收到通知后的反馈、调查和斡旋等活动，只需进行反

---

〔1〕 参见北京知识产权法院（2017）京 73 民终 1194 号民事判决书；浙江省高级人民法院（2015）浙知终字第 186 号民事判决书。

〔2〕 参见邹海林、朱广新主编：《民法典评注·侵权责任编》（第 1 册），中国法制出版社 2020 年版，第 350 页（第 1197 条评注，刘文杰撰写）。有学者将转通知也视为"必要措施"，参见徐伟：《〈民法典〉中网络侵权制度的新发展》，载《法治研究》2020 年第 4 期。但官方释义书观点对"必要措施"的界定一般不包括这些内容，参见黄薇主编：《中华人民共和国民法典侵权责任编释义》，法律出版社 2020 年版，第 107 页；最高人民法院民法典贯彻实施工作领导小组主编：《中华人民共和国民法典侵权责任编理解与适用》，人民法院出版社 2020 年版，第 269—270 页。

〔3〕 参见陈刚：《抗辩与否认在证明责任法领域中的意义》，载《政法论坛》2001 年第 3 期；袁琳：《证明责任视角下的抗辩与否认界别》，载《现代法学》2016 年第 6 期。

证意义的证明即可。[1]

需要注意的是，权利人根据《民法典》第1197条主张网络服务提供者承担连带责任，后者同样可以通过证明采取了必要措施实现"免责"。两个地方的必要措施性质一样，只是两个法条所涉及的责任范围不同，使得采取必要措施的后果不尽相同而已。

4. 反通知。根据《民法典》第1196条，网络用户收到转送的通知后，可以提交不存在侵权的声明，即反通知。有观点认为，反通知是一种抗辩权。[2]这种说法并不准确。抗辩权是在请求权成立的前提下，相对方用来对抗请求权，阻却请求权效果实现的实体权利。而反通知的功能在于：如果网络用户提出了一个有效的反通知，网络服务提供者就可以从"知道"侵权行为的主观过错中解脱出来。因此，它是对"知道"这一权利成立要件的否认，而不是对权利人权利的抗辩，更不是所谓的"抗辩权"。在网络服务提供者帮助侵权责任的审理中，这个否认在诉讼中也应由网络服务提供者（而不是网络用户）主张和证明。[3]

5. 对反通知的处置。网络服务提供者本来采取了措施，但在网络用户提出不侵权声明之后撤销，表明其在收到反通知后认识发生了变化，不再认为侵权行为存在。如果此后侵害继续发生，网络服务提供者自然不能主张权利消灭抗辩，而只能主张其对损害扩大部分没有过错。此时的责任认定，依然取决于法院对网络

---

〔1〕 本证与反证的区别主要是：本证需要达到法定证明标准，而反证只需要将对方对待证事实的证明拉低到法定证明标准以下。

〔2〕 参见最高人民法院民法典贯彻实施工作领导小组主编：《中华人民共和国民法典侵权责任编理解与适用》，人民法院出版社2020年版，第275页。

〔3〕 但如果网络用户以网络服务提供者错误采取删除、断开措施而主张后者帮助侵权，反通知的性质和功能就需要重新界定了。

服务提供者主观状态的评价。如果法院认为，由权利人的通知和网络用户反通知组成的信息体足以让一般人相信侵权行为存在，就应认定网络服务提供者有过错；相反，则应认定其无过错。通过这种方式，反通知的合法性、撤销必要措施的恰当性等问题，都被纳入了网络服务提供者过错的认定。考虑到这些事实的功能都在于否认网络服务提供者的过错，网络服务提供者同样只需对它们进行反证意义上的证明。以上论述，可通过图5-2展示。

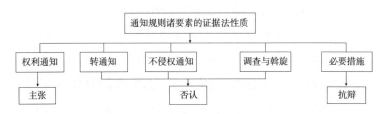

图5-2　通知规则诸要素的证据法性质

四、证据调查的流程与方法

（一）证据调查的顺序

要件事实本身的逻辑关系，决定了这些事实的调查需要遵循一定的顺序。就网络服务提供者帮助侵权责任的调查而言，法院应该首先审查直接侵权；在直接侵权成立的前提下，才有必要审查网络服务提供者是否知道直接侵权；如果网络服务提供者主张其已经采取了必要措施终止侵权，则需进一步对措施的充分性和及时性进行审查。这样的顺序不仅最节省司法资源，也最符合规范本身的内在逻辑。实践中，法院基本上也是按这样的顺序对网络服务提供者帮助侵权责任进行审理的。

案例6：在赵某与北京J电子商务有限公司侵害实用新型专利权纠纷案中，最高人民法院认为，根据原《侵权责任法》第36条，"在知识产权权利人针对电子商务平台经营者提起知识产权侵权诉讼时，人民法院审查电子商务平台经营者是否履行了采取必要措施的义务、是否应当对损失的扩大部分与平台经营者承担连带责任，或者与侵权人承担连带责任的前提是，知识产权权利人能够提供证据证明平台经营者知道或者应当知道平台内经营者实施了知识产权侵权行为。本案中，因赵某提供的证据不能确定被诉侵权产品的技术特征，无法认定J商城的平台内经营者即涉案店铺是否实施了侵权行为，因此，本案不具备判断J公司是否因J商城平台内经营者的许诺销售侵权行为应当承担相应的侵权责任的基础条件"。[1]

案例6中，最高人民法院明确指出，当网络用户直接侵权无法证明时，不具备判断网络服务提供者帮助侵权责任的基础条件。这种情况下，自然也无须对网络服务提供者是否知道的主观过错状态进行审查。

对两种知道的审查也应该遵循一定的顺序。具体来讲，应该首先审查第1197条涉及的一般知道，在此基础上，再审查可能出现的通知知道。之所以如此，首先，是因为第1197条涉及网络服务提供者的整体责任，而第1195—1196条只涉及网络服务提供者对于通知后损害扩大部分的责任。权利人起诉网络服务提供者，一般会要求后者就全部侵权损害承担连带责任。要对这种请求作出支持与否的回答，必须首先适用第1197条。其次，一

---

〔1〕 最高人民法院（2019）最高法知民终434号民事判决书。

般知道的认定，对于通知知道的判断具有前提性的意义。如果第1197条中的一般知道已经被证明，则权利人的权利通知是否合法、充分实际上已不重要。因为，无论如何，网络服务提供者都不可能再通过否认其知道侵权行为而免于担责。网络服务提供者所能做的只剩下提出权利消灭抗辩，即通过主张并且证明它已采取必要措施，来免除对于后续网络侵权的连带责任。可见，只有当一般知道无法证明时，关于通知知道的讨论才有意义，也才有必要。实践中，多数法院对网络服务提供者帮助侵权责任的审理活动符合上述思路，但也有例外。

案例7： 在 X 信息技术有限公司诉上海 T 网络科技有限公司侵犯著作财产权纠纷案中，一审法院在论证了被告公司应当知道网络用户发布的作品侵权之后指出，"至于被告所提出的未收到过通知书之抗辩，本院认为，只有在网络服务提供者不知道也没有合理理由应当知道服务对象提供的作品侵权时，才牵涉权利人提交书面通知以达到警告网络服务提供商并请求其移除相关侵权内容的目的，反之则不适用'通知与移除'规则"。[1]

案例8： 在唐某诉濮阳市 S 艺术商城、浙江 T 网络有限公司著作权侵权纠纷案中，二审法院认为，"T 网络公司系网络服务提供者，而非被诉侵权复制品的生产者、销售者或链接的发布者，在现有证据不能证实其知道或应知 S 艺术商城利用其网络服务实施被诉侵权行为的情况下，其已在收到唐某发送的有关被诉侵权行为的通知后、唐某提起本案诉讼之前，对该行为是否构成侵权进行了审查、核实，删除了 S 艺术商城开设的涉案店铺内包

---

[1] 上海市第一中级人民法院（2007）沪一中民五（知）初字第129号民事判决书。

含与 40 幅涉案作品相关的侵权复制品在内的全部商品链接，且涉案函件的转办及相关内容的审查、核实确需一定的时间，其客观上已采取了必要措施，尽到了网络服务提供者的责任"。[1]

作为上海法院的早期判决，案例 7 正确指出了知道规则与通知规则的关系，即只有前者无法认定时，才有必要讨论后者。案例 8 首先否认了网络服务提供者构成一般知道，继而认可其构成通知知道，最后认定其采取了必要措施，在法律适用的逻辑上清晰、完整。但是，类似前文案例 1 的裁判也不少见。它们一般只援引《民法典》第 1195 条，并在不讨论网络服务提供者是否通过其他渠道明知或应知侵权行为的情况下，就以权利人没有进行权利通知为由，排除了网络服务提供者的连带责任。这种判决在实体上未必错误，在程序上却难言周全。正确的做法是，首先审理第 1197 条上的一般知道，在否定了网络服务提供者构成该条意义上的明知或应知的前提下，再审理第 1195 条上的通知知道。唯有如此，才能避免"漏审"的风险。

（二）一般知道的证明

就实际知道的证明，可能出现的证据比如网络服务提供者工作人员在诉讼外的自认，有关会议记录中的明文认可，等等。这类证据通常不易获得，在司法实践中也很少出现。用于证明推定知道的间接证据相对丰富，常见的比如被侵权客体的较高知名度、侵权行为的显明性、生效判决中确认的事实、侵权行为的重复发生等。这些证据本身都不能单独证明网络服务提供者知道侵权行为，必须结合经验法则，经过推理，方能完成证明。这里的

---

[1] 天津市高级人民法院（2021）津民终 65 号民事判决书。

经验法则可能是一般的社会生活经验法则，也可能是特定互联网行业中共识性的认知或者惯例。对于推定知道的认定，与实际知道一样，原则上采普通人的认知标准，而不采专业人士的认知标准。因为，推定知道在过错形态上属于故意而非过失。既然是故意，就不应该给责任人设定超出一般人的认知要求。至于违反注意义务的应知，证明的重点在于说服法官相信网络服务提供者负有某种注意义务，并且它没有遵照这种义务对网络用户上传的信息进行审查。违反注意义务的知道与推定知道的区别在于，前者是从"应然"出发进行推理，后者是从"实然"出发进行推理。也就是说，对于违反注意义务的知道，需要在已经发生的事实之外，为网络服务提供者设定某种额外的义务，而推定知道则不需要这种额外义务的设定。实践中，注意义务的审查主要围绕网络服务类型、侵权行为类型和被侵害权利类型等要素展开。[1]

基于以上讨论，对于一般知道的调查，最好也遵循某种顺序展开。考虑到直接证明是最可靠的证明，如果案件中有可能证明明知，当然要围绕与此相关的直接证据进行调查；如果没有直接证据——这是大多数情况，则首选通过间接证据推定网络服务提供者知道的证明路径；只有当上述两种证明路径都走不通，才考虑通过违反注意义务的证明路径。这是因为，作为一般原则，网络服务提供者一般不负事前审查义务。突破这一点需要特殊的理由，而这经常会在诉讼中引发激烈的争执。[2]

---

〔1〕 参见陈锦川：《网络服务提供者过错认定的研究》，载《知识产权》2011年第2期；司晓：《网络服务提供者知识产权注意义务的设定》，载《法律科学》2018年第1期。

〔2〕 这种争论常常涉及复杂的利益衡量和公共政策选择。这方面的讨论，参见司晓：《网络服务提供者知识产权注意义务的设定》，载《法律科学》2018年第1期。

案例9：在 X 公司与 T 网络著作权侵权纠纷案中，二审法院认为，"……上诉人特意将'原创'作品与其他'娱乐''影视''音乐'等作品分设不同频道的行为本身，也说明上诉人除了对广大网络用户将自拍的家庭生活或娱乐片段等原创作品上传之外，还可能将其他未经许可的热门电影和电视剧等上传至网站从而招致可能的侵权风险的情况是知晓的；……上诉人作为一家专门从事包含影视、音乐等在内的多媒体娱乐视频共享平台的专业网站，在日常网站维护中，应当知晓当时在大陆热播的电影作品之一的《××的石头》的上传是未经许可的。……由于涉案作品《××的石头》在当时是大陆热播的影片，上诉人在审片过程中不可能不注意到该影片的上传属于未经许可的侵权行为。此外，通过审核后公布在 T 网上的视频作品的视频框左上角均由上诉人加注'T 网和其域名'字样的事实本身，也再次证明了上诉人对用户上传视频的审核行为的认可。由此可见，上诉人在具备合理理由知晓侵权行为存在的情况下，不仅不采取合理措施防止侵权行为的发生，还采取了视而不见、予以放任的态度，其主观上具有过错，应当承担相应的侵权民事法律责任"。[1]

案例10：在北京 C 影视制作有限公司与广州 S 软件技术有限公司侵犯信息网络传播权纠纷案中，二审法院认为，"虽然POCO 网站上的作品有上万部，网站同时在线人数高达54 万余人，庞大的用户群通过网站交换随时变化的海量信息，使 S 公司的'注意'变得异常困难确属事实。但……依靠经营 POCO 软件及其相关网络服务获得收益，同时又具有能力避免或者制止直接侵权行为的网络服务商，与著作权人相比，显然前者更有能力

[1] 上海市高级人民法院（2008）沪高民三（知）终字第62 号民事判决书。

控制和减少'事先'侵权行为的发生。两者相权衡，从权利和义务，能力和责任相一致出发，将对网络用户的传输内容'事先'进行注意的义务赋予S公司，显得更为公平。因此，S公司不计后果地为网络用户提供点对点（P2P）软件及BBS、搜索及链接等一整套服务，又没有采取任何技术措施防止或减少他人利用其服务进行侵权的行为发生，不符合一个理性、谨慎的专业网络服务提供商的行为准则，主观上存在过错，与直接侵权人构成共同侵权，应承担侵害他人财产的赔偿责任"。[1]

上述案例中，案例9是典型的推定知道。判决书中的整个说理，都是为了证明被告网络服务提供者有理由知道侵权行为。所谓"有理由知道"，其实就是经由客观情事推定网络平台实际上知道，只是故意无视和放任而已。案例10则反映了违反注意义务的应知的特点。判决最后认定网络服务提供者构成共同侵权的理由不是其真的知道，甚至明确承认，对于被告网站来说，要注意到侵权行为"异常困难"。但必须有一个主体负担起避免侵权发生的义务，而这个主体最好是网络服务提供者。某种意义上，这已经超越了单纯的事实判断，进入了价值衡量的范畴。这种衡量很容易引发争议，这也是为什么要把注意义务审查放到最后的原因。

（三）通知知道的证明

将权利人的通知理解为认定网络服务提供者主观过错的一种具体方式，那么判断通知是否合格的标准就是，它能否让网络服务提供者"知道"侵权行为的存在。如前文所述，除了权利通

---

〔1〕 广东省高级人民法院（2006）粤高法民三终字第355号民事判决书。

知,网络用户的反通知、网络服务提供者的转通知、后续调查与斡旋等,也会影响法官对知道要件的心证。这里主要围绕通知和反通知展开分析。

1. 通知的审查

《民法典》没有给出判断通知是否合格的审查标准。理论上,有学者主张,应对权利通知采"高度盖然性"的审查标准。[1]以民事诉讼中的法定证明标准作为权利通知的审查标准,未必合适。一方面,诉讼外的权利通知与民事诉讼面临的场景并不相同。网络服务提供者在接到权利通知的时候,只掌握权利人单方提供的信息。仅靠"一面之词",它很多时候无法对侵权行为的"盖然性"作出精确判断。另一方面,以高度盖然性的证明标准要求网络服务提供者,与立法表达也不相符。立法规定的是"初步证据",这里权利人需要完成的证明顶多类似诉讼上的"初步证明"。民事诉讼中的初步证明,是指一方当事人只有对其主张进行了初步的、最低程度的证明,才产生对方当事人的提出证据责任。初步证明的标准低于民事诉讼中的法定证明标准,一般只需达到盖然性优势标准。[2]因此,权利通知对侵权行为的证明也只需达到盖然性优势标准。[3]

早期实践中,曾有企业要求权利人通过投诉甚至起诉来主张

---

〔1〕 参见石必胜:《电子商务交易平台知识产权审查义务的标准》,载《法律适用》2013年第2期。

〔2〕 关于初步证据的证明标准,参见王娱媛:《我国初步证据的类型化适用及其规则完善》,载《江西社会科学》2021年第7期。

〔3〕 当然,实践中对这一标准的具体掌握,不妨根据侵权类型以及可能采取措施,作出灵活调整。参见冯术杰:《网络服务提供者的商标侵权责任认定——兼论〈侵权责任法〉第36条及其适用》,载《知识产权》2015年第5期。

权利，但这类要求已经被司法实践否定。[1]随着对网络服务提供者不利的判决越来越多，大型互联网企业多对投诉的流程和要求作出规定并公开发布。实践中，对待这类指引的态度常常成为法院判定通知是否有效的参考。

案例 11： 在 H 实业有限公司诉 S 贸易有限公司、A 广告有限公司侵害发明专利权纠纷案中，二审法院认为，"本案中，上诉人在接到投诉通知后，要求投诉人补充'授权材料'及'侵权的初步证明材料'，因本案涉及的投诉并非权利人自己行使，而是委托律师代为行使，因此上诉人要求投诉人补充授权材料及侵权的初步证明材料是符合电子商务当前的交易实际的。在投诉人未补齐上述两方面的材料的情况下，应当认定 H 公司的投诉通知是一个无效的通知，上诉人未及时断开有关链接没有过错……"[2]

案例 12： 在威海 J 生活家电有限公司诉永康市 J 工贸有限公司、浙江 T 网络有限公司侵害发明专利权纠纷案中，二审法院认为，"……就权利人而言，天猫公司的前述要求并非权利人投诉通知有效的必要条件。况且，J 家电公司在本案的投诉材料中提供了多达 5 页的以图文并茂的方式表现的技术特征对比表，T 公司仍以教条的、格式化的回复将技术特征对比作为审核不通过的原因之一，处置失当。至于 T 公司审核不通过并提出提供购买订单编号或双方会员名的要求，……本案中投诉方是否提供购买订单编号或双方会员名并不影响投诉行为的合法有效。而且，T 公

---

〔1〕 参见程啸：《论我国〈民法典〉网络侵权责任中的通知规则》，载《武汉大学学报（哲学社会科学版）》2020 年第 6 期。

〔2〕 福建省高级人民法院（2016）闽民终 1345 号民事判决书；类似判决，广东省广州市黄埔区人民法院（2021）粤 0112 民初 14798 号民事判决书。

司所确定的投诉规制并不对权利人维权产生法律约束力，权利人只需在法律规定的框架内行使维权行为即可，投诉方完全可以根据自己的利益考量决定是否接受 T 公司所确定的投诉规制"。[1]

上述两个案例都涉及互联网企业内部的投诉指引规则的效力问题。总体上，这类指引会受到法院的尊重。在案例 11 中，虽然网络服务提供者收到权利通知后，没有采取必要措施终止侵权，也没有转发权利通知，而是要求权利人提供更多的材料佐证其权利主张，但二审法院认为这种要求是符合电子商务的实际，并基于这种认识判定权利人的权利通知不合格。而在案例 12 中，被告企业的要求却被认为不恰当。理由是，互联网企业关于投诉指引的内部规定对权利人没有约束力，权利人只需要在法律规定的框架内维权即可。按照本书观点，这里的判断标准只有一个，那就是权利通知是否足以完成对侵权行为的初步证明。如果达到这一标准，即使不符合网络服务提供者的要求，也应当认为通知是合法的和充分的。

2. 反通知的审查

网络服务提供者采取必要措施后，可能收到网络用户的不侵权声明，即反通知。对反通知，网络服务提供者也应进行一定的

---

[1] 最高人民法院指导案例 83 号：威海嘉易烤生活家电有限公司诉永康市金仕德工贸有限公司、浙江天猫网络有限公司侵害发明专利权纠纷案。一、二审判决分别为：浙江省金华市中级人民法院（2015）浙金知民初字第 148 号民事判决书；浙江省高级人民法院（2015）浙知终字第 186 号民事判决书。

审查。至于审查标准，则存在形式审查与实质审查的争论。[1]笔者认为，纯粹的形式审查不可取，因为那样一来，反通知很容易沦为侵权人恶意拖延的工具。况且，《民法典》第1196条对反通知的要求与第1195条对通知的要求并无二致。从法律解释的一贯性出发，既然对权利通知中的初步证据需要进行实质审查，对反通知中的初步证据当然也应该进行实质审查。[2]但是，不能要求网络服务提供者像法院一样，全面调查并准确判断侵权行为是否存在。首先，作为对权利通知的否认，反通知不需要从结果上证明侵权行为不存在，而是只需要动摇网络服务提供者关于"侵权行为存在"的临时判断。其次，从制度设计来看，反通知合法的后果是被网络服务提供者转送权利人，并视权利人的反馈，决定后续的处置。既然最终的处理取决于权利人的行动，对反通知的可靠性就不必提出过高要求。因此，对反通知应当进行实质审查，反通知中包含的初步证据只要能够证明侵权行为不存在具有一般可能性，就应当认为是合法的反通知。[3]

案例13：在青岛F贸易有限公司与广州市S有限公司、杭州A广告有限公司侵害外观设计专利权纠纷案中，一审法院认为，"首先，A广告公司已公开发布声明要求其用户不得销售侵

---

〔1〕 前者比如程啸：《论我国〈民法典〉网络侵权责任中的通知规则》，载《武汉大学学报（哲学社会科学版）》2020年第6期（网络服务提供者无须自居裁判者的位置而对侵权通知和不侵权声明进行对比审查并判断何者有道理或符合法律要求）；后者比如沈弈婷：《反通知规则"六要素"审查方法研究——以〈民法典〉第1196条的司法续造为视角》，载微信公众号"中国上海司法智库"2022年2月10日。

〔2〕 假如对反通知不进行任何实质审查，关于反通知应当包含初步证据的规定就成了具文。

〔3〕 对反通知审查标准的讨论，可参见上海市第一中级人民法院（2020）沪01民终4923号民事判决书中的讨论。

犯他人知识产权的产品；其次，A 广告公司在接到 F 公司投诉后，删除了涉案产品，不属于'未采取必要措施的'情形。虽后经 S 公司申诉，浙江省知识产权研究与服务中心作出咨询报告，认定涉案被控侵权产品未侵权，A 广告公司恢复了涉案产品的链接，但是 A 广告公司已经尽到了必要的注意义务，采取了相应的措施，不应再对 A 广告公司施以过高的注意义务……"[1]

案例 13 中，法院认定直接侵权成立，但是网络服务提供者却没有被认定承担责任。因为，后者在接到通知和反通知后的处理符合一个审慎企业的标准，对于恢复措施后的损害扩大部分，不能认为它有帮助侵权的过错。如果说网络服务提供者接到通知之后无须担责是因为及时制止了侵权行为，那么，恢复产品链接之后也不用担责，则是因为它恢复了"不知"的状态。重要的不是直接侵权行为存不存在，而是网络服务提供者对于侵权行为的继续有无过错。

（四）必要措施的证明

作为权利消灭抗辩，所采取措施的充分性、及时性应当由网络服务提供者证明。充分性是指，网络服务提供者采取的措施足以制止侵权行为的影响继续扩大；及时性是指，网络服务提供者在合理期间内采取了必要措施。关于前者，考察的因素主要是侵权的类型，因为对于不同类型的侵权，需要采取不同的措施予以制止。对于后者，则主要考虑采取措施所需要的准备时间，以及

---

[1] 一审判决见山东省青岛市中级人民法院（2019）鲁 02 民初 254 号民事判决；二审判决维持，见山东省高级人民法院（2020）鲁民终 1072 号民事判决书。

网络服务提供者作为互联网企业所应具备的能力。[1]如果网络服务提供者采取了措施但不够及时，仍需要对此前发生的扩大侵害负连带责任。

案例14：在H唱片股份有限公司诉北京A信息技术有限公司侵犯著作邻接权纠纷案中，一审法院认为，"原告曾于2006年4月10日和7月4日分别向被告发函，告知其侵权事实的存在，提供了有关权利人录音制品信息的网址、含有涉案9首歌曲的音乐专辑及演唱者的名称，同时提供了《Beautiful Day》等7首涉案歌曲的具体URL地址各一个作为示例，要求被告删除与涉案专辑有关的所有侵权链接。被告收到上述函件后，即可以获取原告享有录音制作者权的相关信息及被控侵权的相关歌曲的信息，应知其网站音乐搜索服务产生的搜索链接结果含有侵犯原告录音制作者权的内容。但被告仅删除了原告提供的具体URL地址的7个侵权搜索链接，怠于行使删除与涉案歌曲有关的其他侵权搜索链接的义务，放任涉案侵权结果的发生，其主观上具有过错，属于通过网络帮助他人实施侵权的行为，应当承担相应的侵权责任"。[2]

案例15：在北京L科技有限公司诉A计算有限公司侵害作品信息网络传播权纠纷案中，二审法院认为，"纵观全案确认的事实，A公司对于L公司的通知一直持有消极态度，从L公司第一次发出通知，到诉讼中A公司采取措施，A公司在长达八个月的时间里未采取任何措施，远远超出了反应的合理时间，主观上其未意识到损害后果存在过错，客观上导致了损害后果的持续扩

---

〔1〕 司法实践中一般认为，从发出通知到采取必要措施之间间隔不超过7天，即属于及时。参见程啸：《论我国〈民法典〉网络侵权责任中的通知规则》，载《武汉大学学报（哲学社会科学版）》2020年第6期。

〔2〕 北京市第二中级人民法院（2007）二中民初字第02626号民事判决书。

大，A公司对此应当承担相应的法律责任"。[1]

　　案例14中，网络服务提供者在有条件对所有侵权作品进行删除的情况下，仅删除了权利人提供URL地址的部分作品，属于采取措施不充分。案例15中，网络服务提供者对权利人的通知一直采取消极态度，直到诉讼提起才采取措施，属于采取措施不及时。在这两个案件中，判决网络服务提供者对通知后损失扩大部分承担责任，都是有道理的。

　　《民法典》第1195条规定，网络服务提供者应"根据构成侵权的初步证据和服务类型采取必要措施"。有学者据此认为，措施是否充分还要考虑权利人的初步证据。[2]这种观点值得商榷。如果初步证据较弱，网络服务提供者可以要求更多证明材料，或者等候网络用户反通知后再作定夺。但是，这些行为都不宜定义为这里的"必要措施"。它们在逻辑上发生在网络服务提供者"知道"侵权行为之前，在性质上属于对帮助侵权的否认，而非抗辩。二者的证明责任和证明方式都不同，不可混为一谈。

　　按照以上论述，网络服务提供者帮助侵权责任的证据调查顺序大致可以图5-3表达。

---

〔1〕 北京知识产权法院（2017）京73民终1194号民事判决书。
〔2〕 参见徐伟：《〈民法典〉中网络侵权制度的新发展》，载《法治研究》2020年第4期。

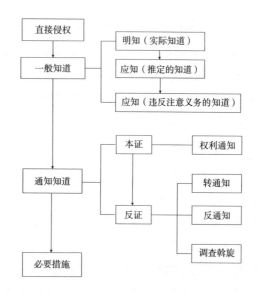

图 5-3　网络服务提供者帮助侵权责任的调查顺序

五、结论

无论立足于规范表达，还是着眼于实践操作，都只能将《民法典》第 1197 条理解为网络服务提供者帮助侵权责任的一般条款，而将第 1195—1196 条视为其在特殊情况下的体现方式。由此出发，本章就网络服务提供者帮助侵权责任诉讼的证明责任问题给出了系统方案。比如，在证明责任分配上，权利人应证明"存在直接侵权行为"和"网络服务提供者知道该侵权行为"，网络服务提供者则需证明其"已采取必要措施"。作为核心要件的"知道"，可区分为实际知道、推定的知道和违反注意义务的知道，并分别适用不同的证明方式。至于《民法典》第 1195—1196条涉及的诸事实，权利通知属于证明知道的主要事实，网络服务提供者应作本证意义的证明；转通知、反通知、调查与斡旋措施则属于否认知道的间接事实，网络服务提供者应作反证意义的证明。司法实践中，应按照规范逻辑和这些事实在证据法上的性质，依序展开调查。

上述分析一方面为此类案件的证据调查提供了操作指南，另一方面也为《民法典》第1195—1197条的教义学展开引入了证据法的视角。透过这一视角，不仅通知规则与知道规则的关系得以理顺，网络服务提供者帮助侵权责任的构成要件得以澄清，构成《民法典》第1195—1197条的那些具体要素，也将获得更加丰富的规范内涵。全面发掘《民法典》作为裁判规范的意义，让实体法规范同时成为事实审理的指引，正是证明责任研究可能具有的独特价值。

第六章
环境侵权诉讼的证明责任

一、问题的提出

环境侵权中的因果关系"证明责任倒置"规则,[1]是我国侵权法中一个颇具特色的制度。但该规则遭遇了来自理论界和实务界的双重挑战。理论上,不少学者认为,该规则存在重大缺陷,因果关系推定才是缓解被侵权人证明负担的理想方案。实践中,法院一般也不会直接要求污染者证明因果关系不存在,而是会首先要求被侵权人对因果关系存在进行一定程度的证明。为了弥合立法与实践之间的巨大鸿沟,最高人民法院在 2015 年《环境侵权责任解释》中引入了"关联性"概念。根据该解释第 6 条,被侵权人必须首先证明污染与损害后果之间具有"关联性",进而才能适用原《侵权责任法》第 66 条的证明责任倒置规范。该解释为原《侵权责任法》第 66 条的适用指示了一个方向,但这个方向远远谈不上清晰,而且还引发了一些新的疑问。比如,如何有效区分因果关系与关联性?

对于原《侵权行为法》第 66 条的上述规定,《民法典》第

---

[1] 这里的"证明责任倒置",实质上是立法中的特殊证明责任规则。出于论述的方便,本章沿用这种约定俗成的说法。关于证明责任倒置的概念辨析,参见本书第十章。

1230 条未作实质性修改。[1]在 2020 年修正的《环境侵权责任解释》中，2015 年司法解释第 6—7 条的核心内容同样被保留。[2]2023 年，《环境侵权责任解释》被《生态环境侵权责任解释》所废止，其涉及的程序性问题规定于《生态环境侵权民事诉讼证据规定》中。根据新的证据规定第 5—7 条可知，原有司法解释相关规定的核心内容依然被保留。换句话说，就理论界长期讨论的那些议题，新法和新司法解释均未提供任何新的信息。这些议题包括：现行法确立的环境侵权因果关系证明责任规范是否合理？因果关系推定是否是关于这一问题的终极答案？经过 2015 年司法解释的修正，司法实务采取了何种证明责任分配方案？以及最根本的：如何界定被侵权人的证明责任，才能在双方当事人之间较为公平地分配证明负担？

就上述问题，环境法学界和民事诉讼法学界均不乏研究。但是，受限于规范表达暧昧不明、司法实践纷繁无序，既有研究并未圆满回答上述问题。加之论者对证明责任理论缺乏深入认识，这类研究在理论上也不乏可商榷之处。本章在《民法典》适用的背景中再次关注这些问题，以期澄清理论争议，为司法实践探寻一个简洁、明了的法律适用方案。

---

〔1〕 与原《侵权责任法》第 66 条相比，《民法典》第 1230 条只是在该条适用范围上增加了"破坏生态"这一案件类型。

〔2〕 与 2015 年司法解释相比，2020 年修正的司法解释第 6—7 条在适用范围上拓展到了破坏生态案件，同时适应《民法典》的颁行，在援引法条上作了调整。

二、证明责任倒置还是因果关系推定？

（一）因果关系证明责任的规范发展

环境侵权中的因果关系证明责任倒置，最早出现在 2001 年《民事诉讼证据规定》中，之后在 2004 年《固体废物污染环境防治法》、2008 年《水污染防治法》以及 2009 年《侵权责任法》中，被多次重申。随着我国环境侵权责任的适用范围从环境污染拓展到破坏生态，《民法典》第 1230 条进一步规定，"因污染环境、破坏生态发生纠纷，行为人应当就法律规定的不承担责任或者减轻责任的情形及其行为与损害之间不存在因果关系承担举证责任"。立法者就此给出的理由是：因为环境侵权的特殊性，受害人证明污染者的行为与其损害之间存在因果关系非常困难，为了减轻受害人的举证负担，让受害人更容易获得救济，故采纳证明责任倒置制度。[1]

根据证明责任的一般原理，在上述证明责任分配方案中，应该首先由污染者对因果关系不存在进行证明，这种证明需要达到高度盖然性的证明标准；在此基础上，被侵权人对因果关系存在进行证明，这种证明不需要达到高度盖然性的证明标准，只需要让因果关系不存在这一事实陷入真伪不明即可；如果事实调查终

---

〔1〕 参见全国人大常委会法制工作委员会民法室编：《中华人民共和国侵权责任法条文说明、立法理由及相关规定》，北京大学出版社 2010 年版，第 277—278 页；黄薇主编：《中华人民共和国民法典侵权责任编释义》，法律出版社 2020 年版，第 182—183 页。

结时因果关系有无存疑，法官应作出不利于侵权人的裁判。[1]但在司法实践中，许多法院并没有遵循上述方案。根据环境法学者2007—2009年完成的一项调研，在954份裁判文书中，运用证明责任倒置的仅占49.6%。[2]而一项关于1993—2015年间619份裁判文书的研究则显示，运用证明责任倒置或直接由污染者举证的判决书仅占48.1%。[3]对此类研究或可提出这样那样的质疑，[4]但是，上面的数字至少可以反映一个事实，那就是，环境侵权中的证明责任倒置立法并没有像学者期待的那样被适用。事实上，最高人民法院也承认，"大多数环境侵权纠纷案件都要求被侵权人提供污染行为与损害之间存在关联性的初步证据。法院普遍拒绝在原告未对因果关系存在的可能性进行初步举证的前提下直接适用举证责任倒置规则……"[5]

作为对司法实践的妥协，最高人民法院在2014年发布的《关于全面加强环境资源审判工作为推进生态文明建设提供有力司法保障的意见》中要求，"对于因污染环境、破坏生态发生的纠纷，原告应当就存在污染行为和损害承担举证责任，并提交污染行为和损害之间可能存在因果关系的初步证据，被告应当就法律规定的不承担责任或者减轻责任的情形及其行为与损害之间

---

〔1〕 这一证明责任分配方案的展开，参见倪培根：《论我国环境侵权因果关系的证明路径》，载《中州学刊》2017年第12期。

〔2〕 参见吕忠梅、张忠民、熊晓青：《中国环境司法现状调查——以千份环境裁判文书为样本》，载《法学》2011年第4期。

〔3〕 参见张挺：《环境污染侵权因果关系证明责任之再构成——基于619份相关民事判决书的实证分析》，载《法学》2016年第7期。

〔4〕 比如，由于我国法院的裁判文书很少出现"真伪不明"这样的表达，许多时候很难判断法官究竟让哪一方当事人承担了客观证明责任。

〔5〕 参见最高人民法院研究室、最高人民法院环境资源审判庭编著：《最高人民法院环境侵权责任纠纷司法解释理解与适用》，人民法院出版社2016年版，第87页。

不存在因果关系承担举证责任"。[1]这一思路延续到了 2015 年的
《环境侵权责任解释》。根据解释第 6 条，被侵权人应首先就污染
行为、损害后果和二者之间具有关联性提供证据材料。尽管对于
因果关系的证明责任倒置一直存在争议，关于"关联性"的认识
也难言统一，但是，上述司法解释的核心内容依旧被 2020 年修
正的司法解释及 2023 年新制定的司法解释维持。

（二）对证明责任倒置规范的质疑

针对环境侵权因果关系证明责任倒置的立法，学术界一直
存在批评声音。批评观点的核心理由是，因果关系证明责任倒置
存在逻辑上的缺陷。在批评者看来，基于证明责任倒置的立法设
计，"无论损害成因是否具有特异性，也无论科学上对某种损
害后果的发生原因是否有较为明确的认定，都可以从加害行为与损
害结果这两个事实中直接推定二者存在因果关系。这一规定忽略
了基础事实与推定事实之间的常态关系"。[2]有学者担心，在因
果关系证明责任倒置的立法例下，如果某工厂存在排污情况，周
围居民但凡发生肺炎、癌症等相关病症，都可以起诉工厂并获得
胜诉。因为，按照现代医学的发展水平，工厂几乎不可能证明排
污与上述病症之间绝对不存在因果关系。[3]最高人民法院组织编
写的司法解释释义书也认为，直接适用举证责任倒置规则，"会
导致推定出的因果关系在客观性和可靠性方面无法经受实践的检

---

〔1〕 参见《最高人民法院关于全面加强环境资源审判工作为推进生态文明建
设提供有力司法保障的意见》（法发〔2014〕11 号）第 8 条。

〔2〕 薄晓波：《倒置与推定：对我国环境污染侵权中因果关系证明方法的反
思》，载《中国地质大学学报（社会科学版）》2014 年第 6 期。

〔3〕 参见王倩：《环境侵权因果关系举证责任分配规则阐释》，载《法学》
2017 年第 4 期。

验。造成这一问题的原因在于举证责任倒置规则在逻辑结构上的不足"。[1]

早在原《侵权责任法》颁行之前，就有学者主张，我国环境侵权立法应采因果关系推定，而非证明责任倒置规则。即首先由受害人对因果关系存在进行初步证明，受害人完成这种证明后推定因果关系存在；而侵权人需要从反面证明因果关系不存在，方能免责。[2]这种观点在原《侵权责任法》施行后继续出现，甚至逐渐成为环境法学界的主流观点。[3]这一观点虽然未被立法采纳，但对司法实践具有一定的解释力，对最高人民法院的司法政策也产生了深远影响。只有少数学者明确反对上述观点，认为我国环境侵权立法应继续实行因果关系证明责任倒置原则，没必要退回到因果关系推定。[4]

2015年《环境侵权责任解释》颁布后，有学者认为，《环境侵权责任解释》第6—7条确立的因果关系证明规则，在理论上更接近法律推定，即只有原告完成了对于"初步证据"或是"关联性"的证明之后，才可以使被告承担因果关系的证明责任。该

〔1〕 最高人民法院研究室、最高人民法院环境资源审判庭编著：《最高人民法院环境侵权责任纠纷司法解释理解与适用》，人民法院出版社2016年版，第87页。

〔2〕 参见马栩生：《环境侵权视野下的因果关系推定》，载《河北法学》2007年第3期。

〔3〕 如薄晓波：《倒置与推定：对我国环境污染侵权中因果关系证明方法的反思》，载《中国地质大学学报（社会科学版）》2014年第6期；张宝：《环境侵权诉讼中受害人举证义务研究——对〈侵权责任法〉第66条的解释》，载《政治与法律》2015年第2期；张旭东：《环境侵权因果关系证明责任倒置反思与重构：立法、学理及判例》，载《中国地质大学学报（社会科学版）》2015年第5期；张子昕：《环境侵权因果关系的具体化标准与推定路径》，载《安阳师范学院学报》2021年第4期。

〔4〕 参见刘英明：《环境侵权证明责任倒置合理性论证》，载《北方法学》2010年第2期。

学者认为，这在证明责任分配上更加公平合理，有利于减少滥诉的发生，总体上更容易让人接受。[1]但更多学者认为，虽然经过 2015 年司法解释的调整，我国环境侵权因果关系的证明责任分配有一定的进步，但立法与实践的割裂依然存在。对于此种割裂，学者或主张通过解释论的方式予以化解，或主张通过立法论的途径进行改革。[2]这些讨论在具体观点上或有差异，但基本方向都是建议借鉴因果关系推定的思路，对证明责任倒置的适用加以限制。

（三）回到证明责任倒置的出发点

上述讨论涉及两个问题，一是我国环境侵权因果关系的证明责任是什么，二是我国环境侵权因果关系的证明责任应当如何。这里先回答第一个问题。本书认为，在环境侵权因果关系的证明责任问题上，中国法始终坚持了证明责任倒置的立场。关于这一判断，可以从两个方面展开。

首先，因果关系证明责任倒置与因果关系推定是本质上不同的两种证明责任规范。尽管两种方案都被认为具有减轻被侵权人证明负担的功能，但二者达成这一功能的机制有重大区别，所导致的法律效果也有明显不同。

---

〔1〕 参见孙晨、杨帆：《环境侵权中因果关系的证明责任分配辨析》，载《环境保护》2020 年第 6 期。王倩也认为，这种转向契合了法教义学的立场，反映了立法、司法与学理的良性互动。参见王倩：《环境侵权因果关系举证责任分配规则阐释》，载《法学》2017 年第 4 期。

〔2〕 参见张挺：《环境污染侵权因果关系证明责任之再构成——基于 619 份相关民事判决书的实证分析》，载《法学》2016 年第 7 期；王倩：《环境侵权因果关系举证责任分配规则阐释》，载《法学》2017 年第 4 期；柯阳友、蒋楠：《环境侵权诉讼中因果关系证明的质疑与反思》，载《河北工业大学学报（社会科学版）》2017 年第 3 期；范兴龙：《民法典背景下环境侵权因果关系认定的完善》，载《法律适用》2020 年第 23 期。

在我国文献中,"推定"一词含义众多,既可能指法官通过间接事实认定主要事实的事实认定活动,也可能指法律明文规定的、从一个基础事实推导出某个推定事实的立法规范,甚至可能指某些法定证明责任规范背后的立法原理。第一种用法一般称为事实推定,严格说来并不具有法律意义;[1]第三种用法常常与证明责任倒置重合,属于实体法的风险分配规则。[2]因此,这里讨论的因果关系推定仅限于第二种,即法律上的事实推定(简称法律推定)。这个意义上的因果关系推定,包含两个阶段的证明活动。在第一个阶段,权利人不需要终极地证明因果关系存在,而是只需证明某个法律规定的基础事实,法官即推定因果关系存在;在第二个阶段,侵权人可以通过证明因果关系实际上不存在,来排除法官对于因果关系的推定。[3]我国法上,典型的法律推定是医疗侵权责任中的过错推定规则。根据《民法典》第1222条,患者只需要证明法律规定的三种基础事实之一,法官就必须推定医疗机构有过错。而医疗机构如果要避免因为过错被认定而承担侵权责任,要么通过反证让基础事实陷入真伪不明,要么从反面证明其没有过错。[4]在这些证明活动中,患者对基础事实存在的证明是本证,医疗机构对基础事实不存在的证明是反证,对

---

〔1〕 放弃事实推定概念的建议,参见周翠:《从事实推定走向表见证明》,载《现代法学》2014年第6期。

〔2〕 比如推定过错原则中的对过错要件的"推定",就属此类。

〔3〕 参见马栩生:《环境侵权视野下的因果关系推定》,载《河北法学》2007年第3期;王社坤:《环境侵权因果关系推定理论检讨》,载《中国地质大学学报(社会科学版)》2009年第2期;刘英明:《环境侵权证明责任倒置合理性论证》,载《北方法学》2010年第2期。

〔4〕 关于这一点存在争议:有学者认为这里的推定是不可反驳的,有学者认为是可反驳的。后者是多数观点,本书作者亦持此观点。参见纪格非:《医疗侵权案件过错之证明》,载《国家检察官学院学报》2019年第5期。

其无过错的证明是本证。本证需要达到法定证明标准，而反证只需将法官的心证拉低到真伪不明状态。

而在因果关系证明责任倒置规范中，被侵权人只要证明了加害行为和损害后果，污染者就必须证明二者没有因果关系，否则就要承担侵权责任。被侵权人不需要证明某个因果关系存在的基础事实，对污染者来说，也不存在"对基础事实进行反证"的选项。这里的风险分配机制显然不同于上文所述的法律推定，而与过错推定原则下过错要件的证明责任分配类似，即，一旦法律规定的前置要件成立，另一个要件也自动成立——对方当事人能够证明该要件不成立的除外。如果非要说这是"推定"，那也只能将其称为"法律要件推定"，即上文第三种意义上的"推定"，而非第二种意义上的"推定"。

其次，我国法选择了因果关系证明责任倒置的立法模式。很显然，原《侵权责任法》第66条和现《民法典》第1230条都采取了证明责任倒置的表达方式，而非因果关系推定的表达方式。有争议的是，《环境侵权责任解释》是否改变了这种模式？姑且不论司法解释可否改变立法设置的风险分配机制，仅仅从规范表达上，也无法得出这样的结论。根据该司法解释第6条，被侵权人应对污染行为与损害之间存在关联性"提供证据材料"。这是一个关于具体举证义务的规定，这一义务的设定，并不必然与客观证明责任相关。从文义上，该条解释并没有规定一个或者多个基础事实，也没有规定，一旦这些基础事实得到证明，就推定因果关系成立。[1]同样，根据《生态环境侵权民事诉讼证据规定》

---

[1] 下文的考察会进一步显示，关联性与因果关系指向的事实高度重合，二者在内容上没有本质区别。

第 5 条第 1 款的规定，原告应当提供被告行为与损害之间具有关联性的证据，这仍是一个关于具体举证义务的规定。因此，就上述规定的表达而言，没有证据证明，环境侵权责任中的因果关系证明责任倒置已经被因果关系推定取代。作为一项针对环境侵权证明责任的法教义学研究，本章的出发点也只能是证明责任倒置（即特殊证明责任规则），而非因果关系推定。

当然，在此基础上，还要回答"这种证明责任倒置是否可能"的问题。如果这一方案完全无法实现，即便是法教义学的讨论，也有可能通向立法修改的结论。

三、关联性与因果关系的证明实践

（一）关联性的内涵

必须承认，"关联性"概念的引入，一定程度重塑了我国的环境侵权责任。《环境侵权责任解释》第 6 条中的"关联性"究竟是什么？按照最高人民法院释义书的观点，关联性是指"污染行为与损害之间存在构成因果关系的可能性"，而非确定性。[1]最高人民法院 2019 年发布的第 127 号指导性案例，选取了天津高院 2014 年的判决。该判决作出在《环境侵权责任解释》颁布之前，故没有出现"关联性"的表达，但实际上代表了我国法院对于原告证明负担的理解。

---

〔1〕 参见最高人民法院研究室、最高人民法院环境资源审判庭编著：《最高人民法院环境侵权责任纠纷司法解释理解与适用》，人民法院出版社 2016 年版，第 93 页。

案例 1：在吕某某等 79 人诉 S 重工公司海上污染损害责任纠纷案中，天津高院二审认为，"《侵权责任法》第 66 条规定……就本案而言，吕某某等 79 人应当就 S 重工公司实施了污染行为、该行为使自己受到了损害之事实承担举证责任，并提交污染行为和损害之间可能存在因果关系的初步证据；S 重工公司应当就法律规定的不承担责任或者减轻责任的情形及行为与损害之间不存在因果关系承担举证责任"。[1]

由判决书说理可知，最高人民法院希望被侵权人进行的证明，是一种对于污染行为与损害之间存在因果关系的初步证明。这一认识与学术界对关联性的认识高度趋同。学者通常认为，关联性是指污染与损害之间存在某种联系，以至于可以认为污染具有导致损害的可能性。[2]而因果关系，一般是指加害行为与损害后果之间引起与被引起的关系。[3]但是，考虑到环境侵权的复杂性和多样性，这一领域的因果关系证明，很多时候也无法达到一般侵权责任案件中的那种确定程度。换句话说，这里的因果关系证明，本质上也是一种盖然性（可能性）的证明。这样一来，关联性与因果关系的区别就主要体现为证明标准的差异，即，对关联性的证明只需达到低度盖然性标准，而因果关系证明需要达到

---

〔1〕　参见最高人民法院指导案例 127 号：吕金奎等 79 人诉山海关船舶重工有限责任公司海上污染损害责任纠纷案。一审判决见天津海事法院（2011）津海法事初字第 115 号民事判决书；二审判决见天津市高级人民法院（2014）津高民四终字第 22 号民事判决书。

〔2〕　参见孙佑海、孙淑芬：《环境诉讼"关联性"证明规则实施阻碍和对策研究》，载《环境保护》2018 年第 23 期；田亦尧、刘英：《环境侵权诉讼中关联性的证明责任》，载《法律适用》2019 年第 24 期；周龙：《环境侵权被侵权人举证责任中的"关联性"要件探析》，载《社会科学家》2020 年第 4 期。

〔3〕　参见孙佑海、孙淑芬：《环境诉讼"关联性"证明规则实施阻碍和对策研究》，载《环境保护》2018 年第 23 期；周龙：《环境侵权被侵权人举证责任中的"关联性"要件探析》，载《社会科学家》2020 年第 4 期。

高度盖然性标准。[1]

另外，由于《环境侵权责任解释》第 6 条使用了"被侵权人……请求损害赔偿时，应当提供证明以下事实的证据材料"的表述，该条似乎可以被理解为关于环境侵权损害赔偿诉讼起诉条件的规定。但是，在司法实践中，对该条的适用显然是从实体证明的角度而非从起诉要件的角度展开的。[2]最高人民法院的司法解释释义书中也明确表示："被侵权人的上述证明责任限于诉讼过程中，并非提起诉讼时就要求其提交上述证据。"[3]

最高人民法院 2023 年公布的《生态环境侵权民事诉讼证据规定》第 5 条对关联性问题作出了统一规定。该司法解释起草人认为，为防止滥诉，提高因果关系认定的准确性，原告应当首先证明污染行为与损害结果之间存在联系，即存在因果关系的可能性，并提交初步证据，这也符合《民事诉讼法》第 67 条第 1 款"当事人对自己提出的主张，有责任提供证据"的规定。需要注意的是，由于因果关系不存在的举证责任由被告承担，故原告承

---

[1] 参见最高人民法院研究室、最高人民法院环境资源审判庭编著：《最高人民法院环境侵权责任纠纷司法解释理解与适用》，人民法院出版社 2016 年版，第 93 页；徐贵勇：《大气污染侵权案件司法实务疑难法律问题研究——证据关联性和因果关系的归位》，载《法律适用》2018 年第 9 期；范兴龙：《民法典背景下环境侵权因果关系认定的完善》，载《法律适用》2020 年第 23 期；周龙：《环境侵权被侵权人举证责任中的"关联性"要件探析》，载《社会科学家》2020 年第 4 期。

[2] 参见最高人民法院（2018）最高法民申 1137 号民事裁定书；最高人民法院（2018）最高法民再 415 号民事判决书；最高人民法院（2019）最高法民申 2069 号民事裁定书；最高人民法院（2020）最高法民申 18 号民事裁定书。在上述案件中，最高人民法院都是在实体证明的角度上适用《环境侵权责任解释》第 6 条的。

[3] 最高人民法院研究室、最高人民法院环境资源审判庭编著：《最高人民法院环境侵权责任纠纷司法解释理解与适用》，人民法院出版社 2016 年版，第 95 页。

担的这种提供证据的责任是行为意义而非结果意义上的，且只要证明被告行为可能导致损害发生即可，不需要达到高度盖然性的证明标准。鉴于判断被告行为与损害之间是否具有关联性是一个难点问题，对此，该司法解释第 5 条第 2 款明确了行为方式、污染物性质、环境介质类型、生态因素特征、时间顺序、空间距离等具体考量因素，为准确判断该问题提供了有效指引。[1]

（二）司法实践中的因果关系证明

根据《环境侵权责任解释》第 7 条，污染者能够证明"排放污染物、破坏生态的行为没有造成该损害可能""排放的可造成该损害的污染物未到达该损害发生地""该损害于排放污染物、破坏生态行为实施之前已发生""其他可以认定污染环境、破坏生态行为与损害之间不存在因果关系的情形"之一的，法院应认定因果关系不存在。结合学者的阐述，[2]这四个消极事实的反面或可概括为"污染与损害之间存在一般因果关系""污染物到达""损害发生于污染之后""污染与损害之间存在特定因果关系"。在司法解释起草者看来，这四个方面涵盖了环境侵权诉讼中因果关系证明的所有可能。

2023 年《生态环境侵权民事诉讼证据规定》第 7 条明确了可以认定因果关系不存在的几种情形：一是排放的污染物、释放的生态因素、产生的生态影响未到达损害发生地；二是行为在损害

---

〔1〕 参见杨临萍、刘竹梅、宋春雨、刘哲：《〈关于生态环境侵权民事诉讼证据〉的理解与适用》，载《人民司法·应用》2023 年第 28 期。

〔2〕 参见陈伟：《环境侵权因果关系类型化视角下的举证责任》，载《法学研究》2017 年第 5 期。但本书并未完全采用该文提出的概念体系，而是根据司法解释和本书的表达需要，作了一定的简化处理。

发生后才实施且未加重损害后果；三是存在该行为不可能导致损害发生的其他情形。新的司法解释没有规定"污染与损害之间存在一般因果关系"，但在理论上，我们仍然不妨从上述四个方面出发，观察实务中的证明责任分配。

案例2： 在陈某某诉T化工公司水污染责任纠纷案中，一审法院认为，"原告陈某某举证和有关鉴定报告证明，被告T公司与陈某某所承包的鱼塘相毗邻，排水口相联通且为野徐镇工业园内唯一使用氰化物的单位。2012年4月20日至次日所降中到大雨导致含有氰化物的污水排入原告承包的鱼塘造成鱼受污染而死亡的可能性较大。本案中，原告证明T公司系鱼塘周边氰化物使用者的唯一性且有相联通管道排泄雨水及氰化物外泄的可能性，由排污口氰化物浓度高于鱼塘内水可以推定，外源性污染物介入导致鱼死亡的较大可能性。而T公司对原告渔业用水水质标准提出质疑，国家制定的水质标准，是环保、水利部门对水体进行监测、环境管理的依据，而不是确定排污单位是否承担赔偿责任的前提或界限。因此，本案中鱼塘水中的氰化物含量是否符合二类水质的标准以及是否应当用渔业用水的标准衡量，与排污单位承担赔偿责任并无必然之关系，T公司的抗辩不足以否定本案因果关系的存在"。[1]

案例3： 在韩某某诉Z石油吉林分公司水污染纠纷案中，最高人民法院认为，"（2010-177）号水质监测报告表明，鱼塘石油含量严重超标，水质环境不适合渔业养殖。综合韩某某交的证人证言等证据，可以认定原油泄漏与其鱼塘中的鱼死亡之间具有一

---

〔1〕《陈汝国与泰州市天源化工有限公司水污染责任纠纷案》，载《最高人民法院公报》2016年第3期。

定关联性。……石油飘浮在水面上会隔绝氧气导致水体缺氧，且石油中所含有毒物质亦会对水中生物造成影响，导致鱼类死亡。由于嫩江洪水下泄，将泄漏原油带至韩某某鱼塘，鱼塘中的鱼死亡亦发生于原油泄漏之后，这是双方当事人均认可的事实，故本案损害与污染行为之间存在明显的空间、时间关联性。Z石油吉林分公司主张韩某某2010年养鱼损失并非原油泄漏造成，而是由于嫩江涨水超过堤坝导致全部鱼流失。但Z石油吉林分公司对其主张仅提供了由大安市长江石油技术有限责任公司出具的一份《证明》……从《证明》内容来看，并不能充分证明鱼塘中的鱼系全部被嫩江洪水冲走这一主张，亦无法排除所泄漏的原油造成鱼塘中的鱼死亡的可能性，也无法排除韩某某为清理油污挖坝注水导致鱼塘中的鱼被冲走的可能性。因此，Z石油吉林分公司并未完成法定的举证责任，其应承担相应的不利后果"〔1〕。

案例4：在祝某某诉T水利水电工程管理处水污染责任纠纷案中，最高人民法院认为，"根据《地表水环境质量标准》，渔业水域水质标准为Ⅲ类。SHC-J2017112的《监测报告》表明，T水库从上游排出劣Ⅴ类水，区间水库库心水质为Ⅳ类，水质环境已不适合渔业养殖。T水库6月14日开始排水，祝某某养殖鱼类突然大量死亡发生于6月19日。综合祝某某提交的三亚政府热线答复及证人证言等证据，本案损害与T水库排水行为之间存在一定的空间、时间关联性。虽然区间水库距离T水库有2公里，中间还有南岛农场的生产生活污水汇入，但在T水库管理处排水之前数月内祝某某养殖的观赏鱼并未大量死亡，可以排除上述因素的影响。综上，可以认定T水库排水与祝某某养殖的观赏鱼死

〔1〕　最高人民法院（2018）最高法民再415号民事判决书。

亡之间具有因果关系"。[1]

案例2中,原告初步证明了"污染物到达""损害发生于污染之后""污染与损害之间存在一般因果关系",被告尝试对"污染与损害之间存在一般因果关系"提出反证,但没有成功。案例3中,原告初步证明污染与损害之间具有"空间关联性"(污染到达)、"时间关联性(损害发生在污染之后)",以及二者具有一般因果关系,被告尝试证明损害发生是因为其他原因即否定二者之间存在特定因果关系,但并未成功。案例4中,原告同样完成了对污染与损害具有空间、时间关联性以及一般因果关系的初步证明,而被告试图对"污染物到达"提出反证,但未获成功。

三个案例中,案例2是最高人民法院公报案例,案例3、案例4是最高人民法院判决。从这几个案例来看,最高人民法院对于环境侵权因果关系的判断大致是遵循"两步走"的模式进行的:首先,原告需要对污染与损害存在关联性进行证明。观察判决书中的说理,这里的关联性一般涉及"污染物到达""损害发生于污染之后""污染与损害之间存在一般因果关系"。这种证明不需要达到很高的证明标准,只要让法官相信待证事实的成立具有可能性即可。其次,被告需要对污染与损害之间没有因果关系进行证明。这可以通过对上述三个事实的反驳来完成,也可以通过对"特定因果关系不存在"的终极证明来完成。但无论以哪种方式,污染者对因果关系不存在的证明都必须达到民事诉讼的法

---

[1] 最高人民法院(2019)最高法民再406号民事判决书。

定证明标准。[1]显然，并非所有法官都对上述方案有清醒的认识，实践中也必然存在这样那样的变种方案。但在不太精确的意义上，我们可以说，这就是我国法院关于环境侵权因果关系证明责任分配的最大公约数。

（三）对司法实践的反思

应该说，上述证明责任分配方法大体上符合法官的直觉。但是，这个方案理论上经不起推敲，操作上也谈不上精确。

首先，在因果关系证明责任倒置的背景下，要求原告对因果关系的部分内容进行初步证明，缺乏理论依据。如前所述，在我国环境侵权诉讼的实践中，被侵权人需要证明的内容通常涉及《环境侵权责任解释》第 7 条前 3 项事实。按照证明责任的一般原理，负客观证明责任的当事人应就构成要件主张具体事实，并在具体事实发生争议时首先提供证据。也就是说，主张责任、主观证明责任原则上应与客观证明责任保持统一，唯有如此，才能充分发挥证明责任作为实体法风险分配机制的功能。当然，这一原则并非没有例外。比如，当待证事实的事件经过典型地不在负证明责任当事人的控制之中时，基于民事诉讼的当事人诉讼推进义务，控制事件经过的当事人应对待证事实作具体化的否认，并在出现争议时进行相应的举证。此即不负证明责任当事人的事案解明义务，其目的是解决诉讼中的信息偏在问题。[2]但是，我国

〔1〕 最高人民法院释义书也指出，被告对因果关系不存在的证明属于本证，需要达到高度盖然性的证明标准。参见最高人民法院研究室、最高人民法院环境资源审判庭编著：《最高人民法院环境侵权责任纠纷司法解释理解与适用》，人民法院出版社 2016 年版，第 99—100 页。

〔2〕 参见吴泽勇：《不负证明责任当事人的事案解明义务》，载《中外法学》2018 年第 5 期。

环境侵权司法实践中被侵权人对因果关系所作的证明，在涉及对象和证明内容上都不同于事案解明义务。其一，事案解明义务的对象是为不负证明责任当事人控制的事件经过。而在我国环境侵权诉讼中，被侵权人需要进行初步证明的事项，很难说都在其控制之中。尤其是，对于"污染与损害之间存在一般因果关系"这一事实，被侵权人并没有任何信息优势。其二，事案解明义务主要涉及权利人对其否认的具体化，只是当这种具体化的否认被负证明责任当事人否认时，才涉及相关证据的提出。[1]与此不同，在我国环境侵权诉讼中，被侵权人在诉讼之初，就要对排污行为与损害后果之间存在因果关系进行证明。就内容而言，这种证明与侵权人对因果关系不存在进行的证明并无本质区别。为何对于污染者负证明责任的事实，被侵权人却要进行全面的初步证明？就此，学理上很难给出满意的解释。

其次，这一方案无法清晰划分双方当事人的证明负担。初步证明在我国法上并不罕见。[2]一般来说，引入这一制度的目的是减轻负证明责任当事人的证明困难。一个例子是非新产品专利方法侵权中的初步证明。根据《知识产权民事诉讼证据规定》的规定，对于非新产品的专利方法侵权，原告需要举证"被告制造的产品与使用专利方法制造的产品属于相同产品""被告制造的产品经由专利方法制造的可能性较大""原告为证明被告使用了专利方法尽到合理努力"；原告完成举证后，法院可以要求被告举

---

〔1〕 参见吴泽勇：《不负证明责任当事人的事案解明义务》，载《中外法学》2018 年第 5 期。

〔2〕 参见王娱瑗：《我国初步证据的类型化适用及其规则完善》，载《江西社会科学》2021 年第 7 期。

证证明"其产品制造方法不同于专利方法"。[1]这一规定的背景是，根据我国《专利法》，在非新产品专利方法侵权纠纷中，仍由权利人对侵权事实负证明责任。但对专利方法的侵权活动一般在侵权人控制当中，权利人很难进行充分举证。为此，司法解释允许法官在权利人进行力所能及的证明后，要求侵权人进行反证。本质上，这是一种临时心证的法定化。其基本逻辑是：考虑到特定事实的证明难度，负证明责任当事人进行较低程度的证明后，即允许法官形成临时心证；对方当事人如果不能进行有效的反证来动摇这种临时心证，临时心证转化为最终心证，即认定待证事实成立。[2]由于初步证明的主体与负客观证明责任的主体一致，这种设计不妨看作自由心证的延伸，不会对客观证明责任分配产生巨大冲击。反观环境侵权诉讼中，对因果关系不存在负客观证明责任的是污染者，对因果关系进行初步证明的却是被侵权人。双方当事人要对大体相同的事实进行不同程度的证明，其证明负担很难进行精准划分。也许有人会说，通过准确把握关联性的证明标准，可以对双方当事人的证明义务加以区分。但问题是，证明标准是否达成的判断本身具有很强主观性。这种主观性可以说是"先天性"的：基于自由心证原则，法官有权依据其内心确信的状态，就待证事实的证明情况作出结论。这意味着，对于法官的事实认定来说，证明标准从来就不可能成为一个真正意义的约束机制。[3]在现行法对裁判文书事实说理并无强制性要

---

〔1〕 参见《知识产权民事诉讼证据规定》（法释〔2020〕12号）第3条。

〔2〕 参见孙雪飞：《非新产品专利方法侵权诉讼的证明问题研究》，华东师范大学2022年硕士学位论文。

〔3〕 参见张卫平：《证明标准建构的乌托邦》，载《法学研究》2003年第4期；吴泽勇：《"正义标尺"还是"乌托邦"？——比较视野中的民事诉讼证明标准》，载《法学家》2014年第3期。

求的背景下，法官作出任何一种判断，都有相应的法条可以援引——要么是《环境侵权责任解释》第 6 条，要么是《民法典》第 1230 条和《环境侵权责任解释》第 7 条。由于两套规范之间界限模糊，法律适用中的抵牾之处在所难免。[1]

（四）小结

以上讨论表明，"被侵权人证明关联性存在——污染者证明因果关系不存在"的方案，在理论上存在缺陷，在实践中也不能为环境侵权因果关系的证据调查提供清晰的操作指引。这一方案的关键问题在于，它要求被侵权人和污染者要对同一要件事实从不同角度，进行不同程度的证明。这种情况下，两个证明活动的边界很难精确划分。有调研指出，法院要求原告承担的证明，实际上已经超过了可能性的证明。实践中，原告普遍借助鉴定等科学证据进行证明，即便是其他证明方式，法院也经常要求其形成能够证明因果关系成立的完整证据链。[2]这意味着，至少在部分环境侵权案件中，因果关系证明责任倒置的立法已经落空。

---

〔1〕 司法实践中关联性与因果关系的混同，参见孙佑海、孙淑芬：《环境诉讼"关联性"证明规则实施阻碍和对策研究》，载《环境保护》2018 年第 23 期；田亦尧、刘英：《环境侵权诉讼中关联性的证明责任》，载《法律适用》2019 年第 24 期。

〔2〕 参见张挺：《环境污染侵权因果关系证明责任之再构成——基于 619 份相关民事判决书的实证分析》，载《法学》2016 年第 7 期。

四、因果关系要件的重构

（一）证明责任倒置的立法目的

按照立法释义书的解释，环境侵权中的因果关系证明责任倒置，是"为了减轻环境侵权受害人的举证负担，更迅速地救济受害人"。[1]这很容易被理解为，证明责任倒置的目的在于降低证明难度，缓解权利人的证明困境。但这种理解是不准确的。一方面，缓解证明困境有很多策略，不一定非要运用证明责任倒置。另一方面，有些事实先天难以证明，无论哪方当事人负证明责任，都是一样。环境侵权中的因果关系，正是这样的事实。由于环境侵权具有复杂性、潜伏性、非直观性，不仅被侵权人很难证明污染与损害之间的因果关系存在，污染者同样很难证明这种因果关系不存在。[2]考虑到这一点，立法者将因果关系的证明责任倒置给污染者，很难说缓解了证明困境。证明困境只是从一方转移到了另一方，其本身并未得到实质性的缓解。

证明责任倒置的真正意义在于，它改变了实体法的风险分配机制。环境侵权中对因果关系适用证明责任倒置立法，目的是倾斜保护被侵权人，让更多被侵权人获得救济。证明责任倒置之所

〔1〕 参见全国人大常委会法制工作委员会民法室编：《中华人民共和国侵权责任法条文说明、立法理由及相关规定》，北京大学出版社 2010 年版，第 278 页；黄薇主编：《中华人民共和国民法典侵权责任编释义》，法律出版社 2020 年版，第 182—183 页。

〔2〕 有学者指出，在环境侵权诉讼中，被告证明没有因果关系其实比原告证明有因果关系难度更大。参见薄晓波：《倒置与推定：对我国环境污染侵权中因果关系证明方法的反思》，载《中国地质大学学报（社会科学版）》2014 年第 6 期。

以能够实现这一立法目的，是因为，与一般侵权责任相比，在环境侵权中，因果关系真伪不明的风险被转移给了污染者。因果关系的风险分配，可通过图 6-1 表达。

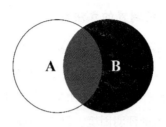

图 6-1　因果关系风险分配

上图中，我们用 A 圆代表诉讼因果关系存在这一事实的证明状态，B 圆代表因果关系不存在这一事实的证明状态。假如 A 圆的白色区域代表因果关系存在被证明，B 圆的黑色区域代表因果关系不存在被证明，那么二圆相交的灰色区域，就代表因果关系是否存在陷入真伪不明。对于白色区域和黑色区域而言，无论因果关系的证明责任分配给谁，诉讼结果都没有区别。区别在于灰色区域。如果被侵权人对因果关系负证明责任，法官需要对 A 圆进行评价。这意味着，当证明结果处于灰色区域时，被侵权人败诉。而在证明责任倒置的立法下，污染者对因果关系不存在负证明责任，此时法官就需要对 B 圆进行评价。当证明结果处于灰色区域时，污染者败诉。由此可见，通过证明责任倒置的方式，原《侵权责任法》第 66 条和《民法典》第 1230 条将更多胜诉机会留给了被侵权人。

这种风险分配的调整，会对诉讼中的攻防结构产生重大影响。在证明责任倒置之前，加害行为、损害后果以及二者之间具有因果关系这三个要件都是权利成立要件，其指向的事实属于请求原因事实，需要被侵权人主张和证明。证明责任倒置之后，因果关系在性质上变成了权利妨碍要件，其指向的事实变成了抗辩事实。这意味着，在对"权利成立与否"进行审理的阶段，被侵权人不需要对因果关系要件进行事实主张，法官也不需要对此进行审理。事实上，无论原《侵权责任法》还是《民法典》，都将因果关系不存在与"法律规定的不承担责任或者减轻责任的情形"相提并论。这清楚地表明了因果关系不存在作为抗辩事实的性质。

立法者固然有权通过证明责任倒置来转移败诉风险，但这种立法技术的运用并非毫无限制。在同时包含权利成立要件和权利妨碍要件的规范结构中，两类构成要件与规范效果之间的关联是不同的。其中，权利成立要件的确定对于侵权责任的成立具有基础性价值。因为，只要这些要件被确认，法官就应当认定责任成立。而权利妨碍要件不具有基础性，只具有例外性。[1] 法官在权利成立与否的审理阶段，[2] 可以对这类要件暂且不问；此类要件存在的意义，在于为潜在责任人提供抗辩的机会。基于上述区别，当立法者将一个权利成立要件调整为权利妨碍要件时，他必须确保，剩余的权利成立要件仍然可以初步建构起一种责任。否则，证明责任倒置立法就会因为违背常识而被搁置。《民法典》第1230条确立的构成要件组合是否足以建构起一种侵权责任？对这一问题的回答，取决于我们如何理解该条涉及的构成要件。

---

〔1〕 "基础性"与"例外性"的界定，参见本书第七章。

〔2〕 逻辑上，事实审可以分为请求原因审理阶段和抗辩审理阶段。司法实践中未必如此操作，但不妨碍我们这样理解事实审的结构。

（二）因果关系要件的构成

许多学者注意到，与普通侵权相比，环境侵权的发生过程漫长而复杂。在普通侵权案件中，只要加害行为和损害后果被确认，二者之间的事实因果关系通常不会引起争议。[1]因为，侵害直接作用于被害人身体或财产，加害行为被确认，这种行为"与特定损害有因果关系"几乎也就同时被确认。但是，环境侵权却非如此。首先，从污染物被排出到污染物作用于被侵权人的身体或财产，会有一个空间上的跨度；其次，污染物到达与损害发生之间，还会有一个时间上的间隔；最后，环境致害多数时候包含一种或多种化学反应过程，并非普通人通过感官可以感知。上述三个方面，分别对应了《环境侵权责任解释》第7条中的"污染物达到""损害发生在污染之后""污染与损害之间存在一般因果关系"。在学界之前的讨论中，这三个要素都被纳入因果关系要件当中。按照这样的理解，在证明责任倒置的立法下，环境侵权责任的证明责任分配方案如下（方案1）：

（1）权利成立要件：加害行为（排污行为）；损害后果→被侵权人证明。

（2）权利妨碍要件：因果关系不存在（污染未到达；损害先发；无一般因果关系；无特定因果关系）→污染者证明。

根据这一证明责任方案，被侵权人只需证明被告有排污行为，以及他受到了损害，法院就应当认定环境侵权责任成立。这一推理违背了普通人的直觉，因为，一个遥远的排污行为加上一个不知何故发生的损害，显然不足以建构起一个环境侵权责任。

---

[1] 当然，涉及责任范围的法律因果关系常常存在争议。

换句话说，在权利成立要件与责任构成之间，存在显而易见的逻辑真空。但是，这是否意味着，因果关系证明责任倒置的立法就是错误的？

在笔者看来，因果关系证明责任倒置规范本身未必有无法弥补的错误。问题可能出在对因果关系要件的理解上。证明责任是要件事实真伪不明时的裁判规范，构成要件的确定，是讨论证明责任分配的前提。在我国过去的学术讨论乃至司法解释中，人们都习惯性地将加害行为理解为排污行为，而将污染到达理解为因果关系的内容。但这种理解，很难说符合侵权法的一般原理。在侵权法上，只有施加到被害人身体或者财产的行为，才是一个具体侵权责任中的加害行为。[1]这一点不言自明，在一般侵权责任中很少被讨论，但在环境侵权中，恰恰需要被强调。一个企业的排污行为，与这个世上绝大多数人无关。只有污染到达之地的人或财产，才有可能与污染物发生关系。因此，从逻辑上，环境侵权纠纷中的加害行为不能理解为孤立的排污行为，而必须包含污染到达被害人这一要素。

与此不同，方案 1 中被归入权利妨碍要件的其他三个要素，只能放在因果关系要件当中考虑。在哲学上，因果关系包含了事物在时间上的顺序性。[2]在环境侵权诉讼中，损害发生在污染到达之后，是二者具有因果关系的逻辑前提。从这个角度，损害后发只能纳入因果关系要件，由污染者负客观证明责任。至于一般因果关系和特定因果关系，本来就是因果关系在不同思维阶段的

---

〔1〕 参见张新宝:《侵权责任构成要件研究》，法律出版社 2007 年版，第27—28 页。

〔2〕 参见张新宝:《侵权责任构成要件研究》，法律出版社 2007 年版，第287 页。

呈现，除了纳入因果关系要件，并无其他选择。

经过上述的调整，我们就会发现，因果关系证明责任倒置的法律规范并不存在无法弥补的"逻辑缺陷"。补上污染物到达这一要素之后，加害行为加上损害后果这两个构成要件，足以初步建构起一个环境侵权责任。对多数人而言，从"污染者排出的污染物到达了被侵权人的身体或财产，而且被侵权人遭受了损害"这一描述中，大体上能够得出"排污者应当承担责任"的推论。当然，这一推论是初步的、可废止的。考虑到环境污染本身的复杂性，不能排除损害其实是由其他原因所导致的这种可能性。因此，允许污染者通过证明"损害发生在污染到达之前""污染物不可能导致被侵权人所受损害""被侵权人所受损害事实上不是由该污染物导致的"之一来寻求免责，亦属合理。经过这样的调整，我们得到一个新的证明责任分配方案（方案2）：

（1）权利成立要件：加害行为（排污行为；污染物到达）；损害后果→被侵权人证明。

（2）权利妨碍要件：因果关系不存在（损害先发；无一般因果关系；无特定因果关系）→污染者证明。

（三）证明责任倒置立法的可行性

按照学界之前的理解，加害行为加上损害后果的权利成立要件的组合，无法初步建构起污染者的环境侵权责任。遵循这种理解，立法规定的证明责任倒置规范显得让人无法接受。作为回应，司法实务逐渐形成了"被侵权人对因果关系存在进行初步证明＋污染者对因果关系不存在进行终极证明"的变异方案。这一方案的缺陷已如前述。与之相比，本章提出的方案（方案2）具有明显优势。

首先，因果关系证明责任倒置的立法得到了坚持。在司法实践中，作为对方案 1 的矫正，污染到达、损害后发和一般因果关系经常作为"关联性"的内容，被分配给被侵权人证明。这固然是为了弥补方案 1 的逻辑缺陷，在出发点上具有一定正当性。但是，要求被侵权人证明因果关系要件的核心内容，无疑是对证明责任倒置立法的偏离。在本章提出的解释方案中，通过将污染到达归入加害行为，传统方案的逻辑缺陷得以治愈；与此同时，损害后发和一般因果关系的反面仍分配给被告证明，证明责任倒置的立法也得到了坚持。

其次，被侵权人的证明负担得以理顺。如前所述，缺少了污染到达这一要素，加害行为和损害后果无法初步地建构起一种环境侵权责任。在过去的司法实践中，污染到达多数时候也是由被侵权人证明的。但是，在该事实被理解为因果关系构成要素的情况下，被侵权人的这种证明负担很难解释。实践中，对被侵权人的证明应该达到何种程度，也存在明显不同的认识。而按照本章的理解，这些问题都不复存在。因为，污染到达属于加害行为的构成部分，被侵权人对其进行证明属于本证，当然应当达到高度盖然性的证明标准。

最后，这一方案在操作上更加简洁。将污染到达纳入加害行为，这一事实要素就由（过去理解的）权利妨碍要件的内容变成了权利成立要件的内容，应由被侵权人证明；而损害后发、一般因果关系和特定因果关系，属于因果关系要件的内容，仍由污染者从反面证明其不存在。按照这样的理解，被侵权人、污染者的证明负担一目了然。无须引入初步证明的制度设计，也无须引入关联性这类广受争议的概念，只需稍微调整一下对于因果关系和加害行为的理解，客观证明责任就与主张责任、主观证明责任实现了统一。从操作上，这一方案简洁明了，更便于法官理解和运用。

可能有学者会质疑说，本书对环境侵权构成要件的重构是否过于主观？笔者认为，侵权行为是一个整体，将一个侵权行为拆分为若干个构成要件，本来就是一种法教义学的操作。其目的是方便审判活动推进，促进当事人有序地进行攻防。将环境侵权责任中的加害行为理解为单纯的排污行为，没有法律依据，也不符合侵权法对加害行为的一般认识。说到底，这是一种未加反思的惯性思维。而在《民法典》明确规定环境侵权采因果关系证明责任倒置的背景下，这种惯性思维实际上阻碍了现行法的实施。理论上关于证明责任倒置合理性的争议，实践中双方当事人证明负担的模糊，乃至司法解释中不断滋生的冗余概念，都很难说与这种惯性思维无关。在承认现行法整体合法性的前提下，对环境侵权责任个别构成要件的理解作出调整，并未超出法教义学作业的边界。

五、相关事实的证明

（一）污染到达的证明

按照本章提出的解释方案，环境侵权纠纷中的加害行为不只是排放污染物，还包括污染物到达被侵权人的身体或财产。在某些污染类型中，比如在水污染、大气污染中，污染是否到达经常是诉讼中的关键争点，其证明情况直接影响案件审理的结果。污染到达经常被理解为《环境侵权责任解释》第6条中关联性的内容，需由原告初步证明。而按照《环境侵权责任解释》第7条，污染未到达又被列为因果关系不存在的一种证明路径，需由被告进行终极证明。司法实践中，法院有时从第6条出发，要求原告证明污染到达；有时从第7条出发，要求被告证明污染未到达。

案例5：在R公司诉G工厂水污染侵权责任纠纷案中，法院认为，"原告虽提供监测报告证明其取水点粪大肠杆菌仍然超标，但原审法院在上次判决中也指出，原告取水点汇水面积为3.49平方公里，在汇水面积范围内居住有其他村落，也有村民耕种的土地，人、畜及农业面源污染共存，不能排除还有其他污染源，现原告将其现在的污染指向被告2018年排放粪污中的粪大肠杆菌，原审法院认为违反科学常识，难以建立因果关系。原告没有证据证明被告向外环境排污并到达其取水点，即没有完成证明责任，其要求被告对其受到的污染损害承担责任没有事实和法律依据"。[1]

案例6：在姚某某诉J公司、B公司海域污染损害责任纠纷案中，最高人民法院认为，"首先，根据原审查明的事实，B公司的排污口在案涉海域附近，在本案污染事件发生期间处于不间断的排污状态，B公司在案涉海域排污的事实客观存在。姚某某已就B公司在案涉海域排污及其在案涉海域养殖的大蚝因本案污染事件而死亡的损害事实进行了举证，尽到了举证责任。根据《侵权责任法》第66条的规定，B公司应就其排污行为与污染损害结果之间不存在因果关系承担举证责任，但其所提供的证据不

---

〔1〕 贵州省贵阳市中级人民法院（2021）黔01民终6581号民事判决书。

能证明其排放的污染物没有抵达本案污染事件发生的海域，抑或本案污染事件发生原因与其排放物无关。《……事件调查及原因分析报告》虽未具体提及 B 公司的排污行为，但也没有认定 B 公司的排污行为对本案污染事故没有影响，更不能用以否定客观存在的 B 公司的排污行为"。[1]

案例 5 中，尽管被告曾经排污，原告取水点也确实污染物超标，但是原告没有证明二者具有同一性。从"原告没有证据证明被告向外环境排污并到达其取水点"这一论述来看，法院似乎是将排污行为与污染到达进行了一体处理。倘若如此，这一论证是值得肯定的，因为污染到达与排污行为本来就都属于加害行为的内容。案例 6 中，原告证明了被告在污染事件发生期间处于不间断的排污状态，以及原告在涉案海域养殖的大蚝确因污染事件死亡。按照本书建议的方案，判决书接下来应该讨论原告是否证明了污染到达。但是，判决书转而指出被告无法证明污染没有到达或者污染与损害之间不存在特定因果关系，并以此为由认定了被告的环境侵权责任。这一论述把污染未达到与无特定因果关系都作为被告应当证明的事项，在证明责任分配上显然与案例 5 不同。

在将污染到达理解为加害行为构成要素的情况下，原告对污染到达的证明属于本证，需要达到民事诉讼的法定证明标准。但是，考虑到环境污染的潜在性和复杂性，这种证明很多时候无法达到一般侵权纠纷中所能达到的那种确定程度。这种情况下，允许被侵权人运用间接事实和日常生活经验来完成证明，实属必要。比如，在水污染案件中，污染源与损害发生地的距离、污染

---

[1] 最高人民法院（2020）最高法民申 5395 号民事裁定书。

物排放量和排放时间、污染源与损害发生地之间的地形走势，甚至损害发生之前的降雨情况等，都可能成为确定污染是否到达的间接事实。这些事实加上人们关于污染物流向的日常生活经验，很多时候可以让法官形成污染到达的内心确信。这种结合经验法则完成的间接证明，不应该理解为初步证明，也不涉及证明标准的降低。它只是考虑到环境侵权案件的类型化特征，在法官自由心证的范畴内，允许证明主体选择恰当的证明手段而已。被告当然也可以对污染未到达进行举证，但被告的证明属于反证，只需动摇法官对污染到达的内心确信即可。

（二）损害后发的排除

按照本章观点，损害发生在污染到达之后，属于证成因果关系要件的具体事实，应由污染者从反面进行排除。但是，现实中，与损害发生时间相关的信息几乎都在被侵权人掌握之中，污染者很难进行有效的证明。笔者认为，对于这种证明困境，不妨适用事案解明义务来缓解。尽管事案解明义务在我国法上尚无明文，但是，在自由心证原则下，法官本来就应该采取一切必要的措施对争议事实进行调查，只有穷尽所有手段依然不能形成内心确信时，方能作出证明责任判决。作为一种经由司法实践发展出来的制度，事案解明义务所体现的法理，与我国法上的文书提出命令、证明妨碍等制度可谓一脉相承。所有这些制度，无非都是为了解决民事诉讼中的信息偏在，而发展出来的证明困境缓解策略。因此，在我国适用事案解明义务，并无实质性的障碍。理论上，事件经过处于不负证明责任当事人的控制之中，是适用事案解明义务的典型场景。在诉讼中，如果双方对损害发生时间产生争议，法官可以要求被侵权人首先对损害发生的具体时间进行解明，即对该事实进行必要的具体化。对于被侵权人提供的事实，污染者可以有针对性地予以否认，并进行证明。[1]但要注意的是，事案解明义务不改变客观证明责任。污染者的证明是本证，而非反证。如果案件审理终结而损害是否发生在污染到达之后真伪不明，法院应当判定环境侵权责任不成立。

　　实践中，关于损害发生时间的争议很少出现。但是，裁判文书有时会涉及这一要素。比如，在前文案例 3 中，判决指出，"由于嫩江洪水下泄，将泄漏原油带至韩某某鱼塘，鱼塘中的鱼死亡亦发生于原油泄漏之后，这是双方当事人均认可的事实，故本案损害与污染行为之间存在明显的空间、时间关联性"。[2]这里的时间关联性，无非就是损害发生于污染到达之后的特定时间。案例 4 中，判决指出，"虽然区间水库距离 T 水库有 2 公里，中间还有南岛农场的生产生活污水汇入，但在 T 水库管理处排水之前数月内祝某某养殖的观赏鱼并未大量死亡，可以排除上述因素的影响"。[3]这里同样认定了损害发生在污染可能到达之后。实务中，这一事实基本上都是由被侵权人举证证明。这是正常的，因为被侵权人对此进行举证最为方便。但是，考虑到这一事实是因果关系的构成要素，其客观证明责任应明确由污染者负担。一旦就该事实发生争议，法官应当按照上段阐述的思路展开证据调查。

---

〔1〕　参见吴泽勇：《不负证明责任当事人的事案解明义务》，载《中外法学》2018 年第 5 期。

〔2〕　最高人民法院（2018）最高法民再 415 号民事判决书。

〔3〕　最高人民法院（2019）最高法民再 406 号民事判决书。

（三）一般因果关系的排除

理论上，几乎没有人会反对一般因果关系属于因果关系构成要件的内容。基于现行法，这一要件只能由被侵权人负客观证明责任。理由是，环境侵权证明责任倒置的立法目的在于倾斜保护被侵权人，而在《环境侵权责任解释》第7条列举的四个要素中，一般因果关系对于败诉风险的分配最为关键。污染到达在过去的实践中也是由被侵权人证明，本书提出的方案只是明确了这一证明的本证性质，在实践中不会带来明显变化。损害发生时间在实务中很少出现争议，即便证明责任分配错误，一般也不会影响到案件审理结果。而就排除特定因果关系的证明责任，理论上不存争议，实践中，污染者多数时候很难完成证明。这种背景下，一般因果关系的证明和排除，经常成为原、被告诉讼攻防的主战场。从这个角度，将一般因果关系交给污染者证明，对于缓解权利人的证明困难、实现因果关系证明责任倒置的立法目的，至关重要。而且，从证明能力来看，一般因果关系也是污染者相对较有证明优势的事实要素。但在我国司法实践中，一般因果关系经常与污染到达、损害后发一起，被交由被侵权人证明。

案例7： 在王某某诉B服装衬布厂环境污染责任纠纷案中，二审法院认为，"根据《环境侵权责任解释》第6条规定，被侵权人应当就环境污染行为、损害事实以及二者之间具有关联性的事实提供证据材料。该关联性虽非一般侵权责任要件中的因果关系，但其证明标准仍应达到较高程度的盖然性标准，即达到事实可能成立的证明标准。本案中，因人体患病机理较为复杂，导致上诉人终止妊娠存在多种可能因素。上诉人提供的污染物危害后果的科学文献学术理论等可以作为专业知识参考，但不属于民事诉讼证据，也无法实现对本案中关联性要件的证明目的；上诉人其他举证内容证明被上诉人排放污染物的行为以及上诉人的损害事实，却并无证据用以证明被上诉人排污行为与上诉人终止妊娠之间的关联性"。[1]

案例 7 中，判决论述的重点是原告终止妊娠与被告排污行为之间是否具有因果关系。本案判决实体是否正确姑且不论，事实说理显然谈不上周延。在本案中，上诉人证明了被上诉人有排污行为以及她确实遭遇了损害后果。接下来，法官应当对污染是否到达被告身体以及损害是否发生在污染到达之后进行调查。这两个事实得到肯定的答案之后，再调查一般因果关系和特定因果关系的存无。判决书一方面略过了污染到达和损害后发，直接进入一般因果关系的讨论；另一方面，将该事实的证明责任分配给了原告。鉴于普通人对于此类科学问题本来就没有很强的证明能力，这一处理显然不当加重了被侵权人的证明负担。更重要的是，这种证明负担的转移，偏离了立法者设定证明责任倒置规范的初衷。

实践中，作为被侵权人的原告经常会对污染与损害之间具有一般因果关系进行举证。这种举证很多时候会借助鉴定意见、检测报告等科学证据。[2]如何看待这种举证？笔者认为，不妨将这

---

〔1〕 河北省保定市中级人民法院（2022）冀 06 民终 206 号民事判决书。

〔2〕 参见吕忠梅、张忠民、熊晓青：《中国环境司法现状调查——以千份环境裁判文书为样本》，载《法学》2011 年第 4 期；张挺：《环境污染侵权因果关系证明责任之再构成——基于 619 份相关民事判决书的实证分析》，载《法学》2016 年第 7 期；田亦尧、刘英：《环境侵权诉讼中关联性的证明责任》，载《法律适用》2019 年第 24 期；周龙：《环境侵权被侵权人举证责任中的"关联性"要件探析》，载《社会科学家》2020 年第 4 期。

种举证视作一种"预备性反证"。基于客观与主观证明责任分配，原告没有首先对因果关系进行举证的义务。但是，为了增加己方胜诉可能，原告有权进行这样的举证。这种举证是对被告未来证明活动的反驳，在性质上属于反证。这种"预备性反证"一方面为被告的本证指明了方向，另一方面，也给被告的本证增加了难度。因为对法官来说，被告的证明不是从无到有，而是被预先设定了一个参照系。但无论如何，被告是对一般因果关系负客观证明责任的那个人。无论双方当事人各自进行了怎样的证明活动，法院最终需要判断的是"污染与损害之间没有一般因果关系"是否得到证明，而不是"污染与损害之间有一般因果关系"是否得到证明。如果一般因果关系存否真伪不明，法官应当认定环境侵权责任成立，而非相反。

（四）特定因果关系的排除

特定因果关系是严格意义的因果关系，其证明或证伪都会直接终结关于因果关系要件的争论。被告对于因果关系不存在的证明主要表现为对替代性原因的证明。如果证明了被侵权人的损害实际上是由其他原因导致的，其排污行为与损害后果之间的特定因果关系自然被排除。在证明责任倒置的语境中，这种证明在性质上属于本证，应达到高度盖然性的证明标准，而不是"有此可能"就行。

案例 8：在郝某某、刘某某诉韩某某、韩某、谭某某财产损害赔偿纠纷案中，二审法院认为，"因原告已经举证证明了被告发生侵权行为的基本事实，根据以上法律规定，应由被告对不承担责任或者减轻责任的情形及其行为与损害之间不存在因果关系承担举证责任。各被告虽提出连通器原理，但该说明只是理论说明，不能达到证明本案事实的证明目的，故不予采纳。各被告辩称毗邻原告耕地处还有其他人经营的鱼棚，对此，原告不予认可，被告在一审法院指定的举证期间内，亦未提供相应证据，该意见一审法院不予采纳。各被告辩称事发时有台风经过且降雨量增大，即使发生排水泄漏，也存在很大不可抗力因素，对此，被告提供了兴城市气象局提供的气象文件，该证据一审法院予以采纳。此外，被告未提出其他证据予以证明可不承担责任或者减轻责任的情形及其行为与损害之间不存在因果关系的证据"。[1]

案例 8 引用部分主要讨论了被告对因果关系不存在的证明。判决先后讨论了被告对一般因果关系不存在的证明、对其他替代因果关系的证明以及对不可抗力的证明。这几个方面，基本上反映了因果关系抗辩可能涉及的内容。从证明责任的角度，将这些要素的证明责任分配给污染者是正确的。除了不加论证地排除被告提出的"连通器原理"值得商榷，判决书对被告提出的其他事实和证据的分析尚属得体。其中，损害由其他鱼棚导致，属于被告为否认特定因果关系存在主张的事实，被告对此进行的举证是本证，应当达到让法官形成内心确信的程度。

六、结论

就环境侵权因果关系的证明责任，中国法毫无疑义地选择了证明责任倒置的立法模式。这一立法遭到了理论界的批评，在实践中也有所变异。这一方面是因为，规则设计者对证明责任倒置

---

〔1〕 辽宁省葫芦岛市中级人民法院（2021）辽 14 民终 1492 号民事判决书。

的本质缺乏足够的认识，另一方面是因为，因果关系要件被赋予了太多的内涵。当污染到达被纳入因果关系，而加害行为被理解为孤立的排污行为，因果关系事实上承载了环境侵权纠纷中的大部分争议。要证明这种意义上的因果关系，对于污染者来说，是一种"不能承受之重"。

解决之道不是背离证明责任倒置立法，也不是生造出一套充斥着争议概念却无法有效划分当事人证明负担的新方案；而是正视现行法的规范目的，回到侵权责任法的一般原理，重新审视环境侵权责任的构成要件。其中的关键是，为因果关系要件减负，让污染物到达回归加害行为要件。由此形成的证明负担分配方案，不但完美匹配现行法的规范目的，也足以满足司法实践对于操作性和可预测性的要求。

本章的启示是，研究实体法规范的证明责任分配，不能脱离立法的明文规定，也不能背离证据法的一般原理。司法实践中的尝试值得尊重，但不能替代学者对法律适用方案的一般性讨论。作为法教义学的研究者，我们在疑难问题的讨论中应当始终致力于发现"最大公约数"，亦即，探索一种既符合立法目的，又能在学理上自圆其说，且具有实务可操作性的法律解释方案。这很多时候并不容易，但却是研究者必须面对的任务。

第七章

个人信息泄露侵权的证明责任

一、问题的提出

根据《民法典》第 1038 条和《个人信息保护法》第 69 条，如果个人信息处理者泄露个人信息造成损害，个人信息处理者应承担损害赔偿等责任。实践中，个人信息处理者直接侵权导致损害赔偿责任的情况并不多见。[1]因个人信息侵权导致财产损失的，多是第三人利用非法获取的个人信息，对个人信息权利人进行的违法犯罪行为。这类案件中，如果直接侵权人被抓获，检察机关通常会对其提起公诉，被害人也可以对侵权人提起附带民事诉讼；如果涉及大量受害人，检察院还可能提起附带民事公益诉讼。[2]由于侵权人明确、加害行为具体，这种针对直接侵权人的民事追偿不会遇到太大问题，多数时候，也不需要对个人信息处理者进行额外的追责。

难题出现在直接侵权人不明的场合。如果直接侵权人尚未找

---

〔1〕 基于个人信息处理平台的存续目的，此类企业通常不会主要利用个人信息牟取经济利益，权利人也很少会因为个人信息处理者侵害其个人信息权利而遭受经济损失。实践中，因个人信息处理者直接侵权导致的诉讼，诉讼请求一般表现为停止侵害、赔礼道歉等。

〔2〕 中国裁判文书网关于《个人信息保护法》第 69 条的有限案例，基本上都是这个类型。

到——也许永远找不到，被害人可能直接起诉获取掌握个人信息的平台，要求后者承担损害赔偿责任。按照《民法典》和《个人信息保护法》的相关规定，权利人将个人信息提供给个人信息处理者，后者有义务保证信息不被泄露。从情理上讲，如果个人信息处理者未履行此种义务，导致信息泄露，并被不明第三人利用进行诈骗之类的犯罪行为，被害人当然有理由要求个人信息处理者承担责任。不过，从个人信息处理者的角度，受害人只是被某个不明第三人侵害，其损失未必当然归咎于个人信息处理者。针对这种越过直接侵权人向个人信息处理者提出的诉讼请求，后者很容易提出以下两个反驳：首先，被第三人利用的个人信息不一定是从它那里获取的。其次，即使个人信息是从它那里获取的，它也未必有什么不当的行为。比如，第三人可能是通过最新黑客手段盗取了个人信息，而个人信息处理者对此无法预见，也无法阻止。按照侵权责任法的一般原理，权利人需要证明行为人从事了违反个人信息保护义务的行为，而且正是该行为导致了权利人的损害，否则法官就不能判决行为人承担侵权责任。但在诉讼实践中，权利人证明上述事实的能力非常有限。这种背景下，应如何分配权利人与个人信息处理者的证明负担，才能实现对权利人和网络平台的均衡保护？

更棘手的是，在个人信息利用的实践中，权利人的个人信息经常被多家平台掌握。被诉的个人信息处理平台会主张，这些平台都有可能泄露案涉的个人信息。按照通常的侵权法原理，如果无法锁定侵权人，也就无法对权利人进行救济。而要求权利人锁定具体是哪家平台实际泄露了个人信息，几乎不可能。如此一来，权利人的法律地位可谓雪上加霜。

上述问题不仅涉及实体法条文的解释适用，也涉及相关要件事实的证明。事实上，两个问题常常相生相伴，难分彼此。本章尝试从证明责任角度分析这些问题。本章的讨论，一方面旨在优化个人信息泄露案件的实务处理方案，另一方面，也试图检验经典证明责任理论在新型案件中的解释力。个人信息保护对传统法律制度提出了系列挑战，位于实体法与程序法交叉领域的证明责任理论，没有理由回避这种挑战。

二、构成要件与证明责任

（一）请求权基础与构成要件

上文提到的不明第三人利用个人信息侵权，多发生在权利人通过网络平台购买商品或服务的场合。常见的案型是：权利人通过网络平台购买机票，留下了自己的姓名、身份证号码、手机号码等个人信息；事后收到假冒航空公司的诈骗短信，并在对方诱导下进行"退款"或者"改签"操作，从而蒙受金钱损失。案件发生后，受害人一般会去公安机关报案。但在案件尚未侦破之前，如果受害人向法院起诉交易相对人并要求后者承担责任，法院应如何处理？这里需要讨论的问题有两个：[1]一是权利人起诉网络平台的请求权基础是什么；二是权利人主张和证明哪些事实，法院才能判决网络平台承担责任。

实践中，权利人可能基于违约责任起诉，也可能基于侵权责

---

[1] 实践中还有一个问题也经常被提起，即民事诉讼能否在刑事案件破案之前进行。多数法院对此作出了肯定的回答。

任起诉。就前者而言，权利人通过购买机票的行为，与航空公司达成了航空旅客运输合同。基于该合同，航空公司不仅负有将权利人安全送达目的地的主给付义务，还负有保护权利人个人信息的附随义务。而在权利人通过第三方票务公司购买机票的场合，权利人通常还与票务公司达成了购票服务合同。根据该合同，票务公司同样负有保护权利人个人信息的附随义务。基于此种合同上的附随义务，权利人在因个人信息泄露遭受损失时，有权起诉合同相对人请求损害赔偿。另外，权利人也可以依据《民法典》第1038条和《个人信息保护法》相关规定，向航空公司或票务公司提起侵权损害赔偿诉讼。尤其是《个人信息保护法》第69条，为此类案件提供了直接的请求权基础。

如果权利人起诉违约损害赔偿，需要证明他遭受了损失、合同相对方未尽附随义务（未对其个人信息进行恰当保护）、其损失具有可预见性——只有相对方在订立合同时可以预见的损失，才能纳入损害赔偿责任的考虑范围。一般认为，违约责任为无过错责任。如果起诉侵权责任，权利人则要证明他遭受了损失、潜在侵权人有加害行为（未尽法律规定的个人信息保护义务）、其损失与加害行为之间有因果关系。鉴于《个人信息保护法》第69条明确采纳了推定过错的归责原则，权利人无须证明行为人对其加害行为有主观过错，但后者可以通过证明其无过错寻求免责。

对于权利人而言，违约责任的优势在于责任人明确。基于合同相对性，权利人只能向合同相对人主张损害赔偿责任，法院也只需审查合同相对人是否有违约行为。侵权责任正好相反，基于《民法典》和《个人信息保护法》的明确规定，权利人可以同时对多名潜在责任人进行追诉，而法院也经常要面对多个信息处理主体互相推诿的局面。除此之外,二者在核心要件上并无重大差异。无论选择何种请求权基础,权利人都要证明被告违反了法律规定的个人信息保护义务,以及他为此遭受了损失。至于侵权责任中的因果关系要件,有学者认为,其实与违约责任中的可预见性功能相似,在审查方式上也存在明显的趋同。[1]从这个角度,选择违约责任还是侵权责任,对于证据调查没有重大影响。

有学者认为,对因个人信息泄露导致权利人受损的案件,应适用安全保障义务。[2]理论上,安全保障义务的功能在于解决第三人介入引起的因果关系中断问题,[3]从这个意义上,它确实能满足第三人侵权场景下向个人信息处理者追责的需要。但在实践中,我国法院并不拒绝在一般侵权责任的框架内讨论个人信息处理者的责任,因果关系中断的问题也没有给法官带来普遍困扰。这种越过直接侵权人,直接运用一般侵权责任向间接侵权人追责的做法,在直接侵权人事后出现,进而需要考虑其与个人信息处理者之间责任分担的场合,可能会带来一些问题。但是,对于本章关注的事实调查而言,这种简化处理不会带来太大影响。无论如何,只要是被告对其个人信息保护义务的违反导致了个人信息泄露,而正是这一信息泄露行为让第三人有机会对权利人实施侵害,就可以认为"条件说"意义上的因果关系已然成立;[4]从而

---

〔1〕 参见汪倪杰:《论〈民法典〉中合同与侵权的开放边界——以附随义务的变迁为视角》,载《法学家》2022 年第 4 期。

〔2〕 参见高争志:《侵权责任视角下的个人信息安全保障义务探究》,载《重庆邮电大学学报(社会科学版)》2020 年第 1 期;万方:《公私法汇流的闸口:转介视角下的网络经营者安全保障义务》,载《中外法学》2020 年第 2 期。

〔3〕 参见冯珏:《安全保障义务与不作为侵权》,载《法学研究》2009 年第 4 期。

〔4〕 区别只不过是,对于不作为侵权,"条件说"的成立采替代法(如有则无),而非排除法(如无则无)。

也可以暂时认为，个人信息处理者应当承担侵权责任。

鉴于以上认识，下文仅从一般侵权责任出发，对不明第三人侵权背景下的个人信息泄露责任展开讨论。

（二）证明责任分配

根据《个人信息保护法》第69条和《民事诉讼法解释》第91条，如权利人根据侵权责任提起诉讼，应就侵权责任的客观要件负证明责任，这包括加害行为、损害后果以及二者之间的因果关系；权利人不需要证明个人信息处理者主观上有过错，但假如后者能够证明其无过错，无须承担责任。根据这一证明责任分配方法，事实审理过程中，法院应首先调查个人信息处理者泄露个人信息的事实性要件是否成立。当这些要件成立，才有必要进一步调查个人信息处理者对损害的发生有无过错。[1]

有观点认为，考虑到权利人的证明能力与其证明责任不匹配，而且这种证明责任分配方式更容易纵容泄露隐私信息的行为，应将因果关系的证明责任分配给信息控制者。[2]在《个人信息保护法》第69条只倒置了过错要件证明责任的立法背景下，这一观点显然没有法律依据。立法论上，这种观点也无法获得认同。因果关系是侵权责任成立的基础性要件，如果不能确认加害行为与损害后果之间有因果关系，侵权行为在事实层面就无从谈起。因此，因果关系的证明责任倒置在侵权法中非常罕见，而且

---

〔1〕 在这种证明责任分配方案下，无过错实际上处于抗辩的位置，按照伊藤滋夫的"开放性原理"，在权利成立阶段，法官无须对抗辩事实进行调查。参见〔日〕伊藤滋夫：《要件事实的基础：民事司法裁判结构》，许可、〔日〕小林正弘译，法律出版社2022年版，第263页。

〔2〕 参见刘海安：《个人信息泄露因果关系的证明责任——评庞某某与东航、趣拿公司人格权纠纷案》，载《交大法学》2019年第1期。

极易引发争议。[1]权利人确实很难证明其损害是因为信息控制者泄露个人信息引起的，但是，信息控制者要证明个人信息不是它泄露的，同样困难。可见，这种证明困难源于个人信息泄露本身的特征，是一种双向的，而非单向的困难。更重要的是，解决证明困难不是证明责任制度的主要功能。作为实体法上的风险分配机制，证明责任要解决的问题是，事实真伪不明时判谁败诉。而在因果关系真伪不明时判决信息控制者败诉，是更公平的证明责任分配方法吗？这种证明责任分配方法，是否会给处理个人信息的企业带来不合理的负担？凡此种种，证明责任倒置说似乎都没有考虑。

持证明责任倒置说的论者也提到，倒置因果关系的证明责任，并不意味着权利人不需要对因果关系进行任何证明。他首先要证明"信息控制者控制了其隐私信息且有泄露其隐私的高度可能性"。权利人完成了这种证明之后，被告才有必要证明自己的行为与原告损害之间没有因果关系。而作为被告的信息控制者，只需通过证据"排除其泄露信息致害的高度可能性"，也就是说，只需要将这一可能性降低到正常情形，即可认为否定了因果关系。[2]如果按照这种理解，因果关系的证明责任毋宁仍在权利人一方。我国民事诉讼法上的法定证明标准本来就是高度盖然性。如果原告仍需证明存在因果关系到法定证明标准，而被告只需将法官心证拉低到法定证明标准以下，这其实不涉及证明责任倒置，不过是一般证据法原理的运用而已。

---

〔1〕 我国侵权法只对环境侵权中的因果关系适用了证明责任倒置，但这在比较法上并非常态，也遭到了学界的广泛批评。参见本书第六章。

〔2〕 参见刘海安：《个人信息泄露因果关系的证明责任——评庞某某与东航、趣拿公司人格权纠纷案》，载《交大法学》2019 年第 1 期。

司法实践中，权利人能够充分证明的一般只有第三人利用其进行了违法犯罪行为，以及该行为导致了他的经济损失。就个人信息处理者的侵权责任而言，这其实只涉及责任成立要件中的损害后果要件。逻辑上，法院如果要判决个人信息处理者承担间接侵权责任，至少还需认定：（1）第三人系从被告个人信息处理者处获取的案涉个人信息；（2）该信息的获取源于个人信息处理者对个人信息保护义务的违反；（3）个人信息处理者并非无过错。其中，要件1和要件2大体指向加害行为和因果关系两个要件，而要件3则指向过错要件。但在真实诉讼中，权利人一般不需要就要件2进行特别的主张和举证。这是因为，《个人信息保护法》第51条明确规定，个人信息处理者应当采取六类措施保护个人信息，"并防止未经授权的访问以及个人信息泄露、篡改、丢失"。[1]《个人信息保护法》颁布前，曾有学者认为，个人信息安全保障义务应当定位为手段义务，而非结果义务。[2]从《个人信息保护法》第51条来看，该条既规定了个人信息处理者应当采取一系列个人信息保护措施，同时也规定，个人信息处理者应当"防止未经授权的访问以及个人信息泄露、篡改、丢失"。从文义上，将该条定位为结果义务和手段义务都说得通。但是，即便将

---

〔1〕《个人信息保护法》第51条规定："个人信息处理者应当根据个人信息的处理目的、处理方式、个人信息的种类以及对个人权益的影响、可能存在的安全风险等，采取下列措施确保个人信息处理活动符合法律、行政法规的规定，并防止未经授权的访问以及个人信息泄露、篡改、丢失：（一）制定内部管理制度和操作规程；（二）对个人信息实行分类管理；（三）采取相应的加密、去标识化等安全技术措施；（四）合理确定个人信息处理的操作权限，并定期对从业人员进行安全教育和培训；（五）制定并组织实施个人信息安全事件应急预案；（六）法律、行政法规规定的其他措施。"

〔2〕参见高争志：《侵权责任视角下的个人信息安全保障义务探究》，载《重庆邮电大学学报（社会科学版）》2020年第1期。

该条定性为手段义务，法官如果认定个人信息系从个人信息处理者控制的平台流出，也不妨同时认定个人信息处理者违反了该条规定的义务。从逻辑上，法律规定这些作为义务的目的就是"防止未经授权的访问以及个人信息泄露、篡改、丢失"，而一旦个人信息泄露，法官有理由推定这些义务没有得到履行。这种推定在性质上属于事实推定而非法律推定，但是，因为得到法律规范内在逻辑的支持，假如个人信息处理者要反证，也要承担很重的证明负担。针对要件 2，个人信息处理者可以提出的证据无非是，其尽到了该条规定的各项个人信息保护义务，因此权利人个人信息的泄露不应归咎于它。不难发现，这种反证与个人信息处理者对其"无过错"的证明在内容上高度重合，在程度上也只有微妙差异。考虑到这些因素，法官一般无须对要件 2 进行专门调查，而只需要让原告和被告依次证明要件 1 和要件 3 即可。

三、要件事实的证明

（一）网络平台泄露个人信息的证明

如前所述，一方面，权利人遭受第三人侵权后起诉个人信息处理者，首先需要证明后者泄露了个人信息。但对权利人来说，这一事实几乎无法通过直接证据证明，因为他不可能掌握其个人信息被泄露的具体细节。另一方面，虽然个人信息有可能是从网络平台泄露的，但有机会接触个人信息的人员也许很多，要平台逐一证明这些人没有泄露个人信息，也非常困难。可见，无论原告还是被告，都不掌握事件经过的直接证据，这类案件也很难说是典型的"证据偏在型"案件。从根本上，这里的证明困境源于网络时代个人信息侵权的结构性特征。个人信息本来就是一种精神性的存在，其传播过程很多时候不会留下物理痕迹。在互联网时代，个人信息的传播更是呈现出转瞬即逝的特征，事后追查和复盘可遇不可求。凡此种种，使得个人信息泄露案件中存在一般的、不以当事人身份为转移的证明困境。对此困境，诉讼法要给出解决的办法。

有学者认为，考虑到权利人的证明困难，应对此类案件采取更低的证明标准。[1]笔者不赞同这种观点。在现代自由心证的背景中，民事诉讼中的证明是一种主观证明，其终极目的，是让法官形成对待证事实的内心确信。而证明标准，不过是立法者为规范此种自由心证，预先确定的确信尺度。按照我国《民事诉讼法解释》，民事诉讼采高度盖然性的证明标准。这意味着，只要法官认为待证事实为真的可能性明显大于为伪，即可认定事实成立。至于何时达到此种证明标准，则只能留给法官判断。[2]在具体审判活动中，法官要根据案件的类型和结构、负证明责任当事人可能提供的证据、其实际提供的证据，决定是否作出待证事实为真的判断。在自由心证的语境中，这只是不同的心证达成途径，不涉及证明标准的高低。之所以强调这一点，是因为，这涉及个人信息泄露侵权中的风险分配。降低证明标准，意味着将更多败诉风险分配给了个人信息处理者。既然立法者没有就个人信

---

〔1〕 参见杨立新：《侵害公民个人电子信息的侵权行为及其责任》，载《法律科学》2013年第3期；刘承韪、刘磊：《论私密信息隐私权保护优先规则的困局与破解——以〈民法典〉第1034条第3款为中心》，载《广东社会科学》2022年第3期。

〔2〕 参见吴泽勇：《"正义标尺"还是"乌托邦"？——比较视野中的民事诉讼证明标准》，载《法学家》2014年第3期。

息泄露规定证明标准降低，就只能采民事诉讼中的一般证明标准，即高度盖然性标准。同时，唯有如此，也才能与前文确定的证明责任分配方法保持一致。毕竟，对个人信息泄露负证明责任的是个人信息权利人。基于这种证明责任分配，无论因为何种原因，只要法官对被告泄露个人信息这一事实无法形成内心确信，就不能判其承担责任。

真正需要讨论的是，面对个人信息泄露侵权中的证明困境，法官应如何形成对待证事实的内心确信？这涉及事实调查的方法论问题，需要略作展开。首先要强调的是，法官对待证事实形成内心确信，并非一劳永逸的过程。从客观证明责任的逻辑来看，法官不需要在诉讼早期就形成自己对待证事实的立场，他实际上可以带着"再看一看"的心态，在双方当事人的证据中间"目光往返"。从主观证明责任的逻辑出发，负证明责任的当事人当然应当首先提供证据证明待证事实。但是，这种证明并不需要一次性达到法定证明标准。法官能否对待证事实形成内心确信、形成何种确信，是他在证据调查终结时才需要回答的问题。在此之前，提出证据的责任会随着法官心证状态的变化，在当事人之间往返流动。

那么，负证明责任当事人证明待证事实到何种程度，法官才能认为其尽到了初步的提供证据责任，以至于该责任应当转移给对方当事人呢？这是处理此类问题的关键。本书认为，负证明责任当事人只需让法官对待证事实形成临时心证，其提供证据责任就可以暂时解除。[1]至于这种临时心证所需达到的确信程度，则因要件事实的不同而呈现出不同。对于不存在证明困境的要件事

---

[1] 关于临时心证概念的初步提出，参见本书第三章。另见吴泽勇：《违约金调减的证明责任问题》，载《法学评论》2022年第1期。

实，负证明责任当事人的初步举证一般要达到，或者至少要接近法定证明标准。因为，在这类案件中，负证明责任当事人在证据获取方面不存在结构性的困难，法官有理由期待其一次性地进行较为充分的举证。对于证据偏在型的要件事实（比如违约金调减诉讼中的损害数额），负证明责任当事人的初步举证只需达到较低的证明程度，也就是说，只要让法官相信其主张的事实有一定可能存在，法官即可形成临时心证。因为，在这类案件中，这就是法官唯一能期待负证明责任当事人进行的举证。在此基础上，对方当事人则需要进行较为充分的举证，来否认负证明责任当事人的事实主张。理论上，这可能是事案解明义务的要求，也可能涉及文书提出义务。而在待证事实对于双方当事人都难以证明的案件（比如个人信息泄露诉讼）中，法官只能期待双方当事人在各自力所能及的范围内，进行相应的举证。对于原告来说，他所能举出的证据可能包括"涉案个人信息与被告掌握个人信息具有同一性""侵权行为发生在被告控制个人信息期间""网络平台具有泄露个人信息的不良记录"等。理论上，这些信息都不能直接证明被告个人信息处理者泄露了权利人的个人信息，但是它们综合起来，或许会让法官相信被告具有泄露个人信息的可能性。考虑到这就是此类案件中法官能够期待权利人进行的举证，假如权利人完成了这类举证，法官就可以形成网络平台有可能泄露个人信息的临时心证。在此基础上，网络平台可以通过对其个人信息处理过程、内部管理机制的披露，来证明原告的个人信息不可能从被告的平台泄露。如果网络平台较好地完成了这种举证，法官此前的临时心证可能就会动摇，这时，权利人要么继续进行对自己有利的举证，要么接受败诉的后果；反之，如果被告平台不能进行有力举证，则法官经由原告举证获得的临时心证，就有机会进一步强化，乃至成为终极心证。因为案件具体情况的不同，上述证明过程可能经过多轮的反复。

上述模型中有两个关键概念：一是法官的临时心证，二是当事人举证活动的可期待性。法官的临时心证，是指法官基于现有证据，形成的"待证事实可能为真"的临时判断。临时心证所需达到的证明程度，取决于当事人举证的可期待性。当事人举证的可期待性越高，临时心证所需达到的确信程度也越高，反之亦然。应当注意的是，这种可期待性只与案件的结构性特征相关，与个案中的特殊场景无关。

上述原理看似复杂，但从一些典型案例来看，我国法官展开证据调查的方式实际上暗合了这些原理。

案例1：在林某诉 S 航空公司侵权责任纠纷案中，二审法院认为，"林某的证据能够证明其个人信息是从售票渠道泄露出去的基本事实"，理由是：首先，林某举证证明其购买机票后收到包含其姓名及航班信息的诈骗短信，并因此遭受损失；其次，林某不属于故意泄露信息进行虚假诉讼的情况；再次，林某已经尽其所能进行举证，不能要求其进一步举证；最后，S 航空公司没有举证证明其尽到了保障消费者信息安全的义务。因此，"林某的证据虽不能证明其个人信息被泄露的具体环节，但已能证明其个人信息是通过 S 航空公司的售票系统有关环节被泄露，且 S 航空公司未尽到保障消费者个人信息安全的相关义务。因此 S 航空公司应当承担侵权责任"。[1]

---

[1] 参见四川省成都市中级人民法院（2015）成民终字第 1634 号民事判决书。

案例2：在方某诉北京J网络科技股份有限公司、中国D航空集团有限公司等合同纠纷案中，法院认为，J公司有高度可能泄露原告个人信息，而D航空公司在其掌握信息的阶段没有泄露原告个人信息。理由是：J公司掌握了原告的姓名、身份证号、手机号、行程信息等个人信息，在排除原告自身泄露的可能性之后，J公司具有泄露原告信息的高度可能；D航空公司虽然也掌握原告个人信息，但是其举证证明已采取有效措施保护乘客的个人信息——D航空公司对个人信息数据进行了脱敏设置，制定了严密的安全管理制度，对数据存储安全进行专门认证、执行个人信息保护和数据安全方面最严格的国际规范，等等。因此，被告J公司对原告未尽合同附随义务，应承担相应的责任。[1]

案例3：在原告申某诉上海X商务有限公司、Z网络技术有限公司侵权责任纠纷案中，法院认为，网络运营者对网络用户的个人信息负有安全保障的法定义务。基于这一义务，被告X公司应当对案外人利用原告个人信息造成原告损失承担责任。理由是：申某已举证证明其将个人信息提供给X公司，后在较短时间内发生信息泄露，已完成相应合理的举证义务。基于涉案个人信息被短时间泄露等时空背景条件，可以认定X公司作为消费者所直接面对的第一手完整信息保管者存在泄露申某涉案个人信息的高度可能。虽然X公司提交了隐私政策、《敏感信息处理规范》、《敏感信息安全管理规定》等证据，但是对其内部员工授权进行访问涉案订单的人员范围、访问敏感信息的授权记录、监控情况、操作记录、内外部传输审批情况，X公司未提交证据举证。

---

〔1〕　参见广东省深圳市宝安区人民法院（2018）粤0306民初23342号民事判决书。

故中某对于个人信息泄露已完成举证，而 X 公司的主张及举证不充分，应认为 X 公司在信息安全管理的落实方面存在漏洞，未尽到对个人信息负有的信息保管及防止泄露义务。[1]

　　上述三个案例中，法官判决的请求权基础各不相同，第一个是消费者个人信息安全保护义务，第二个是合同附随义务，第三个是安全保障义务。但是，诉讼中争议的核心事实却是一样的，那就是，被告网络公司是否泄露了原告的个人信息。三个案例中，原告都没有直接证明被告泄露了其个人信息，但是法院认为，考虑到被告处理的个人信息与案外人诈骗使用的信息具有高度同一性和时空关联性，可以认定被告有高度可能泄露了原告个人信息。案例 1 和案例 3 中，原告还提供了与被告涉嫌泄露个人信息相关的媒体报道，进一步增强了法官的确信程度。尽管如此，按照前文分析，这里的高度可能性也只是一种临时心证，而非终极心证。法官是否最终认定被告泄露个人信息，主要取决于被告后续的反证。被告证明其没有泄露原告个人信息的渠道无非两条，要么其信息保护方面没有漏洞，不可能泄露信息，要么实际泄露信息的另有他人。[2]案例 1 中的 S 公司、案例 2 中的 J 公司、案例 3 中的 X 公司没有完成这种证明，于是，法院关于其泄露个人信息的临时心证被强化，成为终极心证。与之相反，案例 2 中的 D 公司则举证证明其尽到了个人信息保护义务，从而动摇了这种对其不利的临时心证，避免了被判承担责任。由这些案例可知，泄露个人信息的事实尽管很难证明，但在合理分配当事人证明负担的情况下，法官是可以形成符合民事诉讼要求的内心确

---

〔1〕　参见北京市朝阳区人民法院（2018）京 0105 民初 36658 号民事判决书。
〔2〕　一般来说，后者很难证明，差不多只是一种理论上的可能性。

信的。其中的要点正是临时心证的尺度把握，以及对双方当事人证明可期待性的区别对待。这一原理能够在我国司法实践中被下意识地运用，表明它符合法官的直觉，也符合此类案件事实调查的内在规律。

（二）无过错的证明

按照《个人信息保护法》第 69 条，如果个人信息处理者可以证明其对个人信息侵权没有过错，不承担责任。这里采取了过错推定的归责原则。这不是证据法意义的法律推定，而是过错要件的证明责任倒置。这种归责模式下，权利人不需要就行为人有过错进行任何证明；行为人需要证明自己对于损害的发生没有过错，否则就要承担侵权责任。行为人无过错，是指行为人对于损害的发生没有主观上的故意或者过失。在个人信息泄露侵权案件中，一般是指行为人对个人信息泄露在主观上没有可预见性，即其无法预见，也不可能防止个人信息泄露的发生。从侵权责任的构成体系上看，过错属于主观要件，应当在客观要件确定之后进行调查。如果个人信息处理者证明自己不可能泄露个人信息，那么，原告的请求在客观要件调查阶段就已经被推翻，不需要对其有无过错进行举证证明。

过错是主观要件，但是在《个人信息保护法》已对个人信息处理者的个人信息保护义务作出明确规定的情况下，这一主观要件通常可以客观化为侵权人未尽法定义务。这会导致加害行为要件与过错要件在证明上的重合：个人信息处理者为了证明其不可能泄露个人信息，多数时候只能就其尽到法定义务进行举证；而为了证明其无过错，需要再次证明其尽到了法定义务。但要注意的是，二者证明的目的不同，证明的逻辑也不完全相同。对于前者而言，个人信息处理者通过对其履行个人信息保护义务情况的举证，旨在证明个人信息不可能由其泄露。这是对泄露个人信息侵权责任客观要件的否定。对于后者而言，个人信息处理者要证明的是，尽管泄露了个人信息，但它对此无法预见也无法阻止，因此不应将损害归咎于它。在实践中，通过尽到法定义务来证明无过错的空间很小。除非有某种无法预测也无法防范的外力介入，比如最新黑客技术的出现、大范围的互联网故障等，个人信息处理者很难在个人信息泄露已被确认的情况下声称其无过错。相比之下，较为可取的免责途径还是通过证明其尽到了法定义务，来否定信息可能由其泄露这一事实本身。这也是为什么，此类案件中的争议焦点大多数时候只有一个，即个人信息处理者是否泄露了权利人的个人信息。

四、多数个人信息处理者背景下的证明困境及应对

（一）实体法方案的选择

如本章开头提到的，在个人信息泄露案件中，被告个人信息处理者常常会主张，还有其他主体掌握权利人的个人信息，不能认定就是它泄露了信息。逻辑上，如果侵权人无法锁定，侵权责任就无从谈起。但是，对权利人来说，证明一个主体有高度可能泄露个人信息已经很困难，在数个个人信息处理者中证明究竟是哪个泄露了个人信息，更是几乎不可能完成的任务。

对上述难题，除了前文提到的"证明责任倒置说"和"证明标准降低说"外，还有学者从实体法角度给出了解决方案。一个方案是类推适用高空抛物规则。有学者认为，对于加害人不明的个人信息侵权案件，不妨类推适用高空抛物规则，即由所有个人信息控制者共同分担责任，但允许个别控制者通过证明其未实施侵权行为实现免责。理由是，此类案件在形式和实质上都高度类似高空抛物，类推适用高空抛物规则可以避开加害人不明的问题，化解权利人的证明困境。[1]另一个方案是类推适用共同危险行为责任。有学者认为，在个人信息控制者为多数以至于无法锁定谁是侵权人的情况下，可以类推适用《民法典》第1170条的共同危险行为责任。即，将所有控制个人信息的共同处理者视作造成个人信息泄露的共同危险行为人，通过因果关系推定规则，让这些共同处理者对因个人信息泄露造成的损害负连带责任。[2]有学者进一步指出，该方案的理论基础在于因果关系要件的整体评价说。所谓整体评价说是指，"将各个行为人所实施的危险行为视为整体，评价该整体行为与损害之间的因果关系，如果整体行为与损害之间的因果关系成立，则各个单独行为与损害之间的因果关系即告成立，除非各个行为人可以举证证明其单独行为与损害结果不具有因果关系而退出该整体行为"。[3]这一方案在比较法上有《德国数据保护法》第83条第3款支持，在我国民法学

---

[1] 张春龙、梁三利：《大数据时代个人信息的侵权法救济路径——以复数信息控制者情形下加害人不明为切入点》，载《理论月刊》2022年第3期。

[2] 程啸：《论个人信息共同处理者的民事责任》，载《法学家》2021年第6期。

[3] 阮神裕：《共同危险行为理论基础的重构与阐释》，载《法学评论》2018年第3期。

界也有渐成主流之势。[1]

从缓解权利人证明困境的角度，上述两种方案可谓殊途同归。两种方案都是经由共同被告与损害之间的抽象关联，直接推定所有被告都与损害具有因果关系，从而解决了权利人对因果关系的证明难题。但是，共同危险行为中权利人的证明负担无疑更重。它至少要求权利人证明所有可能的潜在侵权人都实施了具有危险性的行为，即每个行为都可能导致侵害的发生。而高空抛物责任则是诉诸潜在侵权人在物理上的关联，比如同住一个单元，并不考虑每个被告是否从事了法律禁止的行为。在法律推定中，基础事实与推定事实之间通常有一定的盖然性联系。[2]如果说这种盖然性联系在共同危险行为中依然清晰，那么，在高空抛物中，就显得非常牵强。这也是高空抛物责任在我国广受批评的原因：这一制度把一群什么都没做的人拉进责任主体范围，从根本上背离了侵权法上的"肇因原则"。[3]相比之下，共同危险行为责任虽然也大大减轻了权利人的证明负担，却并未放弃"肇因原则"。无论如何，每个行为都可能导致侵害发生，这是共同危险行为责任必须坚持的前提。从这个意义上，共同危险行为责任在权利人与责任人之间确立的风险分配更均衡。因此，在个人信息侵权中类推适用共同危险行为责任更为妥当，而类推适用高空抛物责任，则存在过度保护权利人的嫌疑。

---

〔1〕比如叶名怡：《个人信息的侵权法保护》，载《法学研究》2018年第4期；程啸：《论个人信息共同处理者的民事责任》，载《法学家》2021年第6期；张建文、时诚：《个人信息的新型侵权形态及其救济》，载《法学杂志》2021年第4期；姚佳：《论个人信息处理者的民事责任》，载《清华法学》2021年第3期。

〔2〕参见纪格非：《论法律推定的界域与效力——以买受人检验通知义务为视角的研究》，载《现代法学》2020年第6期。

〔3〕关于"肇因原则"，参见程啸：《侵权责任法》，法律出版社2011年版，第236页。

但是，学者的某些论述，正在模糊上述区别。在一篇专门讨论这一问题的论文中，阮神裕博士重点介绍了证据整体化的理论。在他看来，"共同危险行为制度之所以在举证上对受害人加以特殊的保护，根本原因在于各个行为人所实施的行为相互联结，从而使受害人陷于无法辨别谁是真正的加害人的困境。这一举证困境不能由无辜的受害人承担，而应当由造成这种困境的行为人来承担。因此，立法者允许受害人将所有行为人所实施的行为视为一个整体，只要证明各个行为人的'整体行为'与权益侵害的因果关系成立，即可推定'个别行为'与权益遭受侵害之间存在因果关系"。[1]按照这种思路，共同危险行为人之所以承担责任，不是因为其行为具有"危险性"，而是因为其行为造成了"证据损害"。阮神裕博士论文中的所谓证据损害，不是证据法上意义的证明妨害，而是指因争议行为导致的，受害人无法进行有效证明的处境。比如，在个人信息侵权案件中，"当数个信息控制者参与同一个人信息的收集与处理时，这一经营活动本身就蕴含着证据损害现象。在这样的案件中，也许受害人确实无法证明信息控制者是否实施了特定的作为或者不作为，但是数个信息控制者所实施的信息共享或者共同处理的经营活动，造成了受害人无法识别谁是具体加害人的举证困境"。[2]在上文看来，这才是在此类案件中采因果关系推定的关键理由。

上述论述具有启发性，但从证据法的角度，其确立证明责任分配的实质性依据或有偏颇。共同危险行为责任的出现，的

---

[1] 阮神裕：《民法典视角下个人信息的侵权法保护——以事实不确定性及其解决为中心》，载《法学家》2020年第4期。

[2] 阮神裕：《民法典视角下个人信息的侵权法保护——以事实不确定性及其解决为中心》，载《法学家》2020年第4期。

确是为了解决权利人面对多数潜在侵权人时的证明困境。从这个角度，强调共同危险行为与权利人证明困境之间的关联，无可厚非。但是，如果仅仅因为证明困境存在就采整体因果关系推定，缺少正当性。在证据法上，确定证明责任分配最重要也最基本的实质性基础是"进攻方原理"，即启动司法程序的当事人，应就其寻求救济的权利构成要件承担证明责任。[1]在侵权责任中，因果关系原则上应由权利人证明，正是进攻方原理的体现。[2]作为一种侵权法上的责任，共同危险行为责任不能只考虑权利人的证明困境，也要兼顾潜在行为人基于"肇因原则"而应受保护的行动自由。为了平衡这两种价值，在对潜在侵权人进行因果关系推定时，必须加入行为危险性的要件。一个没有任何危险性的行为，仅仅因为客观上引发了权利人的证明困境就被推定为共同侵权，这样的推定在风险分配上难言正当。因此，对侵权人不明的个人信息泄露案件类推适用共同危险行为是可行的，但前提是，必须坚持行为人行为的"危险性"标准。

（二）《个人信息保护法》第 20 条第 2 款的定位

与此相关的是《个人信息保护法》第 20 条第 2 款。该款规定："个人信息处理者共同处理个人信息，侵害个人信息权益造成损害的，应当依法承担连带责任。"就该款的定位，民法学界存在争议。一种观点认为，该款属于参引性条款，其中"依法承担"的表达，意味着共同行为人根据共同侵权行为的类型和特

---

〔1〕 Vgl. Hans Prütting, Gegenwartsprobleme der Beweislast, 1983, S. 250, 258.

〔2〕 不难发现，基于肇因原则也会得出相同的结论。这实际上反映了程序法与实体法在责任构成问题上的逻辑一贯性。

征，分别适用《民法典》第 1168—1172 条。[1]另一种观点认为，本款属于独立的请求权规范，因为"依法"二字不能清晰判断参引的规范条文，而本条本身就包含了完整的构成要件和法律效果。持该观点的学者认为，由于信息处理者与信息主体在实际地位上不平等，立法政策上应强化对处于弱势地位的信息主体的保护。鉴于第 20 条第 2 款在规范意旨上恰恰与《民法典》上的多数人侵权行为存在相通之处，无须通过"依法"实现参引规范的目的而限制连带责任的适用。基于这一认识，该学者在分析该条构成要件时指出，"在共同处理者责任中，受害人也须证明共同处理行为和损害之间存在足够的直接联系。但这并不要求逐一证明每个处理者的行为与个人信息权益受侵害都存在因果关系。共同处理者的整体性认定，可以掩盖对个别处理者行为与损害后果之间因果关系的可能的怀疑"。[2]

笔者赞同第一种观点。除了立法史论据外，[3]一个更重要的考虑是，如果按照第二种观点，共同信息处理者依据《个人信息保护法》第 20 条第 2 款所应承担的责任将极为严苛。按照这种观点，只要存在共同处理个人信息的行为，所有共同处理者都将自动成为共同侵权人，对权利人的损害后果负连带责任。这是一种比《民法典》第 1170 条更严厉的责任，因为它完全不考虑个

---

〔1〕 参见程啸：《论个人信息共同处理者的民事责任》，载《法学家》2021年第 6 期；程啸：《论〈民法典〉与〈个人信息保护法〉的关系》，载《法律科学》2022 年第 3 期。

〔2〕 刘琬乔：《论共同处理个人信息的侵权损害赔偿责任》，载《财经法学》2022 年第 5 期。

〔3〕 立法过程中，一审稿、二审稿、颁行稿先后使用了"依法承担连带责任""应当承担连带责任""应当依法承担连带责任"的表达。学者认为，这反映了立法者选择了将该条定位为参引规范的立法意图。参见程啸：《论个人信息共同处理者的民事责任》，载《法学家》2021 年第 6 期。

人信息处理行为的合法性，或者说，完全剔除了共同危险行为中"行为危险性"的构成要件。毕竟，个人信息处理行为无论如何不能被一般地视作"危险行为"。

在关于共同个人信息处理者责任的讨论中，学者经常援引德国《联邦数据保护法》。该法第 83 条第 3 款规定："在自动数据处理的情形下，倘若无法查明多个数据控制者中究竟是谁导致损害的发生，则每个数据控制者或权利行使者都应承担责任。"[1] 这意味着，在自动化数据处理的场合，如果存在复数的个人信息控制人，则采因果关系推定规则。而在非自动数据处理的场合，通过类推适用《德国民法典》第 830 条第 1 款第 2 句，同样会导致因果关系推定的效果。[2] 不少学者从该条出发，认为我国《个人信息保护法》也应在共同信息处理的场合采纳这一规则。[3]

笔者对此持怀疑态度。事实上，德国《联邦数据保护法》第 83 条的适用范围有限。因为《欧盟通用数据保护条例》不适用于安全、刑事和刑事执行领域的个人数据保护，[4] 欧盟关于刑事领域的数据保护指令［RL-（EU）-216/680］第 56 条专门对此作出了规定。该指令在德国法中的体现就是《联邦数据保护法》

〔1〕 § 83Abs. 1 BDSG.

〔2〕 Vgl. BeckOK DatenschutzR/Quaas, 42. Ed. 1.8.2022, BDSG § 83 Rn. 32 ff. 另见叶名怡：《个人信息的侵权法保护》，载《法学研究》2018 年第 4 期。

〔3〕 参见叶名怡：《个人信息的侵权法保护》，载《法学研究》2018 年第 4 期；程啸、阮神裕：《论侵害个人信息权益的民事责任》，载《人民司法·应用》2020 年第 4 期；阮神裕：《民法典视野下个人信息的侵权法保护——以事实不确定性及其解决为中心》，载《法学家》2020 年第 4 期；张建文、时诚：《个人信息的新型侵权形态及其救济》，载《法学杂志》2021 年第 4 期；程啸：《论个人信息共同处理者的民事责任》，载《法学家》2021 年第 6 期。

〔4〕《欧盟通用数据保护条例》第 2 条第 2 款第 4 项（Art. 2 Abs. 2 lit. d DS-GVO）对此作出了规定。Vgl. BeckOK Datenschutzrecht, Wolff/Brink，3. Edition, Rn. 24-30a.1

第83条。[1]因此，在德国法上，《联邦数据保护法》第83条与《欧盟通用数据保护条例》第82条分工明确，前者适用于安全、刑事领域的个人数据保护，后者适用于其他场合的个人数据保护。[2]国内学者对此分工多有忽略，但这一点其实非常重要。因为，作为行使特定刑事司法权力的国家机关，其个人信息处理行为与一般经济交往中的个人信息处理显然不同。要求这类共同个人信息处理者承担较重责任，更能够凸显个人信息保护法的预防功能。[3]在德国，一般经济交往中的个人信息处理仍适用《欧盟通用数据保护条例》第82条。尽管按照该条第4款，共同信息控制者和处理者要对损失负连带责任，但前提是，所有共同信息控制者、处理者，根据该条第2款和第4款，都应对损失承担责任。[4]换句话说，只有当每个控制者或处理者的单个责任成立时，共同控制者、处理者的连带责任才成立。[5]这里并不存在任何形式的因果关系推定。可见，适用于所有共同信息处理者的因果关系推定，在德国法上不是常态，而是例外。之所以如此，盖因这

---

[1]　BeckOK DatenschutzR/Quaas, 42. Ed. 1.8.2022, BDSG § 83 Rn. 5.

[2]　BeckOK DatenschutzR/Quaas, 42. Ed. 1.8.2022, BDSG § 83 Rn. 8.

[3]　BeckOK DatenschutzR/Quaas, 42. Ed. 1.8.2022, BDSG § 83 Rn. 7.

[4]　《欧盟通用数据保护条例》第82条（Art. 82 DS-GVO）第2款规定："涉及数据处理的任何控制者应因进行违反本条例的数据处理而倒置的损害负赔偿责任。处理者只有在没有遵守本条例具体指示给处理者的义务时，或者其行为已经完全脱离或违背控制者的合法指令时才对因数据处理产生的损害负有赔偿责任。"第3款规定："控制者或者处理者能够证明对引发损害的事件没有任何过错，则可以免除第2款的责任。"第4款规定："当不止一个控制者或处理者，或控制者与处理者同时涉及同一处理，而且它们对第2段和第3段规定的处理所引起的所有损失承担责任，每个控制者或处理者都应当对损失负有连带责任，以便保证对数据主体的有效赔偿。"任虎译：《欧盟一般数据保护条例》，华东理工大学出版社2018年版，第176—177页。

[5]　从责任类型上，这里的连带责任更接近我国《民法典》第1171—1172条的共同侵权责任，而非第1170条的责任。

一规则对于普通个人信息处理者过于苛刻，不利于相关产业健康
发展，也未必利于公民个人信息的有效利用。

（三）共同危险行为责任的程序展开

按照上文讨论，在复数主体控制权利人个人信息的案件中，
可以通过《个人信息保护法》第 20 条第 2 款的转介规定，类推
适用《民法典》第 1170 条的共同危险行为责任。这在程序法上
如何实现？这里运用上文提到的证据法原理，对这类案件中的证
据调查略作展开。

首先，被告提出还有其他个人信息控制者存在，这在证据法
上应定性为否认。这与被告主张"权利人本人或其亲友也掌握个
人信息，因此也可能泄露个人信息"一样，都是对被告泄露个人
信息这一主张的具体化否认。与在这些情形中一样，单纯控制信
息并不能成为有效的否认。在存在共同个人信息处理者的场合，
原始被告至少要证明，该共同处理人对个人信息进行了实际处
理，其处理流程和安全机制上可能存在漏洞，等等。这一证明所
需达到的强度，不妨比照权利人对单个被告泄露个人信息进行初
步证明所需达到的程度。也就是说，被告至少要让法官形成"该
第三方信息控制人有可能泄露个人信息"的临时心证，其否认才
能成立。

其次，对被告提出的这类主张，法院应根据其证明情况予以
处理。如果法官认为第三方泄露个人信息的可能性不大，应直接
驳回否认。如果法官认为第三方有较大可能泄露个人信息，则应
向权利人释明，告知其本案可以适用共同危险行为规范，权利人
有权申请追加第三方信息控制者为共同被告。这是因为，一旦法

院确认共同信息控制人有泄露个人信息的较高可能性，就不妨认为，多个个人信息处理行为都具有危险性。这种情况下，权利人有权根据《民法典》第 1170 条，请求该第三方信息控制者承担连带责任。当然，权利人也可以不申请追加。因共同危险行为引起的连带责任之诉，在诉讼形式上属于可分之诉，原告有权选择一个或多个共同危险行为人作为被告来起诉。

再次，如果法院追加了其他个人信息控制者，案件就应适用共同危险行为责任进行审理。由于原始被告已经初步证明该被追加共同被告有较高可能泄露个人信息，关于其行为危险性的证明实际上已经完成。这种情况下，根据危险行为责任的法理，共同被告的不当个人信息处理行为与权利损害后果之间的因果关系被推定成立。而每个被告只有证明其不可能泄露个人信息，才能推翻这一推定。证据法上，被告为推翻因果关系推定所进行的证明是本证，要达到高度盖然性的证明标准。这与单个被告就其否认进行的反证性质不同，二者所需达到的证明程度也不同。但这种差别也许只有理论上的意义。其一，在考虑到当事人证明可期待性的背景下，即使在单个被告的案件中，被告对泄露个人信息的反证负担也相当繁重。其二，无论本证还是反证，被告所能做的无非是披露其个人信息处理过程、个人信息保护政策和具体举措等，以此来说服法官相信，原告个人信息不可能是从它的平台泄露的。

最后，如果权利人一开始就起诉多家个人信息控制主体，则应当证明每个主体都有高度可能泄露其个人信息。这种情况下的泄露可能性证明，其实也就是每个共同被告行为危险性的证明。不过，从寻求救济的实效性出发，权利人这么做的意义并不大。

起诉的潜在责任人越多，需要证明的危险行为也就越多。而关于每个个人信息处理者有可能泄露个人信息的证明负担，不会因为被告增加而有任何改变。

综上所述，被告提出存在其他信息控制人的主张，并不会给个人信息泄露侵权诉讼造成重大冲击。被告如果无法证明这些主体有较高可能性泄露信息，这种否认主张就无效；如果证明了这种可能性，权利人又可以转而诉诸共同危险行为责任。也就是说，权利人依然可以基于《民法典》第1170条的共同危险行为责任，选择向某一个个人信息处理者主张责任。就原始被告而言，无论第三方泄露个人信息的可能性是否得到证明，其处境都不会有任何改善。绝大多数情况下，作为此类案件中的被告，只有证明自己不可能泄露个人信息，才能真正实现免责。

而共同危险行为责任的证据法意义就在于：它解决了行为人用一个潜在加害行为否定另一个潜在加害行为时的证明难题。在普通侵权诉讼中，一旦个人信息处理者证明还有其他主体可能泄露个人信息，权利人就会陷入无法锁定侵权人的困境。通过引入因果关系推定，共同危险行为责任化解了这种困境。从这个意义上，共同危险行为责任与其说是一种实体法上的制度创造，不如说是一种诉讼法上的证明困境缓解策略。[1]这种策略的正当性在于：一方面，如果允许行为人通过证明存在其他潜在侵权人存在而免责，权利人就会彻底丧失获得救济的机会；另一方面，既然数位行为人都从事了可能导致侵害的行为，对其中任何一个人进行追责，在道德上也无可厚非。这两方面相辅相成，缺一不可。

---

〔1〕　程啸也持这种观点。参见程啸：《论共同危险行为的构成要件——以〈侵权责任法〉第10条为中心》，载《法律科学》2010年第2期。

在个人信息泄露案件中，被告对其他主体可能泄露个人信息的证明，本意是为了动摇法官关于其本人可能泄露个人信息的临时心证。但在引入共同危险行为的视角后，这种证明可能产生证明第三方的个人信息处理行为具有危险性，从而应当适用共同危险行为责任的效果。一句话：单独侵权责任排除，则共同侵权责任确立。而一般侵权责任与共同危险行为责任，也因为"第三方泄露可能性"与"共同处理行为危险性"在诉讼证明上的重叠，实现了无缝衔接。

司法实践中，未见法院在此类案件中适用共同危险行为责任。不过，在某些案例中，法院通过其他审理路径，得出了大体相近的处理结果。这里以庞某诉Q公司、D航空公司隐私权纠纷案为例，对法院在此类案件中的审理思路进行分析。

案例4：在庞某诉北京Q公司、中国D航空公司隐私权纠纷案中，被告D公司提出，"D公司所用系统是Z公司开发维护的，并且Z公司也掌握D公司的旅客信息，因而更有可能是Z公司泄露了庞某隐私信息"。二审法院认为，虽然"Z公司的确与D公司、Q公司一样存在泄露庞某信息的高度可能。但是，本案中，庞某并没有起诉Z公司，而Z公司也并非必须加入本案诉讼。……如果本案中D公司和Z公司都泄露了庞某的隐私信息，则D公司和Z公司基于各自的泄露行为均应向庞某承担侵权责任，此时，D公司和Z公司对庞某构成不真正连带责任。……庞某起诉了D公司和Q公司，而没有起诉Z公司，可以认为系庞某行使了选择权"。另外，"在对外关系上，即便是Z公司泄露了庞某的隐私信息，也可以由D公司首先承担责任。D公司在承担责任后可以依据其与Z公司之间的服务合同条款，在相关证据具备的情况下，向 Z 公司主张权利"。[1]

本案中，二审法院通过不真正连带责任中原告的选择权，回避了被告提出的 Z 公司也可能泄露个人信息的质疑。判决说理的前提是，三家主体都泄露了庞某的个人信息。在逻辑上，如果只有一家个人信息处理主体，经由高度盖然性证明标准的运用，可以认定该主体泄露了个人信息。但是，如果同时存在三家可能泄露个人信息的主体，最可能的情况是只有一家主体泄露了个人信息——只是无法确定是哪一家而已。因此，三家主体都泄露了个人信息的假设不符合常理。在其他案件中，法院要么从侵权出发，认为被告对其合作的第三方主体同样承担个人信息安全义务，[2] 或者有义务保证合作方尽到安全保障义务；[3] 要么从合同关系出发，认为第三方主体不是合同当事人，[4] 或者虽然是本案当事人，但被告不能证明原告了解第三方主体存在，因此不能要求其担责。[5] 姑且不论这些论证在实体法上是否成立，在程序法上，所有这些论证显然都不能化解这类案件中的证明困境。无法回避的问题是：既然无法锁定侵权人，法官为何能判本案被告承担责任？在普通侵权诉讼中，其他同等地位的潜在侵权人的出现，会让加害行为与损害后果的因果关系中断。民法上，修复这一中断因果关系的唯一办法就是类推适用共同危险行为责任。在共同危险行为责任中，只要权利人证明每个行为人都从事了可能

---

〔1〕 参见北京市第一中级人民法院（2017）京 01 民终 509 号民事判决书。

〔2〕 参见四川省成都市中级人民法院（2015）成民终字第 1634 号民事判决书。

〔3〕 参见北京互联网法院（2018）京 0491 民初 1905 号民事判决书。

〔4〕 参见广东省深圳市宝安区人民法院（2018）粤 0306 民初 23342 号民事判决书。

〔5〕 参见重庆市第一中级人民法院（2021）渝 01 民终 7883 号民事判决书。

导致损害发生的危险行为，就推定所有危险行为都与损害有因果关系。这正是个人信息泄露案件中的典型场景：多家主体都有泄露消费者个人信息的高度可能性，这种可能性构成了这些个人信息处理行为的危险性；基于这种共同的危险性，这些主体应当对损害负连带责任。只有在共同危险行为责任的逻辑中，法院才能忽略实际加害人尚未锁定这一事实，对权利人选择追诉的那个人进行追责。

五、结论

在不明第三人利用平台掌握的个人信息进行侵权的案件中，如果权利人向个人信息处理平台追责，需要证明是平台泄露了其个人信息。这一证明尽管有难度，但通过"权利人进行可期待的初步举证—法官形成临时心证—平台进行可期待的反证—法官形成终极心证"的方式，法官对平台是否泄露个人信息，可以形成满足审判之需的心证。至于被告提出的还存在其他个人信息控制者的主张，在性质上属于对其不当个人信息处理行为与权利人损害之因果关系的否认，主张者应当对此进行必要的证明。如果被告证明第三方平台同样有可能泄露权利人个人信息，则案件转而适用共同危险行为责任，权利人有权申请追加该第三方平台作为共同被告。按照这样的设计，被告提出第三方同样控制个人信息的主张，只是增加了权利人可以追责的主体范围，并不会对案件的证据调查产生实质性影响。

由于网络时代个人信息处理的特殊性，对于个人信息泄露与损害后果因果关系的证明非常困难。就此证明难题，学界提出了证明责任倒置说、证明标准降低说、类推适用高空抛物说、类推适用共同危险行为说等观点。本书认为，证明责任倒置和证明标准降低都不合理，也无必要。在只有一个个人信息处理者的情况下，通过临时心证和证明可期待性理论的引入，足以解决因果关系的证明难题。而在复数平台控制个人信息的情况下，高空抛物说过分强调权利人的保护，亦不足取。本书认为，对此类案件，可以类推适用共同危险行为，但是，不能放弃对每个处理行为"危险性"的考察。这里的"危险性"，就是个人信息处理平台泄露个人信息的可能性。掌握或者处理个人信息不构成危险行为，只有处理个人信息的方式有可能导致个人信息泄露，才构成危险行为。只有这样处理，才符合侵权法和证据法上的一般原理，也才能实现对权利人与个人信息处理平台的均衡保护。

本质上，本章是一个运用经典证明责任原理处理新型案件证明难题的尝试。通过这一尝试，笔者希望展示经典理论的包容性，及其面对新型问题时的有效性。是否成功，就留待学界评判了。

第八章
合同履行抗辩权的证明责任

一、问题的提出

延续原《合同法》第66—67条，《民法典》再次规定了合同履行抗辩权。[1]一般认为，《民法典》第525条规定了同时履行抗辩权，第526条规定了先履行抗辩权。通说认为，两种抗辩权的构成要件均包括双方基于同一双务合同互负债务、双方所负债务均已届履行期、对方当事人未履行债务或履行不符合约定；除此之外，同时履行抗辩权的构成要件还包括双方债务没有履行顺序，先履行抗辩权的构成要件则包括双方债务有先后履行顺序，即对方当事人负有先履行义务。[2]少数观点认为，同时履行抗辩权的构成要件不包括双方债务没有履行顺序，先履行抗辩权的构成要件包括双方债务有先后履行顺序。[3]

---

〔1〕 本书所谓合同履行抗辩权，是指合同当事人针对对方履行请求提出的不履行合同的抗辩权，内容上涵盖中国法上的同时履行抗辩权和先履行抗辩权，不包括不安抗辩权。

〔2〕 参见黄薇主编：《中华人民共和国民法典合同编释义》，法律出版社2020年版，第145、146—147页；最高人民法院民法典贯彻实施工作领导小组主编：《中华人民共和国民法典合同编理解与适用》（第1册），人民法院出版社2020年版，第429—430、434—435页。

〔3〕 参见朱广新、谢鸿飞主编：《民法典评注·合同编·通则》（第1册），中国法制出版社2020年版，第494—497、500—502页。

构成要件是构成民事权利的事实基础，构成要件的组合，决定了一种民事权利的保护边界。学界关于合同履行抗辩权构成要件的学说中，至少有两点值得讨论。

其一，履行顺序约定在合同履行抗辩权中应如何定位？对该问题的回答涉及这一领域的核心争议，即，是否有必要在同时履行抗辩权之外单独规定先履行抗辩权？如果持肯定态度，不同的履行顺序约定作为区分两种履行抗辩权的标准，当然应分别作为两种抗辩权的构成要件；如果持否定态度，履行顺序约定对于履行抗辩权的构成就显得多余，不妨可以从构成要件中删除。持否定说的学者多从比较法经验出发，认为同时履行抗辩权足以解决无先给付义务债务人的抗辩权问题，无须另外规定先履行抗辩权。[1]持肯定说的学者则认为，我国法上的同时履行抗辩权与先履行抗辩权合在一起，大致相当于德国法上的不履行抗辩权，既然司法实践已经接受了两种抗辩权并行的立法模式，没有必要再作重大修改。[2]但两种观点都未从构成要件的角度，就履行顺序约定的可能影响展开深入分析。

其二，对方当事人没有履行债务或履行不符合约定，又应如何定位？理论上，几乎所有学者都认为这是合同履行抗辩权的构

---

〔1〕 参见韩世远：《合同法总论》（第 4 版），法律出版社 2018 年版，第 388—393 页；李建星：《先履行抗辩权之解构》，载《法学家》2018 年第 5 期。

〔2〕 参见崔建远：《履行抗辩权探微》，载《法学研究》2007 年第 3 期；黄薇主编：《中华人民共和国民法典合同编释义》，法律出版社 2020 年版，第 146 页；朱广新、谢鸿飞主编：《民法典评注·合同编·通则》（第 1 册），中国法制出版社 2020 年版，第 500 页。

成要件，[1]但在证明责任分配上，通说又认为，该要件应由原告负证明责任。[2]这其中的道理何在？现有研究并未给出有说服力的解释。

上述两点是典型的实体法问题，但都与证明责任有密切关系。一方面，证明责任是要件事实真伪不明时的败诉风险，构成要件减少一个，权利因事实真伪不明被驳回的概率就小很多。引入证明责任的视角，可以进一步凸显先诉抗辩权肯定说与否定说的区别，相关解释方案的利弊也会得到更充分的展示。另一方面，如果一个构成要件需要相对方负证明责任，那它的性质就只能是权利妨碍要件，而非权利成立要件。依此理解，在通说的视野中，对待义务履行似乎只能被视为履行抗辩权的权利妨碍要件。但是，这种理解是否符合这一要件在合同法中的地位？证明责任分析能让我们对合同履行抗辩权涉及的事实要素作出更准确的定位，而这种定位，有可能对履行抗辩权的实践运行产生重要影响。

本章拟围绕上述问题，澄清合同履行抗辩权的构成要件，并对其证明责任分配和证据调查过程展开讨论。笔者希望，这种讨

---

〔1〕　参见黄薇主编：《中华人民共和国民法典合同编释义》，法律出版社2020年版，第145、147页；最高人民法院民法典贯彻实施工作领导小组主编：《中华人民共和国民法典合同编理解与适用》（第1册），人民法院出版社2020年版，第430、435页；朱广新、谢鸿飞主编：《民法典评注·合同编·通则》（第1册），中国法制出版社2020年版，第496—497、501—502页；韩世远：《合同法总论》（第4版），法律出版社2018年版，第385页。

〔2〕　参见王家福主编：《中国民法学·民法债权》，法律出版社1991年版，第404页；韩世远：《合同法总论》（第4版），法律出版社2018年版，第401页；王凤：《我国合同法中同时履行抗辩权的效力问题研究——以实体法与程序法为透析视角》，载《河北法学》2015年第2期；王洪亮：《〈合同法〉第66条（同时履行抗辩权）评注》，载《法学家》2017年第2期；朱广新、谢鸿飞主编：《民法典评注·合同编·通则》（第1册），中国法制出版社2020年版，第498页。

论除了推动《民法典》履行抗辩权制度的妥当适用，对于深化学界关于构成要件理论的认识也有所裨益。

二、履行顺序约定的定位

（一）先履行抗辩权：有无存在的必要？

对于原《合同法》同时履行抗辩权与先履行抗辩权分立的立法模式，有学者提出了有力批评。根据学者考察，在德国法上，先给付义务分为固有的先给付义务和非固有的先给付义务两种情形。在固有的先给付义务中，先给付义务的履行是后给付义务的履行的前提，即只有先给付义务人完成履行，后给付义务人的对待给付才会到期。而在非固有的先给付义务中，双方给付义务只是到期时间不同，先给付义务的履行不是后给付义务届期的前提。对于前者，如果先给付义务方没有履行义务，后给付义务方可以提出未届期抗辩权；对于后者，如果双方给付均届期，则转化为未约定履行顺序，后给付义务人仍能主张同时履行抗辩权。据此，学者认为，原《合同法》第67条规定的约定履行顺序情况下的先履行抗辩权，并无特别适用空间，应予取消。[1]

本章赞同上述观点，理由有三。首先，在大多数情况下，否定说可以就合同履行中的抗辩权问题给出更简洁的说明。基于固有的先给付义务和非固有的先给付义务的分类，当事人关于履行

---

〔1〕　主要参见李建星：《先履行抗辩权之解构》，载《法学家》2018 年第 5 期。另见韩世远：《合同法总论》（第 4 版），法律出版社 2018 年版，第388—393 页。

顺序的约定无非三种情况：（1）未约定履行顺序；（2）约定了非固有的先给付义务；（3）约定了固有的先给付义务。第一种情况下，双方都可以主张同时履行抗辩权，自无争议。基于合同公平原则，第二种情况下，如果双方义务均届期，后给付义务人当然也能主张履行抗辩权。二者的区别在于，此时的履行抗辩权是同时履行抗辩权，还是先履行抗辩权。第三种情况下，后给付义务人有权在先给付义务人履行义务之前拒绝履行，也不会有任何争议。争议仅在于，这种抗辩究竟是先履行抗辩权，还是未届期抗辩权。不难发现，在上述情况下，被告的履行抗辩权能否成立，都只需要考虑双方义务是否届期。换句话说，删除先履行抗辩权，这些案件的处理结果也不会有任何不同。

其次，先履行抗辩权肯定说的弊端，在固有的先给付义务人延迟履行的场景中尤其明显。基于合同公平原则，固有的先给付义务人迟延履行，后给付义务人履行期限应当顺延。但按照先履行抗辩权肯定说，顺延期内，后给付义务人却无法主张先履行抗辩权——根据《民法典》第526条第1句，"应当先履行义务的一方未履行"是先履行抗辩权的成立条件。这显然是不合理的。而按照否定说，此时后给付义务尚未届期，借助未届期抗辩权，即可妥善保护后给付义务人。[1]

最后，也是最重要的，先履行抗辩权肯定说不当限制了合同履行抗辩权制度的功能。肯定说将未约定履行顺序和约定履行顺序分别作为两种抗辩权的权利成立要件，从而将本质上相同的事物割裂开来。这种割裂，造成了两种履行抗辩权在体系上的互相排斥。不妨看以下两个案例。

---

〔1〕　参见李建星：《先履行抗辩权之解构》，载《法学家》2018年第5期。

案例1: 在王某与韩某、马某农村建房施工合同纠纷案中,发包人王某主张了同时履行抗辩权。对此主张,再审法院认为,"同时履行抗辩权是指当事人互负债务,没有先后履行顺序的,应当同时履行。一方在对方履行之前有权拒绝其履行请求。一方在对方履行债务不符合约定时,有权拒绝其相应的履行请求。但本案合同约定为根据施工进度付款,即完成工程进度后付款,合同约定并不符合同时履行抗辩权的构成要件,故王某所称行使同时履行抗辩权的理由,缺乏事实以及法律依据"。[1]

案例2: 在X装饰工作室与顾某装饰装修合同纠纷案中,顾某主张了先履行抗辩权。对该主张,二审法院认为,"上诉人与被上诉人签订的《工程合同》中并未约定双方履行债务的先后顺序,上诉人主张其享有先履行抗辩权,缺乏事实及法律依据,本院不予支持"。[2]

上述两个案例中,法院分别以合同约定或者未约定履行顺序,驳回了当事人的履行抗辩权。基于现行法规定以及同时履行抗辩权与先履行抗辩权分立的主流观点,这种裁判方式无可厚非。既然有无履行顺序是确立两种抗辩权的特殊构成要件,那么当该要件不成立时,法院当然应驳回当事人的履行抗辩权主张。但是,从履行抗辩权制度的目的出发,这样处理显然不合理。案例1中,既然当事人约定了"根据施工进度付款,即完成工程进度后付款",应当认为双方约定了固有的先给付义务。这种情况下,理应进一步审查工程进度,确定王某的哪一部分付款义务已到期。仅仅因为约定了履行顺序就驳回履行抗辩权,有可能忽略

---

〔1〕 参见陕西省高级人民法院(2021)陕民申353号民事裁定书。

〔2〕 参见山东省烟台市中级人民法院(2021)鲁06民终1540号民事判决书。

固有的先给付义务情况下的未届期抗辩权。案例 2 的情况正好相反：法院仅以当事人没有约定固有的先给付义务，就排除了先履行抗辩权的适用可能。实践中，以合同未约定履行顺序为由驳回先履行抗辩权的案例并不罕见，[1]而这恰恰反映了设置独立先履行抗辩权的突出弊端。如上文所言，绝大多数情况下，履行顺序约定对于届期债权履行抗辩权的成立并非必需。以此作为合同履行抗辩权的权利成立要件，难免将一些本应受到保护的案件排除在外。

　　或许有人会说，上述案例实乃"误伤"。也许当事人主张了错误的抗辩权，但只要允许其在法官提示后加以调整，上述问题就不复存在。对此观点，笔者也持否定态度。首先，法官行使释明权的正当性存疑。与诉讼法上的权利妨碍抗辩和权利消灭抗辩相比，实体抗辩权的特征就在于，它不会让请求权无效或者消失，而只是以某种方式制约请求权的行使。为此，抗辩权的行使以权利人的意愿为基础。[2]即使抗辩权的基础事实存在，但债务人仍然履行了义务，债权人不构成不当得利；如果债务人未主张抗辩权而法官判决支持债权人的履行请求，也不是任何意义的错误判决。可见，抗辩权是一种高度依赖债务人意思的防御性权利，而法官在该权利的行使过程中，应较其他两类抗辩更为谦抑。既然现行法将同时履行抗辩权和先履行抗辩权规定为相互独立的权利，那么，当事人主张哪个抗辩权，法官就应审查哪个抗

　　[1]　参见山东省济南市槐荫区人民法院（2022）鲁 0104 民初 3202 号民事判决书；浙江省温州市鹿城区人民法院（2021）浙 0302 民初 8375 号民事判决书；湖北省武汉经济技术开发区人民法院（2022）鄂 0191 民初 6661 号民事判决书；湖北省武汉经济技术开发区人民法院（2022）鄂 0191 民初 8721 号民事判决书；湖北省武汉经济技术开发区人民法院（2023）鄂 0191 民初 534 号民事判决书。
　　[2]　Vgl. Ulrici, Purrmann: Einwendungen und Einreden, JuS 2011, S. 104 ff.

辩权。如果因为一个权利构成要件不成立就提示当事人换另一个，法官的中立性很容易引发争议。[1]其次，一个抗辩权不成立就跳到另一个的做法，从根本上消解了两类抗辩权的区分。履行顺序约定之所以被视作两种抗辩权的构成要件，是因为，在现行法的逻辑中，这种约定对于成立哪种抗辩权具有决定性意义。如果允许法官就此行使释明权，从而可以"流动地"适用同时履行抗辩权和先履行抗辩权，那么，区分两种抗辩权的意义何在？倘若要求法官这么做，就会陷入悖论：一方面，履行顺序约定作为构成要件的价值就在于区分两类抗辩权；另一方面，为避免权利保护的漏洞，又不得不通过法官介入，淡化这一要件的影响。这一悖论在先履行抗辩权肯定说那里是无法避免的。只有放弃肯定说，把履行顺序约定从履行抗辩权的权利成立要件中删除，才能从根本上消除这一悖论。

必须承认，上述观点一定程度超越了立法文义，必须经过一定的解释学操作，才能融入现行法的适用当中。这可以通过两个步骤来实现。首先，将《民法典》第525条解释为合同履行抗辩权的核心条款。根据上文分析，不仅没有约定履行顺序的案件可以归入该条，约定了非固有的先给付义务的案件也会随着双方义务届期，转化为未约定履行顺序。对这些案件，原则上都可以适用《民法典》第525条来处理。其次，将《民法典》第526条理解为约定了固有的先给付义务情况下的未届期抗辩权。由于非

---

　　[1]　德国主流观点认为，对于当事人诉讼材料里没有主张的实体抗辩权，法官没有义务询问和提示。就此，实体抗辩权与其他两类抗辩没有区别。Vgl. Rosenberg/Schwab Gottwald, Zivilprozessrecht, 18. Aufl. 2018, S. 433; Kern, in: Stein & Jonas, Kommentar zur ZPO, 24. Aufl. 2019, § 139 Rn. 53 ff; MüKoZPO/Fritsche, ZPO, 6. Aufl. 2020, § 139 Rn. 39 f.

固有的先给付义务约定在双方义务到期后适用《民法典》第525条，《民法典》第526条实际上失去了独立的适用空间。这种情况下，不妨将该条解释为未届期抗辩权的宣示条款，即，在固有的先给付义务人未履行对待给付义务之前，后给付义务人享有未届期抗辩权。经由上述操作，应可解决履行抗辩权的绝大部分问题，也不至于带来剧烈的实践动荡。

（二）履行顺序约定：成立要件还是妨碍要件？

持否定说的学者一般认为，如果采先履行抗辩权否定说，履行顺序约定就可以从履行抗辩权的构成要件中删除。[1]在双方当事人约定固有的先给付义务的情况下，先给付义务人不履行则后给付义务未届期，通过未届期抗辩权即可保护后给付义务人，自无问题。但在双方当事人约定了非固有的先给付义务的情况下，完全不考虑履行顺序约定，有可能遭遇困境。按照否定说的立场，在双方约定非固有的先给付义务的情况下，随着双方义务均届期，先给付约定合同转化为未约定履行顺序合同。基于只考虑届期、不考虑履行顺序约定的立场，此时，先给付义务人也可以主张同时履行抗辩权。[2]这一结论固然可以通过强调非固有的先给付义务与固有的先给付义务的区别而证成，却仍然违背常理，令人难以接受。[3]因为，即便是非固有的先给付义务的约定，其目的显然也是给先给付义务人施加更重的履行负担。如果允许先

---

〔1〕　持否定说的学者明确表达了这种观点。参见韩世远：《合同法总论》（第4版），法律出版社2018年版，第385页。

〔2〕　参见韩世远：《合同法总论》（第4版），法律出版社2018年版，第388—392页。

〔3〕　参见崔建远：《履行抗辩权探微》，载《法学研究》2007年第3期。

给付义务人此时主张履行抗辩权，不啻于鼓励违约——因为这样一来，其率先履行的负担反而随着对方义务的届期而消失。对于上述缺陷，否定说论者多通过对同时履行抗辩权的限制性解释来纾解。限制方案有两种：一种为"内部限制路径"，即诉诸诚信原则，为合同履行抗辩权追加一个"抗辩权人须自己遵守合同"的隐含要件，以避免不履行合同的先给付义务人主张同时履行抗辩权；另一种为"外部限制路径"，即认为，上述情形虽然在同时履行抗辩权的构成要件上没问题，但先给付义务人构成权利滥用，不能行使抗辩权。[1]

笔者倾向于"内部限制路径"，即赞成通过增加构成要件的方式，化解先给付义务人主张履行抗辩权时的理论困境。不过，对于这一构成要件的具体表述和审查方式，仍需进一步讨论。民法权利的构成要件，是指对于权利效果的发生不可或缺而且必须单独考察的那些事实要素。基于构成要件与规范目的的不同关系，构成要件又可进一步区分为权利成立要件和权利妨碍要件。其中，权利成立要件是对规范目的具有基础性，在任何时候都必须加以考察的那些事实要素。而权利妨碍要件则是对规范目的具有例外性，一般无须考察，但一旦成立就将排除规范效果的那些事实要素。[2]一般认为，合同履行抗辩权的规范目的在于维护双务合同当事人在利益关系上的公平，敦促双方当事人履行合同。[3]在这一规范目的的实现过程中，双方当事人基于同一双务

---

〔1〕　参见李建星：《先履行抗辩权之解构》，载《法学家》2018 年第 5 期。

〔2〕　基础性与例外性的概念，参见本书第九章。

〔3〕　参见朱广新、谢鸿飞主编：《民法典评注·合同编·通则》（第 1 册），中国法制出版社 2020 年版，第 493 页；黄薇主编：《中华人民共和国民法典合同编释义》，法律出版社 2020 年版，第 143—144 页。

合同互负对待给付义务、双方给付义务均已届期无疑具有基础性，因为在任何情况下，对于不具备这两个条件的当事人，都没有通过履行抗辩权予以保护的必要。双方是否约定了履行顺序，对于履行抗辩权的规范目的实现，一般没有影响。但在非固定的先给付义务人在双方义务均届期后主张履行抗辩权这类特殊案型中，如果仍不考虑履行顺序约定，就会导致明显不公平的结果。考虑到这一点，不妨将双方基于同一双务合同互负对待给付义务、双方给付义务均已届期，界定为履行抗辩权的权利成立要件；而将抗辩权人负有先给付义务，界定为履行抗辩权的权利妨碍要件。调整后的履行抗辩权规范可表达为："双方基于同一双务合同互负对待给付义务，且双方给付义务均已届期，一方当事人要求对方当事人履行的，对方当事人有权主张履行抗辩权；但一方当事人依照合同约定负有先给付义务且未履行的，不得主张履行抗辩权。"结果上，这与"内部限制路径"并无二致。在先给付义务人延迟履行却又主张履行抗辩权的案型中，二者指向的事实场景相同，但以先履行约定界定新增要件，更加具体、明确，对于司法审查也更友好。

构成要件分类的意义在于证明责任分配。按照上述表达，当事人主张合同履行抗辩权的，只需证明双方基于同一双务合同互负对待给付义务，且双方给付义务均已届期，无须证明合同约定了双方履行顺序；相对方以履行顺序约定作为抗辩理由，应当证明对方负有先给付义务且未履行。为何将履行顺序约定界定为权利妨碍要件，而非权利构成要件？这固然是因为，主张履行抗辩权的人通常是没有约定履行顺序的当事人，或者约定了后给付义务的当事人。对这些当事人来说，一上来就审查履行顺序约定，毫无必要。但更重要的理由是，相对于另外两个构成要件，履行顺序约定处于另一个价值层次。正如笔者在其他地方谈到的，一个构成要件应定性为基础性要件（权利成立要件）还是例外性要件（权利妨碍要件），取决于其在立法评价中所处的层次。[1]如果说法律允许当事人在"双方基于同一双务合同互负对待给付义务""双方给付义务均已届期"二要件成立时主张履行抗辩权，是为了保护"双务合同当事人有权要求对方积极履行合同"这一价值，那么，在抗辩权人负有先给付义务的情况下拒绝其履行抗辩权，则是为了捍卫"当事人在合同履行过程中应当诚实守信"这一价值。毕竟，法律不能让先违约的当事人反而享受履行抗辩权的庇护。从支持当事人要求对方积极履约到敦促当事人自己遵守约定，两个目标之间构成了评价分层。基于这种评价分层，先给付约定这一要件相对于另外两个要件具有"例外性"，相应地，其证明责任由抗辩权的相对方负担更为恰当。[2]

诚如学者所言，如采纳先履行抗辩权肯定说，就不会出现先给付义务人主张履行抗辩权的问题。[3]但是，考虑到肯定说存在难以克服的结构性缺陷，解释论上只能"两权相害取其轻"，即在采单一合同履行抗辩权的基础上，通过目的论调整，[4]将履行

---

〔1〕　基础性要件与例外性要件的区分，详见本书第九章。

〔2〕　实体法的评价分层（或价值分层），参见本书"导论"第二部分。Vgl. Dieter Leipold, Besprechung von Reinecke, Beweislastverteilung im Bürgerlichen Recht und im Arbeitsrecht als rechtspolitische Regelungsaufgabe, AcP 179（1979），S. 503 f; 吴泽勇：《规范说与侵权责任法第 79 条的适用——与袁中华博士商榷》，载《法学研究》2016 年第 5 期；任重：《论中国"现代"证明责任问题——兼评德国理论新进展》，载《当代法学》2017 年第 5 期。

〔3〕　参见崔建远：《履行抗辩权探微》，载《法学研究》2007 年第 3 期。

〔4〕　用拉伦茨的表达，这属于"基于目的论修正制定法文本"。就此，参见［德］卡尔·拉伦茨：《法学方法论》（全本·第 6 版），黄家镇译，商务印书馆 2020 年版，第 499 页以下。

顺序约定理解为权利妨碍要件来考虑。鉴于这类案件在实践中很少见，这一调整的法律适用成本应该也不大。

三、对待给付义务未履行的定位

正如引言中提到的，我国学者均将对方未履行债务或履行债务不符合约定作为履行抗辩权的构成要件；同时有相当多的学者认为，该要件应由原告负证明责任。但就此证明责任分配的理由，只有个别学者论及。比如，有学者认为，对方未履行对待给付义务是消极事实，应由对方当事人承担证明责任。[1]这也就等于说：对于双方义务均已届期的双务合同，债务人享有履行抗辩权，但债权人履行了对待给付的除外。问题是，原告已履行对待给付义务，是与双务合同已届期并列的例外事实吗？

本书认为，对待给付履行不是合同履行抗辩权的构成要件。也就是说，这一事实既不是合同履行抗辩权成立的积极要件（权利成立要件），也不是其消极要件（权利妨碍要件）。对待给付履行无关合同履行抗辩权的成立，其意义仅仅在于，让已经成立的合同履行抗辩权消灭。对待给付履行不是合同履行抗辩权的权利成立要件的判断，应无争议。至于该事实为何也不是合同履行抗辩权的权利妨碍要件，则需要稍作展开。首先，在合同关系中，履行的效果是让给付义务消灭，而不是为给付义务设置例外。根据《民法典》第557条，债务履行，则债权债务终止。可见，履行的直接后果是给付义务消灭。从给付义务存在到给付义务履

---

〔1〕　参见朱广新、谢鸿飞主编：《民法典评注·合同编·通则》（第1册），中国法制出版社2020年版，第498页。

行，这是一个从有到无的动态过程，而不是一般与例外的静态关系。其次，合同履行抗辩权本质上是当事人履行请求权的延伸。在双务合同中，不负先给付义务的当事人有权要求对方先履行其对待给付义务，故在对方未履行的情况下，有权暂不履行本方义务。如果原告已经履行了对待给付义务，被告基于对待给付义务的请求权消灭，作为请求权之延伸的履行抗辩权也随之消灭。因此，对待给付已履行不是履行抗辩权的权利成立要件，也不是其权利妨碍要件，只能是其权利消灭要件。

无论权利妨碍规范还是权利消灭规范，都是一个基本规范的对抗规范。对抗规范包含的要件事实，通常称为诉讼法上的抗辩。权利妨碍抗辩和权利消灭抗辩都能让一个权利的效果不存在，但二者实现这一功能的内在逻辑却不同。权利妨碍抗辩的成立，让一个权利自始无法成立；权利消灭抗辩的成立，则让一个已经成立的权利归于消灭。[1]二者与权利成立要件的关系也不同：权利妨碍抗辩事实与权利成立要件事实（请求原因事实）在时空上并存，因此将其视作权利的构成要件（消极要件）是可以接受的。权利消灭抗辩事实与权利成立要件事实在时空上先后出现，无论如何不宜归入权利构成要件。认为对待给付履行是合同履行抗辩权的权利消灭抗辩，意味着在履行抗辩权是否成立与该事实无关；只不过，因为该要件的出现，已经成立的履行抗辩权归于消灭罢了。

与主流观点相比，上述辨析不改变对待给付履行这一事实的

---

〔1〕罗森贝克指出，权利妨碍规范"一开始"就阻止权利成立规范的效力产生，而权利消灭规范"后来才"对抗权利成立规范。参见［德］莱奥·罗森贝克：《证明责任论》（第5版），庄敬华译，中国法制出版社2018年版，第123—124页；Purrmann Ulrici, Einwendungen und Einreden, JuS 2011, S. 106.

证明责任分配，但并非没有实践意义。这一定性符合对待给付履行的性质，为其证明责任问题的解决提供了更具一贯性的工具。司法实践中，对对待给付履行问题的证明责任分配相当混乱，就此不妨参考以下案例。

案例3：在陈某与L物业公司物业服务合同纠纷案中，陈某主张了先履行抗辩权。二审法院认为，"L物业公司与X置业有限公司签订的《前期物业服务协议》中已约定，交房时，先预交一年的物业管理服务费，以后每一年交纳一次。另陈某亦未提交证据证明L物业公司未履行相应的物业服务义务，故陈某上诉提出的先履行抗辩权的主张，不具备相应的事实和法律依据，本院亦不予支持"。[1]

案例4：辛某不服广东省佛山市C区人民法院某执行裁定，向佛山市中级人民法院申请复议。复议法院认为，"辛某据以执行的执行法院×××号民事判决，判决辛某在判决发生法律效力之日起十日内退回涉案商品给钱某，钱某在收到相关商品之日起七日内返还辛某所支付的商品价款。该判决明确了辛某与钱某之间互负债务，辛某为先履行义务的一方，在其未先履行债务之前，后履行一方有权拒绝其履行请求。在辛某未举证证明其已先履行义务的情形下，其执行申请不符合上述判决的内容，应不予受理。执行法院据此作出驳回辛某的执行申请的处理结果合法有据，并无不当"。[2]

案例5：在陕西T建筑公司与新野县X建材公司买卖合同纠纷案中，T公司主张了先履行抗辩权。二审法院认为，"T公司基

[1] 参见湖南省湘潭市中级人民法院（2021）湘03民终1623号民事判决书。

[2] 参见广东省佛山市中级人民法院（2021）粤06执复239号执行裁定书。

于合同约定享有对 X 公司的先履行抗辩权，该部分货款暂未支付并不构成违约，一审对该部分货款自起诉之日起算利息处理不当。但先履行抗辩权并非永久存续，X 公司已于一审审理过程中向 T 公司出具了下余货款的增值税发票，T 公司于 2021 年 3 月 10 日无正当理由拒收，应视为 X 公司已如约履行义务。因合同的履行已趋于正常，先履行抗辩权消灭，T 公司仍未及时付款的行为构成违约，该部分货款逾期支付的利息应自 2021 年 3 月 10 日起算"。[1]

上述案例中，案例 3 可能就对对待给付履行的证明责任作出了不恰当的分配。作为权利消灭抗辩，该事实应当由主张履行抗辩权消灭的当事人证明。案例 3 或许表明，实践中不乏将对待给付履行视作履行抗辩权成立要件的处理方法。案例 4 的证明责任分配应属恰当，但这种证明责任分配对于权利妨碍要件的定性也适用。案例 5 以对待给付义务的履行状态为基础区分处理不同阶段的抗辩权存续状态，并以此作为确定抗辩权人违约责任的依据，符合对待给付履行作为履行抗辩权权利消灭要件的性质。[2]该案中的抗辩权是成立的，而且发生了阻止 T 公司延迟履行的效力。只是因为对方当事人后来履行了对待给付义务，这一抗辩权归于消灭，相应地，T 公司的延迟履行责任开始起算。如果将对待给付履行视为权利妨碍要件，就无法解释这种分阶段处理的做法。

结合上文，可对履行抗辩权的构成要件略作归纳：（1）对待

---

[1] 参见河南省南阳市中级人民法院（2021）豫 13 民终 2526 号民事判决书。

[2] 相似案例，参见福建省龙岩市永定区人民法院（2022）闽 0803 民初 1722 号民事判决书。

给付义务存在是履行抗辩权最基本的构成要件。如学者所言，履行抗辩权的功能不在于追求同时履行，而在于通过强调双方债务在履行顺序上的制衡关系，敦促欲获得对待给付的当事人须先迈出一步。[1]只有两种义务并存，才有互相制衡的必要以及可能。从这个角度，可以说，履行抗辩权的根源就是双务合同中的对待给付义务。（2）双方义务届期作为履行抗辩权的构成要件，是因为，未届期义务不需要通过履行抗辩权来处理。理论上，对于未届期债权，债权人也可以要求履行，如果债务人履行了，不能主张不当得利返还。[2]如果债务人不愿履行，可以直接主张未届期抗辩权。在约定了固有的先给付义务的情况下，后给付义务人可以以此对抗先给付义务人的给付请求。可见，只有双方义务均届期，才有通过履行抗辩权来制衡彼此的必要。（3）为了避免在特殊案件中出现明显不公平的结果，需要将存在先给付义务作为履行抗辩权的权利妨碍要件。前述两个构成要件唯一无法涵摄的案型是，非固有的先给付义务人迟延履行后主张履行抗辩权。将存在先给付义务作为履行抗辩权的权利妨碍要件，可以填补这一规范漏洞。（4）对待给付的履行不是履行抗辩权的构成要件，而是其权利消灭规范的构成要件。债权人一旦履行了对待给付义务，履行抗辩权的基础要件（双务合同中的对待给付义务）就不再成立。如果用 A 指代存在对待给付义务这一事实，对待给付义务履行只能用 A- 来指代。从这个角度，对待给付履行也不能成为履行抗辩权的构成要件——因为，那样就会出现一个事实（A）和它的反面（A-）同时作为一种权利的构成要件的荒谬局面。

---

〔1〕 参见韩世远:《合同法总论》（第 4 版），法律出版社 2018 年版，第 382 页。

〔2〕 参见李建星:《先履行抗辩权之解构》，载《法学家》2018 年第 5 期。

四、履行抗辩权的证据调查

按照上文阐述的解释方案，被告主张合同履行抗辩权，法官首先要审查对方负有双务合同中的对待给付义务、双方义务均届期两个权利成立要件是否成立。理论上，如果这两个要件有一个无法证明，无须进行其他要件事实的调查。在两个要件都已确认的基础上，如果原告主张被告负有先给付义务，法院也要对此进行调查，如果成立，则驳回被告的履行抗辩权主张。此外，原告还可以通过证明其实际上履行了对待给付义务，让被告的履行抗辩权归于消灭。在最后这种情况下，法院需要审查对待给付义务履行的时点，因为这可能会对被告的责任范围产生影响。以下对这几个事实的证明过程略作展开。

（一）对待给付义务的证明

对方负有对待给付义务，是履行抗辩权的权利成立要件，应由主张履行抗辩权的当事人负证明责任。这意味着，如果法官对此陷入真伪不明，就应直接驳回履行抗辩权的主张。否定这一要件的理由有对方不是负有义务的当事人，对待给付义务涉及其他合同，对待给付义务不是合同主义务，等等。司法实践中，争议经常出现在"开具发票是不是对待给付义务"这类问题上。大多数时候，法院对此作出了否定回答。理由是，开具发票一般属于合同附随义务，不是主义务。即使该义务尚未履行，也不影响合同目的的实现；况且，当事人还可以通过向税务部门举报等方式，敦促对方当事人履行开票义务。但是，也有少数案件认可开票义务为对待给付义务。

　　案例6：在广元市 C 区人民医院与珠海市 L 医院科室建设公司等合同纠纷案中，C 医院主张了先履行抗辩权。二审法院认为，"C 医院对一审判决确认的运营服务费金额本身并无异议，只是主张其有先履行抗辩权。不过，案涉合同并未约定 L 科室公司开具增值税发票作为 C 医院支付运营服务费的前提，C 医院亦未举证证明双方在合同履行过程中形成了此等交易习惯，本院对其主张不予采纳。C 医院有关先履行抗辩权的上诉主张缺乏事实依据，本院对其该项上诉请求予以驳回"。[1]

　　按照案例6，开票义务作为对待给付的条件是合同明确约定"先开票后付款"，或者双方在履约过程中形成了这样的交易习惯。这种约定不只是简单的对开票时间的约定，而必须是可以解释为固有的先给付义务的那种约定。严格说来，这种情况下适用的是未届期抗辩权，而非同时履行抗辩权。另外，即使合同没有这种约定，如果双方当事人之间形成了"先开票后付款"的交易习惯，开票义务也可以成为付款义务的对待给付义务。由于该义务属于履行抗辩权的构成要件，主张履行抗辩权的被告应对此负证明责任。本案中，被告 C 医院没有完成这种证明，其履行抗辩权不能成立。

　　实践中，因对待给付义务导致证明责任判决的案件并不多见。这大概是因为，这主要是一个合同解释问题。对于这类问题，法官不太可能因为信息缺失而陷入真伪不明。

---

　　〔1〕　参见广东省珠海市中级人民法院（2021）粤04民终217号民事判决书。

（二）履行时间约定及其届期

依本书观点，双方义务均已届期是履行抗辩权的构成要件，关于履行顺序的约定，只在例外情况下影响履行抗辩权的成立。但是，这并不表明合同关于履行时间的约定对于履行抗辩权的争议是毫无意义的。在未约定履行顺序的情况下，自然不必考虑这一因素。但在约定了履行顺序的情况下，履行时间就成为确定给付义务是否届期的工具。比如，在双方约定了非固有的先给付义务的情况下，后给付义务人的履行期限会因为先给付义务人迟延履行给付义务而延展；在双方约定了固有的先给付义务的情况下，后给付义务的届期时间取决于先给付义务的履行时间。因此，在诉讼中，法官经常需要对履行时间的约定进行审查——在持续性履行合同中尤其如此。

但要注意的是，在上述场景中，履行时间的约定只是一个间接事实，而不是主要事实。因为，它并不能单独决定一个法律要件事实成立或者不成立。在诉讼中，主张履行时间约定的当事人当然应对其主张进行举证，但这不涉及客观证明责任问题。对法官来说，作为履行抗辩权要件事实的是双方义务是否届期，而不是履行时间的约定如何。假如需要作出证明责任判决，那也是因为是否届期真伪不明，而不是因为履行时间真伪不明。只有在迟延履行的非固有先给付义务人主张履行抗辩权，而后给付义务人以履行顺序约定作为抗辩的场合，后给付义务人才需要就该抗辩负主张和证明责任。在最后这种情况下，如果被告已证明双方互负对待给付义务、双方义务均届期，而原告不能证明合同约定对方应先履行义务，则被告的履行抗辩权成立。

（三）对待给付义务履行的证明

实践中较容易引起争议的是对待给付义务是否得到了证明。其中典型的问题是，原告声称其履行了对待给付，但被告认为其履行不符合约定，仍然主张合同履行抗辩权。将履行视为被告履行抗辩权的权利消灭抗辩，那么，关于履行的事实自然只能由主张该抗辩的原告来证明。原告只有证明了其完全履行了约定义务，被告的履行抗辩权才会消灭。从这个角度，当履行是否符合约定发生争议时，应由原告证明其履行符合约定。但是，根据《民法典》第617条和第582—584条，如果原告履行不符合质量要求，被告可以主张违约责任，要求原告通过修理、重作、更换、退货、减价等方式进行补救。在被告提出上述补救请求权的情况下，如果原告尚未进行补救履行，被告同样可以行使履行抗辩权，拒绝原告相应的履行请求。[1]此时，原告履行瑕疵是被告补救请求权的构成要件，而补救请求权决定原告后续的对待给付义务，成为被告履行抗辩权的构成要件。从这个角度，原告履行有瑕疵应由主张履行抗辩权的被告负证明责任。这样一来，就出现了两种逻辑的冲突：从履行作为合同履行抗辩权的权利消灭抗辩的角度，应由原告证明履行符合约定；从违约责任的角度，尤其是从补救请求权行使的角度，却需由被告证明履行不符合约定。

尽管这一问题出现在履行抗辩权的语境中，但其背后的逻辑与其他场合的瑕疵履行证明并无本质区别，其解决方案也没有特

---

[1] 参见王洪亮：《〈合同法〉第66条（同时履行抗辩权）评注》，载《法学家》2017年第2期。

殊之处。如笔者在本书第四章中建议的，[1]这里的关键是区分被告主张履行不符合要求的时间。如果被告是在受领给付前主张原告履行有瑕疵，而且这种瑕疵影响到了合同目的的实现，被告可以行使拒绝受领权。此时，不需要被告证明履行有瑕疵，而需要原告证明履行无瑕疵，或者瑕疵不影响合同目的的实现。相反，如果关于原告履行完整性的争议发生在被告受领给付之后，就应由被告证明履行存在瑕疵。因为，受领意味着被告将原告提供的给付作为债务清偿接受，并认可其基本上符合约定。[2]受领具有推定履行符合约定的效力，被告事后主张履行实际上不符合约定，自然要负证明责任。[3]

基于上述分析，原告对待给付的履行被受领之前，履行是否符合约定由原告证明。如果不能证明履行符合约定，则被告的履行抗辩权继续存在。原告对待给付的履行被受领之后，推定被告履行抗辩权消灭；如果被告继续主张履行抗辩权，要证明原告履行不符合约定。如果不能证明，则不能行使履行抗辩权。如果履行是否被受领发生争议，也应由履行一方负证明责任。不能证明受领，只能认为是未受领，而非受领。这意味着，被告对原告履行主张异议的时点非常重要。如果被告在原告履行的当时，或者基于合同性质在合理期间内提出了异议，一般应当认为原告的履行未被受领。如果过了合理期间才提出异议，则应认为履行已经

---

〔1〕 参见本书第四章。另见吴泽勇：《买卖合同标的物瑕疵的证明责任——以买受人通知义务为中心》，载《法商研究》2023 年第 1 期。

〔2〕 Vgl. Jauernig/Stürner, BGB, 18. Aufl. 2021, § 363 Rn. 2; Wenzel, In: Münchener Kommentarzum BGB, 5. Aufl. 2007, § 363 Rn. 3; Palant/Grüneberg, BGB, 79. Aufl. 2020, § 363 Rn. 2.

〔3〕 参见吴泽勇：《买卖合同标的物瑕疵的证明责任——以买受人通知义务为中心》，载《法商研究》2023 年第 1 期。

受领，此时再主张履行瑕疵，应当由被告证明瑕疵存在。[1]实践中，关于对待给付履行与否的争议并不少见。

案例7：在L工程建设公司与陈某某等买卖合同纠纷案中，L公司主张了先履行抗辩权。二审法院认为，"现L公司以车某某供应河砂存在质量问题行使先履行抗辩权。依据双方合同第五条（一）……及（二）……的约定，L公司在接收陈某某供应的河砂时应先对河砂质量进行检验，L公司已接收了涉案河砂，且也同陈某某进行了结算。依据双方合同的约定，陈某某已经履行了合同义务，L公司在陈某某供货时未对河砂质量提出异议，并与其进行了结算，且提供证据不足以证明L公司所建造房屋外墙和内墙出现的起砂、空鼓、开裂和脱落等现象系陈某某提供的河砂原因所致，故L公司以质量问题行使先履行抗辩权的理由不成立……"[2]

案例8：在杨某与湖北G物流公司房屋租赁合同纠纷案中，杨某主张了同时履行抗辩权。二审法院认为，"杨某虽然陈述其因案涉房屋漏水导致其无法正常经营，涉案房屋客观上也存在漏水问题，杨某认为在G物流公司履行了维修的情况下仍然存在漏水现象，但并未提供证据证明漏水现象导致其无法经营的合同目的不能实现的事实……其亦未向G物流公司归还案涉房屋，仍在占用并使用案涉租赁房屋，故杨某以租赁房屋存在漏水问题行使不安抗辩权或同时履行抗辩权不符合上述规定的情形，本院对其主张不予支持"。[3]

---

〔1〕 参见本书第四章。另见吴泽勇：《买卖合同标的物瑕疵的证明责任——以买受人通知义务为中心》，载《法商研究》2023年第1期。

〔2〕 参见广西壮族自治区防城港市中级人民法院（2021）桂06民终1257号民事判决书。

〔3〕 参见湖北省黄石市中级人民法院（2021）鄂02民终2791号民事判决书。

上述两个案例，都涉及瑕疵履行的证明问题。案例7中，由于L公司对陈某提供的标的物进行了检验，并与陈某进行了结算，应当认为其已受领了履行。这种情况下，L公司以陈某对待给付有瑕疵为由主张履行抗辩权，就应当对履行存在瑕疵加以证明。L公司未完成这种证明，不能主张履行抗辩权。案例8中，双方当事人签订的是房屋租赁合同，而被告以房屋漏水为由主张履行抗辩权。房屋质量问题属于隐蔽瑕疵，其证明责任分配本来较为复杂。但本案中，法院已经认定房屋确实存在漏水问题，但以被告不能证明房屋漏水导致其合同目的无法实现为由，驳回其同时履行抗辩权的主张。逻辑上，这其实是承认了被告G物流公司履行有瑕疵，只是无法确认，该瑕疵是否导致了原告的合同目的落空。考虑到被告"仍然占有并使用案涉租赁房屋"，不妨认为原告对被告的履行已经受领，只是以被告违约为由主张履行抗辩权。而在违约责任中，应由主张违约一方证明其合同目的无法实现。从这个角度，案例8在结果上也是可以接受的。

五、余论

基于履行顺序约定的类型化分析可知，履行顺序约定对于合同履行抗辩权的成立没有普遍意义，因此不宜作为其权利成立要件。但履行顺序约定可作为履行抗辩权的权利妨碍要件，即，负有先给付义务且未履行的当事人，不能主张履行抗辩权。另外，对待给付履行不是合同履行抗辩权的权利妨碍要件，而是其权利消灭规范的构成要件。上述认识一方面可为先履行抗辩权存废的争论提供新的视角，另一方面，也可以为履行抗辩权的证据调查提供较为清晰、稳定的实务指引。

我们注意到,多位民法学者主张,在履行抗辩权诉讼中,原告须证明其已履行对待给付义务,或者证明被告有先履行的义务。[1]这一观点甚至被视为"通说",[2]今天看来,大概率来自德国法。[3]但要注意的是,对待给付履行由原告证明,是原告根据《德国民法典》第 362 条主张履行抗辩的后果;而被告负有先履行义务由原告证明,则是因为《德国民法典》第 320 条将此明文规定为同时履行抗辩权的权利妨碍要件。[4]可见,这两个要件的证明责任分配,在德国法上都很容易得到解释。但由于立法模式的差异,这种证明责任分配方案在中国法的语境中显得异常突兀,对司法实践也几乎没有产生影响。本章在法教义学上重新定位了这两个要件事实,从而使得上述"通说"变得可以理解。从这个意义上,本章不仅为先履行抗辩权否定说提供了补充论证,也为学界习以为常的证明责任分配方案提供了理论说明。这再次提醒我们,证明责任是民法教义学中不可或缺的一部分,只有引入了证明责任的视角,民法规范的内涵建构才能补上最后一环。

---

〔1〕 参见王家福主编:《中国民法学·民法债权》,法律出版社 1991 年版,第 404 页;韩世远:《合同法总论》(第 4 版),法律出版社 2018 年版,第 401 页;王凤:《我国合同法中同时履行抗辩权的效力问题研究——以实体法与程序法为透析视角》,载《河北法学》2015 年第 2 期;王洪亮:《〈合同法〉第 66 条(同时履行抗辩权)评注》,载《法学家》2017 年第 2 期。

〔2〕 参见王凤:《我国合同法中同时履行抗辩权的效力问题研究——以实体法与程序法为透析视角》,载《河北法学》2015 年第 2 期。

〔3〕 Vgl. Staudinger/Schwarze (2020), BGB, § 320 Rn. 88; MüKoBGB/Emmerich, BGB, 9. Aufl. 2022, § 320 Rn. 68; Baumgärtel/ Repgen, Handbuch der Beweislast, 4. Aufl. 2019, § 360 Rn. 3.

〔4〕 Vgl. Baumgärtel/ Repgen, Handbuch der Beweislast, 4. Aufl. 2019, § 360 Rn. 5, 9.

第九章

表见代理的证明责任
——证明责任分析方法的展开

一、问题的提出

表见代理是我国民法学界研究较多、争议也颇多的制度。立法上，原《合同法》第 49 条和现行《民法典》第 172 条都非常简略，留下了巨大的解释空间。理论上，对于表见代理的构成要件，一直众说纷纭。实践中，表见代理的判断标准亦不清晰，冲突裁判所在多有。

解决上述问题，需要对抽象的立法表达进行解释，唯此表见代理的判断标准才能趋于具体和清晰。就此而言，民法学者围绕表见代理的构成要件展开研究，当属对症下药、有的放矢。但是，迄今为止的讨论主要集中在"被代理人可归责性是否应作为表见代理的构成要件"。这一议题固然重要，却远不能涵盖表见代理制度的全部。表见代理制度在相对人与被代理人之间分配无权代理的风险，不仅要考虑被代理人因素，也要考虑相对人因素，在此之前，更要考虑是否存在可信赖的代理权外观。每一类因素背后，都隐藏着一种法律上应当保护的利益。面对这样一个多元利益的"角力场"，究竟该如何确定我国表见代理的构成要件？民法学界专注于讨论被代理人可归责性，一定程度忽略了对此整体性问题的回答。

另外，在诉讼过程中，所有要件事实都有一个由谁主张和证明的问题。关于表见代理构成要件的讨论，不能缺少证明责任的视角。有学者从比较法经验出发，认为相对人善意无过失应由被代理人从反面证明。[1]应该说，立法表达并不支持这种观点。[2]2009年《审理民商事合同指导意见》也明确指出，相对人主张表见代理的，应证明代理权外观存在以及他善意无过失。不过，在2022年颁布的《民法典总则编解释》中，这一证明责任分配被明文改变。根据该解释第28条，相对人主张构成表见代理的，应对代理权外观的存在负证明责任，而被代理人对相对人知道行为人无代理权，或者不知但有过失负证明责任。如何评价这种司法政策的变迁？《民法典总则编解释》将对我国的表见代理制度产生怎样的影响？在《民法典》实施的背景中，需要对这些问题作出回答。

上述两个问题关系密切，需要在一个整体视野中展开讨论。考虑到民法学界对表见代理的构成要件并无定论，本章第二部分首先对此进行整理和澄清；在此基础上，第三部分集中分析各构成要件的证明责任；第四部分对本章观点在比较法上可能遭遇的挑战加以回应；第五部分揭示现行法的缺陷与出路，指出《民法典总则编解释》第28条可能带来的问题。

---

〔1〕 参见崔建远等：《民法总论》（第2版），清华大学出版社2013年版，第244页；杨代雄：《表见代理的特别构成要件》，载《法学》2013年第2期；最高人民法院研究室编著：《最高人民法院关于合同法司法解释（二）理解与适用》，人民法院出版社2015年版，第123页。

〔2〕 即使是主张上述观点的学者，也承认这一点。参见上引杨代雄文。

二、表见代理的构成要件

（一）表见代理构成要件的理论争议

我国学者关于表见代理的集中讨论，始于 20 世纪八九十年代。章戈 1987 年的论文认为，表见代理的特别要件包括"客观上须有使相对人相信无权代理人具有代理权的情形""相对人须为善意且无过失""作为成立表见代理之基础的相对人与无权代理人之间的民事行为须具备成立的有效条件"。[1]尹田 1988 年的论文则认为，表见代理的成立必须同时具备两个条件，即"本人以自己的过失行为使第三人确信代理人有代理权"和"第三人不知也不应知代理人无代理权"。[2]原《合同法》颁行后，尹田发文指出，关于表见代理的构成要件，存在"单一要件说"和"双重要件说"的争论。二者的区别是，"表见代理的成立是否以被代理人主观上有过失为要件"。[3]这一归纳得到学界广泛认可，并在此后的讨论中一直被沿用。

但这种界定其实并不严谨，并不存在所谓的"单一要件说"。即使我们认为章戈归纳的第三个要件不具有标识表见代理特殊内涵的特征，章文也至少提到了两个特别要件。将关于"表见代理的构成是否以被代理人有过失为要件"的意见分歧替换为"单一要件"与"双重要件"之争，一定程度遮蔽了客观要件在表见代

〔1〕　参见章戈：《表见代理及其适用》，载《法学研究》1987 年第 6 期。

〔2〕　参见尹田：《论"表见代理"》，载《政治与法律》1988 年第 6 期。

〔3〕　参见尹田：《我国新合同法中的表见代表制度评析》，载《现代法学》2000 年第 5 期。

理制度中的重要性。比如，胡康生主编的《合同法》权威释义书就认为，构成表见代理要满足两个条件，一是行为人没有授权就与第三人签订了合同，二是相对人在主观上必须是善意的、无过失的。[1]考虑到第一个要件属于无权代理的重复，这里实际上认可了"单一要件说"。同样的观点也出现在黄薇主编的《民法典》权威释义书中。[2]两部权威释义书在列举表见代理构成要件时都没有提及客观要件，其实令人费解。因为，学术界的主流观点并非如此。

在法学界的讨论中，一般都将无权代理人有被授予代理权的外观作为表见代理的构成要件，只是在主观要件的认识上存在一些分歧。比如，梁慧星教授认为，构成表见代理，除了无权代理人有被授予代理权的表象（外观）外，还须"相对人有正当理由信赖该无权代理人有代理权"。[3]王利明教授则认为，表见代理的构成要件除了"第三人有合理理由相信——权利外观"外，还需要"相对人主观上是善意的""相对人必须是无过失的""无权代理行为的发生与被代理人有关"。[4]总而言之，学界关于表见代理构成要件的讨论通常涉及三个方面，即代理权外观、相对人因素以及被代理人因素。

〔1〕　参见胡康生主编：《中华人民共和国合同法释义》（第3版），法律出版社2013年版，第96页。

〔2〕　参见黄薇主编：《中华人民共和国民法典总则编释义》，法律出版社2020年版，第455—456页。

〔3〕　参见梁慧星：《民法总论》（第6版），法律出版社2021年版，第251—253页。

〔4〕　参见王利明：《民法总则研究》（第3版），中国人民大学出版社2018年版，第672—681页。

（二）表见代理的构成要件与规范目的

在卢曼看来，"条件程式化"是现代法律的一个重要特征。基本表现方式是："如果特定的条件被满足——如果之前确定的事实构成被给予，那么就必须作出一个确定的决定。"[1]通过这种"如果……那么"形式表达的条件化决定程式，法律系统化简复杂性、为社会生活提供规范性预期的功能得以实现。民法学上的构成要件理论，是这种条件程式化的典型体现。当我们讨论表见代理的构成要件时，我们实际上是在讨论，具备哪些事实要素，才能发生表见代理的法律效果。实证法上，这个问题当然需要立法者来回答。考虑到，我国法关于表见代理的直接规定只有一个法条（原《合同法》第49条、《民法典》第172条），[2]关于表见代理特别构成要件的分析也只能围绕这个法条展开。[3]

但无论原《合同法》还是《民法典》，关于表见代理成立条件的规定都非常简单，即"相对人有理由相信代理人有代理权"。对这15个字进行文义分析固然必要，[4]但更重要的，是归纳我国表见代理制度"应当"具备的那些要件。立法过于简略，如果拘泥于文义，实质性研究根本无法充分展开。在这个阶段，我们需要暂时抛开立法表达的细节，回到表见代理的规范目的这个原

---

〔1〕［德］尼克拉斯·卢曼：《法社会学》，宾凯、赵春燕译，上海世纪出版集团2013年版，第279页。

〔2〕当然，第172条与第171条第1款有明显的关联，前者可视为后者的防御条款。即，在符合第171条第1款的情况下，代理行为对被代理人不发生效力；但是，在符合第172条的情况下除外。

〔3〕为简化论述，本章所谓构成要件专指表见代理的特别构成要件，不包括无权代理、代理行为、因果关系等一般构成要件。

〔4〕详见下文第五部分。

点。毕竟，分析构成要件就是为了发掘民法条文作为裁判规范的内涵，让相关制度的规范目的得以实现。

民法设置委托代理制度，本来是为了拓展被代理人意思自治的空间，因此，基于被代理人意思的授权行为，是委托代理发生法律效果的前提。既然如此，为何又无视被代理人是否授权，另外单设表见代理？这是因为，在某些情况下，尽管代理人没有获得授权，其代理行为中却展示出某种他具有代理权的外观，基于此种外观，善意相对人有理由相信其为有权代理。对相对人的这种信赖如果不加保护，显然不利于交易安全。可见，表见代理制度的规范目的就是保护善意相对人对代理权外观的合理信赖，以维护交易安全。[1]这是民法学界关于表见代理规范目的的一般认识，亦符合我国表见代理制度的立法旨趣。[2]

规范目的要通过构成要件与法律效果的组合来实现，在法律效果既定的前提下，构成要件设计是规范目的能否实现的关键。为了确定表见代理的构成要件，我们需要考察，在备选的事实要素中，哪些对于实现表见代理的规范目的是真正必要的。从逻辑上，这里的"必要性"首先是指不可或缺性，亦即，某事实要素在表见代理规范目的的实现过程中必须被考虑，否则，该制度在价值定位上就将有失偏颇。这里的必要性还应包含独立审查的必

---

[1] 参见张俊浩主编：《民法学原理》（修订第 3 版上册），中国政法大学出版社 2000 年版，第 326—327 页；朱庆育：《民法总论》（第 2 版），北京大学出版社 2016 年版，第 364 页；王利明：《民法总则研究》（第 3 版），中国人民大学出版社 2018 年版，第 669 页；梁慧星：《民法总则讲义》（修订版），法律出版社 2021 年版，第 315 页。

[2] "只要相对人对行为人有代理权形成了合理信赖，即使实际情况相反，也应保护这种信赖利益，在一定程度上牺牲被代理人的利益，而将无权代理的效果归属于被代理人，以维护交易安全。"黄薇主编：《中华人民共和国民法典总则编释义》，法律出版社 2020 年版，第 469 页。

要性，即，该要素无法被其他构成要件涵盖，必须作为一个单独要件审查。在规范目的实现过程中的不可或缺性和独立审查必要性，就是我们确定构成要件的一般标准。

（三）表见代理的四个构成要件

本书认为，表见代理的构成要件包括代理权外观、相对人善意、相对人无过失以及被代理人可归责性。因为，对于表见代理制度的规范目的而言，这四个要件均不可或缺，且必须单独审查。

1. 代理权外观。表见代理责任是一种权利外观信赖责任，而信赖是一种主观的、抽象的结果，需要通过客观的、具体的事实来支撑。事实上，各国民法关于表见代理的规定，多是围绕代理权外观来设计。我国表见代理以代理人未获授权作为出发点，[1] 在这一语境中，假如没有客观、可辨的代理权外观，相对人"合理信赖"根本无从谈起。因此，作为相对人信赖的外部基础，代理权外观理应作为表见代理的构成要件。

2. 相对人善意。在涉及交易安全保护的语境中，狭义的善意即"不知"。[2] 表见代理制度中的相对人善意，是指相对人在与行为人签订合同时不知其无代理权。[3] 表见代理旨在保护善意相对人对于代理权外观的合理信赖，一旦相对人知道代理人没有代理

---

〔1〕 几乎所有体系书都将"代理人没有代理权"作为表见代理的构成要件。这是正确的，因为从原《合同法》和现《民法典》的立法体例来看，表见代理就是无权代理的一种例外情形。参见李宇：《民法总则要义：规范释论与判解集注》，法律出版社 2017 年版，第 818 页。

〔2〕 参见吴国喆：《善意认定的属性及反推技术》，载《法学研究》2007 年第 6 期；石一峰：《私法中善意认定的规则体系》，载《法学研究》2020 年第 4 期。

〔3〕 对于善意要件，《民法典总则编解释》第 28 条直接使用了"相对人不知道行为人行为时没有代理权"的表达。

权，自然就失去了被保护的必要。

3. 相对人无过失。无过失是指，相对人对其不知行为人无代理权无过失。就善意与无过失的关系，有学者认为二者互不包含，应当分别处理；[1]有学者认为二者一脉相承，应当一体处理。[2]比较法上，两种立法例均有存在。[3]作为对相对人主观状态的评价，善意与无过失存在明显的牵连性，一体处理未尝不可。[4]但是，从民法作为裁判规范的角度，这种处理显然忽略了二者在诉讼证明中的巨大差异。

表见代理制度中的善意即不知，而知道与否，是一个具体的、描述性的事实。固然，考虑到这一事实的主观性，其证明多数时候要通过客观化的外部事实，以间接证明的方式来完成。但即便如此，对于法官来说，需要回答的问题并没有改变，依然是"相对人是否知道代理人未获授权"。与此不同，有无过失是在相对人不知的基础上对其行为作出评价，其指向的具体事实，几乎总是与特定情景中的注意义务相关。也就是说，法官对于相对人有无过失的判断，是以其对相对人应负注意义务的认知为前提的。这种认知是一种抽象评价，换言之，任何处于该场景中的

---

〔1〕 参见林诚二：《民法债编总论——体系化解说》，中国人民大学出版社2003年版，第105页；叶金强：《信赖原理的私法结构》，北京大学出版社2014年版，第96—97页。

〔2〕 参见王泽鉴：《民法物权：用益物权·占有》（第2册），中国政法大学出版社2001年版，第266—267页；吴国喆：《善意认定的属性及反推技术》，载《法学研究》2007年第6期；石一峰：《私法中善意认定的规则体系》，载《法学研究》2020年第4期。

〔3〕 前者如《日本民法典》第109条、第112条，后者如《德国民法典》第173条。

〔4〕 这个方向的论述，参见吴国喆：《善意认定的属性及反推技术》，载《法学研究》2007年第6期；石一峰：《私法中善意认定的规则体系》，载《法学研究》2020年第4期。

行为人，都应负有此种注意义务。[1]由此，相对人有无过失就被转化为"理性人在该场景中应负的注意义务"与"相对人具体行为"的比较。前者是一个典型的评价活动，同时也决定了整个判断过程的评价性特征。

因为上述区别，善意与无过失在诉讼中可能涉及的事实明显不同，与表见代理规范效果的关联亦非同一类型。在裁判规范的意义上，作为具体的、描述性事实的"善意"，无法吸收作为抽象的、评价性事实的"无过失"。比较法上确实存在将过失（应知）纳入非善意（明知）的立法例，比如《德国民法典》第173条。但这类规定，常常是在"明知"要件证明责任既定的前提下，为化解其证明困难而采取的变通措施。[2]这种处理或许有现实合理性，却很难说有理论上的必然性。一方面，善意的证明较为困难，不是将其与无过失合并处理的充分理由。另一方面，下文将会展示，二者在证明责任分配的讨论中，也将面临截然不同的处境。[3]考虑到这些因素，这里将无过失作为表见代理的独立要件。

4. 被代理人可归责性。学说上，多数学者赞同在表见代理中考虑被代理人因素。固然，就被代理人可归责性的评价路径，我

---

〔1〕 "……无过失的认定，则需运用理性人之标准，综合考虑行为的整个背景。"叶金强：《信赖原理的私法结构》，北京大学出版社2014年版，第96页。在论及侵权法上故意与过失的区分时，有学者也指出，"过失有一般理性人的标准，故意则没有，也不可能有"。叶名怡：《侵权法上故意与过失的区分及其意义》，载《法律科学》2010年第4期。

〔2〕 参见［德］维尔纳·弗卢梅：《法律行为论》，迟颖译，法律出版社2013年版，第1008页。

〔3〕 详见下文第三部分。

国学者尚存在"过错归责"[1]"诱因归责"[2]"风险归责"[3]乃至"综合权衡"[4]等不同观点的分歧；但明确反对考虑被代理人因素的观点，亦属罕见。这是因为，"基于本人正当利益维护的考虑，最低限度的归责性必然是需要的，归责性要件的彻底否定，将使得没有归责性的本人被不当地追加了责任，基本的安全遭到了破坏"。[5]完全排除被代理人因素的观点，"在法价值上难以正当化"。主要分歧不是是否应当考虑被代理人因素，而是是否将其作为表见代理的特别构成要件来考虑。[6]

我国现行法不承认被代理人可归责性要件，就此立法选择，原《合同法》和《民法典》的官方释义书均有清晰表达。释义书作者给出的理由是：尽管表见代理的产生一般与本人过错有关，但是，"设立表见代理制度的目的是保护交易的安全性……至于本人在无权代理人订立合同问题上是否有过失，相对人有时难以证明"。[7]有学者也持类似观点。[8]但在笔者看来，这一论证缺乏说服力。一方面，偏重保护交易安全不等于不考虑被代理人因

---

〔1〕　参见崔建远等：《民法总论》（第2版），清华大学出版社2013年版，第242页。

〔2〕　参见王利明：《民法总则研究》（第3版），中国人民大学出版社2018年版，第677—681页。

〔3〕　参见杨代雄：《表见代理的特别构成要件》，载《法学》2013年第2期。

〔4〕　参见叶金强：《表见代理构成中的本人归责性要件——方法论角度的再思考》，载《法律科学》2010年第5期。

〔5〕　叶金强：《表见代理构成中的本人归责性要件——方法论角度的再思考》，载《法律科学》2010年第5期。

〔6〕　张弛：《表见代理体系构造探究》，载《政治与法律》2018年第12期。

〔7〕　胡康生主编：《中华人民共和国合同法释义》（第3版），法律出版社2013年版，第97页；黄薇主编：《中华人民共和国民法典总则编释义》，法律出版社2020年版，第456页。

〔8〕　参见张弛：《表见代理体系构造探究》，载《政治与法律》2018年第12期。

素。表见代理作为无权代理的例外，其存在就已体现了对交易安全的保护。而在具体设计中，表见代理所追求的毋宁是相对人利益与被代理人利益的平衡。[1]另一方面，将被代理人可归责性作为表见代理的构成要件，未必就会增加相对人的证明负担。在立法技术上，完全可以考虑将该要件设计为权利妨碍要件，由被代理人主张和证明。[2]

有学者建议，将被代理人关联性纳入相对人合理信赖，以此弥补我国表见代理立法对本人因素的忽略。[3]笔者认为，授权意思的欠缺常常导致代理权外观存有疑点，这时候，确实可以通过相对人过失的审查，直接否定表见代理。但是，代理权外观正常，却与被代理人完全无关，这样的情况也不罕见。[4]此时，按照《民法典》第172条，相对人对代理权的合理信赖已然成立，被代理人因素却无法纳入考虑。理论上还可以设想，将被代理人因素归入代理权外观要件。《德国民法典》第170—172条实际上就是这样做的。但应该看到，《德国民法典》的规定，是从代理

---

〔1〕 参见崔建远等：《民法总论》（第2版），清华大学出版社2013年版，第240页；李宇：《民法总则要义：规范释论与判解集注》，法律出版社2017年版，第818页；陈甦主编：《民法总则评注》（下册），法律出版社2017年版，第1226页；徐海燕：《表见代理构成要件的再思考：兼顾交易安全和意思自治的平衡视角》，载《法学论坛》2022年第3期。

〔2〕 详见下文第三部分。

〔3〕 参见冉克平：《表见代理本人归责性要件的反思与重构》，载《法律科学》2016年第1期。作者认为，以被代理人可归责性作为独立要件的"双重要件说"存在体系上的矛盾以及难以认定的弊端，建议将本人与外观事实之间的联系置于相对人合理信赖当中，以"新单一要件说"来阐释我国表见代理的规范。有学者称之为"隐藏的双重要件说"，并认为该说在解释论上更值得采纳。参见陈甦主编：《民法总则评注》（下册），法律出版社2017年版，第1229页。

〔4〕 "尽管相对人的合理信赖中包括了本人的因素，但这不等于本人一方的所有内部情事都会反映至外部可视的层面。"王浩：《"有理由相信行为人有代理权"之重构》，载《华东政法大学学报》2020年第4期。

权的外部授予出发的。基于这一出发点，被代理人可归责性"先天"就被归入了代理权外观。[1]与此不同，我国《民法典》第172条对代理权外观的形成未作任何规定。在中国法的语境中，从"有理由相信"中析出代理权外观要件，尚有余地。但将代理权外观进一步解释为包含被代理人可归责性，从现行法的意义脉络中已经找不到任何依托。

由以上分析可见，在我国表见代理规范目的的实现过程中，被代理人可归责性不仅具有不可或缺性，而且具有独立审查的必要性。因此，应将该要素作为表见代理的独立要件。

三、表见代理的证明责任分配

（一）构成要件的分类标准

从行为规范的角度，立法者可以将所有构成要件都规定为成立要件。但从裁判规范的角度，这样做常常无法完美实现立法者的意图。比如，虽然我们认为被代理人可归责性应当作为表见代理的构成要件，但如果将这一要件作为权利成立要件来规定，就会带来立法者不希望看到的后果——显著增加相对人主张表见代理的难度，无法实现倾斜保护交易安全的规范目的。考虑到这一点，将不可归责性作为表见代理的权利妨碍要件规定，也许会效果更好。这一方面让被代理人可归责性有机会受到审查，另一方面，又不至于过分增加相对人主张表见代理的难度。

构成要件分类之所以具有上述效果，是因为证明责任裁判

---

〔1〕详见下文第四部分。

的存在。作为裁判规范的民法，其适用场景除了构成要件事实为真、为伪，还有要件事实真伪不明。根据公认的裁判方法论，当要件事实真伪不明时，法官只能根据证明责任分配作出裁判。也就是说，一个要件事实的证明责任分配给谁，该要件事实真伪不明时谁就应当承担败诉风险。按照德国通说亦被我国法认可的"规范说"，请求权人要对权利成立要件负证明责任，请求权相对人要对权利妨碍要件、权利消灭要件和权利受制要件负证明责任。[1]这意味着，如果四个要件全部规定为权利成立要件，主张表见代理的权利人就要对所有四个要件事实负证明责任。只要有一个要件真伪不明，法官就应驳回其表见代理的主张。

如果说构成要件的确立是实体法的第一次风险分配，那么，在考虑证明责任的基础上对构成要件进行分类，就是实体法的第二次风险分配。两次风险分配的任务不同：第一次风险分配确定一个权利成立需要考虑哪些事实要素，第二次风险分配确定这些事实要素应由哪方当事人主张和证明。在构成要件已经初步确定的前提下，证明责任分配为实体法规范目的的实现提供了更多技术手段，使得立法者可以进行更加精微的利益衡量。

构成要件分类并未改变民法规范作为条件程式的特征，只是拓展了条件程式的内容。比如，如果我们以 T1、T2、T3、T4 代表表见代理的四个构成要件，以 E 代表代理行为被承认的法律效果，那么，在将四个要件全部作为权利成立要件的情况下，会得到这样一个条件程式："如果 T1、T2、T3、T4 全部成立，则必须作出 E 的决定。"但如果我们将 T3、T4 作为权利妨碍要件，则

---

〔1〕《民事诉讼法解释》第 91 条采纳了"规范说"。参见最高人民法院修改后民事诉讼法贯彻实施工作领导小组编著：《最高人民法院民事诉讼法司法解释理解与适用》（上册），人民法院出版社 2015 年版，第 316 页。

会得到另一个条件程式："如果 T1、T2 成立，则必须作出 E 的决定；但 T3 或 T4 成立时除外。"这依然是一个条件程式，它与第一个条件程式的区别仅仅是，T3、T4 由 E 的成立要件，变成了 E 的限制条件。第二个条件程式所反映的关系，可以用逻辑学上的非单调逻辑来解释。在单调逻辑中，逻辑上的有效结论，不会因为前提集合的扩大而变得无效。与此不同，在非单调逻辑中，前提集合的扩大会让本来有效的推论被限制，而不是被证伪。[1] 在权利成立要件与法律后果构成的条件程式中，权利妨碍要件的加入，并不意味着法律规范在逻辑上被证伪；它只是限制了该法律规范的适用范围而已。[2]

两类构成要件的关系，对于诉讼中的事实调查具有重要启发意义。在诉讼中，法官不需要一开始时就对所有要件事实进行调查，而是只需要对权利成立规范的要件事实进行调查。对于可能导致权利效果被推翻的那些要件事实，则持开放态度——既不视之为有，也不视之为无。一般来说，只有当权利成立要件被确认，且相对方主张了权利消灭规范的要件事实，法官才对该事实进行审查。经审查为真，则推翻之前的法律适用结论。此即日本学者伊藤滋夫提出的"开放理论"。[3] 该理论蕴含的逻辑思想，即前文所述的非单调逻辑。[4] 从法律推理的角度，这里实际上展示了一种"可废止性推理"。所谓推理的可废止性，是指在某些推

〔1〕 参见［德］乌尔弗里德·诺伊曼:《法律论证学》，张青波译，法律出版社 2014 年版，第 40 页。

〔2〕 参见［德］乌尔弗里德·诺伊曼:《法律论证学》，张青波译，法律出版社 2014 年版，第 40 页。

〔3〕 参见［日］伊藤滋夫:《要件事实的基础:民事司法裁判结构》，许可、［日］小林正弘译，法律出版社 2022 年版，第 263 页。

〔4〕 参见［日］伊藤滋滋夫:《要件事实的基础:民事司法裁判结构》，许可、［日］小林正弘译，法律出版社 2022 年版，第 7—10 页。

理中，随着新增信息被考虑，一个被证成的初始结论，会变成一个不被证成的命题。[1]当我们说"权利成立要件确认，则法律效果产生"这一法律推理是可废止的，我们的意思是，这一推理具有初显的（prima facie）[2]有效性，但随着权利妨碍要件的确认，这种有效性将会丧失。

理论上，风险分配是立法者，而非司法者应当回答的问题。正如卢曼指出的，立法活动遵循目的程式，而非条件程式。[3]但上文的讨论告诉我们，特定立法目的可以通过怎样的条件程式来实现。在法律推理的视野中，权利成立要件与法律效果的组合确立了一个初显的法律推理，权利妨碍要件，则是让这个法律推理被废止的理由。基于两类要件的这种关系，可以提炼出证明责任分配的一对标准，即"基础性"和"例外性"。基础性是指，一个构成要件是规范效果得以成立的基本条件，必须在权利成立阶段予以确认；例外性则是指，一个构成要件不具有上述功能，不必在权利成立阶段讨论，但可以留待相对方在抗辩阶段主张。基础性和例外性的提出，旨在表达构成要件与规范效果之间的不同关系。但这里的"关系"不是事实关系，而是规范意义的关联

〔1〕 参见［荷］阿尔诺·R.洛德：《对话法律：法律证成和论证的对话模型》，魏斌译，中国政法大学出版社2016年版，第17页。

〔2〕 这里借用了哈特的术语。在法学界，可废止性的概念最早由哈特提出。他提出这一概念，是为了表达"某些概念的初显（prima facie）适用，会在例外情况出现时被终止"这一现象。See H.L.A.Hart, *The Ascription of Responsibility and Rights*, Proceedings of the Aristotelian Society 49, 1948-1949, p. 171-194. 又可参见［荷］亚普哈格：《法律与可废止性》，宋旭光译，载舒国滢主编：《法学方法论论丛》（第3卷），中国法制出版社2016年版，第7—28页；宋旭光：《论法学中的可废止性》，载《法制与社会发展》2019年第2期。

〔3〕 参见［德］尼克拉斯·卢曼：《法社会学》，宾凯、赵春燕译，上海世纪出版集团2013年版，第290页。

性。[1]讨论这种关联性时，固然需要考察要件事实对于权利构成的重要性，亦不妨关注要件事实在客观世界发生的盖然性。但有决定意义的，却是立法者希望一种制度实现的规范效果。换句话说，重要的是价值判断。

理想状态下，立法者会根据其对实体法价值的评价分层[2]来决定构成要件的基础性与例外性，并通过恰当的立法文本予以表达。但是，就规范表达以及公开的立法理由来看，很难认为我国的表见代理立法充分考虑了实体法价值的评价分层问题。这种情况下，只能结合我国表见代理的立法特点，对各个构成要件与表见代理规范目的之间的关系进行分析，以尝试发现这些要件内部的评价分层。

（二）表见代理的权利成立要件

如前文所述，我国表见代理的规范目的，是保护善意相对人对代理权外观的合理信赖。本章认为，对于合理信赖的建构而言，代理权外观和相对人无过失具有基础性，必须在权利成立阶段主张和证明。

---

〔1〕 参见［德］卡尔·恩吉施：《法律思维导论》，郑永流译，法律出版社2004年版，第35—37页；［德］齐佩利乌斯：《法学方法论》，金振豹译，法律出版社2009年版，第40—41页。

〔2〕 关于实体法的评价分层，参见本书"导论"第二部分。Vgl.Dieter Leipold, Besprechung von Reinecke, Beweislastverteilung im Bürgerlichen Recht und im Arbeitsrecht als rechtspolitische Regelungsaufgabe, AcP 179（1979）, S. 503 f；吴泽勇：《规范说与侵权责任法第79条的适用——与袁中华博士商榷》，载《法学研究》2016年第5期；任重：《论中国"现代"证明责任问题——兼评德国理论新进展》，载《当代法学》2017年第5期。

1. 代理权外观

所谓代理权外观，即表征代理权存在，让相对人产生信赖的那些外在事实。[1]表见代理保护相对人对代理权外观的合理信赖，没有代理权外观，信赖就失去了对象。就代理权外观要件的基础性，毋庸多言。代理权外观包括与授权相关的事实，比如授权书、印章、签名等，但不限于此。事实上，所有与授权行为相关的直接和间接事实，以及特定情境中的交易场所、代理人身份、之前的交易习惯等，都可能构成代理权外观的要素。[2]最高人民法院2009年《审理民商事合同指导意见》第13条提到的"合同书、公章、印鉴等有权代理的客观表象"，第14条提到的"合同的缔结时间、以谁的名义签字、是否盖有相关印章及印章真伪、标的物的交付方式与地点、购买的材料、租赁的器材、所借款项的用途……"，都应当纳入代理权外观当中考虑。因为，这些要素无一例外，都构成了相对人信赖的外部基础。

2. 相对人无过失

相对人无过失，是指相对人对于代理人无代理权的不知情不是因为其疏忽或懈怠所致。与常见观点不同，本书认为，相对人无过失应当作为表见代理的权利成立要件，而非权利妨碍要件。理由有二：

其一，无过失要件对于相对人合理信赖的确立具有基础性。

---

〔1〕 参见罗瑶：《法国表见代理构成要件研究——兼评我国〈合同法〉第49条》，载《比较法研究》2011年第4期；叶金强：《表见代理中信赖合理性的判断模式》，载《比较法研究》2014年第1期。

〔2〕 参见王利明：《民法总则研究》（第3版），中国人民大学出版社2018年版，第673—674页；叶金强：《表见代理中信赖合理性的判断模式》，载《比较法研究》2014年第1期。

如前所述，确定一个构成要件是权利成立要件还是权利妨碍要件的标准是，这个要件对于一项权利的构成是否具有基础性。这里的基础性是指，任何时候都要首先确定这一要件事实已经成立，否则就不能考虑支持当事人的权利主张。代理权外观作为表见代理的基础性要件，应该争议不大。笔者认为，在我国表见代理制度中，无过失要件对于表见代理的成立同样具有基础性意义。提出这一观点的背景是：我国立法没有对表见代理所需的代理权外观作出任何限定，司法实务也没有形成稳定的、具有指导意义的案型。实践中，相对人主张代理有效，被代理人通常会以代理行为未获授权、授权过期或者超越授权为由反驳。若相对人进一步主张表见代理，则法官必须在无权代理的前提下，判断相对人是否"有理由相信"代理人有代理权。此时，仅凭代理权外观这一个要素，法官常常难以判断相对人的信赖是否合理。正是在这种背景下，有无过失的审查，发挥了一种补强相对人信赖合理性的作用。如果代理权外观相对合同内容而言较为薄弱，人们就有理由期待相对人进行必要的调查核实。如果相对人没有进行此种调查，法官应认为其有过失，进而否定其信赖合理性。相反，如果相对人对于代理权外观进行了具有期待合理性的调查，法官的疑惑就会消除，相对人的信赖合理性也就会被认可。从这个角度，在我国法上，相对人无过失的审查对于表见代理的成立具有基础性意义。

其二，无过失要件宜与代理权外观要件合并审查。理论上，无过失是指相对人对其不知代理人无代理权无过失。但在实践中，由于不知在证明上的特殊性，这一要件很少会在诉讼中成为争点。只要相对人证明确实存在某种代理权外观，法官通常会略过不知，直接审查其有无过失。而对无过失的审查，又会被具体化为是否尽到必要的调查审核义务。[1]一般来说，代理权外观越强，相对人的调查审核义务越轻；代理权外观越弱，相对人的调查核实义务越重。在我国司法实践中，法官对这两个要件的审查通常不作区分。[2]其背后的道理是：两个要件共同服务于权利外观信赖之建构，其在我国表见代理制度中的功能是一致的。尽管指向不同，但二者在价值上处于同一序列，在审查顺序上也不必有先后之分。

（三）表见代理的权利妨碍要件

表见代理的权利妨碍要件，是指在相对人合理信赖初步确立的基础上，妨碍表见代理法律效果发生的那些要件。本书认为，这包括相对人非善意和被代理人不可归责性。

1. 相对人非善意

在权利外观信赖责任中，责任人证明相对人非善意，是比较法上常见的立法例。对此做法，民法学界的一般解释是，这里的善意采推定规则。[3]即，在权利外观信赖初步确立的情况下，推定相对人为善意；如果被代理人主张其为非善意，则需要承担证明责任。正常情况下，假如相对人知道代理人没有代理权，不会

〔1〕 参见王利明：《民法总则研究》（第3版），中国人民大学出版社2018年版，第674—677页。

〔2〕 参见杨芳：《〈合同法〉第49条（表见代理规则）评注》，载《法学家》2017年第6期。另见下文第五部分。

〔3〕 参见叶金强：《论善意取得构成中的善意且无重大过失要件》，载《法律科学》2004年第5期；吴国喆：《善意认定的属性及反推技术》，载《法学研究》2007年第6期；石一峰：《私法中善意认定的规则体系》，载《法学研究》2020年第4期。

签订合同。因此，这种推定符合一般生活经验。但是，"相对人多为善意"的经验法则，并非善意要件证明责任倒置的绝对理由。从证明技术上，这一经验法则也可以通过法律上的事实推定、表见证明、法官的事实推定等技术来呈现。为何不让相对人对其善意负证明责任，同时采取一定的证据法技术缓解其证明困难，而是直接将该要件的证明责任倒置给被代理人，需要更多理由。

本书认为，解释这一证明责任分配方案的关键，在于非善意要件与权利外观信赖的关系。[1]如前文所述，表见代理责任的基础是权利外观信赖，这种信赖主要建立在代理人提供的代理权授权外观之上，当代理权外观存疑或者薄弱时，还需要相对人无过失的审查来补强。但无论如何，这一阶段关注的重点是相对人信赖的"合理性"，即，理性人在代理行为发生的情境中，是否"应当信赖"，[2]而非具体相对人的心理状态。从这个意义上，相对人非善意（知道代理人无授权）并非对权利外观信赖的否定——既然理性人在案涉状态下有理由相信代理人有代理权，相对人当然也"有理由"相信。非善意相对人不被保护的真正理由，不是权利外观信赖从事实上被否定，而是法律对这种抽象信赖的保护，因为"相对人知道"这个具体情事而被拒绝。[3]这背后的价值判断是：抽象信赖基础上的交易安全保护，因为相对人缺乏具体信赖而被撤回。两次价值判断之间，构成了明显的评价分层。这才是非善意作为权利妨碍要件的真正理由。

---

〔1〕 如前所述，这里的关系同样不是事实上的关系，而是规范上的关联性。

〔2〕 对此议题的展开，参见叶金强：《表见代理中信赖合理性的判断模式》，载《比较法研究》2014年第1期。

〔3〕 用非单调逻辑来表达则是："权利外观信赖应予保护"的命题并未因"相对人非善意"这一事实而被证伪；它只是因为该事实的出现而被限制适用而已。

实在法上，将善意与无过失统一交由相对人证明，或者统一交由被代理人证明，都是可能的。甚至，考虑到无过失本来就是"对不知情无过失"，后一种处理在逻辑上还更流畅。这里之所以区分善意与无过失并对二者分别适用证明责任，是因为在中国法上，二者与表见代理规范目的的关系显著不同。简言之，无过失与代理权外观相辅相成，从正面服务于信赖合理性之建构；非善意则作为一个具体情事，从反面瓦解此种信赖。

2. 被代理人不可归责性

与相对人非善意一样，被代理人不可归责性同样不是对权利外观信赖的否定，而只是对其适用范围的限制。其中的逻辑也与前者相似。一般来说，如果权利外观信赖成立，被代理人常常具有可归责性。但这一盖然性联系，并非倒置该要件事实证明责任的充分理由。更重要的理由是：从保护相对人合理信赖，到例外情况下拒绝这种保护，构成了实体法的评价分层。合理信赖成立则被代理人负履行之责，此乃无权代理的例外；而被代理人不可归责之时无须履行，则是这种例外的例外。前一次例外是对被代理人意思自治的限制，后一次例外，为这种限制划定了边界。正是从这个意义上，将被代理人不可归责性作为表见代理的权利妨碍要件，更为妥当。

上述证明责任分配方案可简单表达如下（简称方案1）：

（1）权利成立要件：代理权外观；相对人无过失→相对人证明。

（2）权利妨碍要件：相对人非善意；被代理人不可归责性→被代理人证明。

四、德国法上的权利外观代理：一个反例？

上一部分阐述的法律要件分类和证明责任分配方案中，代理权外观和相对人非善意的证明责任负担符合民法学界的传统认识，应该争议不大。相对人无过失和被代理人不可归责性两个要件的证明责任分配，有可能引发质疑。一个反例是，在作为中国民法学界主要参考对象的德国法中，相对人无过失是被纳入善意要件，由被代理人证明的；而被代理人不可归责性尽管在学术讨论中经常出现，在立法上却并未被作为构成要件规定。比较法的反例固然不是推翻国内法解释论的充分理由，但为了"排除疑点"，本部分还是对这一反例进行考察，并尝试给出解释。

（一）德国法上的权利外观代理

《德国民法典》中与我国表见代理制度接近的是第 170—173 条规定的权利外观代理（Rechtsscheinsvollmacht）。按照《德国民法典》第 167 条第 1 款，意定代理权既可以向代理人授予，也可以向相对人授予。前者为代理权内部授予，后者为代理权外部授予。而根据《德国民法典》第 168 条，意定代理权可因基础法律关系的结束而消灭，也可以因被代理人的表示而撤回。[1]由于两种授权指向不同，可能出现内部授权结束而外部授权的相对人不知的情形。为了保护善意相对人对代理权外部授予的信赖，《德国民法典》第 170 条规定，"意定代理权系以对第三人的表示授

---

[1] 参见陈卫佐译注：《德国民法典》（第 5 版），法律出版社 2020 年版，第 61 页。

予的，意定代理权对该第三人保持有效，直至意定代理权授予人将意定代理权的消灭通知该第三人之时"。[1]这条规定明确了，对于外部授权的相对人，代理权存续到被代理人通知其代理权消灭时止。在诉讼中，相对人根据本条主张代理有效，要证明被代理人进行了有效的代理权授权通知。[2]

与第 170 条指向已经外部授予的代理权不同，第 171 条拓展了代理权成立的原始途径。[3]根据第 171 条第 1 款，"某人以对第三人的特别通知或以公告发出授予他人以意定代理权的通知的，该他人因该通知而与前一情形下对特定第三人，于后一情形下对任何第三人，有代理权的权能"。[4]按照该条规定，代理权内部授予的外部通知，与代理权外部授予具有同样的效力。实务中，这种通知不拘形式，亦不以明确的声明为限。但被代理人必须有通知的意思，通知的对象、代理人和授权内容必须清楚。[5]主流观点认为，第 171 条中的通知不是（向相对人授予代理权的）法律行为，而只是对代理权内部授予的声明。[6]也有学者认为，这种区分没有意义，根据第 171 条向特定或不特定第三人通知意定代

---

〔1〕　陈卫佐译注：《德国民法典》（第 5 版），法律出版社 2020 年版，第 61 页。

〔2〕　Vgl. Prütting In：Baumgärtel/ Laumen/ Prütting, Handbuch der Beweislast, 4. Aufl. 2019, BGB § 170 Rn. 1; MüKoBGB/Schubert, 9. Aufl. 2021, BGB § 170 Rn. 16.

〔3〕　Vgl. MüKoBGB/Schubert, 9. Aufl. 2021, BGB § 171 Rn. 1.

〔4〕　陈卫佐译注：《德国民法典》（第 5 版），法律出版社 2020 年版，第 61 页。

〔5〕　Vgl. MüKoBGB/Schubert, 9. Aufl. 2021, BGB § 170 Rn. 3 f.

〔6〕　参见［德］卡尔·拉伦茨：《德国民法通论》（下册），王晓晔等译，法律出版社 2003 年版，第 887—888 页；MüKoBGB/Schubert, 9. Aufl. 2021, BGB § 171 Rn. 2; Staudinger/Schilken（2019）BGB § 171 Rn. 2.

理授权，同样是对第三人进行代理权授权的意思表示。[1]这一分歧对实践影响不大。毕竟法律规定明确，收到代理授权通知的相对人，无论如何都会受到与第170条同样的保护。[2]相对人根据本条主张代理有效，必须证明被代理人就代理权授予对其进行了特别通知，或是通过公告进行了发布。[3]

另外，《德国民法典》第172条第1款规定："意定代理权授予人已将授权书交付给代理人，且代理人向第三人出示该授权书的，与意定代理授予人所发出的授予代理权的特别通知相同。"[4]根据本条，制作并交付授权书，也产生代理权外部授予的法律效果。这是因为，被代理人将授权书交付给代理人而代理人将授权书向第三人出示的行为，类似第171条第1款规定的代理权特别通知。[5]这种情况下，如果代理权未有效授予、被超越范围行使，或者在代理行为发生时已经失效，善意相对人对代理权外观的信赖应受保护。[6]授权书是被代理人授予特定代理权的书面声明，应附有最终的、覆盖证书全部内容的被代理人签名。授权书应指名代理人，明确代理权授予并载明代理权范围。授权书必须真实，既非伪造，亦未经篡改。[7]代理授权书必须是由被代理人

〔1〕 参见［德］维尔纳·弗卢梅：《法律行为论》，迟颖译，法律出版社2013年版，第984—988页。

〔2〕 参见［德］迪特尔·梅迪库斯：《德国民法总论》，邵建东译，法律出版社2000年版，第715页。

〔3〕 Vgl. Prütting In：Baumgärtel/ Laumen/ Prütting, Handbuch der Beweislast, 4. Aufl. 2019, BGB § 171 Rn. 1; Staudinger/Schilken（2019）BGB § 171 Rn. 13; MüKoBGB/Schubert, 9. Aufl. 2021, BGB § 171 Rn. 19.

〔4〕 陈卫佐译注：《德国民法典》（第5版），法律出版社2020年版，第62页。

〔5〕 Vgl. Staudinger/Schilken（2019）BGB § 171 Rn. 6.

〔6〕 Vgl. MüKoBGB/Schubert, 9. Aufl. 2021, BGB § 172 Rn. 1.

〔7〕 Vgl. MüKoBGB/Schubert, 9. Aufl. 2021, BGB § 172 Rn. 14 ff.

为了特定用途有意交付代理人的，盗窃或遗失的授权书不在其列。[1]因为，这时的授权书不能视为权利外观载体。即便授权书的遗失系因被代理人过失所致，他也不会因为权利外观代理承担责任。[2]但是，授权书滥用的风险由被代理人承担。[3]根据第 172 条，有意、无误的交付确立了权利外观。至于代理人将授权书违背被代理人的指示进行交易，并不影响第 172 条的适用。[4]根据第 172 条主张代理有效的相对人，须证明代理人向其出示了被代理人交付给他的代理授权书。这意味着，对于授权书的出示、授权书的真实性，相对人负证明责任。但相对人不需要证明授权书是被代理人交付代理人的；相反，被代理人需要证明授权书丢失。[5]

在《德国民法典》第 170—172 条的基础上，第 173 条规定："第三人在法律行为实施时知道或应当知道代理权的消灭的，不适用第 170 条、第 171 条第 2 款和第 172 条第 2 款的规定。"[6]该条只提到了代理权消灭，但同样适用于代理权不存在或者受到限制的情形。[7]这里的非善意包括知道和应知，即因过错而不知。至于过错的判断标准，重要的不是《德国民法典》第 276 条区分

---

〔1〕 Vgl. Staudinger/Schilken（2019）BGB § 172 Rn. 2; MüKoBGB/Schubert, 9. Aufl. 2021, BGB § 172 Rn. 17 f.

〔2〕 Vgl. BGH NJW 1975, 2101; Staudinger/Schilken, 2019, Rn. 7; MüKoBGB/Schubert, 9. Aufl. 2021, BGB § 172 Rn. 18.

〔3〕 Vgl. MüKoBGB/Schubert, 9. Aufl. 2021, BGB § 172 Rn. 20.

〔4〕 Vgl. Staudinger/Schilken（2019）BGB § 172 Rn. 4; MüKoBGB/Schubert, 9. Aufl. 2021, BGB § 172 Rn. 22.

〔5〕 Vgl. Prütting In：Baumgärtel/ Laumen/ Prütting, Handbuch der Beweislast, 4. Aufl. 2019, BGB § 172 Rn. 1; Staudinger/Schilken（2019）BGB § 172 Rn. 12; MüKoBGB/Schubert, 9. Aufl. 2021, BGB § 172 Rn. 29.

〔6〕 陈卫佐译注：《德国民法典》（第 5 版），法律出版社 2020 年版，第 62 页。

〔7〕 Vgl. Staudinger/Schilken（2019）BGB § 173 Rn. 7; MüKoBGB/Schubert, 9. Aufl. 2021, BGB § 173 Rn. 1.

的故意或过失，而是代理权的缺陷、有无是否"明显"可疑。[1]基于保护交易安全的考虑，不要求第三人负一般的调查核实义务。但是，假如对于任何一个理性人来说，在第三人所处的情境中，代理权不存在都是显而易见或者是明显值得怀疑的，则第三人负有调查核实义务。[2]根据本条，被代理人对相对人知道或应知代理权消灭（或不存在）负证明责任。[3]

实践中，德国法院将权利外观代理拓展至所谓"容忍代理（Duldungsvollmacht）"和"表象代理（Anscheinsvollmacht）"。容忍代理成立的条件是，有人在特定时间段内多次作为代理人行事，而被代理人知道并且容忍了这种行为。[4]表象代理则是指，即使被代理人没有进行有意识的授权通知，也不知道代理行为，但如果他尽到必要的注意义务就有机会知道并且能够阻止代理行为，也应当对代理行为负责。[5]在德国法学界，对于在民法中一般适用表象代理的正当性，存在巨大争议。[6]

---

〔1〕 Vgl. Staudinger/Schilken（2019）BGB § 173 Rn. 2; MüKoBGB/Schubert, 9. Aufl. 2021, BGB § 173 Rn. 4.

〔2〕 Vgl. BGH NJW 1985, 730. 此即所谓"显著性标准（Evidenzmaßstab）"。另见［德］维尔纳·弗卢梅：《法律行为论》，迟颖译，法律出版社 2013 年版，第 1008 页；Staudinger/Schilken（2019）BGB § 173 Rn. 2; MüKoBGB/Schubert, 9. Aufl. 2021, BGB § 173 Rn. 5.

〔3〕 Vgl. Prütting In：Baumgärtel/ Laumen/ Prütting, Handbuch der Beweislast, 4. Aufl. 2019, BGB § 173 Rn. 1; MüKoBGB/Schubert, 9. Aufl. 2021, BGB § 173 Rn. 11.

〔4〕 Vgl. MüKoBGB/Schubert, 9. Aufl. 2021, BGB § 167 Rn. 107.

〔5〕 Vgl. Palant/Ellenberger, BGB, 79. Aufl. 2020, § 172 Rn. 11.

〔6〕 越来越多的德国学者认为，在德国民法中，纯粹的疏忽大意最多产生消极的损害赔偿责任，而非积极的合同履行责任。因此，应将表象代理的适用范围限定在商事交易中。参见［德］迪特尔·梅迪库斯：《德国民法总论》，邵建东译，法律出版社 2000 年版，第 733 页；［德］维尔纳·弗卢梅：《法律行为论》，迟颖译，法律出版社 2013 年版，第 996—997 页；Staudinger/Schilken（2019）BGB § 167 Rn. 31; MüKoBGB/Schubert, 9. Aufl. 2021, BGB § 167 Rn. 100; Jörg Neuner, Allgemeiner Teil des Bürgerlichen Rechts, 12. Aufl. 2020, § 50 Rn. 98. 我国也有学者持类似观点，如朱庆育：《民法总论》（第 2 版），北京大学出版社 2016 年版，第 364 页；迟颖：《〈民法总则〉表见代理的类型化分析》，载《比较法研究》2018 年第 2 期。

（二）对"德国方案"的解释

不难发现，虽然同属外观信赖保护制度，德国法上的权利外观代理与我国表见代理，在制度逻辑上存在重大差异。我国表见代理建立在无权代理的基础上，无论原《合同法》还是《民法典》，都是将表见代理作为无权代理之例外规定的。与此不同，德国的权利外观代理以代理权的外部授予作为出发点。[1]在三条核心规范中，第170条接续第167条，明确外部授权不因内部授权的结束而终结；第171条将外部授权的法律效果扩张到将内部代理权对相对人通知的情形；第172条则进一步将这种法律效果扩张到代理授权书交付和出示的场景。就立法本意而言，这三条规定确立的责任都以被代理人的"授权相关活动"为前提。正因为这一点，在这几条的解释中，除了通说权利外观责任说，一直存在有力说"意思表示说"。[2]按照该说，《德国民法典》第171—172条上的责任，以及实务中的容忍代理，都源于被代理人外部授权的意思表示。而表象代理，则因为缺少被代理人的授权意思，根本就不应该承认。[3]这一立场虽非主流，但却提醒我们，在德国法上，权利外观代理不是无权代理的例外，而是有权代理的延伸。从相对人保护的视角出发，它与通过正式外部授权成立的有权代理没有本质区别。

在上述制度逻辑中，不难理解德国法关于相对人无过失和被

---

〔1〕 Vgl. MüKoBGB/Schubert, 9. Aufl. 2021, BGB § 167 Rn. 94.

〔2〕 参见［德］维尔纳·弗卢梅：《法律行为论》，迟颖译，法律出版社2013年版，第984—988页；迟颖：《〈民法总则〉表见代理的类型化分析》，载《比较法研究》2018年第2期。

〔3〕 参见［德］维尔纳·弗卢梅：《法律行为论》，迟颖译，法律出版社2013年版，第982—998页。

代理人不可归责性要件的处理。无论外部授权表示，还是针对相对人的授权通知，抑或授权书的交付和出示，都是有意识的、与授权相关的活动。多数情况下，由这类活动形成的权利外观事实（Rechtsscheintatbestand），足以支撑起理性人对权利外观的合理信赖。在此背景中，将相对人过失纳入非善意，作为权利外观信赖的例外，符合《德国民法典》自身的逻辑。[1]另外，立法对于外部授权表示、授权通知、授权书交付的要求，实际上包含了被代理人可归责性的考量。[2]因此，无须另外规定被代理人可归责性。[3]由此形成的证明责任分配方案是（简称方案 2）：

（1）权利成立要件：代理权外观→相对人证明。

（2）权利妨碍要件：相对人非善意（含有过失）→被代理人证明。

表象代理构成了上述讨论的一个例外。与包括容忍代理在内的其他权利外观代理类型不同，表象代理不需要被代理人实际知道代理行为发生。由于脱离了被代理人的授权意思，代理权外观的可靠性显著降低。作为对这一变化的回应，在表象代理中，德国法院明显强化了被代理人可归责性的审查。[4]按照德国联邦法院的观点，如果被代理人尽到谨慎义务（Pflichtgemäße Sorgfalt），

---

〔1〕 弗卢梅指出，这种处理与其他国家的立法不同，与《德国民法典》的早期草案也不同，是"有问题的"。参见［德］维尔纳·弗卢梅：《法律行为论》，迟颖译，法律出版社 2013 年版，第 1007—1008 页。

〔2〕 Vgl. MüKoBGB/Schubert, 9. Aufl. 2021, BGB § 167 Rn. 94.

〔3〕《德国民法典》关于这几条的评注一般也不会专门讨论这一要件。Vgl. nur Palant/Ellenberger, BGB, 79. Aufl. 2020, § 170 Rn. 2, § 171 Rn. 2, § 172 Rn. 2 ff.

〔4〕 在《德国民法典》评注关于表象代理的讨论中，被代理人可归责性都是重点展开的要件，Vgl. nur Palant/Ellenberger, BGB, 79. Aufl. 2020, § 170 Rn. 2, § 171 Rn. 2, § 172 Rn. 13.

就应当知道并且能够阻止代理人的行为，[1]同时，基于这种谨慎义务，相对人有理由假定被代理人知道并且批准了代理行为，[2]即构成表象代理。一般认为，就表象代理中的被代理人可归责性，采过错标准。[3]由此形成的证明责任分配方案或可归纳为（简称方案3）：

（1）权利成立要件：代理权外观；被代理人可归责性→相对人证明。

（2）权利妨碍要件：相对人非善意（含有过失）→被代理人证明。

（三）小结

从《德国民法典》第170—172条的明文规定，到容忍代理，再到表象代理，德国的权利外观代理始终处在代理权外部授予的延长线上。整体上，这是一种"对于法律行为交往中的作为或不作为所承担的责任"。[4]在《德国民法典》第170—172条中，这体现为有意识的授权、通知或授权书交付；在容忍代理中，体现为对代理行为的明知和容忍；在表象代理中，体现为因被代理人过错引发的其他代理权外观。无论哪种场景中，可归责于被代理人的代理权外观，都是责任成立的基本前提。从这个意义上，代理权外观与被代理人可归责性对于权利外观责任的成立具有基础性；

---

〔1〕　Vgl. BGH NJW 1952, 657.

〔2〕　Vgl. BGH WM 2016, 691.

〔3〕　Vgl. MüKoBGB/Schubert, 9. Aufl. 2021, BGB § 167 Rn. 116; BeckOGK/ Huber, 1.2.2022, BGB § 167 Rn. 96. 不同观点，Vgl. Jörg Neuner, Allgemeiner Teil des Bürgerlichen Rechts，12. Aufl. 2020, § 50 Rn. 96.

〔4〕　参见［德］卡尔·拉伦茨：《德国民法通论》（下册），王晓晔等译，法律出版社2003年版，第887页。

而相对人非善意（包含过失），则是此种抽象信赖责任的例外。反观中国法，表见代理成立的基础不是被代理人授权意思，而是相对人"有理由相信代理权存在"。考虑到立法未对代理权外观的来源和构成作出规定，相对人合理信赖的建构，离不开相对人无过失（尽到注意义务）审查的辅助。至于被代理人因素，在此种立法结构中不具有基础性，只能作为例外，由被代理人主张和证明。

五、现行法评释与展望

本章第二部分、第三部分从规范目的出发，讨论了我国表见代理在教义学上"理应如何"。基于前文分析的结论，本部分对我国《民法典》第 172 条以及相关司法解释加以评论，并对新司法解释可能造成的影响进行分析。

（一）《民法典》第 172 条的文义射程与法律续造

《民法典》第 172 条为表见代理设定的条件包括前后两部分，前一部分是对第 171 条第 1 款前段的重复，即"行为人没有代理权、超越代理权或者代理权终止后，仍然实施代理行为"；后一部分是表见代理的成立要件，即"相对人有理由相信行为人有代理权"。学者或将"没有代理权、超越代理权或者代理权终止"解释为授权表示型、权限逾越型和权限延续型表见代理。[1]这一

---

〔1〕 原《合同法》颁布以后的文献，如孔祥俊：《合同法教程》，中国人民公安大学出版社 1999 年版，第 185—186 页；张俊浩主编：《民法学原理》（修订第 3 版上册），中国政法大学出版社 2000 年版，第 328—332 页；叶金强：《表见代理构成中的本人归责性要件——方法论角度的再思考》，载《法律科学》2010 年第 5 期；徐涤宇：《代理制度如何贯彻私法自治——〈民法总则〉代理制度评述》，载《中外法学》2017 年第 3 期；李宇：《民法总则要义：规范释论与判解集注》，法律出版社 2017 年版，第 821 页。

类型化建构借鉴自日本法，[1]但在我国法的适用中，没有实质性意义。[2]对于表见代理的构成而言，第 172 条前半句的功能仅在于表达"无权代理"这一前提事实，很难从中提炼出什么新的规范要素。

我国表见代理的特别构成要件，仅在"相对人有理由相信行为人有代理权"这 15 个字。前文指出，从目的解释出发，我国表见代理制度的构成要件应该包括代理权外观、相对人善意、相对人无过失和被代理人可归责性。但回到《民法典》第 172 条的文义，最多只能提炼出来前三个要件。有理由相信需要客观上的理由，也要排除相对人主观上的知道或者应知，将其解释为同时包含代理权外观和相对人善意、无过失，并未超越《民法典》第 172 条的文义。但是，考虑到《民法典》第 172 条的落脚点在相对人"相信"，从文义上，无论如何不会触及被代理人可归责性。在中国法上，要考虑被代理人可归责性要件，只能采取法律续造的方式。具体建议包括：

首先，承认现行法的规定存在不合目的性。我国表见代理以保护相对人对代理权外观的信赖为目的，这种信赖保护应该平衡相对人与被代理人的利益，而不是过分偏向于一侧。但由于立法表达的疏忽，从《民法典》第 172 条的文义出发，确实无法公平保护被代理人。典型的表现是：对于窃取或者伪造公章、信函等行为引发的无权代理，现行法无法将其有效排除。用拉伦茨的话

---

〔1〕 参见王浩：《表见代理中的本人可归责性问题研究》，载《华东政法大学学报》2014 年第 3 期。

〔2〕 参见解亘：《论无权代理和表见代理的规范形态》，载《月旦民商法杂志》2017 年 12 月。

来说，现行法对此保持了沉默。[1]并且，这一沉默并非基于清晰可循的价值判断，而是源于某种认识上的错误（可能增加相对人证明负担）。因此，应当承认这里存在一种"违反计划的不圆满性"。[2]

其次，对《民法典》第172条进行目的论限缩。[3]上述立法缺陷，无论通过扩大解释相对人善意无过失，还是扩大解释代理权外观，都无法有效克服。本章认为，只能通过增加构成要件的方式，限缩《民法典》第172条的适用范围。即通过增加被代理人可归责性这一构成要件，将某些明显不合理的案型排除在表见代理之外。

最后，由被代理人证明其对代理权外观的形成没有可归责性。考虑到我国表见代理落脚于相对人信赖的表达方式，以及倾斜保护交易安全的规范意图，将被代理人可归责性作为权利成立要件，似乎走得太远。而将该要件作为表见代理的权利妨碍要件，足以实现公平保护被代理人的目的。毕竟，对被代理人来说，只要有机会主张自己对于代理权外观的形成不可归责，就足够了。

在我国表见代理的司法实践中，审查或者评价认定被代理人可归责因素的裁判并不少见。只不过，法院在这一问题上"模糊、摇摆、矛盾、混乱，几乎不存在一贯立场"。[4]在笔者看来，

---

〔1〕 参见［德］卡尔·拉伦茨:《法学方法论》，陈爱娥译，商务印书馆2003年版，第249页。

〔2〕 参见［德］卡尔·拉伦茨:《法学方法论》，陈爱娥译，商务印书馆2003年版，第250—251页。朱虎认为这里存在"目的性隐藏漏洞"，参见朱虎:《表见代理中的被代理人可归责性》，载《法学研究》2017年第2期。

〔3〕 关于目的论限缩，参见［德］卡尔·拉伦茨:《法学方法论》，陈爱娥译，商务印书馆2003年版，第267页。

〔4〕 司法实务的整理，参见杨芳:《〈合同法〉第49条（表见代理规则）评注》，载《法学家》2017年第6期。

为了结束法院在这一问题上的摇摆，较为可行的就是经由最高人民法院的法律续造，将不可归责性明确为被代理人一方的抗辩事由。只有在统一的法律框架下，才能期待通过判例的持续积累，形成相对稳定的裁判规则。

（二）《审理民商事合同指导意见》第 13 条的证明责任分配

最高人民法院非常清楚构成要件及其证明责任对于表见代理制度的重要意义。在 2009 年《审理民商事合同指导意见》中，最高人民法院就有意识地运用司法指导工具，完善表见代理制度中的风险分配。按照《审理民商事合同指导意见》第 13 条，原《合同法》第 49 条上的表见代理制度有两个构成要件，即"无权代理行为在客观上形成具有代理权的表象"及"相对人在主观上善意且无过失地相信行为人有代理权"；同时规定，相对人主张表见代理的，应对这两个要件负证明责任。这一时期的证明责任分配方案即（简称方案 4）：

权利成立要件：代理权外观；相对人善意且无过失→相对人证明。

抛开被代理人可归责性要件的缺失不谈，就另外三个要件，《审理民商事合同指导意见》第 13 条确立的证明责任分配方案，完全符合原《合同法》第 49 条的文义。而且，这一方案的实践效果似乎也不错。[1]这是因为，在真实诉讼中，善意（不知）与

---

〔1〕《民法典总则编解释》释义书的作者指出，该规定适用效果较好，在各级法院得到普遍遵循。参见贺荣主编：《最高人民法院民法典总则编司法解释理解与适用》，人民法院出版社 2022 年版，第 406—407 页。

否很少成为争点。多数时候，"善意无过失"的审查会落脚于无过失，并最终转化为是否"未尽到审查义务"。《审理民商事合同指导意见》将无过失要件的证明责任分配给相对人，符合司法实务的需要，甚至一定程度弥补了现行法对代理权外观界定不清的缺陷。就该意见的司法适用，可以以下几个案例稍加展示。

案例1：在韩某与P银行等民间借贷案中，二审法院认为，"……李某作为该营业部的经理，是各方当事人共同知道的事实；Y公司和H公司经李某介绍、撮合签订借款合同时，在李某日常工作的该营业部的办公室；该《承诺书》的内容明确表示债务人借款是为了给该行偿还借款，并加盖了该营业部的印章，并且李某的行为与其职务存在内在的联系。因此，本案的证据不仅证明李某有权代表P银行的客观表象形式要素，而且能够证明韩某为善意相对人，其无过失地相信李某的行为系职务行为"。[1]

案例2：在C公司与A公司等分期付款买卖合同纠纷案中，最高人民法院认为，"结合C公司认可李某签字的案涉12份借条在出具时没有加盖印章，均系事后补盖；案涉《钢材销售合同》与12份借条上加盖的印章并不一致；《钢材销售合同》以及12份借条上加盖的印章与A公司提交的项目部经备案使用的印章均不一致；2014年6月1日的'A公司亳州丁家坑综合改造房建工程欠款清单'仅有李某、冯某签字确认，也没有加盖任何印章的事实，C公司提供的证据不足以证明其在签订案涉合同当时，李某具有A公司授权表象的形式要素。此外，C公司在签订合同时，未审查李某的授权，未要求A公司盖章，没有尽到注意义务，并非善意无过失，二审法院认定李某签订案涉《钢材销售合

---

〔1〕 甘肃省高级人民法院（2021）甘民终217号民事判决书。

同》的行为不构成表见代理并无不当"。[1]

案例3：在Z公司与李某、曹某民间借贷纠纷案中，再审法院认为，"……李某与曹某系同学关系，李某自述在案涉工程项目负责收货、处理欠款等工作。李某应当知道曹某实际施工人的身份以及曹某与Z公司存在挂靠关系的事实。……根据李某的身份和其陈述的事实，李某不可能对借款主体产生误解。综上，曹某对外借款行为既不属于代表Z公司的职务行为，也不构成表见代理行为……"[2]

实践中，如果代理权外观坚实，法院一般会直接推定相对人善意无过失。案例1即属于这种情况。如果代理权外观存在瑕疵或疑点，法院也不会像某些学者担心的那样，要求相对人穷尽一切可能，从反面证明其"不知"。[3]在此类案件中，法院多从代理权外观出发，指出案涉代理权外观存在某些缺陷；进而指出相对人未尽注意义务，并非善意无过失。案例2就是这种情况。与案例1、案例2相比，案例3属于少见的案型。在该案中，法院实际上认定相对人知道被代理人没有代理权。这里的"应当知道"，应当看作推定（实际）知道的一种表达，而非违反注意义务的表达。[4]这表明，"知道"的证明尽管不易，却也并非绝不可能。

---

〔1〕 最高人民法院（2019）最高法民申687号民事裁定书。

〔2〕 四川省高级人民法院（2020）川民再506号民事判决书。

〔3〕 有学者担心，由相对人证明其善意无过失，将使得表见代理难获得支持，因为他很难成功举证自己无过失。参见杨代雄：《表见代理的特别构成要件》，载《法学》2013年第2期；崔建远：《关于制定〈民法总则〉的建议》，载《财经法学》2015年第4期。显然，这种情况并没有出现。

〔4〕 本案或可理解为相对人有重大过失。民法上的重大过失，是一种有认识的过失，有认识的认定标准是有理由知道或推定知道，而非抽象意义上的"应当知道"。参见叶名怡：《重大过失理论的构建》，载《法学研究》2009年第6期。从这个意义上，重大过失在本书的语境中宜归入非善意，而非有过失。

（三）《民法典总则编解释》第 28 条的可能影响

2022 年颁行的《民法典总则编解释》，改变了上述证明责任分配方式。根据解释第 28 条，因是否构成表见代理发生争议的，相对人应当就代理权外观的存在负证明责任，被代理人应当就相对人知道或者因过失而不知行为人没有代理权负证明责任。由此形成的证明责任分配方案是（简称方案 5）：

（1）权利成立要件：代理权外观 →相对人证明。

（2）权利妨碍要件：相对人非善意或有过失 →被代理人证明。

最高人民法院释义书就此给出的理由是：善意无过失是消极事实，主张消极事实的当事人无须承担证明责任，相对方否认消极事实，应承担证明责任。[1]这一理由很难成立。消极事实说在大陆法系早已被否定，[2]我国学者也对此多有论述。[3]最重要的理由是，消极事实这一概念具有不确定性，[4]无法为证明责任分

[1] 参见贺荣主编：《最高人民法院民法典总则编司法解释理解与适用》，人民法院出版社 2022 年版，第 410—411 页。该书又提到，这是我国审判实践中普遍遵循的做法，司法解释对此予以明确，有利于确保法律适用上的连续性、稳定性。参见同书第 411 页。这一判断与该书第 406 页关于《审理民商事合同指导意见》第 13 条适用效果的评价自相矛盾，被代理人证明相对人非善意、有过失也从来不是我国审判实践中"普遍遵循的做法"。

[2] 参见［德］莱奥·罗森贝克：《证明责任论》（第 5 版），庄敬华译，中国法制出版社 2018 年版，第 395—396 页；Dieter Leipold, Beweislastregeln und gesetzliche Vermutung: insbesondere bei Verweisungen zwischen verschiedenen Rechtsgebieten, 1966, S. 47; Hans-Joachim Musielak, Die Grundlagen der Beweislast im Zivilprozeß, 1975, S. 371, 376; Hans Prütting, Gegenwartsprobleme der Beweislast, 1983, S. 259.

[3] 参见吴泽勇：《论善意取得制度中善意要件的证明》，载《中国法学》2012 年第 4 期；余亮亮：《论表见代理制度中"有理由相信"要件的证明》，载《时代法学》2022 年第 3 期。

[4] 消极事实的多样性，参见郑金玉：《论否定事实的诉讼证明——以不当得利"没有法律根据"的要件事实为例》，载《法学》2018 年第 5 期。

配提供稳定的判断基准。以表见代理中的相对人无过失为例，尽管表现为消极陈述，但在诉讼中指向的事实却未必就是"消极"的。正如我国司法案例反映的，就表见代理制度中的相对人无过失，法院通常理解为"尽到必要审查义务"。[1]从逻辑上，是否尽到必要审查义务可以拆解为两个问题：一是何为当前案件中的审查义务；二是相对人是否曾根据该义务行事。其中，前者可由法官根据代理权外观的情况推论得出，后者只能由相对人举证积极事实来证立。这里并不存在所谓"消极事实难以证明"的问题。至于善意，其指向的具体事实（不知）确实较难证明，但这种困难不是源于其"消极"性质，而是源于该事实作为内在事实的特征。不知作为一种心理状态，属于典型的内在事实。这类事实的证明，除了个别时候可以通过行为人留下的、直接反映其当时认知状态的文字、录音、录像及旁观者证人证言等直接证据证明外，更多时候，只能通过行为人的外在表现，运用经验法则间接证明。知道是如此，不知也是如此。

决定证明责任分配的，只能是一个制度的规范目的。立法者希望通过表见代理制度实现何种目的？这种目的通过怎样的证明责任分配才能实现？本章第二部分、第三部分对此作出了回答。基于本章的立场，《民法典总则编解释》第28条确立的证明责任分配方案更无法接受。本来，将善意、无过失合并处理，不是特别严重的问题。将非善意（知道）要件的证明责任分配给被代理

---

〔1〕　参见最高人民法院（2015）民申字第1620号民事裁定书；最高人民法院（2016）最高法民再200号民事判决书；最高人民法院（2017）最高法民申8号民事裁定书；最高人民法院（2018）最高法民再302号民事判决书；最高人民法院（2019）最高法民申2613号民事裁定书；最高人民法院（2021）最高法民申2345号民事裁定书等。

人，也是可以接受的。但当这两件事情同时发生，情况就有些不妙了。因为，这会让无过失的证明责任也被分配给被代理人。如前文所述，在我国司法实务中，经常成为争点，并对当事人利益格局产生重大影响的恰恰不是相对人是否知道，而是其有无过失。将这两个事实的证明责任笼统分配给被代理人，意味着，在权利成立阶段，相对人只需证明代理权外观存在。在许多案件中，相对人主张表见代理的难度或因此大幅度降低。《民法典总则编解释》颁行以来的实践中，这一趋势已经初现端倪。

案例4： 在Z公司与Y公司等合同纠纷案中，二审法院认为，"退一步讲，即便Y公司未予授权而由他人私自盖章，但Z公司已经对诉争协议的签署交易过程予以阐明，并提供了加盖有Y公司真实印章的2011-4《质押监管协议》、2012-03-26《质押物清单》，Z公司作为合同相对人已经充分举证证明了盖章人员具备存在代理权的外观。而此时，应由Y公司进一步举证证明Z公司不符合'不知道行为人行为时没有代理权，且无过失'。根据Y公司的陈述及举证情况，现其并未举证证明Z公司存在上述事实，故本院可以认定Z公司有理由相信诉争协议之盖章具体行为人有Y公司的代理权"。[1]

案例5： 在陈甲、陈乙等与陈丙、X公司建设工程分包合同纠纷案中，法院判决认为，"本案中，陈丙以X公司天韵酒业项目部的名义与原告签订合同并加盖了项目部印章，本院认为，该种情形可以认定陈丙在签订合同时'存在代理权的外观'。故而本案的关键在于认定'相对人不知道行为人行为时没有代理权，且无过失'，也即原告在签订合同时'是否善意且无过失地相信

---

〔1〕 北京市第三中级人民法院（2021）京03民终19151号民事判决书。

行为人具有代理权'。就该项条件来看，虽然司法解释规定结果意义的举证责任在被代理人（本案即为 X 公司），但从常理来分析，原告在与陈丙签订合同时（或之前），既未审查核实陈丙的身份及有无代理 X 公司的相应权限，也未调查核实天韵酒业项目部及所涉项目的真假；在合同中约定的项目开工日期已过四年之久的情形下，却迟迟未与 X 公司联系以查明相关情况，原告具有明显过错。综上，本院认为，本案情形不符合'民法典第一百七十二条规定的相对人有理由相信行为人有代理权'的认定条件，陈丙的行为不构成表见代理，本案中 X 公司无须向原告承担民事责任"。[1]

案例4中，被代理人无法证明相对人非善意或有过失，直接导致了表见代理被认定。案例5中，法院同样从被代理人证明相对人非善意、有过失出发，只不过这一事实被认定而已。这类案例给人的印象是：在未来，表见代理会更容易被认定。[2]考虑到现行法对代理权外观的来源和构成未作任何限定，实践中基本上也是一案一议，这一新的风险分配机制将带来怎样的影响，不能不令人担忧。

六、结论

着眼于相关事实要素对于表见代理规范目的的"不可或缺性"，及其"作为独立要件审查的必要性"，我国表见代理的构成

---

〔1〕 四川省绵竹市人民法院（2022）川 0683 民初 194 号民事判决书。

〔2〕 根据 2022 年 8 月 21 日在中国裁判文书网以《民法典总则编解释》第 28 条全文为关键词的检索结果，在"本院认为"部分明确援引该条的裁判文书一共 11 个，其中有 5 个认定了表见代理成立。

要件应包括代理权外观、相对人善意、相对人无过失和被代理人可归责性。四个要件中，代理权外观、相对人无过失对于表见代理的成立具有基础性，应作为权利成立要件，由相对人证明；相对人非善意、被代理人不可归责性对表见代理的成立具有例外性，应作为权利妨碍要件，由被代理人证明。这一证明责任分配方案与民法学界熟知的德国方案不同，但这种不同，在各自的立法体例和制度背景中不难得到解释。我国表见代理立法没有对代理权外观的来源加以限定，而是直接落脚于"相对人有理由相信"。考虑到这一点，《民法典总则编解释》对表见代理证明责任的调整，有可能进一步降低相对人主张表见代理的难度。

　　除了澄清表见代理的构成要件和证明责任，本章也希望在证明责任分析方法的探索上有所推进。虽然"规范说"已被最高人民法院司法解释确认，但在学术界，却一直不乏质疑的声音。如此前章节提到的，"规范说"的最大贡献在于，它在证明责任与实体法的规范表达之间建立起联系，从而为证明责任问题提供了一个相对"客观化"的分析进路。但在文义简略、没有充分考虑证明责任的立法背景中，如何运用"规范说"分析一个制度的证明责任，是研究者要经常面对的问题。本章从法条理论出发，提炼出"基础性"与"例外性"两个标准，来反映构成要件与规范目的之间的不同关系；进而通过分析构成要件背后的评价分层，来发现这种基础性和例外性。这一尝试的正当性，源于"规范说"对证明责任分配与构成要件分类之关系的理解，同时也源于目的解释在现代法律解释中的核心地位。"规范说"的运用离不开对实体法的解释，而这种解释从不排斥文义解释之外的其他解释方法。[1]在立法表达较为简略，甚至需要进行"要件化"才能适用的情况下，回到规范目的，运用规范目的中蕴含的价值权衡展开证明责任分析，并未超越法教义学的边界。笔者希望，这种方法论的提炼，对于《民法典》其他制度的证明责任分析也有帮助。

---

〔1〕 参见本书"导论"第二部分。另见吴泽勇：《规范说与侵权责任法第79条的适用——与袁中华博士商榷》，载《法学研究》2016年第5期；任重：《论中国"现代"证明责任问题——兼评德国理论新进展》，载《当代法学》2017年第5期。

第十章

证明责任倒置的方法论

——再论善意取得的证明责任之争

一、问题的提出

在有关实体法规范证明责任分配的讨论中，证明责任倒置属于频繁出现的关键词。但凡一个要件事实看上去不容易被证明，或其证明责任分配在司法实践中出现争议，就会有论者建议倒置其证明责任。一个典型的例子，是关于善意取得制度中善意要件的证明责任。就该问题，有民法学者认为，不应拘泥于"规范说"的解释结果；从善意取得的规范目的出发，应将善意要件的证明责任分配给所有权人证明。与之相对，民事诉讼法学者则认为，原《物权法》第106条通过其文义表达，已经清晰分配了证明责任，没有必要也没有理由作上述的调整。[1]如果用"文义说"

---

[1] 争议主要发生在两位民法学者（徐涤宇、胡东海）和两位民事诉讼法学者（郑金玉、吴泽勇）之间。相关文献参见：徐涤宇、胡东海：《证明责任视野下善意取得之善意要件的制度设计——〈物权法〉第106条之批评》，载《比较法研究》2009年第4期；郑金玉：《善意取得证明责任分配规则研究》，载《现代法学》2009年第6期；吴泽勇：《论善意取得制度中善意要件的证明》，载《中国法学》2012年第4期；徐涤宇：《民事证明责任分配之解释基准——以物权法第106条为分析文本》，载《法学研究》2016年第2期；胡东海：《"谁主张谁举证"规则的法律适用》，载《法学》2019年第3期；郑金玉：《论民事证明责任的文义解释原则——以〈民法典〉第311条及其司法解释的适用为例》，载《法学评论》2022年第6期。

归纳诉讼法学者的立场，那么，实体法学者的观点不妨表达为"倒置说"。因为，相对于前者从立法文本中提炼出来的证明责任分配方案，后者的观点无非就是建议倒置善意要件的证明责任。

2015年通过的《物权法解释（一）》第15条似乎采纳了"倒置说"的立场。[1]但令人困惑的是，《民法典》第311条几乎原封不动地继受了原《物权法》第106条。[2]基于《民法典》的这一选择，"文义说"支持者在最新发表的论文中认为，既然立法者无意改变善意要件的证明责任分配，解释论上，仍应坚持善意要件由受让人证明的立场。[3]这一结论是否成立，或可讨论。但一个不争的事实是，对该问题的教义学争论仍未终结。

本章的重点，不是对上述议题展开新一轮的讨论，而是反思这类讨论中的一个方法论问题。正如文章开头提到的，证明责任倒置的建议在我国经常出现——不仅出现在学术著作中，而且出现在司法解释中。如果我们认为证明责任分配在实体法上很重要，那么，对一个权利构成要件的证明责任进行倒置，自然也很重要。对于这样一个法学领域的重要操作，我们需要关注它的性质、条件以及论证规则。基于这种认识，本章依次讨论三个问题：首先，什么是证明责任倒置，以及证明责任倒置的后果是什么；其次，证明责任倒置在方法论上如何定位，又应该遵循怎样

---

〔1〕　该条第2款规定："真实权利人主张受让人不构成善意的，应当承担举证证明责任。"2020年通过的《民法典物权编解释（一）》第14条第2款维持了这一规定。

〔2〕　唯一变化是删去了"（一）受让人受让该不动产或者动产时是善意的"中的"的"。

〔3〕　至于《民法典物权编解释（一）》第14条第2款，郑金玉认为，"理解为仅限于举证规则的解释，而不包含客观证明责任的解释更为恰当"。郑金玉：《论民事证明责任的文义解释原则——以〈民法典〉第311条及其司法解释的适用为例》，载《法学评论》2022年第6期。

的标准；最后，善意取得证明责任"倒置说"是否完成了必要的论证。基于这样的问题意识，本章虽然围绕善意取得展开，却不打算对该制度的解释提供更多论据。[1]这里的核心议题毋宁是：在教义学上主张一种证明责任倒置的观点，究竟应当承担什么样的论证负担。笔者认为，关于这一议题的澄清，对我国的证明责任研究具有普遍的方法论意义。

二、证明责任倒置的内涵界定

（一）证明责任倒置的多样面孔

法律人经常使用证明责任倒置这一概念，但使用方式却不尽相同。证明责任倒置可能是指，与证明责任基础规则（Grundregel）不同的证明责任特殊规则（Sonderregeln）；也可能是指，法官在特定案件类型中，对立法确定的证明责任分配方案的偏离；还可能是指，法官根据个案情形，在裁判中适用与立法规定不同的证明责任分配方法。[2]

按照第一种使用方法，在《民法典》中适用过错推定原则的那些侵权类型中，过错要件的证明责任均被"倒置"；在环境侵权中，因果关系要件的证明责任也被"倒置"。这种使用方法相当普遍，却不严谨。因为，证明责任作为实体法的风险分配

---

〔1〕 这类论据在笔者早期论文中已有较为充分的阐述。参见吴泽勇：《论善意取得制度中善意要件的证明》，载《中国法学》2012年第4期。又见本书第一章。

〔2〕 Vgl. Baumgärtel/Laumen/Prütting: Handbuch der Beweislast, Band I, 4. Aufl. 2019, § 25 Rn. 2. 略有不同的归纳，参见陈刚：《证明责任法研究》，中国人民大学出版社2000年版，第246—247页。

机制，本来就是立法者决定的。作为立法者的决定，由权利人证明行为人有过错，还是由行为人证明其无过错，在方法论上并无"本末"之分。在这个意义上使用证明责任倒置，所表达的意思无非是，某个规范的证明责任分配方法"与大多数情况不同"。但也仅此而已。

第三种意义的证明责任倒置，一般是被禁止的。这是因为，证明责任裁判在性质上属于法律适用，而法官作为法律适用者，不能因为个案改变规则。在法治国家，基于司法权与立法权的分野，这种意义的证明责任倒置是不被允许的。[1]

第二种用法与第三种用法的区别是：这里的证明责任倒置不针对个案，而是针对类案，即针对所有同类情况，确定一个与现行法不同的证明责任分配方案。像所有的法律适用活动一样，证明责任的分配也不是机械的。如果法官发现实体法确立的证明责任分配规范在实践中明显不公，有权通过特定法律适用方法的运用，作出偏离立法文本的证明责任分配决定。因为涉及对现行法的背离，[2]这个意义的证明责任倒置，才是方法论上真正需要议论的。

本章讨论的，就是第二种意义上的证明责任倒置。本书认为，在善意取得制度的证明责任讨论中，主张受让人证明非善意的观点，就是这种意义的证明责任倒置。

---

〔1〕 随着 2019 年《民事诉讼证据规定》废除 2001 年《民事诉讼证据规定》第 7 条关于法官裁量证明责任分配的规定，在个案中改变证明责任分配的做法，在我国法实际上也被禁止了。

〔2〕 陈刚教授称此为"造法"，参见陈刚：《证明责任法研究》，中国人民大学出版社 2000 年版，第 246、247 页。

（二）证明责任倒置的后果

1. 实体法后果

证明责任是实体法的风险分配机制，倒置证明责任的主要影响当然就是风险分配的改变。一个要件事实的证明责任从由一方当事人负担，到由对方当事人负担，最根本的影响是该要件事实真伪不明时的败诉风险发生了转移。以善意取得制度为例，如果善意要件由受让人证明，当该要件真伪不明时，善意取得无法成立；反之，如果由所有权人证明受让人非善意，当该要件真伪不明时，善意取得成立。要件事实真伪不明时的败诉风险转移，是证明责任倒置的直接后果，也是讨论证明责任倒置问题的出发点。

同时，一个要件事实的证明责任被倒置，也意味着该要件的性质发生了改变。仍以善意取得为例：在受让人证明其善意的情况下，善意是善意取得的权利成立要件；而在所有权人证明受让人非善意的情况下，非善意是善意取得的权利妨碍要件。从这个意义上，建议倒置善意要件的证明责任，其实也就是建议，将善意要件由善意取得的权利成立要件调整为其权利妨碍要件。

2. 程序法后果

作为实体法上的裁判规范，证明责任只在事实审终结而要件事实真伪不明这一场景中发挥作用。但如果认为证明责任制度的影响仅限于审理终结那一刻，就失之片面了。通过与自由心证、证明标准等制度结合，证明责任分配实际上决定了整个事实审的结构。以善意取得制度为例：如果受让人对善意要件负证明责任，那么当其"是否知道处分人没有处分权"成为争点时，受让人需要首先对此进行举证。这种证明至少需要达到让法官初步相信其不知道处分人没有处分权的程度，否则，所有权人不需要进行举证。而此时所有权人的证明活动作为反证，只需要让法官对受让人不知情这一事实陷入真伪不明即可。如果所有权人的证明达到这种程度，提供证据的责任再次回到受让人一方。提供证据责任的转换也许要经历多轮，直到诉讼终结时，法官才需要根据全部证据和事实，对受让人是否知情这一争点作出判断。如果认为该事实未达到高度盖然性，则拒绝受让人的善意取得主张。可见，作为负证明责任的当事人，受让人在整个事实调查中处于"攻击方"的角色；而作为相对方的所有权人，则处于"防御方"的角色。而一旦善意要件的证明责任倒置，双方的角色就将互换，所有权人作为证据调查中的"攻击方"，将要证明受让人知道处分人没有处分权到高度盖然性。这意味着，事实审法官评价的客体由"对善意的证明"变为"对非善意的证明"，同时也意味着，在事实调查中承担主要举证负担的人由受让人变为所有权人。

证明责任倒置的程序法后果还不限于此。如上文所述，证明责任倒置的实体法后果，是将一个要件由权利成立要件变为权利妨碍要件。而在一个以判定权利存否为目标的审理活动中，权利成立要件和权利妨碍要件的地位不同，审理的顺序也不同。权利成立要件对一个权利效果的发生具有基础性意义，因此在任何时候都必须首先审理；而权利妨碍要件不具有这种基础性，只需要在权利成立要件已经确定成立，而相对方提出抗辩时，才需要启动调查。[1]这就是日本学者伊藤滋夫提出的"开放理论",[2]其逻辑特征不妨用非单调逻辑[3]或可废止性推理[4]来解释,其正当性根源,则在于民事审判的合理性和效率性。基于上述原理,在善意要件作为善意取得权利成立要件的情况下,受让人主张善意取得,法官必须首先审其是否为善意进行审理。如果这一事实未得确认,善意取得就无法被认可。而在善意要件的证明责任被倒置给所有权人的情况下,法官不需要首先审理这一要件。为了判断善意取得是否成立,法官只需要审理不动产是否登记、动产是否交付,以及受让人是否支付了合理对价。这两个事实得到确认,法官就可以初步认定善意取得成立。而受让人是否为善意这一事实,只有当前述事实已经确定,且所有权人提出受让人非善意的抗辩时,法官才需要审理。亦即,此时的善意要件已经由成立善意取得的必备条件,变为例外情况下善意取得法律效果的免除条件。

(三)证明责任倒置与证明困境缓解的区分

一个流传甚广但很少经受检验的认识是:通过倒置某个要件

---

〔1〕 基础性和例外性的界定,参见本书第九章。

〔2〕 参见[日]伊藤滋夫:《要件事实的基础:民事司法裁判结构》,许可、[日]小林正弘译,法律出版社 2022 年版,第 263 页。

〔3〕 许可对此作了初步阐述。参见[日]伊藤滋夫:《要件事实的基础:民事司法裁判结构》,许可、[日]小林正弘译,法律出版社 2022 年版,译者序言,第 7—10 页。

〔4〕 "可废止性"概念最早由哈特提出,是为了表达"某些概念的初显(prima facie)适用,会在例外情况出现时被终止"这一现象。See H.L.A. Hart, *The Ascription of Responsibility and Rights*, 49 Proceedings of the Aristotelian Society 175(1949). 又参见[荷]亚普哈格:《法律与可废止性》,宋旭光译,载舒国滢主编:《法学方法论论丛》(第 3 卷),中国法制出版社 2016 年版,第 7—28 页;宋旭光:《论法学中的可废止性》,载《法制与社会发展》2019 年第 2 期。运用这一概念分析证明责任的尝试,参见吴泽勇:《表见代理的证明责任问题》,载《现代法学》2023 年第 5 期。又见本书第九章。

的证明责任，可以避免该要件难以证明的尴尬处境。这是许多证明责任倒置建议被提出的动因。但由上文分析可知，证明责任倒置的直接后果是改变了实体法的风险分配结构，间接后果则是重塑了事实审的结构。那么，证明责任倒置可否用于缓解要件事实的证明困境，对此尚需进一步讨论。

德国联邦法院一度认为，对于处于证明困境的证明责任人，可以采用"证明减轻直至证明责任倒置"的策略来保护。这一表达最早出现在医疗侵权纠纷领域，[1]后来逐渐扩展到管理机关安置无家可归之人时的文件管理义务（Dokumentationspflicht），[2]医疗以及产品责任领域的检查结果保全义务（Befundsicherungspflicht），[3]尤其在证明妨碍领域得到一般性的适用。[4]按照这样的表达方式，证明责任倒置与各种证明困境缓解策略没有本质区别，前者是后者的"最高版本"。[5]但这种观念，在民事诉讼法学界遭到了广泛批评。[6]学者认为，诸如表见证明、事实推定之类的证明困难缓解策略，属于证据法上的制度，其目的在于帮助法官对待证事实形成心证。而证明责任是实体法上的裁判规范，其倒置属于对实体法规范的改变。因此，证明减轻可能改变具体举证责任的分

---

〔1〕 BGH NJW 1972, 1520; BGH NJW 1978, 2337.

〔2〕 BGH NJW 1996, 315（317）.

〔3〕 BGH NJW 1986, 59（61）; BGH NJW 1998, 79（81）.

〔4〕 BGH NJW 1988, 2611.

〔5〕 在严格意义的证明责任倒置中，比如在严重医疗处置错误案件中，德国联邦法院也沿用了这种表达。Vgl. BGH NJW 1981, 2513; BGH NJW 1983, 333（334）; BGH NJW 1988, 2303（2304）; BGH NJW 1997, 796（797）.

〔6〕 Vgl. Laumen H W: Die, Beweiserleichterung bis zur Beweislastumkehr - Ein beweisrechtliches Phänomen, NJW 2002, S. 3739 ff; Thole, In: Stein & Jonas, Kommentar zur ZPO, 23. Aufl. 2018, § 286 Rn. 202; Prütting, In: Münchener Kommentar zur ZPO, 6. Aufl. 2020, § 286 Rn. 91; Baumgärtel/Laumen/Prütting: Handbuch der Beweislast, Band I, 4. Aufl. 2019, § 10 Rn. 13（FN. 17 大量文献）。中文的介绍，参见任重:《论中国"现代"证明责任问题——兼评德国理论新进展》，载《当代法学》2017 年第 5 期。

配,即以让本证被视作完成的方式,将具体举证责任"倒置"给对方当事人,而绝不可能倒置客观证明责任。[1]从 2004 年的"骨盆骨折案"[2]开始,德国联邦法院也放弃了这一表述。[3]

本书认为,从性质上看,证明困难缓解与证明责任倒置确有不同。前者的任务是在疑难案件中为法官提供技术性手段,让法官更容易形成心证,避免大量案件陷入真伪不明;而后者改变了真伪不明时的裁判规则。理论上,无论在诉讼上采用多少证明困难缓解策略,都不可能完全避免要件事实真伪不明的现象出现。比如,在善意取得制度中,如果我们认为善意要件难以证明,当然可以建议法官采用表见证明、事实推定等证明困难缓解策略。但这些策略只减少善意要件真伪不明的频率,不会改变善意真伪不明时的裁判结果。能改变这类案件结果的只有证明责任倒置。因此,二者在方法论上有重大区别,不宜混淆。"证明减轻直至证明责任倒置"的说法并不恰当,沿着证明困难缓解的方向走再远,也不会到达证明责任倒置的终点。

三、证明责任倒置的方法论定位

(一)确定证明责任的方法

从语义上,"倒置"是对"正置"的背反。既然证明责任倒

---

[1] Vgl. Laumen H W: Die, Beweiserleichterung bis zur Beweislastumkehr – Ein beweisrechtliches Phänomen, NJW 2002, S. 3739 ff.

[2] BGH NJW 2004, 2011.

[3] 关于这一过程的详细介绍,参见周翠:《〈侵权责任法〉体系下的证明责任倒置与减轻规范:与德国法的比较》,载《中外法学》2010 年第 5 期。

置是对立法确定的证明责任分配方案的偏离，在讨论证明责任倒置的方法论之前，首先要明确立法是如何确定证明责任分配的。

1. 通过特别证明责任规范明示证明责任分配

《民法典》中，直接规定证明责任的法条并不罕见。比如《民法典》第832条："承运人对运输过程中货物的毁损、灭失承担赔偿责任。但是，承运人证明货物的毁损、灭失是因不可抗力、货物本身的自然性质或者合理损耗以及托运人、收货人的过错造成的，不承担赔偿责任。"类似的还有第352条、第406条第2款第2句、第527条、第614条、第687条第2款第3项、第823条、第832条、第897条、第1064条第2款、第1199条、第1237—1240条、第1242—1245条、第1248条、第1252—1258条，等等。这些法条的共同特征是明确规定，只有证明了特定的事实，才能援引特定的规范效果。

2. 通过规范构造和文义表达证明责任分配

大多数时候，实体法不会直接规定证明责任，但根据规范类型，仍然可以判断出证明责任分配。按照罗森贝克提出亦为我国《民事诉讼法解释》采纳的"规范说"，[1]民法规范大致可以分为四类，即权利成立规范、权利消灭规范、权利妨碍规范和权利受制规范，主张特定规范效果的当事人，应就该规范效果的构成要件事实负证明责任。其中，权利成立规范、权利消灭规范和权利受制规范的识别比较简单，较少争议。而权利妨碍规范，一般可

---

〔1〕 参见最高人民法院修改后民事诉讼法贯彻实施工作领导小组编著：《最高人民法院民事诉讼法司法解释理解与适用》，人民法院出版社2015年版，第316页。

以通过权利成立规范的例外或者但书来识别。[1]在罗森贝克的论述中，权利妨碍规范也作为一种单独的规范类型，被纳入证明责任基础规则（Grundregel）中考虑；[2]但实际上，这类规范与上文1中的特别证明责任规范并无本质区别。比如，将《民法典》第832条第2句改写为"……但是，货物的毁损、灭失是因不可抗力、货物本身的自然性质或者合理损耗以及托运人、收货人的过错造成的，承运人不承担赔偿责任"这种但书规范，规范效果没有任何不同。同样，将《民法典》第311条这种例外规范改写为"……除法律另有规定外，受让人能证明下列情形的，取得该不动产或者动产的所有权……"这种特别证明责任规范，规范效果也不会有任何变化。正是从这个意义上，莱波尔德正确地指出，权利妨碍规范的唯一功能就是分配证明责任，将其视作"特别证明责任规范"的简称也未尝不可。[3]

3. 通过法律解释发现证明责任分配

规范类型的确定本来就需要解释，这种解释在某些时候可能引发争议。试举二例：（1）《民法典》第143条规定，"具备下列条件的民事法律行为有效：……（三）不违反法律、行政法规的

---

〔1〕 参见［德］莱奥·罗森贝克：《证明责任论》（第5版），庄敬华译，中国法制出版社2018年版，第152—158页。

〔2〕 参见［德］莱奥·罗森贝克：《证明责任论》（第5版），庄敬华译，中国法制出版社2018年版，第123—125、160—175页。

〔3〕 Vgl. Dieter Leipold, Beweislastregel und gesetzliche Vermutung insbesondere bei Verweisusngen: zwischen verschiedenen Rechtsgebieten, 1966, S. 38 ff; Thole, In: Stein & Jonas, Kommentar zur ZPO, 23. Aufl. 2018, § 286 Rn. 109; Prütting, In: Münchener Kommentar zur ZPO, 6. Aufl. 2020, § 286 Rn. 116. 另见吴泽勇：《规范说与侵权责任法第79条的适用：与袁中华博士商榷》，载《法学研究》2016年第5期；任重：《论中国"现代"证明责任问题——兼评德国理论新进展》，载《当代法学》2017年第5期。又见"导论"第二部分的介绍。

强制性规定，不违背公序良俗"。（2）《民法典》第1197条规定，"网络服务提供者知道或者应当知道网络用户利用其网络服务侵害他人民事权益，未采取必要措施的，与该网络用户承担连带责任"。

在例1中，如果按照《民法典》第143条的文义表达，主张民事法律行为有效的当事人应当对民事法律行为"不违反法律、行政法规的强制性规定，不违背公序良俗"负证明责任。但按照《民法典》第153条，主张民事法律行为无效的当事人又需要对民事法律行为"违反法律、行政法规的强制性规定"或者"违背公序良俗"负证明责任。这种情况下，解释者就要在两种证明责任分配方案中作出选择。考虑到私法自治在民法中的基础性地位，学说上一般认为，已经成立的民事法律行为推定为有效。[1]基于这种观念，显然将"违反法律禁止性规定"和"违背公序良俗"作为民事法律行为有效的例外情形更妥当。因此，当两个法条冲突时，应根据《民法典》第153条分配证明责任；至于《民法典》第143条，不妨理解为没有裁判指引作用的倡导性规范。[2]

在例2中，根据《民法典》第1197条的文义，"未采取必要措施"似乎应当作为网络服务提供者连带责任的权利成立要件，由权利人负证明责任。但是，这种定性经不起推敲。理论上，一旦网络服务提供者知道了直接侵权，就应认为其与直接侵权人之间发生了消极的意思联结，其帮助侵权责任已然成立。而网络服

---

〔1〕 参见朱庆育：《民法总论》（第2版），北京大学出版社2016年版，第121页；王雷：《民法证据规范论：案件事实的形成与民法学方法论的完善》，中国人民大学出版社2022年版。

〔2〕 参见郑金玉：《法律行为有效／无效要件的证明责任问题》，未刊稿。

务提供者采取了必要措施，意味着"帮助"行为终止，相应地，帮助侵权责任当然也随之终止。可见，采取必要措施发生在网络服务提供者连带责任成立之后，它与"直接侵权存在""网络服务提供者知道或应知直接侵权"不是并列关系，也不是一般／例外关系。因此，法律对采取必要措施及其法律后果的规定，是网络服务提供者帮助侵权责任的权利消灭规范，而非该责任的权利成立规范或权利妨碍规范。[1]基于这种理解，权利人请求网络服务提供者承担连带责任，只需证明直接侵权存在、网络服务提供者知道或者应知直接侵权；而网络服务提供者如果能够证明其采取了必要措施，则可对此后发生的损害免责。

由以上例子可见，即便实体法规范存在模糊之处，通过解释发现其证明责任分配方法依然是可能的。由于证明责任分配取决于规范类型，这种解释过程很大程度上也就是规范类型的确定过程。对于权利成立规范与权利妨碍规范，这可以通过分析实体法的评价分层来发现；[2]而权利成立规范与权利消灭规范，则可以通过规范效果在时间上的先后关系来区分。[3]在具体解释过程中，举凡文义解释、体系解释、目的解释，都可以运用。方法论上，

---

〔1〕　参见本书第五章。类似的例子还有，《民法典》第 311 条关于善意取得的规定，应理解为原所有权的权利消灭规范，而非权利妨碍规范。参见胡东海：《"谁主张，谁举证"规则的法律适用》，载《法学》2019 年第 3 期。

〔2〕　实体法的评价分层，参见本书"导论"第二部分。Vgl. Dieter Leipold, Besprechung von Reinecke, Beweislastverteilung im Bürgerlichen Recht und im Arbeitsrecht als rechtspolitische Regelungsaufgabe, AcP 179(1979), S. 503 f；吴泽勇：《规范说与侵权责任法第 79 条的适用——与袁中华博士商榷》，载《法学研究》2016 年第 5 期；任重：《论中国"现代"证明责任问题——兼评德国理论新进展》，载《当代法学》2017 年第 5 期。

〔3〕　至于权利受制规范，范围相对明确，一般很少出现争议。

这与其他场合的民法解释并无二致。[1]

（二）倒置证明责任的方法

上述操作都应理解为法律解释，但证明责任倒置不同。这类观点在性质上只能理解为法律续造，应遵循法律续造的方法展开。就此判断，可从以下几个方面展开。

1. 作为法律续造的证明责任倒置

应该看到，在上文例1、例2的解释中，解释者并没有超出现行法可以容纳的范围。在例1中，将违法和背俗理解为法律行为有效的权利妨碍要件，是在不同解释方案中作出选择；在例2中，将"采取必要措施"理解为网络服务提供者责任的权利消灭要件，则是根据该事实的性质，对其构成要件类型加以澄清。两个解释操作都没有超越现行法的文义边界，正因为此，这种解释不妨看作对立法技术缺陷的修正，其解释结论一般也不会引起太大争议。

而被称为证明责任倒置的建议与此显著不同。仍以善意取得为例。一方面，我国法对善意取得的规定明确，没有任何文义模糊之处。无论在原《物权法》第106条中，还是在现《民法典》第311条中，"受让人受让该不动产或者动产时是善意的"均是与"以合理的价格转让""转让的不动产或者动产依照法律规定应当登记的已经登记，不需要登记的已经交付给受让人"并列，作为受让人善意取得所有权的权利成立要件规定的。对此，哪怕

---

〔1〕　参见吴泽勇：《规范说与侵权责任法第79条的适用——与袁中华博士商榷》，载《法学研究》2016年第5期；任重：《论中国"现代"证明责任问题——兼评德国理论新进展》，载《当代法学》2017年第5期。

是持"倒置说"的学者，也没有异议。[1]而在承认这一点的前提下，将善意要件的证明责任分配给所有权人，就必须对现行法的文本进行修改。修改后的法律文本是："……符合下列情形的，受让人取得该不动产或者动产的所有权：（一）以合理的价格转让；（二）转让的不动产或者动产依照法律规定应当登记的已经登记，不需要登记的已经交付给受让人。但受让人受让该不动产或者动产时非善意的除外。"[2]与现行法相比，修改后的规范表达删除了一个权利成立要件，增加了一个权利妨碍要件。增删之间，已经超越了现行法的文义边界——从现行法出发，无论如何都解释不出修正后的规范内涵。鉴于狭义法律解释以法条文义为边界，[3]此类观点在方法论上只能视作法律续造。

2. 证明责任倒置作为法律续造的意义

正如拉伦茨所言，虽然在解释与续造之间很难划出泾渭分明的界限，但这种区分仍然必要。因为，解释与续造"各自都有自己典型的方法"。[4]在德国法上，证明责任倒置被普遍认为是一种

---

〔1〕　参见徐涤宇：《民事证明责任分配之解释基准——以物权法第 106 条为分析文本》，载《法学研究》2016 年第 2 期。徐文只是认为，这种理解完全建立在"规范说"立场上，忽略了原《物权法》第 106 条的规范目的。

〔2〕　关于两种可能的表达，参见徐涤宇：《民事证明责任分配之解释基准——以物权法第 106 条为分析文本》，载《法学研究》2016 年第 2 期。

〔3〕　参见［德］卡尔·拉伦茨：《法学方法论》（全本·第 6 版），黄家镇译，商务印书馆 2020 年版，第 461 页；［德］托马斯·M.J. 默勒斯：《法学方法论》（第 4 版），杜志浩译，北京大学出版社 2022 年版，第 327 页。

〔4〕　参见［德］卡尔·拉伦茨：《法学方法论》（全本·第 6 版），黄家镇译，商务印书馆 2020 年版，第 405—406、461—463 页。

法律续造。[1]正因为此，主流学者认为，证明责任倒置应当限制在极少数案件中。[2]一方面，证明责任分配属于立法确立的抽象规则，基于立法对司法的约束，以及对法律安定性和平等适用的追求，证明责任不应理解为法官自由裁量的空间。[3]因此，个案中的具体情形、某个当事人的特殊处境，任何时候都不是证明责任倒置的恰当理由。[4]另一方面，证明责任倒置在背离现行法的同时创造了新的法律规范，为此，它必须遵循法律续造的条件和方法。[5]比如，法律适用者要说明，为何偏离法律确定的证明责任分配是迫切的和必要的。[6]

可见，强调证明责任倒置是法律续造的意义，主要在于明确建议证明责任倒置者的论证负担。为了证成一种证明责任倒置的建议，建议者首先要确认，现行法在证明责任问题上确实存在漏

〔1〕 Vgl. Dieter Leipold, Beweismaß und Beweislast im Zivilprozeß, 1985, S. 22; Hans-Jürgen Ahrens, In: Egon Lorenz（Hrsg）: Karsruhe Forum 2008: Beweislast, Verlag Versicherungswirtschaft GmbH, 2009, S. 25; Thole, In: Stein & Jonas, Kommentar zur ZPO, 23. Aufl. 2018, § 286 Rn. 125; Baumgärtel/Laumen/Prütting: Handbuch der Beweislast, Band I, 4. Aufl. 2019, § 9 Rn. 21, § 25 Rn. 8; Prütting, In: Münchener Kommentar zur ZPO, 6. Aufl. 2020, § 286 Rn. 122.

〔2〕 Vgl. Thole, In: Stein & Jonas, Kommentar zur ZPO, 23. Aufl. 2018, § 286 Rn. 181（Zurueckhaltung in Betrcht）; Baumgärtel/Laumen/Prütting: Handbuch der Beweislast, Band I, 4. Aufl. 2019, § 25 Rn. 8; Prütting, In: Münchener Kommentar zur ZPO, 6. Aufl. 2020, § 286 Rn. 125.

〔3〕 Vgl. Thole, In: Stein & Jonas, Kommentar zur ZPO, 23.Aufl. 2018, § 286 Rn. 125.

〔4〕 Vgl. Thole, In: Stein & Jonas, Kommentar zur ZPO, 23. Aufl. 2018, § 286 Rn. 125; Baumgärtel/Laumen/Prütting: Handbuch der Beweislast, Band I, 4. Aufl. 2019, § 25 Rn. 8; Prütting, In: Münchener Kommentar zur ZPO, 6. Aufl. 2020, § 286 Rn. 126.

〔5〕 Vgl. Baumgärtel/Laumen/Prütting: Handbuch der Beweislast, Band I, 4. Aufl. 2019, § 25 Rn. 9.

〔6〕 Vgl. Baumgärtel/Laumen/Prütting: Handbuch der Beweislast, Band I, 4. Aufl. 2019, § 25 Rn. 9; Prütting, In: Münchener Kommentar zur ZPO, 6. Aufl. 2020, § 286 Rn. 126.

洞。按照权威观点，所谓法律漏洞就是"法律违反计划的不完整性"。[1]为此，建议者需要证明，被讨论的规范因为证明责任设置不当，无法实现立法者预设的目标。在此基础上，才能通过类推、目的性限缩、目的性扩张或者目的性改造等方法，对原有的规范加以重塑。[2]

正如前文提到的，一方当事人的证明困境经常被作为证明责任倒置的理由提出。但这类论证多数时候没有说服力。一方面，证明困境的出现有很多原因。固然有些要件事实难以证明是因为证据偏在于对方当事人，但有些事实难以证明，却是待证事实本身的特点所致。比如，涉及行为人主观状态的"内部事实"，无论让谁证明都很困难；而那些与科学上的不确定性相伴的事实，比如医疗侵权、环境侵权中的因果关系也是如此。对于后一类事实，倒置证明责任对缓解证明困境并无任何帮助。另一方面，证据法上有多种证明困境缓解策略。基于其解决问题的不同逻辑，大致可以将此类策略分为两类。一类是督促证据持有人承担更多的信息提出责任，比如事案解明义务、文书提出义务和证明妨碍制度。[3]另一类是降低要件事实的证明难度，比如事实推定、表见证明等。[4]其中，前一类多适用于证据偏在型案件，后一类则

---

〔1〕 参见［德］卡尔·拉伦茨：《法学方法论》（全本·第6版），黄家镇译，商务印书馆2020年版，第469页；［德］克劳斯－威廉·卡纳里斯：《法律漏洞的确定：法官在法律外续造法之前提与界限的方法论研究》（第2版），杨旭译，北京大学出版社2023年版，第2页。

〔2〕 参见［德］卡尔·拉伦茨：《法学方法论》（全本·第6版），黄家镇译，商务印书馆2020年版，第478页以下。

〔3〕 这类措施常被纳入"证明协力义务"当中讨论。其基本法理，参见占善刚：《证据协力义务之比较法研究》，中国社会科学出版社2009年版，第6—17页。

〔4〕 表见证明与事实推定在适用上也有重合，参见周翠：《从事实推定走向表见证明》，载《现代法学》2014年第6期。

多适用于事实本身难以证明的案件。[1]制度上，如果通过这些策略可以解决证明困境，就没有必要考虑证明责任倒置。[2]这些策略中的某些制度，比如证明妨碍、文书提出义务，各国民事诉讼法通常会有规定。另一些制度，比如事案解明、表见证明，则可通过"法官法"的形式进行论证，并在实务中逐步推广。鉴于这些制度同样具有抽象性和一般性，后一种法律发展方式也应归入法律续造。[3]但是，这种法律续造显然更温和，法官需要承担的论证负担也轻很多。因为，所有这些策略都不改变实体法的风险分配机制；而在自由心证原则之下，法官本来就有义务穷尽一切手段，尽可能发现案件真实。在这样的背景下，这类证据法策略只要不影响诉讼中的公平对抗，不冲击法官的中立地位，一般不会遭遇太多质疑。

（三）证明责任倒置在中国法上的定位

一般认为，不同于《德国民法典》，我国《民法典》在起草

---

〔1〕 广义的"证明责任减轻"（*Die Beweiserleichterung*）还包括实体法上的信息请求权、证明标准降低、损害赔偿数额酌定等。概括性的讨论，参见姜世明：《举证责任与真实义务》，厦门大学出版社 2017 年版，第 38—41 页；Baumgärtel/Laumen/Prütting：Handbuch der Beweislast, Band I, 4. Aufl. 2019, § 12 Rn. 20 ff.

〔2〕 Vgl. Baumgärtel/Laumen/Prütting：Handbuch der Beweislast, Band I, 4. Aufl. 2019, § 25 Rn. 9.

〔3〕 Vgl. Dieter Leipold, Beweismaß und Beweislast im Zivilprozeß, 1985, S. 22; Hans-Jürgen Ahrens, In：Egon Lorenz（Hrsg）：Karsruhe Forum 2008：Beweislast, Verlag Versicherungswirtschaft GmBH, 2009, S. 25; Thole, In：Stein & Jonas, Kommentar zur ZPO, 23. Aufl. 2018, § 286 Rn. 125; Baumgärtel/Laumen/Prütting：Handbuch der Beweislast, Band I, 4. Aufl. 2019, § 12 Rn. 4.

时并未充分考虑证明责任分配。[1]承认这一点，在中国法的语境中提出证明责任倒置的建议，是否就可以理解为常规的法律解释，而不一定要强调其作为法律续造的性质？本书不赞同这种观点。

首先，我国法同样采纳"规范说"作为证明责任分配的基本原则。这一点在《民事诉讼法解释》第91条及最高人民法院的表态中，已经表达得非常清楚。[2]尽管该条解释在行文上与"规范说"的经典表达有些出入，[3]但民事诉讼法学界普遍认为，这一规定确认了"规范说"在我国的通说地位，是我国证明责任制度中的一个巨大进步。[4]根据该解释，我国民事诉讼中的证明责任分配以当事人争议的法律关系性质为基础来确定，进而也就是以当事人援引实体法规范的类型来确定。"规范说"的最大优势在于，它在证明责任分配与实体法规范之间建立了关联，从而让证明责任分配真正成为了法律适用问题。这一学说清楚界定了立

[1] 这方面的例证，参见李浩：《规范说视野下法律要件分类研究》，载《法律适用》2017年第15期。袁中华、徐涤宇认为，"规范说"的分析结论，在日本和我国这种民法没有充分考虑证明责任的国家，缺乏说服力。参见袁中华：《规范说之本质缺陷及其克服——以侵权责任法第79条为线索》，载《法学研究》2014年第6期；徐涤宇：《民事证明责任分配之解释基准——以物权法第106条为分析文本》，载《法学研究》2016年第2期。对这一说法的质疑，参见任重：《论中国"现代"证明责任问题——兼评德国理论新进展》，载《当代法学》2017年第5期；胡东海：《"谁主张谁举证"规则的法律适用》，载《法学》2019年第3期。

[2] 参见最高人民法院修改后民事诉讼法贯彻实施工作领导小组编著：《最高人民法院民事诉讼法司法解释理解与适用》，人民法院出版社2015年版，第316页。

[3] 参见袁中华：《证明责任分配的一般原则及其适用——〈民事诉讼法〉司法解释第91条之述评》，载《法律适用》2015年第8期；郑金玉：《论民事证明责任的文义解释原则——以〈民法典〉第311条及其司法解释的适用为例》，载《法学评论》2022年第6期。

[4] 集中的讨论，参见任重：《罗森贝克证明责任论的再认识——兼论〈民诉法解释〉第90条、第91条和第108条》，载《法律适用》2017年第15期。

法者与法官在证明责任问题中的权限，极大提升了实体法适用的安定性。与2015年《民事诉讼法解释》相适应，最高人民法院在2019年《民事诉讼证据规定》中删除了旧规定中多条明文规定证明责任分配的条文，同时删除了第7条关于法官自由裁量证明责任的条文。值得注意的是，新《民事诉讼证据规定》的起草者在其阐释论文中明确表示，随着该条的删除，"实践中如果出现按照实体法律规定确定举证责任分配可能导致明显不公平情形的，由于涉及《民事诉讼法解释》第91条适用问题，可以通过向最高人民法院请示、由最高人民法院批复的方式解决，而不能在个案中随意变更法律所确定的举证责任分配规则"。[1]这一表态，再次强调了证明责任分配"由实体法确定"的特征。如果我们可以抛开实体法的规范表达自由解释证明责任，那么，《民事诉讼法解释》第91条将被架空，司法实务也将重回法官自由裁量证明责任的时代。迄今为止，没有任何学者持这种立场。

其次，《民法典》没有充分考虑证明责任分配，不是可以随意倒置证明责任的理由。如前文所述，证明责任分配并不排斥法律解释。即使我们承认我国《民法典》较少考虑证明责任，那也只能提醒我们，在对相关规范进行证明解释的时候，不能过分拘泥于规范表达，尤其是不能局限于单一法条的表达。换句话说，在这种解释中，体系解释、目的解释以及理论通说应当得到更多的运用。但是，这并不意味着论者可以忽略解释与续造的边界，更不意味着，对于法律文义明确、不存疑义的法条，也能通过所谓"解释"改变其证明责任分配。

---

〔1〕刘敏、宋春雨、潘华明等：《关于新〈民事诉讼证据规定〉理解与适用的若干问题》，载王利明主编：《判解研究》（2019年第4辑），人民法院出版社2020年版，第12页。

事实上，只要我们认为法律语言是自然语言，是可以被理解的，我们就要承认，将一个构成要件作为权利成立要件规定，与将其反面作为权利妨碍要件规定，在法律上会有不同的效果。当我们说"A、B、C 成立，则 D 的法律后果产生"，与我们说"A、B 成立，则 D 的法律后果产生，但 C 的反面成立时除外"，所传达的规范意蕴是不同的。人们不会反对：在前一种说法中，必须在考虑 A、B 的同时考虑 C，否则不能给予 D 的后果。而在后一种说法中，一般不需要考虑 C，A、B 成就即可以考虑 D 的后果；C 的反面成就，只是为相对方提供了一个防御机会而已。这种意义变化，会直接影响一个法律后果的正当性论证——在后一种情况下，证成法律后果正当的基础事实减少了，主张法律后果者的论证负担减轻了。[1]这就是我们所说的"实体法的风险分配机制"。否认两种表达的区别，无异于否定证明责任规范本身。

综上所述，并不存在什么因素，足以让中国法上的证明责任倒置被理解为狭义法律解释。在我国民法的证明责任讨论中，证明责任倒置的建议同样应被界定为法律续造。

四、证明责任倒置的论证检验

从论证形式上看，法律续造包含漏洞发现和漏洞填补两个逻辑阶段。但在具体的论证过程中，二者经常同时发生。[2]对这种

---

〔1〕 这正是可废止推理的功能，参见［荷］亚普哈格：《法律与可废止性》，宋旭光译，载舒国滢主编：《法学方法论论丛》（第 3 卷），中国法制出版社 2016 年版，第 14 页。

〔2〕 这主要体现在"目的性漏洞"的确定和填补中，参见［德］克劳斯－威廉·卡纳里斯：《法律漏洞的确定：法官在法律外续造法之前提与界限的方法论研究》（第 2 版），杨旭译，北京大学出版社 2023 年，第 149—150 页。

论证形式进行描述不是本章的任务，也不是评价一个法律续造是否成立的重点。真正重要的是论证内容，即，论者提出的论据是否成立，对于证成证明责任倒置的建议是否充分。下文围绕法律界关于善意取得证明责任倒置的论述，对此加以检验。

（一）学者的论述

徐涤宇在《民事证明责任分配之解释基准》一文中，从目的解释出发，对善意取得的证明责任问题进行了讨论。[1]不过，"目的解释"还是"法律续造"只是一种"名分之争"，真正需要检验的是，"倒置说"的论证过程对于其论证目的是否具有可接受性。徐文的论证大致包含三个环节：对证明责任的解释，应当遵循现代法解释学以目的解释为核心的方法论；我国善意取得制度的规范目的是保护交易安全；受让人证明善意要件阻碍了善意取得规范目的的实现，应将善意要件的证明责任倒置给所有权人。第一点属于方法论的讨论，笔者并无异议。事实上，如果不认同立法目的在（广义）法律解释中的关键性地位，诸如类推、目的论限缩、目的论修正之类的法律续造方法，根本就无从谈起。从法律续造的角度，第二点旨在探讨善意取得制度的立法计划，第三点旨在揭示现行法对立法计划的偏离，即具有"违反计划的不完整性"。本章重点分析这两个论点。

1. 善意取得的规范目的

就善意取得的规范目的，徐文认为应当是优先保护交易安全，而非优先保护所有权。就此立场，徐文主要提出了两个论

---

〔1〕 本章以徐文作为主要讨论对象，兼及其他学者的论述。

证。其一，是从体系解释的角度，基于广泛接受的物权公示原则，善意取得也应以保护交易安全优先。其二，从历史解释的角度，多位参与立法的学者认为，我国善意取得制度的目的是保护交易安全。对于第一点理由，徐文已经指出，权利推定并非善意取得的基础，二者毋宁是共同服务于交易安全保护的制度。[1]因此，即便权利推定在我国被广泛接受，该论据对于论证善意取得的证明责任倒置也作用有限。鉴于下文讨论司法解释时还要重点分析这一点，这里暂且搁置。

至于第二点理由，有两个明显问题。首先，作为方法论上一个基本共识，参与立法讨论的学者观点不能等同于立法者的观点。[2]其次，也是更关键的，善意取得制度服务于交易安全保护，不等于在该制度的证明责任分配中，也要优先保护受让人。二者之间存在本质的区别。徐文列举的那些论述，最多表明论者认为，"出于保护交易安全的考虑，我国应当设立善意取得制度"。严格说来，这与证明责任分配压根没有关系。[3]

在考虑证明责任分配的情况下，实体法的风险分配分为两个阶段。[4]在第一次风险分配中，立法者需要解决的问题是，要不要设置一项制度。如果答案为肯定，立法者需要通过构成要件和法律效果的组合，就该制度设计一个规范表达。在第二次风险分配中，立法者需要考虑这些构成要件的证明责任问题。为此，立

---

〔1〕 参见徐涤宇：《民事证明责任分配之解释基准——以物权法第106条为分析文本》，载《法学研究》2016年第2期。

〔2〕 参见［德］卡尔·拉伦茨：《法学方法论》（全本·第6版），黄家镇译，商务印书馆2020年版，第414—415页。

〔3〕 胡东海正确地指出，绝大多数情况下，立法者不会关注民法规范的证明责任属性，因此历史解释在证明责任分析中的作用有限。参见胡东海：《"谁主张谁举证"规则的法律适用》，载《法学》2019年第3期。

〔4〕 参见本书"导论"及第九章的相关论述。

法者可能需要通过原则 / 例外、一般 / 但书的规范构造，来对每个要件真伪不明时的风险进行配置。在关于善意取得证明责任的讨论中，我们关心的问题是第二次风险分配。没有人反对在我国设立善意取得制度，有争议的只是，在原《物权法》第 106 条、现《民法典》第 311 条规定的三个构成要件中，是否要对其中一个要件的证明责任进行调整。一般地论证善意取得制度偏重保护交易安全，对澄清这一争议并无帮助。要从规范目的的角度批评现行法确立的证明责任分配方案，论者必须证明，我国善意取得制度不仅偏重保护交易安全，而且偏重到了"将善意要件的证明责任倒置给所有权人"的程度。"倒置说"的论者并未就此提供论据。相反，据孙宪忠教授披露，原《物权法》第 106 条之所以将善意取得作为取回权的例外规定，是因为立法者担心，直接规定善意取得，会给人一种"放弃保护所有权的印象"。[1]这种背景下，立法者将善意要件规定为善意取得的权利成立要件，恰恰很难说是偶然。[2]

对于"文义说"论者从规范表达出发提炼规范目的的做法，徐文认为有"倒果为因"之嫌。但这种分析进路，在证明责任讨论中实属正常。因为，立法者基本上不会从证明责任的角度表达立法目的。这种情况下，从规范表达中反推立法目的不仅具有必要性，而且具有正当性。法律适用者不应轻易质疑规范表达中提

---

〔1〕 参见孙宪忠：《〈物权法司法解释（一）〉与交易中的物权确认规则》，载《法律适用》2016 年第 11 期。

〔2〕 崔建远教授也承认，从主观目的论看，这是"全国人民代表大会及其常务委员会的立场所致"。参见崔建远：《司法解释对善意取得制度完善的影响度》，载《华东政法大学学报》2017 年第 5 期。关于善意取得立法目的的最新讨论，参见郑金玉：《论民事证明责任的文义解释原则——以〈民法典〉第 311 条及其司法解释的适用为例》，载《法学评论》2022 年第 6 期。

炼出来的立法目的，[1]"存疑时尊重立法表达"，本来就是法律解释的基本原则。

2.善意要件的证明难度

对"受让人证明善意要件阻碍了善意取得规范目的的实现"这一论点，徐文主要提出了三个论据。其一，善意作为评价性事实，很难证明；其二，两种证明责任表达在行为规范上等值，但所有权人证明非善意更符合善意取得的规范目的；其三，可对善意要件涉及的具体事实进行区分，并分别交由所有权人和受让人证明。但这三点，并不能证明现行法具有"违反计划的不完整性"。

关于第一点理由中善意难以证明的判断，[2]"文义说"论者已有反驳。[3]至于善意要件是不是评价性事实，取决于我们对"善意"内涵的理解。按照《民法典物权编解释（一）》第14条，我国善意取得制度中的善意是指"不知道转让人无处分权，且无重大过失"。其中，"不知道"不是评价性事实，而是典型的描述性事实。受让人要么知道，要么不知道，法官对此并无抽象评价的可能。虽然在诉讼中，对该事实可能需要通过间接证明的方式认定，但那是因为"不知道"是内部事实，一般很难通过直接证据证明。至于重大过失，根据《民法典物权编解释（一）》第15条，是指当事人不知道但应当知道转让人为无权处分。在具体场景中，这通常会转化为受让人对其注意义务的违反。因为这涉及

---

〔1〕 Vgl. Hans-Jürgen Ahrens, In：Egon Lorenz（Hrsg）：Karsruhe Forum 2008: Beweislast, Verlag Versicherungswirtschaft GmBH, 2009, S. 24.

〔2〕 参见崔建远：《司法解释对善意取得制度完善的影响度》，载《华东政法大学学报》2017年第5期。

〔3〕 参见吴泽勇：《论善意取得制度中善意要件的证明》，载《中国法学》2012年第4期。

到当事人注意义务的设定，以及对当事人行为是否尽到此种义务的评价，不妨认为是评价性事实。因此，不能一概而论地说善意要件是评价性要件。固然，知道与否很难直接证明，是否尽到注意义务，也需要结合交易场景具体分析。但是，这种证明上的困难并不限于受让人。我们可以反问：所有权人证明受让人知道出让人为无权处分就容易吗？让所有权人证明受让人未尽注意义务，难道比后者自己证明其尽到了此种义务更容易？

对于第二点理由中两种证明责任表达在行为规范上等值的判断，笔者并无异议。只是，关于证明责任的争论，本来就与行为规范无关。证明责任是典型的裁判规范。如果在证明责任分配的讨论中，我们也视权利成立规范与权利妨碍规范等值，那么，讨论就不必进行下去了。对于证明责任研究者而言，如果不能通过规范类型讨论一个规范的证明责任分配，我们还能讨论什么？

至于第三点理由，或许反映了论者观点的游移。按照徐文的设计，所有权人应当证明"推定受让人为恶意的具体事实"，受让人应当证明"推定受让人为善意的具体事实"，两种证明都是本证。[1]这等于说，对于善意要件，双方当事人都要承担证明责任。这显然违背了证明责任的一般原理。而论者之所以会得出这种结论，或许是没有意识到"善意"在不同语境中的语义变迁。徐文就此提出了《奥地利民法典》第367—368条作为论据。[2]但这两个法条的真实意图，也许不是要求双方当事人从正反两面证明善意要件，而是先对善意（知道）的认定作出一般规定，再

---

〔1〕　参见徐涤宇：《民事证明责任分配之解释基准——以物权法第106条为分析文本》，载《法学研究》2016年第2期。

〔2〕　参见徐涤宇：《民事证明责任分配之解释基准——以物权法第106条为分析文本》，载《法学研究》2016年第2期。

对过失（应知）的认定作出例外规定。换句话说，受让人主张善意取得，应当根据《奥地利民法典》第 367 条第 1 款、第 368 条第 1 款证明其合法且善意地占有了动产；所有权人拒绝善意取得，则可以根据第 368 条第 2 款，证明受让人对其不知是有过失的。[1]这恰恰表明，善意要件由所有权人一体证明并非通例，立法上完全可能存在多样化的处理方案。

（二）司法解释起草者的论述

在最高人民法院民事审判第一庭编写的《物权法》司法解释的释义书中，作者提到了学界关于善意取得证明责任的争论，但没有表态。[2]但在别的地方，作者对所有权人证明善意要件的立论作了正面阐释。核心理由是，不动产登记和动产占有所公示的权利状态，具有初步的推定力。基于这种推定力，不动产登记人或动产占有人无须证明其为善意；相反，主张其为非善意的当事人，应当就受让人受让物权时存在主观恶意承担证明责任。[3]

本书认为，基于登记或者占有的推定力来论证善意要件的证明责任，实际上混淆了善意取得和权利推定两种不同的制度。[4]

---

〔1〕 具体条文，参见戴永盛译：《奥地利普通民法典》，中国政法大学出版社 2016 年版，第 77 页。

〔2〕 参见最高人民法院民事审判第一庭编著：《最高人民法院物权法司法解释（一）理解与适用》，人民法院出版社 2016 年版，第 357 页。

〔3〕 参见最高人民法院民事审判第一庭编著：《最高人民法院物权法司法解释（一）理解与适用》，人民法院出版社 2016 年版，第 361 页。

〔4〕 这种误解相当常见，比如王利明：《试述占有的权利推定规则》，载《浙江社会科学》2005 年第 6 期；程啸、尹飞：《论物权法中占有的权利推定规则》，载《法律科学》2006 年第 6 期；梁慧星：《物权法司法解释（一）》解读，载《法治研究》2017 年第 1 期。笔者在 2012 年发表相关论文时，也存在类似的误解。参见吴泽勇：《论善意取得制度中善意要件的证明》，载《中国法学》2012 年第 4 期，尤见第 154 页对日本民法、我国台湾地区"民法"的分析。

正如学者指出的，权利推定在性质上是证据法规则，即法律上的事实推定。[1]法律设置这一制度，目的在于避免表面权利人证明其权利来源的困境，进而减少财产交易过程的调查成本。基于权利推定制度，不动产的登记人、动产的占有人可以凭借其登记或者占有的事实，直接被推定为所有权人。但是，作为一种法律上的事实推定，这种推定可能因为基础事实（登记或占有）的动摇而陷入真伪不明，也可能因为相反事实（占有人无所有权）的证明而被推翻。比如，如果有人证明他才是物的真实所有人，权利推定就不能再继续适用。而在善意取得的语境中，真实所有权归属、出让人无权处分，恰恰是没有争议的前提——只有这两点被确认，善意取得才有可能被提出。[2]因此，权利推定无论如何不能作为论证善意取得制度的基础。[3]二者确实共同服务于交易安全保护，但发挥作用的场景和方式可以说完全不同。[4]

（三）如何论证一个证明责任倒置的建议？

出于对法律安定性的坚守，严格控制证明责任倒置是完全

---

〔1〕 参见庄加园、李昊：《论动产占有的权利推定效力——以〈德国民法典〉第1006条为借鉴》，载《清华法学》2011年第3期。

〔2〕 最高人民法院释义书在第14条的"审判实务"部分，首先讨论了"无权处分"和"真实权利状况"两个要件。参见最高人民法院民事审判第一庭编著：《最高人民法院物权法司法解释（一）理解与适用》，人民法院出版社2016年版，第365—373页。

〔3〕 参见朱广新：《论物权法上的权利推定》，载《法律科学》2009年第3期。

〔4〕 徐文意识到了这一点，但同时又写道："……难道去超市买一瓶矿泉水还需要对方提供发货凭证和相关合同？去跳蚤市场买一个台灯还需要对方提供原始购物凭证？如此一来，《物权法》第106条所欲实现的保障交易安全的规范目的也势必落空。"这些反问适合用来论证权利推定的必要性，但不适合用来论证善意取得中善意要件证明责任倒置的正当性。

必要的。但与此同时，成功的证明责任倒置也并非不可能。即使
对于"充分考虑了证明责任问题"的《德国民法典》，通过法律
续造对现行法的证明责任分配进行调整，也不乏成功的例子。例
如，在产品责任纠纷中，德国联邦最高法院就通过法律续造，将
《德国民法典》第823条中过错要件的证明责任倒置给了生产者。
在1968年的"鸡瘟案"判决中，德国联邦最高法院清晰地知道
自己在从事法律续造活动，并从多个方面展开了论证。首先，判
决类推适用了《德国民法典》第836条；[1]其次，判决引入了危
险领域理论，并通过考察证明接近、证明风险、证明可能等因
素，对现行法确立的证明责任规范进行了调整；再次，判决扩张
了生产者交往安全义务在实体法中的适用范围；最后，判决还从
企业风险与企业收益相适应的角度，论证了证明责任倒置的正当
性。[2]这一证明责任倒置被视为成功的范本，[3]并以法官法的形
式，在德国法中稳定地发挥作用。然而，在医疗侵权领域的证
明责任倒置，尽管已经通过《德国民法典》第630h条入法，却
一直饱受争议。[4]正如学者指出的，对方当事人对事件经过的控
制，以及由此导致的负证明责任当事人的证明困境，不足以证成
证明责任倒置的正当性。为了论证一个证明责任规范的法律续
造，需要对所涉及的法律制度进行整体评估。其中尤其重要的
是，要在充分考察该制度表达的各种价值的基础上，对相关利益

---

〔1〕《德国民法典》第836条是关于建筑物倒塌、脱落侵权责任的规定。按
照该条，如果建筑物占有人尽到必要注意义务的，不承担损害赔偿责任。

〔2〕BGH NJW 1969, 269.

〔3〕Vgl. Baumgärtel/Laumen/Prütting：Handbuch der Beweislast, Band I,
4. Aufl. 2019, § 25 Rn. 21; Prütting, In：Münchener Kommentar zur ZPO, 6. Aufl.
2020, § 286 Rn. 131.

〔4〕Vgl. Baumgärtel/Laumen/Prütting：Handbuch der Beweislast, Band I, 4.
Aufl. 2019, § 25 Rn. 33, 以及尾注84（FN. 84）引用的大量文献。

进行衡量。[1]

而在我国善意取得证明责任倒置的论证中，自始至终，我们只看到了三个论据，即善意的证明困境（消极事实难以证明）、权利推定的法理（占有或登记的推定力）以及善意取得制度的规范目的（倾斜保护交易安全）。其中，证明困境本身缺乏论证，而且可以通过证据法上的策略缓解；权利推定是与善意取得并列的制度，无法作为善意要件证明责任倒置的论证基础；善意取得制度旨在保护交易安全，与善意要件由谁证明无关。虽然"倒置说"的论者不约而同地诉诸目的解释，但现有论述既没有从主观目的论的角度证明，立法者有将善意的证明责任分配给所有权人的"计划"，也没有从客观目的论的角度证明，现行法已经呈现出严重的"不完整性"。

归根结底，善意取得制度是在所有权与交易安全之间权衡的结果。[2]要论证我国善意取得制度中善意要件应由所有权人证明，可以设想的论据有三个：第一，现行法严重阻碍了善意取得制度的运行。换言之，现行法对善意要件的证明责任分配让法官经常无法认定善意取得，而这在许多案件中明显不公平。第二，随着社会生活的变迁，立法者当初的利益衡量已经无法适应当下的需要。现行法体现的价值判断是，设置善意取得制度，但同时较多考虑所有权人的保护。如果这种价值判断已经明显落后于时代，启动法律续造是正当的。第三，前述问题通过常规的证明困境缓解策略无法补救。也就是说，即便我们充分运用证据法上的事实

---

〔1〕　关于产品责任证明责任倒置中的利益衡量，Vgl. Baumgärtel/Laumen/Prütting：Handbuch der Beweislast, Band I, 4. Aufl. 2019, § 25 Rn. 17.

〔2〕　参见［德］鲍尔、施蒂尔纳：《德国物权法》，申卫星、王洪亮译，法律出版社 2006 年版，第 397—399 页。

推定、表见证明等证据法策略，也不能让善意取得制度正常运行，或者无法提供符合时代需求的交易安全保护。在三个论据中，前两个论据支持必要性，第三个论据支持紧迫性。论者至少要在证明第一个或第二个论据的基础上同时证明第三个论据，"倒置说"才能成立。在"倒置说"迄今为止的论述中，我们只看到了关于第二个论据的片段表达，[1]而这对于一个法律续造的论证当然是不够的。

五、结语

需要说明的是，笔者无意一般地反对"善意要件应由权利人从反面证明"这一理论观点。[2]笔者只是在法教义学的语境中，反对以该观点为前提，来分析我国善意取得的证明责任。即使这一证明责任分配方案已经通过司法解释的加持，成为我国法官实际上适用的"法"，笔者也要强调，司法解释同样没有经过恰当的论证。这让本章内容看上去像是在与一个既成事实对抗，或者像是在"抬杠"。这并非笔者的本意。笔者为本章设定的任务，是对证明责任倒置所应遵循的论证规则展开讨论，以期引起法律界对这一问题的关注。在我国，证明责任倒置建议被如此频繁地提出，却从未得到与之匹配的论证。如果我们认为证明责任分配是法律适用问题，这种现象就应当引起警惕。法律适用应当遵

---

〔1〕 比如，崔建远教授认为，在越来越注重交易安全的大背景下，应对受让人善意取得的要求稍微放宽一些。参见崔建远：《司法解释对善意取得制度完善的影响度》，载《华东政法大学学报》2017年第5期。

〔2〕 学者经常指出，在比较法上，善意要件多数时候由相对方从反面证明。这一多数事实自然其来有自。

循起码的安定性，而法学方法论的讨论是我们捍卫这种安定性的手段。

笔者也无意反对"规定善意要件由权利人负证明责任"的立法可能。要不要善意取得制度，善意取得制度包含哪些构成要件，这些构成要件的证明责任如何分配，说到底都是价值判断问题。要求所有权人证明受让人非善意，意味着，立法者要给予交易中的受让人更多保护。如果立法者认为需要保护交易安全到这样的程度，当然可以进行相应的立法。但如果解释者提出这样的建议，就应当承担法律续造的论证负担。[1]此类建议作为法律续造的性质，并不会因为披上了"证明责任解释"的外衣而有任何不同。[2]

最后要补充的是，证明责任分配尽管重要，却没有重要到在每个案件中都决定审理结果的程度。举例言之，虽然我国法对善意取得的规定包含三个构成要件，但是在实际诉讼中，法官一般并不会孤立地对每个要件进行调查。如果受让人在公开、正规的市场上以合理对价买受了动产，法官通常会推定其为善意。这种推定，是基于日常生活经验作出的事实推定。只要所有权人没有其他证据让法官对此产生怀疑，法官就会认定受让人为善意。这是自由心证的事实认定方式，对此，每个法官都不陌生。理解了这一点，就不会对善意要件的证明责任分配过分敏感——真正因为善意要件真伪不明

---

〔1〕 这种论证负担可能比立法建议的论证负担更重：后者只需要证明新规范的优越性，而前者除了证明新规范更优越，还要证明问题已经如此严重和紧迫，以至于等不及立法修改就必须作出改变。

〔2〕 任重认为，这类观点多数时候是"在实体法一时难以修订的无奈下，希望在证明责任论中找到寄托"。参见任重：《罗森贝克证明责任论的再认识——兼论〈民诉法解释〉第90条、第91条和第108条》，载《法律适用》2017年第15期。

而作出证明责任裁判的案件,本来就不应该太多。

上述几点,笔者早在 2012 年发表第一篇民法规范的证明责任研究论文[1]时,就已经有所表达。这里再次提出,是因为,十多年过去了,对"规范说"的误解依然存在。本书用十章内容讨论了九个民法规范的证明责任问题,笔者当然希望,这些讨论会对理解这些规范的证明责任分配和证据调查展开有所裨益。但是,笔者更希望读者看到,本书各章一以贯之的,通过个案研究澄清"规范说"及相关证明责任原理的努力。所谓"授人以鱼不如授人以渔",笔者坚信,推动、促成与证明责任相关的法教义学共识,才是《民法典》在证明责任领域得到有效适用的关键,也是从根本上解决我国证明责任实务问题的关键。

---

[1] 参见吴泽勇:《论善意取得制度中善意要件的证明》,载《中国法学》2012 年第 4 期。主体部分收入了本书第一章。

"规范说"在证明责任分析中的运用

正文各章运用"规范说",研究了若干中国民法中的证明责任疑难问题。如"导论"所述,"规范说"的核心是对实体法规范进行分类,以此确定一个规范的证明责任分配。规范的文义和构造是发现这种分类的外部线索,实体法的评价分层则是对这种分类的实质性说明。民法规范中的证明责任疑难问题,通常表现为各类构成要件的识别,以及各要件证明过程的澄清;例外情况下,可能还涉及个别要件的增删以及要件类型的调整。此外,证明责任倒置与证明困难缓解的区分,对证明责任疑难问题的解决也具有重要意义。以下以构成要件的识别以及证明责任倒置与证明困难缓解的区分为主线,对本书各章的核心观点稍作归纳和提炼。

一、权利妨碍要件的识别

(一)基础性要件与例外性要件的区分

权利妨碍要件的识别,或者权利妨碍要件与权利成立要件的区分，是证明责任分析中最容易引起争议的话题。这是因为，不像权利消灭要件发生在权利成立之后、权利制约要件与实体法上的抗辩权直接对应，权利妨碍要件除了分配证明责任之外，并没有其他功能上的特征。尽管实体法有时会通过"但……除外""但……的，不承担责任"等文字线索表达其对权利成立要件与权利妨碍要件的区分，但并非总是如此。结合"导论"中的阐述可知：规范表达固然重要，更重要的却是规范表达背后的评价分层。立法者关于"具备哪些要件就可以初步承认一个权利效果"的判断，才是区分权利成立要件与权利妨碍要件的关键。

就权利成立要件与权利妨碍要件的区分，笔者在第九章提炼出了"基础性要件"和"例外性要件"两个概念。所谓基础性要件，是指对一个规范所要保护的价值具有基础性意义，因此在赋予规范效果时必须确认的那些事实要素。所谓例外性要件，则是指对一个规范所要保护的价值不具有基础性，因此一般无须考虑，但如果确认则应否定规范适用效果的那些事实要素。决定"基础性"和"例外性"的不是要件事实在客观世界里的盖然性或者在诉讼中的证明难度，而是该要件事实对于规范效果的重要性。也就是说，对于立法者希望实现的规范效果而言，一个构成要件是必须具备，否则就无法想象，还是通常无须考虑，但如果出现就应该否定规范效果？可见，这里真正重要的是立法者的评价层次，即某个要件事实是属于第一个评价层次，还是属于第二个评价层次。[1]"基础性"与"例外性"的区分和"规则与例外"的区分并无本质区别，提出这对概念，只是为分析实体法的评价

---

〔1〕 详细的展开，参见本书第九章。

层次提供一个更方便的工具而已。本书运用这一概念，对环境侵权、表见代理、合同类型抗辩权等制度的证明责任问题进行了分析。

（二）环境侵权中因果关系要件的构成

根据《民法典》第 1230 条，在环境侵权案件中，应由侵权人证明污染行为与损害结果之间没有因果关系。这一规定被称为因果关系要件的证明责任倒置。但这一规定遭到广泛批评，许多学者主张以因果关系推定的立法取而代之；司法实践中，最高人民法院也逐步形成了"权利人证明关联性存在，污染者证明因果关系不存在"的变异方案。[1] 笔者认为，解释论上，只能将不存在因果关系界定为环境侵权责任的例外性要件，交由污染者负证明责任。不过，在法学界普遍认为因果关系包含"污染到达""损害后发""一般因果关系""特别因果关系"[2] 四个具体事实的背景下，这种证明责任分配方案确实不尽合理。按照这种理解，被侵权人只需证明污染者有排污行为，以及他受到了损害，法院就应当初步认定环境侵权责任成立；而污染者需要证伪"污染到达""损害后发""存在一般因果关系""存在特别因果关系"之一，方能免责。这违背了普通人的直觉，也是该规定在实践中发生变异的主要原因。

本书认为，解决上述问题的一个方案是，厘清因果关系要件的内涵，让"污染物到达"这一要素回归加害行为要件。因为，

---

[1] 详见本书第六章。

[2] 参见陈伟：《环境侵权因果关系类型化视角下的举证责任》，载《法学研究》2017 年第 5 期。

按照传统侵权责任法的理解，加害行为本来就包含"行为到达受害人"的内涵。这样一来，按照《民法典》第1230条，权利人需要证明"污染者有排污行为""污染物到达受害人的身体或财产""权利人有损害发生"三个具体事实，才能初步建构起一个环境侵权责任；而污染者则需证伪"损害后发""存在一般因果关系""存在特别因果关系"三者之一，即可实现免责。经过这样的微调，环境侵权责任的基础性要件更加坚实，当事人之间的风险分配也趋于均衡。

这个例子的重点在于基础性要件与例外性要件的边界划分。立法者固然可以通过特定规范表达反映其价值判断，但是，这种表达也要满足司法活动对于公平性和可操作性的底线要求。依照我国法学界对环境侵权因果关系要件的理解，《民法典》第1230条在逻辑上存在明显真空，也不具可操作性。

（三）表见代理中的被代理人不可归责性

我国民法学者普遍认为，表见代理的构成要件应当包括被代理人可归责性。但现行法不承认该要件，原《合同法》和《民法典》的官方释义书给出的理由是，尽管表见代理的产生一般与本人过错有关，但是，"设立表见代理制度的目的是保护交易的安全性……至于本人在无权代理人订立合同问题上是否有过失，相对人有时难以证明"。[1]这一说理显然没有考虑作为实体法第二次风险分配的证明责任问题。

---

〔1〕 参见胡康生主编：《中华人民共和国合同法释义》（第3版），法律出版社2013年版，第97页；黄薇主编：《中华人民共和国民法典总则编释义》，法律出版社2020年版，第456页。

笔者认为，考虑到被代理人可归责性在我国表见代理规范目的实现过程中的不可或缺性和独立审查必要性，有理由将该要素作为表见代理的独立要件。同时，鉴于被代理人可归责性与相对人一侧的主、客观要件明显处于不同的评价层次（合理信赖保护——意思自由保护），不妨将该要件界定为表见代理的例外性要件，交由被代理人来证明。这样，既可以通过这一权利妨碍要件将某些明显不合理的案型排除在表见代理之外，又不至于明显加重行为人实现权利过程中的证明负担。[1]

（四）合同履行抗辩权中的履行顺序约定

我国《民法典》第 525 条、第 526 条分别规定了同时履行抗辩权和先履行抗辩权。对这种立法例，尤其是对单独规定先履行抗辩权的必要性，民法学界存在肯定说和否定说的争论。从立法的合理性考虑，笔者赞成否定说。而在否定说的前提下，仍需讨论履行顺序约定作为构成要件是否必要的问题。有学者认为，采先履行抗辩权否定说，履行顺序约定就可以从履行抗辩权的构成要件中删除。[2]在双方当事人约定固有的先给付义务的情况下，先给付义务人不履行则后给付义务未届期，未届期抗辩权即可保护后给付义务人，删除此要件自无问题。但在双方当事人约定了非固有的先给付义务的情况下，随着双方义务均届期，先给付约定合同转化为未约定履行顺序合同。基于只考虑届期、不考虑履行顺序约定的立场，此时，先给付义务人也可以主张同时履行抗

---

〔1〕 必须承认，这一建议在性质上属于法律续造。

〔2〕 持否定说的学者明确表达了这种观点。参见韩世远：《合同法总论》（第 4 版），法律出版社 2018 年版，第 385 页。

辩权。[1]这一结论违背常理，成为肯定说攻击的焦点。[2]

笔者认为，在采履行抗辩权一元论的前提下，不妨将抗辩权人负有先给付义务界定为履行抗辩权的权利妨碍要件。调整后的履行抗辩权规范可表达为："双方基于同一双务合同互负对待给付义务，且双方给付义务均已届期，一方当事人要求对方当事人履行的，对方当事人有权主张履行抗辩权；但一方当事人依照合同约定负有先给付义务的，不得主张履行抗辩权。"经过这样的调整，既可以化解二元论的弊端，又可以避免先给付义务人也能行使同时履行抗辩权的漏洞，从而实现多元价值的均衡保护。

由上述例子可见，划分权利成立要件与权利妨碍要件的实体法意义在于，在一个制度所要保护的主要价值之外，为另一种应当兼顾的次要价值开辟出空间。基础性要件保护主要价值，例外性要件保护次要价值，两种构成要件的区分为立法者均衡保护多元价值提供了工具。大多数时候，构成要件分类可以通过实体法规范的表达发现，但假如规范设计者忽略了这一立法技术的运用，通过追溯规范背后的评价分层揭示这种分类也是完全可能的。这时候，首先，要确定一个规范保护的价值有哪些；其次，从这些价值出发，提炼出必须单独考察的那些构成要件事实；最后，以最能均衡保护诸价值的方式，对构成要件进行分类。在最后这个环节，不仅要全面关注法律的文义、体系和目的，比较法、实证调查结论乃至日常生活经验，都是可资利用的理论资源。

---

〔1〕 参见韩世远：《合同法总论》(第4版)，法律出版社2018年版，第388—392页。

〔2〕 参见崔建远：《履行抗辩权探微》，载《法学研究》2007年第3期。

二、权利消灭要件的识别

（一）"权利从未发生"与"权利嗣后消灭"的区分

生活事实不仅是完整的，而且是连续的。将完整事实区分为权利成立要件和权利妨碍要件，是立法评价的结果；将连续事实区分为权利成立事实和权利消灭事实，同样是立法评价的结果。比如，当我们要求借款人还钱时，我们会说，"某人欠我钱没有还"。我们这样说是因为，"欠钱未还"本来就是一个连续的事实。但法律通常只会要求出借人证明其确实向借款人借了款（以借贷的意思交付金钱），而不会要求出借人同时证明借款人没有还款（未履行还款义务）；相反，如果借款人主张已经还了款，则需要对此加以证明。有人或许会说，这是因为还款由借款人证明更方便。这固然是个事实，但考虑到法律要求当事人证明难以证明之事的例子并不鲜见，更好的解释毋宁是，以这种方式分配还款与否真伪不明的风险更合理。

一般认为，权利妨碍要件与权利成立要件同时发生，而权利消灭要件发生在权利成立要件之后。[1]但如上文所述，生活事实是连续的，何为同时、何为嗣后，并非纯粹的事实问题。我们将一些事实定义为成立权利所必需，另一些事实定义为消灭权利所必需，是因为这样能在当事人之间恰当地分配风险。当然，在进行这种风险分配时，也要考虑要件事实的特征，尤其是，两个

---

〔1〕 参见［德］莱奥·罗森贝克：《证明责任论》（第5版），庄敬华译，中国法制出版社2018年版，第146、149页。

要件事实的先后关系对于法律价值的实现是否重要。在某种意义上，这种"时间重要性"是区分"同时"与"嗣后"的关键。学界倾向于认为，权利消灭要件的识别没有难度，[1]但事实并非如此。

（二）买卖合同中的标的物瑕疵

在买卖合同纠纷诉讼中，标的物瑕疵的证明是一个难题。司法实践一直没有形成稳定的证明责任分配方案，理论上，无论是出卖人证明标的物无瑕疵还是买受人证明标的物有瑕疵，似乎都不尽合理。之所以出现这种两难处境，原因在于，关于标的物瑕疵的争议既可能发生在合同履行前，也可能发生在合同履行后，而两种情况下的风险格局是不同的。在交付标的物的主给付义务尚未履行前，涉及标的物的风险理应由出卖人承担，此时若买受人因标的物瑕疵而主张拒收，出卖人要证明标的物无瑕疵。而在主给付义务履行之后，标的物瑕疵的风险就转移到了买受人一侧。买受人如果再主张标的物有瑕疵，应当证明瑕疵存在，并且存在于主给付义务履行前。显然，这是一个基于时间的风险分配，主给付义务的履行是其中的关键时点。

按照"规范说"，履行属于权利消灭要件，应由主张权利消灭的当事人负证明责任。在买卖合同中，如果出卖人主张其已经履行主给付义务，应就此负证明责任。关键是，主给付义务履行的标准是什么？可以想到的标准，一是交付，二是受领。根据上

---

〔1〕 比如［德］莱奥·罗森贝克：《证明责任论》（第 5 版），庄敬华译，中国法制出版社 2018 年版，第 146 页。

段的分析，如果以标的物交付作为合同履行的时点，一旦标的物转移占有，标的物瑕疵的证明责任就应由买受人负担。考虑到实践中标的物转移占有常常并不等于买受人接受履行，比如买受人可能只是出于检验目的接收标的物，这个时点对于划定当事人的风险未必合适。更恰当的时点是买受人对履行的受领，即买受人以接受履行的意思对标的物转移占有。这就是所谓"法律上的受领"，[1]以此作为买卖合同履行的时点，更符合实体法的评价分层。

与此相关的问题是：如果双方约定了质量异议期，在该期限内买受人没有主张异议，会导致什么法律后果？基于《民法典》第621条，学界一般认为，怠于通知将导致失权的效果，即买受人不得再主张标的物瑕疵。因此，对于出卖人来说，怠于通知构成了一种抗辩[2]或抗辩权。[3]一般认为，这种立法例主要来自《国际货物买卖合同规则》，[4]同时受到了《德国商法典》的支持。[5]但是，我国采民商合一体制，司法实践中的买卖纠纷经常发生在自然人与企业之间。在有自然人参加也没有形成稳定商业惯例的买卖交易中，仅仅因为超过异议期就不允许对标的物主张异议，对买受人未免过于苛刻。[6]结合上文关于买卖合同履行时

---

〔1〕　参见韩世远：《合同法总论》（第4版），法律出版社2018年版，第424页。

〔2〕　参见袁中华：《违约责任纠纷之证明责任分配——以〈民法典〉第577条为中心》，载《法学》2021年第5期。

〔3〕　参见金晶：《〈合同法〉第111条（质量不符合约定之违约责任）评注》，载《法学家》2018年第3期。

〔4〕　参见黄薇主编：《中华人民共和国民法典总则编释义》，法律出版社2020年版，第367页。

〔5〕　参见冯珏：《或有期间概念之质疑》，载《法商研究》2017年第3期。

〔6〕　参见冯珏：《或有期间概念之质疑》，载《法商研究》2017年第3期。

点的分析，笔者认为，不妨将怠于通知的法律效果解释为转移标的物瑕疵的证明责任。即，未在通知期内主张标的物瑕疵的买受人，要对标的物瑕疵负证明责任。这既符合上文阐述的"受领转移标的物瑕疵证明责任"的原理，也与我国司法实务界的主流做法一致，不失为一种更优的处理方案。

由这个例子不难看出，权利消灭要件的界定同样涉及实体法的评价分层。将受领履行作为买受人主请求权消灭的时点，进而作为标的物瑕疵证明责任转移的时点，实际上是一种实体法价值的权衡。即在我们看来，以这个时点分配标的物瑕疵真伪不明的风险，最能均衡保护买卖双方当事人的利益。

（三）合同履行抗辩权中对待给付义务的履行

我国学者通常认为，对待义务未履行是合同履行抗辩权的构成要件。[1]但在证明责任分配上，学者又认为，该要件应由原告负证明责任。[2]就此证明责任分配的依据，有个别学者认为，对方未履行对待给付义务是消极事实，应由对方当事人承担证明责

---

〔1〕 参见黄薇主编：《中华人民共和国民法典合同编释义》，法律出版社2020年版，第145、147页；最高人民法院民法典贯彻实施工作领导小组主编：《中华人民共和国民法典合同编理解与适用》（第1册），人民法院出版社2020年版，第430、435页；朱广新、谢鸿飞主编：《民法典评注·合同编·通则》（第1册），中国法制出版社2020年版，第496—497、501—502页；韩世远：《合同法总论》（第4版），法律出版社2018年版，第385页。

〔2〕 参见王家福主编：《中国民法学·民法债权》，法律出版社1991年版，第404页；韩世远：《合同法总论》（第4版），法律出版社2018年版，第401页；王夙：《我国合同法中同时履行抗辩权的效力问题研究——以实体法与程序法为透析视角》，载《河北法学》2015年第2期；王洪亮：《〈合同法〉第66条（同时履行抗辩权）评注》，载《法学家》2017年第2期；朱广新、谢鸿飞主编：《民法典评注·合同编·通则》（第1册），中国法制出版社2020年版，第498页。

任。[1]这似乎意味着，对待给付义务的履行是合同履行抗辩权的消极要件，即权利妨碍要件。

稍微观察一下比较法就会发现，在我国学者经常参考的德国法中，对待给付义务履行恰恰不是合同履行抗辩权的权利妨碍要件，而是消灭合同履行抗辩权的要件事实。[2]换句话说，对待给付义务履行的定位应是权利消灭要件，而不是权利妨碍要件。如前文所述，权利妨碍要件的特点是让一个权利自始不存在，权利消灭要件的特点则是让已经存在的权利嗣后消灭。从功能上，合同履行抗辩权是双务合同中当事人督促对方履行义务的工具，只要双方履行义务届期，合同履行抗辩权就已经成立。一旦对方当事人履行了对待给付义务，合同履行抗辩权就失去了目标，当然归于消灭。

权利妨碍要件与权利消灭要件在证明责任上并无区别，但上述区分并非没有意义。将对待给付义务履行界定为合同履行抗辩权的权利消灭要件而非权利妨碍要件，可以合理界定合同履行抗辩权的存续期间，并在此基础上精准划分当事人的责任范围。

三、权利制约规范的证明责任问题

权利制约要件主要涉及民法上的抗辩权。作为诉讼抗辩的一种，抗辩权与权利消灭抗辩和权利妨碍抗辩有所不同。抗辩权

---

〔1〕 参见朱广新、谢鸿飞主编：《民法典评注·合同编·通则》（第1册），中国法制出版社2020年版，第498页。

〔2〕 Vgl. Baumgärtel/ Repgen, Handbuch der Beweislast, 4. Aufl. 2019, § 360 Rn. 5.

既不会让一个权利自始不存在，也不会让一个已经存在的权利嗣后消灭。它只是在法定条件成就后，在抗辩权人主动行使的情况下，阻碍权利效果发生。作为一种民法上独立的权利类型，抗辩权的识别没什么难度。同时，作为一种独立的权利类型，分析抗辩权证明责任的思路与分析请求权证明责任的思路类似。也就是说，抗辩权的构成要件同样包括权利成立要件和权利妨碍要件，也同样会因为权利消灭规范的成就而消灭。比如，上文提到的合同履行抗辩权中的履行顺序约定就是合同履行抗辩权的权利妨碍要件，而对待给付义务履行则是其权利消灭要件。

实践中，有些抗辩权的证明责任分配常常引发争议。一个例子是诉讼时效抗辩权。过去司法实践中，法院常常将诉讼时效中断交由主张诉讼时效的抗辩权人证明。按照这种思路，抗辩权人不仅要证明诉讼时效期间届满，而且要证明诉讼时效在此期间内从未中断。这种证明责任分配方案背后的逻辑是将整个诉讼时效届满视为一个整体，并一体进行证明责任分配。但这种思路恰恰没有考虑诉讼时效制度内部的评价分层。从实体法评价分层的角度，诉讼时效旨在保护抗辩权人对交易安全的期待，避免其因为权利人的原因而一直处于可能被追诉的状态。时效中断则旨在保护正当权利人的利益，因为，中断事由的发生恰恰表明权利人在积极行使权利。因为诉讼时效指向权利人怠于行使权利的期间，中断事由的发生，实际上消灭了原起算点开始的诉讼时效抗辩权。考虑到诉讼时效中断的权利消灭要件的性质，中断事由应由权利人负证明责任。这样的证明责任分配方案避免了抗辩权人负担过重，是比较法上的通说。[1]事实上，上述思路对于处理其他期间中断的情形也同样适用。[2]

又如先诉抗辩权中"非经诉讼及强制执行仍不能履行债务"的证明责任。按照《民法典》第687条，一般保证的保证人在主合同纠纷未经审判或者仲裁，并就债务人财产依法强制执行仍不能履行债务前，有权拒绝向债权人承担保证责任，此即先诉抗辩权。从文义出发，《民法典》第687条涉及三个要件，即一般保证、先诉以及经强制执行仍不能履行债务。按照对"规范说"的一般理解，似乎保证人需要同时证明这三个要件，否则不能行使先诉抗辩权。但从实体法风险分配的角度，这样的证明责任分配方案显然不合理。为此，有诉讼法学者认为，先诉抗辩权的权利成立要件只包括一般保证，换句话说，这是一个没有特殊要件的抗辩权；而经强制执行仍不能履行应理解为先诉抗辩权的权利妨碍要件，其地位与《民法典》第687条第3款规定的四种情形相仿。[3]笔者认为，将"经强制执行仍不能履行"理解为先诉抗辩权的再抗辩是正确的，但不应将这一再抗辩定性为权利妨碍抗辩。因为，这种再抗辩的法律效果不是让先诉抗辩权自始不存在，而是让已经存在的先诉抗辩权嗣后消灭。更合理的解释是：一般保证成立则保证人享有先诉抗辩权，[4]但债务人经诉

---

〔1〕 参见霍海红：《诉讼时效中断证明责任的中国表达》，载《中外法学》2021年第2期；〔德〕莱奥·罗森贝克：《证明责任论》（第5版），庄敬华译，中国法制出版社2018年版，第459—465页。

〔2〕 比如买卖合同中的质量异议期间及通知的证明。参见本书第四章。

〔3〕 参见戴书成：《实体/程序视角下的先诉抗辩权研究》，清华大学2023年博士学位论文，第127页。

〔4〕 实践中，一般保证人被起诉，其作为一般保证人的地位已经被承认，因此，当其提出先诉抗辩权时，不用额外证明任何事实。

讼和强制执行仍不能履行债务，则先诉抗辩权消灭。值得注意的是，《民法典》第 687 条第 2 款使用的是"在……前"，而不是"除……之外"。从这个用语也可以发现，"一般保证成立"与"起诉并经强制执行仍不能实现债权"之间不是一般与例外的关系，而是权利从产生到消灭的关系。因此，"起诉并经强制执行仍不能实现债权"不是先诉抗辩权的权利妨碍要件，而是其权利消灭要件。认识到这一点，有助于妥善处理一般保证人的违约责任问题。

四、证明责任倒置与证明困境缓解

（一）证明责任倒置与证明困境缓解的区分

在我国法学界，只要一个要件事实看上去难以证明，就会出现倒置该事实证明责任的建议。实际上，将证明责任倒置视作证明困境缓解策略的观念，不只存在于中国。德国联邦法院很长一段时间也认为，对于处于证明困境的证明责任人，可以采用"证明减轻直至证明责任倒置"的策略来保护。基于这种观念，证明责任倒置与各种证明困境缓解策略没有本质区别，前者不过是后者的"最高版本"。[1]但这种观念在民事诉讼法学界遭到了广泛批评，进入 21 世纪后，德国联邦法院也放弃了这一表述。

本书认为，通过证明责任倒置缓解证明困境的思路并不可

---

〔1〕 在严格意义的证明责任倒置中，比如在严重医疗处置错误案件中，德国联邦法院也沿用了这种表达。Vgl. BGH NJW 1981, 2513; BGH NJW 1983, 333（334）; BGH NJW 1988, 2303（2304）; BGH NJW 1997, 796（797）.

取，甚至可以说是对证明责任理论的严重误解。如前文所述，现代证明责任理论的一个核心要义，就是强调其作为裁判规范的风险分配功能。基于这一功能定位，证明责任被视为法律问题，关于证明责任分配的讨论是对实体法的解释。基于立法权与司法权的分工，法官对于证明责任的改变只能理解为法律续造，应承担法律续造的论证负担。单是证明困难，并不构成启动法律续造的充分理由。

另外，自近代民事诉讼法告别法定证据主义以来，根据案件具体情况认定事实就成了事实审法官的固有权限，标识此种权限的法律原则即自由心证。根据自由心证原则，法官在面对难以证明的事实时，有权利也有义务综合利用各种手段进行调查——只要这些手段对认清事实确属必要，又不会影响法官的中立性。这首先包括多样化证据调查手段的运用：为了获得裁判所需的心证，法官应当穷尽证据调查手段，在疑难案件中，尤其要注意询问当事人、现场勘验以及辩论全意旨等证据方法的运用。其次，如果当事人在特定案件类型中举证能力受限，法官还应妥善运用阶段性证明的方法，即，不要求负证明责任的当事人一次性证明待证事实到法定证明标准，而是允许其在诉讼早期阶段仅完成初步证明，之后要求对方当事人进行相应的反驳和举证。再次，为了缓解某些事实的证明难度，法律上还发展出了一系列的证明减轻制度。这不仅包括实体法上的法律推定、证明标准降低以及信息请求权，也包括诉讼法上的表见证明。最后，为了解决证据偏在的困境，程序法上还有诸如文书提出、事案解明、证明妨碍等制度。这些制度有的已经被实在法确认，有的虽然没有明文确认，但在自由心证原则的指引下，通过"法官法"发展和确立，也没有太大的理论障碍。

从功能上看，上述策略为事实调查提供了更多手段，让法官在疑难案件中更容易形成心证，从而避免了大量案件陷入真伪不明。但无论有多少可供选择的证明困难缓解策略，都不可能完全避免要件事实真伪不明的现象。一旦要件事实陷入真伪不明，法官仍然只能根据实体法确立的证明责任规范作出裁判。而证明责任倒置，意味着法官偏离了实体法确立的风险分配机制，进入了法律续造。

法官在实体法存在漏洞时可以进行漏洞填补，当现行法确立的证明责任分配存在缺陷时，他当然也可以进行这种操作。此时，像所有的法律续造一样，论者需要证明，根据现行法进行的证明责任分配存在"违反计划的不完整性"。[1]但与其他场合的法律续造相比，证明责任倒置的论证常常要面对一些特殊的困难。一方面，由于立法者很少清晰表达二次风险分配的考量因素，要论证一个证明责任分配方案违反了立法计划（目的），并不容易。另一方面，建议者除了要论证证明责任倒置的优越性，还要证明这种方案的紧迫性。因为，即使现行的证明责任分配方案阻碍了某个规范的适用，法官也可以尝试通过运用证明困难缓解策略来应对。

基于上述立场，不妨检视理论和实务中出现的各种证明责任

---

〔1〕 参见［德］卡尔·拉伦茨：《法学方法论》（全本·第6版），黄家镇译，商务印书馆2020年版，第469页；［德］克劳斯－威廉·卡纳里斯：《法律漏洞的确定：法官在法律外续造法之前提与界限的方法论研究》（第2版），杨旭译，北京大学出版社2023年版，第2页。

倒置建议。

（二）善意取得制度中善意要件的证明

《民法典》第311条继受了原《物权法》第106条的规定，受让人在符合"受让动产或不动产时为善意""以合理价格受让""受让不动产已登记、动产已交付"三个条件时，取得动产或不动产的所有权。此即我国法上的善意取得制度。就"受让动产或不动产时为善意"要件的证明责任分配，学界长期存在争议。民事诉讼法学者从"规范说"出发，认为既然法律将善意规定为权利构成要件，该要件就应由主张善意取得所有权的人负证明责任；[1]相反，有民法学者认为，这种证明责任分配方案阻碍了善意取得立法目的的实现，恰当的证明责任分配方法应是原权利人证明取得人为恶意，而不是取得人证明自己为善意。[2]随着《物权法解释（一）》的颁行，后一种观点得到最高司法机关确认，但争议并未停止。

笔者认为，倒置善意要件证明责任的理由并不充分。因为，善意取得制度的目的不是单纯地保护交易安全，而是在交易安全与所有权安全之间保持平衡；善意要件由两方证明的立法例在比较法上都有，没有证据表明我国立法者有意选择更倾向于交易安

---

[1] 参见郑金玉：《善意取得证明责任分配规则研究》，载《现代法学》2009年第6期；吴泽勇：《论善意取得制度中善意要件的证明》，载《中国法学》2012年第4期。

[2] 参见徐涤宇、胡东海：《证明责任视野下善意取得之善意要件的制度设计——〈物权法〉第106条之批评》，载《比较法研究》2009年第4期；徐涤宇：《民事证明责任分配之解释基准——以物权法第106条为分析文本》，载《法学研究》2016年第2期。

全的立法例；善意要件的证明困难对于双方当事人共同存在，而且可以通过证据法上的策略加以缓解。[1]在司法实务中，法院如果认定"以合理价格受让""受让不动产已登记、动产已交付"两个要件，通常就可以作出"受让人为善意"的事实推定。这在证据法上不妨理解为表见证明，即，基于此类交易中的典型事件经过，法官可以暂时形成受让人为善意的临时心证。如果原权利人不能进行有效的反证，法官将终局地认定该要件成立。通过这种策略，善意的证明问题一般不会对善意取得的认定产生重大影响，相应地，也没必要强行改变立法明文规定的证明责任分配方法。

（三）违约金调减中的非违约方损害数额证明

《民法典》第585条第2款规定，"约定的违约金过分高于造成的损失的，人民法院或者仲裁机构可以根据当事人的请求予以适当减少"。按该条规定，违约金能否调减取决于"违约金是否过分高于造成的损失"。对该要件的证明，无论理论上还是实务上都不乏争议。按照"规范说"，违约方应证明违约金过分高于损失。但守约方的损失不在违约方控制当中，违约方要完成证明显然不那么容易。为此，理论上形成了多种证明方案，实务上也不乏将该要件的证明责任倒置给守约方的做法。

笔者认为，违约金调减中的违约金过分高于损失要件应由违约方负证明责任，且不能倒置。理由是，违约金调减是对合同自由的限制，主张这种限制的人当然要对限制的条件负证明责任。

---

〔1〕 参见本书第一章。

守约方要求按照合同约定支付违约金只是要求保护合同自由，并不涉及新的价值层次，也不构成任何意义的抗辩。至于守约方损失违约方难以证明，一方面本来就是违约方寻求背离约定所应承受的负担；另一方面，这种证明困境可以通过诉讼法上的策略予以缓解。损失数额是违约方负证明责任的事实，但与此相关的事件经过却在守约方控制之中，这种场景属于典型的证据偏在。对此，诉讼法上有文书提出命令和事案解明等制度可以援用。[1]恰当运用这些制度，可以为负证明责任的当事人提供恰当的证明手段，同时又不会改变实体法确立的风险分配机制。

（四）个人信息泄露侵权中的因果关系证明

根据《个人信息保护法》第 69 条，如权利人根据侵权责任提起诉讼，应就侵权责任的客观要件负证明责任，这包括加害行为、损害后果以及二者之间的因果关系；而行为人要对其无过错负证明责任。有观点认为，考虑到权利人的证明能力与其证明责任不匹配，而且这种证明责任分配方式容易纵容泄露隐私信息的行为，应将因果关系的证明责任分配给信息控制者。[2]

笔者认为，鉴于《个人信息保护法》第 69 条只倒置了过错要件的证明责任，上述观点在实在法上没有依据。理论上，权利人固然很难证明其损害是因为信息控制者泄露个人信息引起的，信息控制者要证明个人信息不是它泄露的同样困难。况且，《个人信息保护法》关注的价值不只是个人信息保护，"促进个人信

---

〔1〕 具体展开，参见本书第三章。

〔2〕 参见刘海安：《个人信息泄露因果关系的证明责任——评庞某某与东航、趣拿公司人格权纠纷案》，载《交大法学》2019 年第 1 期。

息合理利用"同样是该法的立法目的。[1]如果将因果关系的证明责任一劳永逸地倒置给个人信息控制者，可能让从事个人信息处理的企业不堪重负，最终会对个人信息的有效利用带来毁灭性打击。

至于权利人如何证明因果关系，说到底是一个证明困境的缓解问题。这个证明困境具有一般性，可以运用一般性的证明原理来消解。首先要强调的是，在自由心证的语境中，法官对待证事实形成内心确信，并不是毕其功于一役的。在诉讼早期，负证明责任的当事人只需让法官对待证事实形成临时心证，其提供证据责任就可以暂时解除。至于这种临时心证要达到何种确信程度，视要件事实的具体情况而定。对于不存在证明困境的要件事实（如民间借贷诉讼中的借款合意），负证明责任的当事人的初步举证一般要达到或者至少要接近法定证明标准；对于证据偏在型的要件事实（比如违约金调减诉讼中的损害数额），负证明责任的当事人的初步举证只需达到较低的证明程度，只要让法官相信其主张的事实有一定可能存在，法官即可形成临时心证；而在要件事实因为其自身特征对双方当事人都很难证明的案件中，通常只能期待双方当事人在各自力所能及的范围内，进行相应的举证。个人信息泄露侵权属于第三种情形。

在个人信息泄露侵权案件中，原告所能举出的证据可能限于"涉案个人信息与被告掌握个人信息具有同一性""侵权行为发生在被告控制个人信息期间""网络平台具有泄露个人信息的不良

---

[1]《个人信息保护法》第1条规定："为了保护个人信息权益，规范个人信息处理活动，促进个人信息合理利用，根据宪法，制定本法。"

记录"等。考虑到这就是此类案件中法官能够期待权利人进行的举证，假如权利人完成了这类举证，法官就可以形成网络平台有可能泄露个人信息的临时心证。在此基础上，网络平台可以通过对其个人信息处理过程、内部管理机制的披露，来证明原告的个人信息不可能从被告的平台泄露。如果网络平台较好地完成了这种举证，法官此前的临时心证可能就会动摇，这时，权利人要么继续进行对自己有利的举证，要么接受败诉的后果；反之，法官经由原告举证获得的临时心证就可能进一步强化，直至成为最终心证。

通过上述方式，法官对平台是否泄露个人信息，可以形成足以满足审判之需的心证。而"权利人进行可期待的初步举证—法官形成临时心证—平台进行可期待的反证—法官形成终极心证"的证明路径，对于解决因待证事实自身特征导致的证明困境，具有一般性的意义。

（五）民间借贷诉讼中的借款合意证明

在民间借贷诉讼中，如果原告只提交了款项支付凭证，而被告主张该支付凭证是因其他原因（比如赠与、出资、还款等）产生，借款合意是否存在就成为争点。就此情形，最高人民法院司法解释规定，主张双方当事人之前有借款或者其他债务的，应对其主张提供证据证明。[1]如何理解这一解释？该解释倒置了借款

---

〔1〕 2020年修正的《民间借贷规定》第16条规定："原告仅依据金融机构的转账凭证提起民间借贷诉讼，被告抗辩转账系偿还双方之前借款或者其他债务的，被告应当对其主张提供证据证明。被告提供相应证据证明其主张后，原告仍应就借贷关系的成立承担举证责任"。2015年《民间借贷规定》在第17条对此作了大致相同的规定。结合2015年规定展开的讨论，参见本书第二章。

合意的证明责任，还是赋予了被告对该事实的事案解明义务？

笔者认为，在民间借贷案件中，既不存在证明责任倒置的可能性，也不应赋予相对方事案解明义务。按照"规范说"，主张借款返还请求权的人应当对款项支付和双方存在借款合意负证明责任，被告主张支付凭证是因其他原因产生，不过是对民间借贷返还请求权中的借款合意要件提出了否认。一个支付凭证背后可能有无数种支付目的，权利人如果不能将支付目的锁定为借款，就应承担无法取回款项的不利风险。要求被告对其主张的其他支付原因负客观证明责任，等于将借款合意真伪不明的风险转移给了相对方。这既没有法律依据，也背离了实体法的价值选择。另外，民间借贷是一般合同案件，出借人和借款人在证据法上的处境完全平等，不存在证据偏在的情形。原告借款给被告，理应通过恰当方式表达固定借款合意。如果原告在诉讼中无法提供这些证据，只能归咎于自身疏忽，而这恰恰不是需要通过特殊手段予以应对的"证明困境"。因此，即便原告无法证明借款合意，也不应要求被告进行事案解明。

五、对中国证明责任研究的启示

德国学者提出的实体法评价分层的思想，目的是在规范文义之外，为区分权利成立要件与权利妨碍要件找到进一步的理论依据。在本书作者看来，这一思想对于分析其他两类构成要件的证明责任同样有益。无论权利成立要件与权利妨碍要件之间的"基础与例外"关系，还是权利成立要件与权利消灭要件之间的"发生与消灭"关系，抑或权利成立要件与权利制约要件之间的"发生与受限"关系，都不妨看作实体法的评价分层。只不过，由于权利消灭规范与权利制约规范在行为规范上有独立意义，德国学者并未对这两类规范的证明责任分配投入特殊关注。但通过本书提到的例子可以发现，我国民法学界对某些权利消灭要件的认识并不清晰，立法上也缺少必要的指引。权利制约规范的证明责任分配虽然没有困难，但在权利制约规范内部，同样存在权利成立要件与权利妨碍要件、权利消灭要件的区分问题。

通过运用实体法评价分层的思想分析我国民法制度的证明责任，本书的基本结论是，"规范说"在我国并不存在"水土不服"的问题。那种认为"规范说"不适合在没有清晰证明责任意识的民法立法中运用的观点，或许包含了对于证明责任和"规范说"的双重误解。一方面，证明责任作为一种实体法上的风险分配机制，是立法者对民事交往中的不同事件进行评价分层的结果。从这个角度，只要立法者打算用一种理性语言表达其对民事交往的价值判断，证明责任就必然蕴含其中。另一方面，"规范说"始终承认，证明责任分配的确定要依赖法律解释。"规范说"对规范文义与构造的强调，本质上是法律解释"文义优先原则"的反映。对这种强调，过分轻视和过分夸大均不足取。即便我们认为中国民法的立法水平较低——这一判断本身需要证明，那也只能提醒我们，在进行证明责任分析时应更加关注规范背后的价值判断，而不是放飞自我，轻易背离规范的文义表达。

　　可能读者会说，本书中的某些论述也没有坚守实体法的文义，这与笔者批评的那种证明责任倒置论点有何不同？笔者承认，无论同时履行抗辩权中履行顺序约定的定位调整，还是表见代理中被代理人不可归责性的引入，均已突破了狭义的法律解释。但要注意的是，这两个制度本身较为特殊——现行法不是极为简略，就是存在明显的问题。而且，民法学界就这两种立法已经形成了相当有力的批评观点。在某种程度上，本书从证明责任领域提出的法律续造观点，不如看作是对民法学界主流观点的呼应。在笔者看来，《民法典》中的大多数规范并不存在这类问题，立足"规范说"的文义解释足以应付司法实务的需求。

　　也正因为上述原因，本书多数章节并未提出具有显著"新颖性"的证明责任分配观点。很多时候，笔者只是运用民事诉讼法学界普遍认可的那些证明责任原理，对争议制度的证明责任分配加以澄清，对要件事实的证据调查予以展开。这类研究可能在民事诉讼法学者（尤其是与本书立场相同的学者）看来新意有限，但却并非没有价值。如"导论"所述，在我国司法实务中，法院更多时候倾向于从行为意义理解证明责任；最高人民法院司法解释中也经常从"提出证据证明""有证据证明""提供相应证据"的角度，而非从客观证明责任的角度，对证明责任相关问题作出规范。这些倾向和做法不能说都错了，但确实给司法实务增加了混乱。学术界当然可以通过呼吁规范制定者统一概念使用，尝试改变这种局面。但笔者个人更推崇的做法是：结合具体规范、具体案例，阐发证明责任分配和证据调查推进的一般原理，争取在法律人中推广与此相关的民事诉讼法教义学。证明责任的规范表达可能会在一段时间内继续混乱下去，但好在，任何规范都有解释的空间。在法律人中澄清误解，增进共识，或许才是"统一法律适用"的不二法门。这可以看作是对本书研究进路的一个说明，同时也是对我国证明责任研究的一个倡言。

后记

按理说，对于一本已经摆在读者面前的书籍，任何来自作者的夫子自道都是多余的。但本着对每段人生经历负责的态度，还是有必要简单回顾本书写作的缘起与经过，同时也感谢那些曾为本书提供帮助的机构和个人。

我对证明责任的研究，始于2009年的一篇小文。那篇关于"彭宇案"的评论发表在《月旦民商法杂志》，在大陆学界几乎没有引起关注。2012—2017年间，我又发表了两三篇证明责任的研究论文，但选题和写作都是临时起意，并没有什么长远的规划。2021年夏天，疫情暂缓，王亚新教授携夫人来上海散心。大概是在去宋庆龄故居参观的路上，王老师对我围绕民法证明责任的研究表达了肯定，并建议我继续做下去。一语惊醒梦中人。我很快列了一个提纲，开始本书第三章之后各专题的研究和写作；又以"民法典实施中的证明责任疑难问题"为题，申请了2022年的国家社科基金项目。本书以结项报告为主体，另外收入了之前关于善意取得和民间借贷的几篇论文。虽然还有个别篇什因为一些原因没有收入，但整体上，本书可以说是对我证明责任研究的一个阶段性总结。

本书的完成要感谢很多人：王亚新老师的建议促成了本书的写作；张卫平、李浩等前辈师友对本书的研究思路多有指点；郑金玉、胡学军、纪格非、霍海红、袁中华是我在证明责任研究中经常交流的伙伴。就本书涉及的民法问题，我曾向纪海龙、姚明斌、朱虎、李建星、吴香香、杨芳、彭哲等师友请教。至于叶名怡、娄爱华的帮助，早已融入微信小群的日常聊天，如涓涓细流，润物无声。我在华东师范大学的博士生周志东、魏桂雨和个别硕士生参与了部分章节的讨论。对所有这些师友，以及实际上提供了帮助但这里没有提到的朋友（包括大量法官和律师朋友），一并致以感谢！

本书各章节曾在《中德私法研究》《中国法学》《法律适用》《法学评论》《法商研究》《当代法学》《东方法学》《地方立法研究》《苏州大学学报（法学版）》《现代法学》《法制与社会发展》等刊物发表。感谢这些刊物的责任编辑和外审专家！感谢麦读曾健兄、孙振宇编辑以及中国民主法制出版社法律分社陈曦社长、许泽荣编辑为本书出版付出的劳动！

最后要感谢李浩教授为本书作序——我把这看作一名证明责任研究者的莫大荣誉！

尽管所有学术著作严格说来都是集体成果，但作为本书唯一的署名人，我欢迎来自理论界和实务界的所有批评。毕竟，作为科学系统的一次沟通，本书出版的唯一意义就在于激发更多的沟通！

吴泽勇

2025 年 3 月

图书在版编目（CIP）数据

民法规范的证明责任 / 吴泽勇著 . -- 北京 : 中国民主法制出版社 , 2025. 4. -- ISBN 978-7-5162-3920-9

Ⅰ . D915.130.4

中国国家版本馆 CIP 数据核字第 2025ZJ9401 号

图书出品人：刘海涛
图 书 策 划：麦　读
责 任 编 辑：许泽荣
文 字 编 辑：孙振宇

书名 / 民法规范的证明责任
作者 / 吴泽勇　著

出版·发行 / 中国民主法制出版社
地址 / 北京市丰台区右安门外玉林里 7 号（100069）
电话 /（010）63055259（总编室）　63058068　63057714（营销中心）
传真 /（010）63055259
http：//www.npcpub.com
E-mail：mzfz@npcpub.com
经销 / 新华书店
开本 / 32 开　880 毫米 ×1230 毫米
印张 / 15　字数 /340 千字
版本 / 2025 年 5 月第 1 版　2025 年 6 月第 2 次印刷
印刷 / 北京天宇万达印刷有限公司

书号 / ISBN 978-7-5162-3920-9
定价 / 99.00 元
出版声明 / 版权所有，侵权必究